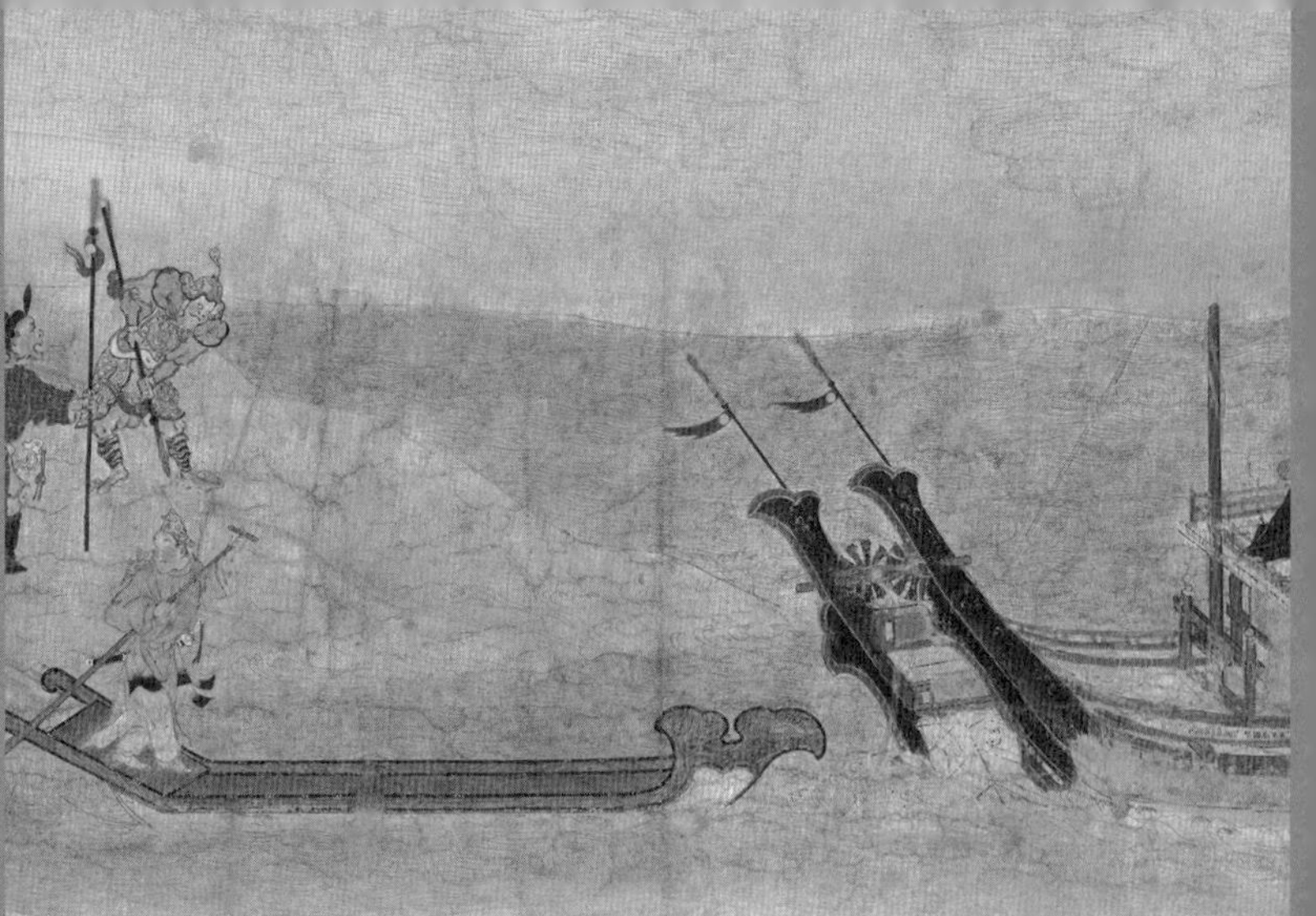

日中関係史

田中史生 編

吉川弘文館

はじめに

二十一世紀になってしばらくすると、日中関係は「戦後最悪」とも評されるようになるが、長い歴史のなかでは「最悪」と呼びうる状態が何度かあった。しかしここはお隣同士。色々とつじつま合わせをしながらも、安定的な関係の模索が放棄されたことはない。本書は、現代の国際社会において重要な関係の一つとなった日本と中国の関係を、二千年を超える歴史のなかに読み解こうとするものである。

各章は、概ね日本史の古代（Ⅰ章）・中世（Ⅱ章）・近世（Ⅲ章）・近現代（Ⅳ・Ⅴ章）と重なるが、日本史の時代区分をそのまま持ち込んだわけではない。Ⅰ章は王権・国家が日中交流を直接担った唐代以前を中心とし、Ⅱ章は国家と海商が安定した関係を構築し交流を推進した宋代から始めた。平安時代の前半と後半で章が分かれることになる。またⅢ章は明の海域秩序が形骸化する十六世紀後半から、Ⅳ章は欧米列強のアジア進出で国際環境が一変する十八世紀末からとした。さらにⅣ章とⅤ章を分かつ画期に、日中関係や相互認識に大きな変化をもたらした日清戦争を置いた。

これらの各章やコラムの執筆を担当したのは、当該分野で各時史の最前線に立つ歴史研究者である。私たち執筆者が留意したのは、日中関係を、琉球列島やアジア諸地域の動きにも注意しながら、より大きな国際関係の中で捉えること、そして地域間の多元的な交流や、ヒト・モノ・文化の多様なつながりの重要性に目を向けることである。この共通した視点によって、各章は前後で見事につながり、響き合い、二千数百年の通史を動的に描き出すことができた。

国際社会は、複数の中心となる国や地域が勃興してはせめぎ合い、絶えず変化する重層的で流動的な世界としてある。中国史や日本史も、「中国」や「日本」という空間も、そして日中関係も、この複線的で複雑な関係の中で動き、絶えず変化してきた。けれども、アジアの東端の日本列島に軸足を置いて国際社会を見るとき、前近代は中国がその中心的存在として強い影響力を保ち続けていたことは間違いない。本書各章からは、この憧憬からにじみ出る中国への視線が、依存と自立、規範と克服の対象としての複雑なものであったことがわかる。一方、唐代以前の中国にとって、日本（倭）は概ね東方の朝貢してくる周縁国・地域の一つに過ぎなかった（Ⅰ章）。けれども海商の活動の拡大とともに、天然資源を擁する日本列島の存在感は徐々に増し、明代以降はやや単純化された「倭寇」イメージとともに、政治・軍事の面でも警戒を要する無視しえない存在となっていく（Ⅱ章・Ⅲ章）。十九世紀、この両者の目線は、従来の伝統的秩序や世界観・価値観に変更を迫る欧米からの圧力・摩擦によって相対化され、それぞれの自他認識とからみつきながら大きく交差し、琉球・台湾・朝鮮をめぐって激しくぶつかった。こうして起こった日清戦争を経て、二十世紀以降の両国関係は、近代の論理と秩序を共通の基盤として切り結ばれるようになる。そのなかで日中戦争が起こり、戦後は歴史問題・尖閣問題などを抱えながら、新たな関係の模索が続けられている（Ⅳ章・Ⅴ章）。

しかし忘れてならないことは、本書で注目したように、日中関係が、越境的な人と人の連鎖的なつながりによっても、広く、深く展開してきたことである。しかもそれらは、次の世代に様々な形で受け継がれ、「現在」を形作っている。まさに時空を超えたつながりである。もちろんそのつながりも、各時代の両国の政治的関係の影響を強く受けたが、一方でその政治的関係に影響を与える力も持っていた。今や、経済活動においても、学術や文化の世界においても、人と人の信頼とつながりは太い。日中それぞれが包み込む多様な歴史と文化にとって、互いの歴史とその関係史は非常に重いのである。

今はいずれ「過去」となる。歴史に責任を持つということは、私たち自身が歴史的存在であることを自覚し、未来の人や社会が「過去」で困ることのないように、責任ある選択と行動をしていくことではなかろうか。そのためにはまず、私たちにつながる過去をよく知らねばならない。本書には、このための最新の研究成果をできるだけわかりやすく盛り込んだつもりである。なお本書は、当初計画から一〇年ほど遅れての刊行となったが、その分、新たな情勢や知見も加えることができた。同企画のもとですでに刊行された関周一編『日朝関係史』と併せ、身近な国際関係の長く深い歴史に是非触れて頂きたい。

二〇二四年九月

田中史生

目次

Ⅰ 中華帝国と列島古代社会

田中史生

日本列島の弥生社会は、もともと中国東方沿岸部から朝鮮半島、日本列島へとつながる海域交流圏のなかにあった。前漢武帝の時代、中国を介して四方の陸・海の地域世界がつながるユーラシア規模の史的連関構造が形作られると、中国の政治的影響はより直接的にその東方へと及ぶようになる。これを受けて、列島でも、中国王朝の支配体制のもとで地位と権威を示そうとする支配層が登場し、社会の階層化が進行していった。

四世紀に入り、華北が争乱の時代に入ると、亡命する中国系知識人とその子孫たちによって、朝鮮半島諸国や倭国に、中国の体系的な漢字文化が本格的にもたらされた。彼らを取り込み成長をはじめた「東夷」諸国は、南北に別れた中国王朝の冊封《さくほう》体制下において、互いに同盟・対立関係を築いていった。ところが、五世紀後半に倭国の外交は行き詰まり、六世紀になると中国との通行も絶たれた。この過程で大王中心の「天下」観が構想され、その独自性も高められていった。しかし、隋《ずい》が中国全土を統合し、その圧力を東方へも向けると、国際環境は激変し、倭国も再び中国を中心とする世界秩序に加わる。けれども、この時築かれた中国との関係は、冊封を受けない朝貢国《ちょうこうこく》としてのもので、その関係が次の唐へも引き継がれた。また、隋・唐の中華世界の拡延に触発された倭国は、列島の北方・南方にも積極的に進出するようになった。

その後、七世紀後半の白村江《はくそんこう》の敗戦を経て登場した日本律令国家は、朝鮮諸国を「蕃国」とする中華的な国家を理想とし、それを唐制に近づくことで果たそうとした。このため、遣唐使も、日本の国際政治上の地位の確認・上昇と、唐文化の移入を主目的とするものとなっていった。ところが、八世紀半ばの安史《あんし》の乱《らん》を契機に唐が衰退すると、遣唐使の前者の目的は後退する。一方、後者の目的は依然重要視された。その背景には平安前期の「唐風文化」の隆盛があった。けれどもこのころから海商たちの活動が活発化し、商船によっても文物移入が可能となると、遣唐使派遣の意義も次第に薄れていった。

その後、黄巣《こうそう》の乱《らん》を契機とする九世紀末からの唐の衰滅は、日本支配層に、これまで絶対視されてきた唐化政策を見直す契機をもたらした。けれども、「和」も「唐」との対置関係のなかではじめて認識されたように、支配層にとって「唐」は権威の象徴であり、理想化されて求められ続けた。また国際交易の活発化によって、列島の南北社会も変容していった。

一　中華の皇帝と倭王

1　中国文明との接触

弥生時代と中国史

今から一万年ほど前、氷河期の終焉と急激な温暖化により地球の海面が上昇し、日本列島は中国大陸から完全に切り離された。自然環境の大変動は、列島諸社会に多様な縄文文化を育み、海を越えたアジア諸地域との交流も始まる。その後、朝鮮半島から九州北部に水田稲作がもたらされると、これが本州へも伝わり、その範囲が弥生時代へと移行していく。武器や環濠《かんごう》も伝わり、列島でも戦争が頻発するようになった。

この水田稲作の始まりについて、これまでは古くても紀元前五〇〇年ごろとする考え方が一般的であった。ちょうど、中国が春秋時代から戦国時代へ移行する過渡期にあたる。ところが近年、放射性炭素による測定年代（AMS年代）から、それをさらに五〇〇年近くも遡らせる説が登場し、注目されている。まだいくつかの検討すべき課題はあるが、これに従えば、水田稲作が中国の東へと伝播したのは中国に西周が成立したころとなる。

こうして水稲農耕と戦争を持つ弥生時代になると、石器に比べて鋭く、耐久性にも優れた鉄製・青銅

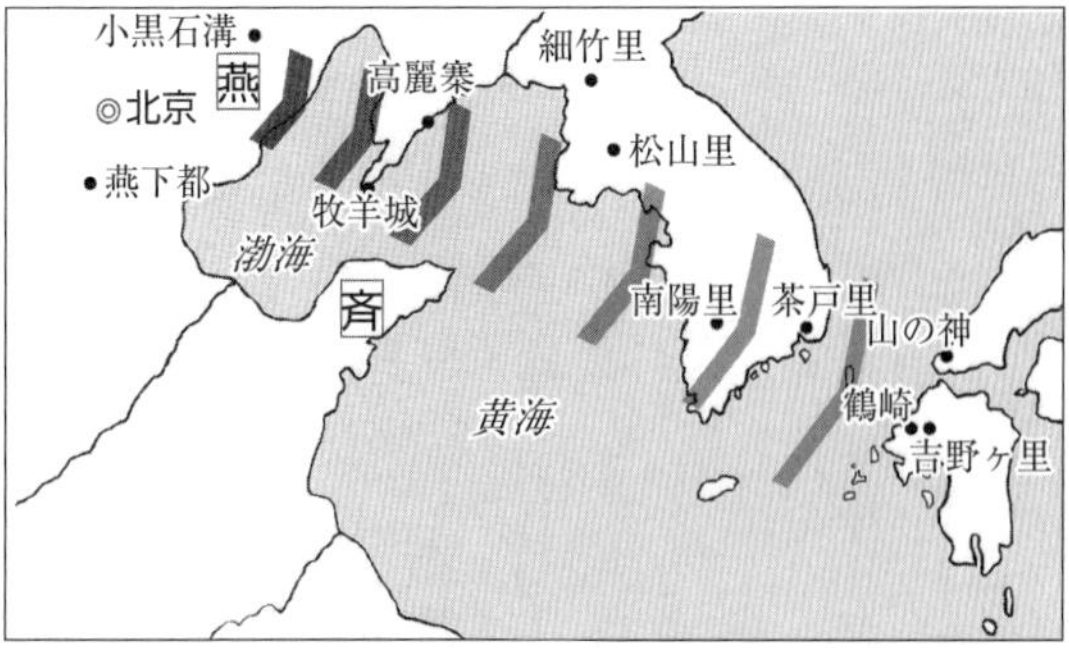

燕系金属器の東方への広がりと東アジア海域

製の武器や農具が求められるようになった。この金属器の本格的な流入・拡散の開始に関し、考古学は、春秋戦国時代の燕《えん》の影響に注目している。燕は現在の北京を中心に渤海《ぼっかい》海域に面した河北省北部から遼寧省を支配し、優れた金属器文化を保有した海域国家である。紀元前三～四世紀に燕が東方進出を本格化させたことにともない、燕系の金属器も朝鮮半島や日本列島へと広がったとするならば、紀元前一・二世紀までには原型ができたとされる中国の地誌『山海経《せんがいきょう》』の「海内北経」に「倭は燕に属す」とあることが、あらためて注目されることになるだろう。本格的な金属器の時代を迎えつつあった弥生社会は、中国東方沿岸部から朝鮮半島、日本列島へとつながる海域交流圏のなかにあって、高度な金属器の技術・文化を持つ燕とも交流関係を持ったとみられる。

しかしこの燕も、紀元前二二二年には秦《しん》によって滅ぼされた。さらに翌年に斉《せい》も滅ぼした秦は、中国の統一に初めて成功すると、分《ぶん》封《ぽう》した諸侯を介して間接的な支配を行なう周《しゅう》代以来の封建制を廃し、支配領域を郡—県の行政区画に分け、官僚を配置して直接統治をはかる中央集権的な郡県制を全面的に施行した。ところがこれを成し遂げた始皇帝《しこうてい》が没すると、秦も反乱を抱えて紀元前二〇六年にあっけなく滅亡する。これに代わって中国の新たな覇者となったのが前漢であった。

前漢は、郡県制に加え、直接支配の難しい地方に封建制的支配を一部復活させる。そして、中華＝文明世界と、蕃夷《ばんい》＝野蛮世界を区別する中華思想と、中華の君主がその威徳《いとく》で蕃夷を教化するという伝統的な王化思想に基づき、その支配体制を異民族にも積極的に適用した。こうして皇帝は、野蛮な諸民族をも従える文明世界の中心的支配者とされた。また、異民族の君長が貢物をもって通行関係を求めることを、中華の皇帝の徳を慕った蕃夷からの朝貢《ちょうこう》とみなした。また朝貢した蕃夷の君長に「王」や「侯」などの爵位を与え、外臣として冊封《さくほう》（冊立《さくりつ》）したりした。こうした中国の郡県支配と朝貢、冊封の政治関係が、日本列島の弥生時代にも大きなインパクトを与えることとなる。

漢帝国と楽浪郡

紀元前一四一年に即位した前漢の武帝は、北方の匈奴《きょうど》や西方の大宛《だいえん》に攻勢をかけて中央ユーラシアへの影響力を強めるとともに、南方・東方の海域世界にも積極的な新出をはかった皇帝である。軍船を仕立てて現在の中国南部からヴェトナム北部にあった南越国《なんえつこく》を紀元前一一一年に滅ぼすと、三年後にはこの船団を朝鮮半島にふり向け、海・陸両面から王険城《おうけんじょう》（平壌《ピョンヤン》）を首都とする衛氏《えいし》朝鮮《ちょうせん》を攻め滅ぼし、楽浪《らくろう》・真番《しんばん》・臨屯《りんとん》・玄菟《げんと》の四郡を設置した。中国を介し、その四方の陸や海の地域世界がつながる東ユーラシアの史的連関構造は、このときに基盤がつくられたとみられる（田中史生―二〇一六）。中国の郡県支配も朝鮮半島に持ち込まれ、中国の政治的影響力はより直接的に朝鮮半島や日本列島に及ぶようになった。

ただし、漢帝国の四郡による地域支配は決して順調に進んだわけではない。真番郡・臨屯郡は紀元前八二年に早くも廃止され、玄菟郡も紀元前七五年以来二度にわたり中国内陸部へ後退する。そのなかにあって楽浪郡だけは、現在の朝鮮民主主義人民共和国（北朝鮮）の平壌を拠点に、撤退・縮小する他郡管轄県の一部を吸収しながら、漢の東方進出の前線基地として発展していった。大同江《テドンガン》の汽水域に立地する楽浪は、東アジアの海域世界に影響を及ぼしうる海に開けた海港都市としての性格を持っていた（鶴間和幸―二〇一〇）。

その楽浪郡と朝鮮半島や日本列島との関係を伝えるのが、班固《はんこ》（三二～九二）の編纂した『漢書』の地理志燕地条である。燕地条はまず、燕地の領域と歴史や風土を説明し、楽浪郡設置による朝鮮半島の社会的変化を述べた後、「夫《そ》れ楽浪海中に倭人あり、分かれて百余国と為る。歳時を以て来たりて献見すと云う」と、漢が百余に及ぶ倭人の国々と定期的な通行関係を持ったと記している。これらが燕地条としてまとめられたのは、かつての燕との交流関係をふまえたものだろう。そして倭人の地を「楽浪海中」と楽浪郡を起点に記述したのは、漢代において、楽浪郡が中国王朝の東方海域世界を睨んだ最前線拠点だからである。以後、楽浪郡の以南から北部九州にかけて、郡との交渉を示す遺物や遺跡が数多く確認され、漢式の威信財《いしんざい》や鉄・鉄製品をめぐる水陸の交易ルートと、それを支える階層的な社会が形成されていった（高久健二―二〇一二）。

また、楽浪郡との交渉を背景に、中国王朝との関係を示す官印も東方へと広がっていった。五世紀に

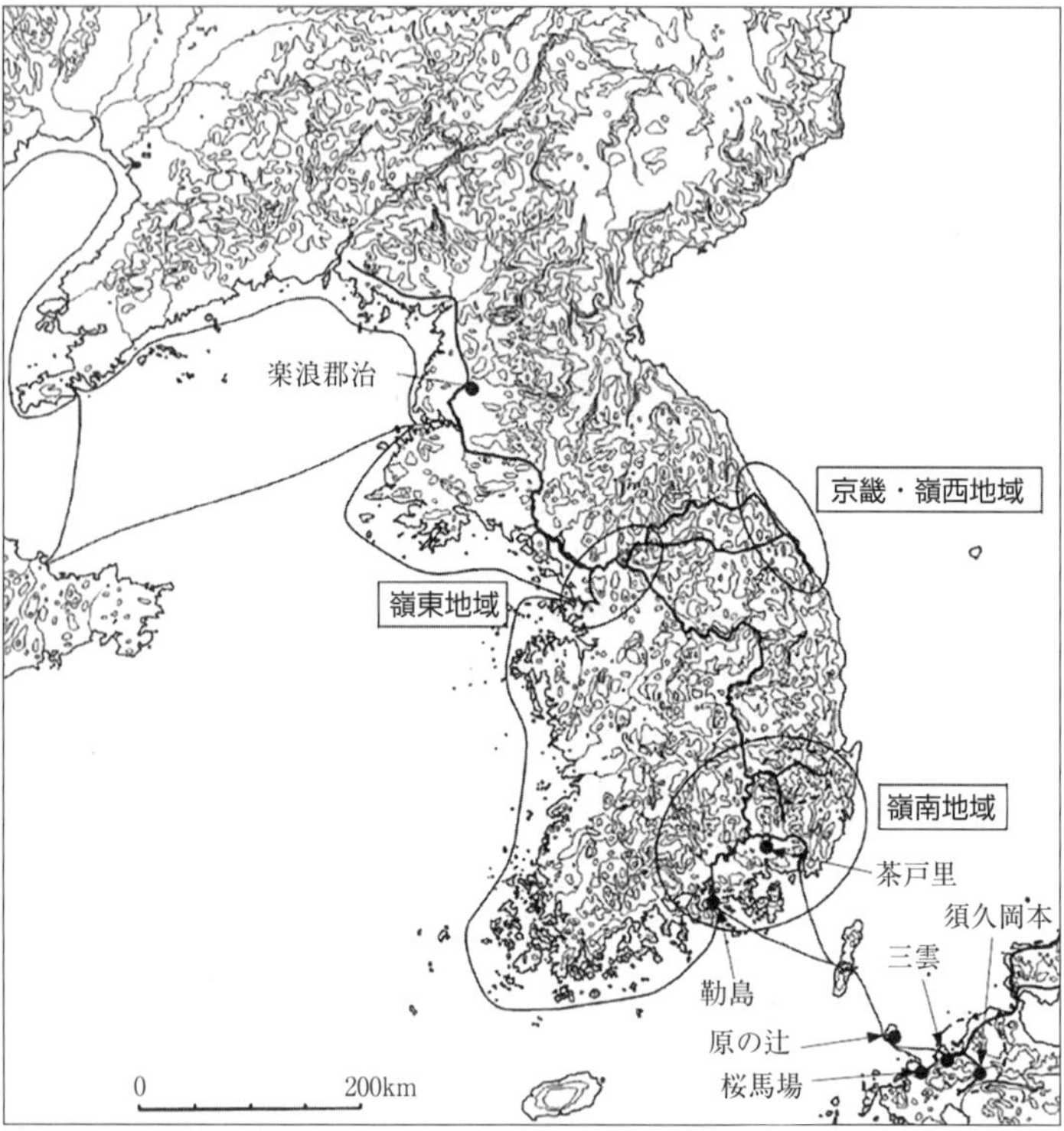

楽浪郡—日本列島の交流ルート（高久健二 2012より，一部加筆・改変）

編纂された『後漢書』東夷伝によると、後漢時代の建武中元二年（五七）、朝貢してきた「倭の奴《な》の国」に光武帝が「印・綬（紐）」を与えている。江戸時代の天明四年（一七八四）、博多湾口の志賀島《しかのしま》で発見されたとされる「漢委奴国王」と陰刻のある金印は、まさにこの記述と対応する。さらに奴国の中心部と目される福岡県春日市の須玖《すぐ》岡本《おかもと》遺跡群では、紀元前一世紀前後の中国鏡が多く出土するなど、奴国と後漢との交流を裏付けている。

ところで、この金印に記された「漢委奴国王」は、一般に「漢の倭の奴の国王」と読まれている。郡県制支配の外にありながら漢王朝に服属した奴国の首長を、倭族の奴国王に封じたことを意味する印である。それは、倭人を代表する「倭王」としてではなく、倭人の住む地域の一小国の王としての位置づけであった。

後漢崩壊の前後

史料上、倭を代表する王の存在をうかがわせるものは、この奴国の朝貢に続けて『後漢書』東夷伝が記す、永初元年（一〇七）の「倭国王帥升《すいしょう》等」の遣使である。けれども、後漢が帥升を実際に「倭国王」とみなしていたかどうかは、疑問とすべき点がある。七世紀成立の『翰苑《かんえん》』は「倭面上国王師升」と記し、八世紀初頭の『通典《つてん》』も「倭面土国王師升等」としていて、これらが現『後漢書』と異なる古い史料に基づくものとすれば、帥升（師升）も「倭国王」ではなく「面土国」（北部九州の一国か）の王と解釈する余地が生じるからである。一方、『後漢書』に信を置き、帥升を「倭国王」とする場合も、帥升「等」とあることが留意されよう。帥升は複数の有力な首長と共同で遣使朝貢し、それらを代表する存在とみなされていたと解されるからである。その中心は、おそらく北部九州にあった可能性が高い。当時の列島において、北部九州が依然優位的地位を保っていたことは考古学からも明らかだからである。

その後『後漢書』は、二世紀後半の桓帝《かんてい》・霊帝《れいてい》のころに「倭国大乱」があったと記す。また三世紀に成立した『魏志』倭人伝にも「倭国乱れ、相攻伐すること歴年」とある。近年、この乱の背景に、食料不足を引き起こすような二世紀の長期的な気候変動の影響が指摘され（中塚武―二〇二四）、注目されている。ただし、環境変動の社会変動への影響は、その社会の歴史的な環境・構造がどうであったかによって変わる。ここで注意されるのは、黄巾《こうきん》の乱《らん》に代表される二世紀後半の後漢の混乱・衰退が、周辺諸国・諸民族の離反を生むなど、これまで後漢の威光に頼っていた国際秩序を危機にさらしていたことである。そして『魏志』韓伝に「桓・霊の末、韓・濊《わい》彊盛たりて、郡県制することあたわず、民多く韓の国に流入す」とあるように、朝鮮半島でも、これが楽浪郡の衰弱を招き、社会は不安定化・流動化していた。倭人社会の混乱にはこうした国際情勢が影をおとしていたと思われる。

『魏志』倭人伝によれば、この混乱の収束をはかるため、倭の支配者たちがともに王として擁立したのが邪馬台国の女王卑弥呼であったという。邪馬台国の所在地は、近年、考古学を中心に奈良盆地に求める説が有力で、この時、倭人社会を代表する政治センターがはじめて近畿地方に築かれた可能性が高い。

この卑弥呼の時代、中国は魏呉蜀の三国分立時代を迎えていた。一八四年の黄巾の乱後、多くの反乱勢力や自立勢力を抱えて事実上崩壊した後漢政権は、二二〇年、献帝《けんてい》が魏王に禅譲《ぜんじょう》する形で完全に消滅した。この間、遼東では公孫氏《こうそんし》が自立的な地方政権を築き、楽浪郡も掌握すると、二〇四年に楽浪郡の南部をさいて帯方郡《たいほうぐん》を設置している。後漢衰退による楽浪郡の弱体化を受け、当地の郡県支配を立て直そうとしたのである。『魏志』韓伝は「是の後、倭・韓遂に帯方に属す」と記し、おそらく卑弥呼も帯方郡を介して、公孫氏政権との通行関係を築いたであろう（仁藤敦史―二〇二四）。

『魏志』倭人伝によると、景初二年（二三八）六月、卑弥呼の派遣した難升米らは、帯方郡に到来すると、魏の皇帝に謁見を求めた。しかしちょうどこの六月は、魏が同年春に遼東へ派遣していた軍が、公孫氏との本格的な戦闘に突入する時期にあたる。しかも後世の史料には、卑弥呼の使者を景初三年とするものがある。このため、『魏志』の景初二年は、魏が公孫氏を滅ぼした後の景初三年の誤りとするのが通説である。ただし『魏志』によれば、陸路で遼東攻略を開始した魏は、これとは別に海路から楽浪郡・帯方郡を攻略している。陸路の魏軍が公孫氏と戦闘を開始する六月より前に、楽浪・帯方両郡が海から攻略されていたとすれば、景初二年の遣使もありえなくはない（仁藤敦史―二〇二二）。しかしいずれにしても、卑弥呼の魏への通行が、朝鮮半島に魏の影響力が及んだ直後であることは間違いない。要するに、倭の中国への関心は、朝鮮半島情勢への高い関心を基盤とし、またその延長線上に位置づけられるものでもあった。

「倭王」と「倭人」

こうして帯方郡に到着した卑弥呼の使者は、帯方太守に連れられて都の洛陽に入った。これに対して皇帝は詔書を発し、卑弥呼を「親魏倭王」とし、「金印・紫綬」を認め、難升米らにも官職と「銀印・青綬」を与えている。そして卑弥呼に対し、魏への服属と「倭地」に住む「倭種」、すなわち倭人の統治を求め、技巧を凝らした錦や毛織物、刀や金や銅鏡など多くの高価な品々も渡し、それらを国中の人々に示して、魏が卑弥呼を保護していることを誇示せよと命じた。

ところで「倭種」「倭人」とは、中華的な視線を持つ中国によって、身体の形質や衣服、物的精神的生活様式、言語、居地の自然地理的条件などの共通性に基づき、識別され〈名付け〉られた民族的呼称であって、列島の人々自身の〈名乗り〉によるものではない。『魏志』倭人伝によれば、邪馬台国連合内の国々においてさえ、人々は小国ごとに入れ墨を異にし、それらはさらに身分によっても差があったという。倭人がその身体に刻み込んだアイデンティティも、「倭種」「倭人」としてのものではなく、小国を単位に、そこの首長を中心とする階層的な世界として表現されていたのである。

けれども倭人を統治する「王」の存在を認めた魏は、卑弥呼に対し「親魏倭王」としての地位を保証し、他の倭人首長を圧倒しうる様々な威信財を与えて、彼女の王権がその実質を備えるよう強く支援した。卑弥呼に与えられた「親魏」を含む称号は、他に「親魏大月氏王」が知られるのみで、有力な異民族の君長に与えられるものであったともされる。魏は、「倭王」の卑弥呼が、「倭種」の一国である狗奴《くな》国《こく》の王らと衝突した際も、わざわざ皇帝の詔書と黄幢を卑弥呼に与えた。さらに卑弥呼の死後、混乱を収めてその後を継いだ壱与《いよ》（台与《とよ》）の王権も支持している。

魏がこれほどまでに「倭王」による列島支配を支持・支援したのは、多くの人口を擁する「倭」の国力と、邪馬台国が敵対する呉国の東方海域に所在するという、誤った地理認識に基づく戦略上の関心からであった可能性が高い。しかしその後の歴史的展開をみても、このことが「倭人」の政治的統合にもたらした意味は決して軽くはないであろう。中国が東アジアに圧倒的な影響力を行使するなか、国際社会と通じ、他者と政治的に競い合う列島の首長層は、中華王朝を中心とした国際秩序と、「倭人」という中華王朝からの〈名付け〉を受け入れ、またこれらを利用して、列島支配と国際交流を優位に進める必要があったからである。

2　倭の五王と東アジア

華北の争乱と緊迫する東アジア

ところで、倭王と交流をしていたころの魏は、政権中枢部に派閥抗争がおこり、司馬氏が台頭しつつあった。そして二六五年、司馬炎《しばえん》が魏の元帝から禅譲を受けるかたちで魏を倒し、西晋《せいしん》が成立した。『晋書』武帝紀によると、翌二六六年一一月、早速倭人が来朝し、方物を献上している。これは壱与（台与）による遣使とみられている。壱与（台与）王権も、当時の中国情勢に高い関心を示し、その変化の情報を素早く入手し対応していたようだ。その後しばらく、中国正史から倭に関する具体的な記載は消えてしまうが、この間も、東アジア情勢はめまぐるしく変化し、緊迫の度を深めていた。

二八〇年、西晋は呉を滅ぼし六〇年ぶりに中華王朝の統一に成功した。しかし、その直後から権力闘争が深刻化し、安定は長続きしない。この混乱に拍車をかけたのが、漢人の支配を受けて漢人社会内部

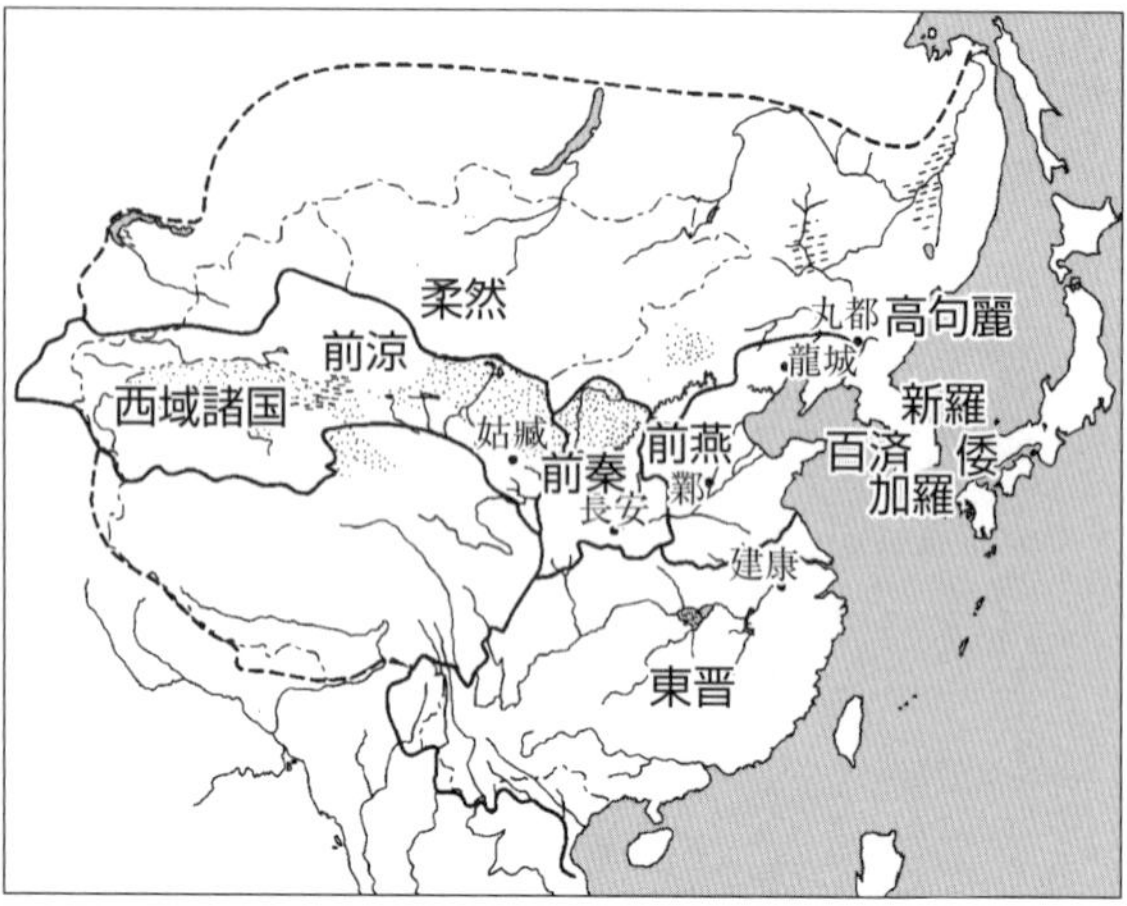

4世紀の東アジア（川本芳昭『中華の崩壊と拡大』《中国の歴史05》講談社，2005年より）

との関係を深めていた匈奴族ら諸族の蜂起である。これにより、三一一年には都洛陽《らくよう》が廃墟と化し、西晋は崩壊した。その後、晋王室の司馬睿《しばえい》が、江南の建康《けんこう》（南京）を拠点に三一八年に晋王朝（東晋）を復活させるが、華北一帯は非漢族が次々と建国・興亡を繰り広げるいわゆる五胡十六国《ごこじゅうろっこく》の乱世へと突入する。このため、華北からは流民が相次ぎ、その混乱と人の移動の波が朝鮮半島へも及ぶこととなる。

　朝鮮半島北部では、三一三年に高句麗《こうくり》が、晋の弱体化で孤立した楽浪郡を滅ぼし、さらに帯方郡も攻略して、四〇〇年以上続いた当地の中国郡県支配を終焉させた。そして、それまで両郡の経営を担っていた漢人や、華北の争乱を逃れて流入する中国系の官人層・知識人たちを次々と取り込んだ。高句麗に包摂された中国系の人々は、墓誌・墓塼銘《ぼせんめい》などに東晋の年号・称号を用いるなど、晋回帰の志向が強かったが、その先進的な知識で高句麗王権の支配体制の整備・強化を大いに助けた。こうして飛躍的な発展をとげた高句麗は、華北の群雄の圧力を受けながらも、勢力拡大をはかり朝鮮半島を南進しはじめたのである。

この事態に、両郡を介し西晋との結びつきを強めてきた高句麗南方の馬韓《ばかん》や辰韓《しんかん》といった韓族社会は激しく緊張する。そして馬韓諸国から百済《くだら》が、辰韓諸国から新羅《しらぎ》が、はっきりと台頭してくる。ただし、両国の外交戦略は大きく異なっていた。百済は、高句麗同様、中国系知識人らを積極的に受け入れて支配体制を強化し、高句麗に強く抵抗する。しかし新羅は、高句麗に従属して成長する選択をした。このため、南進する高句麗の圧力は、新羅を介して、朝鮮半島南端の加耶《かや》地域にも達したのである。

当時の加耶には多くの小国があったが、なかでも金官《きんかん》や安羅《あら》などの加耶南部は、鉄の供給などで、以前から倭人社会との結びつきが強かった。このため、高句麗・新羅の圧力が加耶へ及ぶと、その緊張が加耶南部を通して倭人社会へも伝わる。百済が加耶南部諸国と友好関係を結ぶと、倭国も百済と同盟関係を結び、高句麗に対抗する陣営に加わるようになった。

奈良県天理市石上神宮《いそのかみじんぐう》所蔵の七支刀《しちしとう》は、三六九年、「百済王世子奇」が倭王のために作ったという内容の銘文を持ち、高句麗と戦う百済が、加耶を介して倭国と連携を深めたことを示す一級資料である。その冒頭に使用された「泰和四年」（太和四年）は東晋の年号で、華北の争乱で百済に亡命した晋回帰志向の強い中国系知識人が、百済の対倭外交に早くから関与していたことを物語っている（鈴木靖民―二〇一二）。そして百済は、晋の文化を継承するこの中国系知識人やその子孫たちを、同盟関係にある倭国へも送った。こうして倭王権もまた、厳しい国際環境のなか、先進的な知識を持つ彼らを重用し、外交の遂行や支配体制の整備を行なっていく。

東晋・宋と倭国王讃

中国吉林省集安の「広開土王碑文」によると、高句麗は、「辛卯年」（三九一）以来新羅・百済に侵攻する倭を、永楽十年（四〇〇）に新羅から退け、倭人社会と関係の深い「任那加羅」「安羅」にも打撃を与えた。またその四年後には、百済と通じて帯方界に侵入した「倭寇」を壊滅させる。広開土王の武勲称揚のために強大な敵として描かれた倭の姿は史実そのままではないにしても、南進の勢いを保つ高句麗が、五世紀初頭前後、倭を完全に圧倒していたのは間違いない。倭国内外において、倭王に対する求心力の低下を招きかねない事態である。以上の状況下で倭王権の体制保証と国際的優位性を付与できる外部勢力は、中華王朝以外に存在しない。

こうして五世紀になると、中国の史書に、中国南朝に朝貢した讃《さん》・珍《ちん》・済《せい》・興《こう》・武《ぶ》という五人の歴代倭王があらわれる。その最初は、『梁書』『南史』『晋書』などが伝える、義熙九年（四一三）の讃による東晋への朝貢である。注目されるのは、同年に、高句麗も七〇年ぶりに東晋へ使者を派遣していることである。

当時、中国北方では北魏が華北統一に向けた動きを本格化させる一方、江南を支配する東晋の皇帝権力は、うち続く反乱で弱体化していた。このなかで、軍官として頭角をあらわしたのが劉裕《りゅうゆう》である。四一三年とは、まさに東晋の実権を掌握した劉裕が、山東半島の南燕《なんえん》を攻略し、対立勢力も倒して政権を安定させた直後にあたる。高句麗は、江南に引き下がっていた東晋が、劉裕政権になって近海の海域世界に影響を及ぼす山東半島の支配者となったことを警戒した。この時、高句麗王の高璉《こうれん》（長寿王）は

「使持節・都督営州諸軍事・征東将軍・高句麗王・楽浪公」の称号を得て、ひとまず東晋との関係の再構築に成功した。こうした動きに対し、高句麗と対抗する倭王讃も、同年に山東半島を経由し単独で東晋に朝貢し、除授《じょじゅ》（任官）を求めて高句麗を牽制しようとしたとみられる（石井正敏―二〇一七）。

その後、四二〇年、劉裕はとうとう自らが帝位につき（武帝）、宋朝を開くと、高句麗王の高璉と百済王の余映《よえい》（腆支王《てんしおう》）に、ともに除授を行なった。東晋が両王に与えていた官爵を追認しつつ、高句麗王の「征東将軍」を「征東大将軍」に、百済王の「鎮東将軍」を「鎮東大将軍」に進めたのである。ただしこの除授は、新王朝樹立を慶賀した宋からの一方的な進号であった。『宋書』倭国伝によれば、武帝が讃へ除授を行なったのはその翌年のことである。しかもこれは、前年の高句麗王・百済王への一方的除授と異なり、倭国からの遣使朝貢を受けてのものであった。敵対する高句麗を牽制するため、劉裕政権下の東晋との通交を開始し爵号も得ていたとみられる讃は、劉裕が宋を建国し、百済・高句麗に早々と除授を認めるなか、そこから取り残されてしまっていた。これに素早く反応した讃は、あらためて東晋以来の両国関係の継承と除授を求めたのである。けれどもこの時、宋が讃に認めた称号は「安東将軍、倭国王」にとどまったとみられる。「安東将軍」は、宋の官制では第三品の位に相当する。ところが、高句麗王や百済王に認められたのは、第二品相当の大将軍号である。宋は倭を高句麗や百済より低位とみていた。

その後も讃を含む倭の五王は、宋に対し継続して王号・将軍号などの官爵をさかんに要求した。倭国内における自らの優位性と、朝鮮半島の紛争への関与を正当化する軍事支配権を、中国官爵によって誇

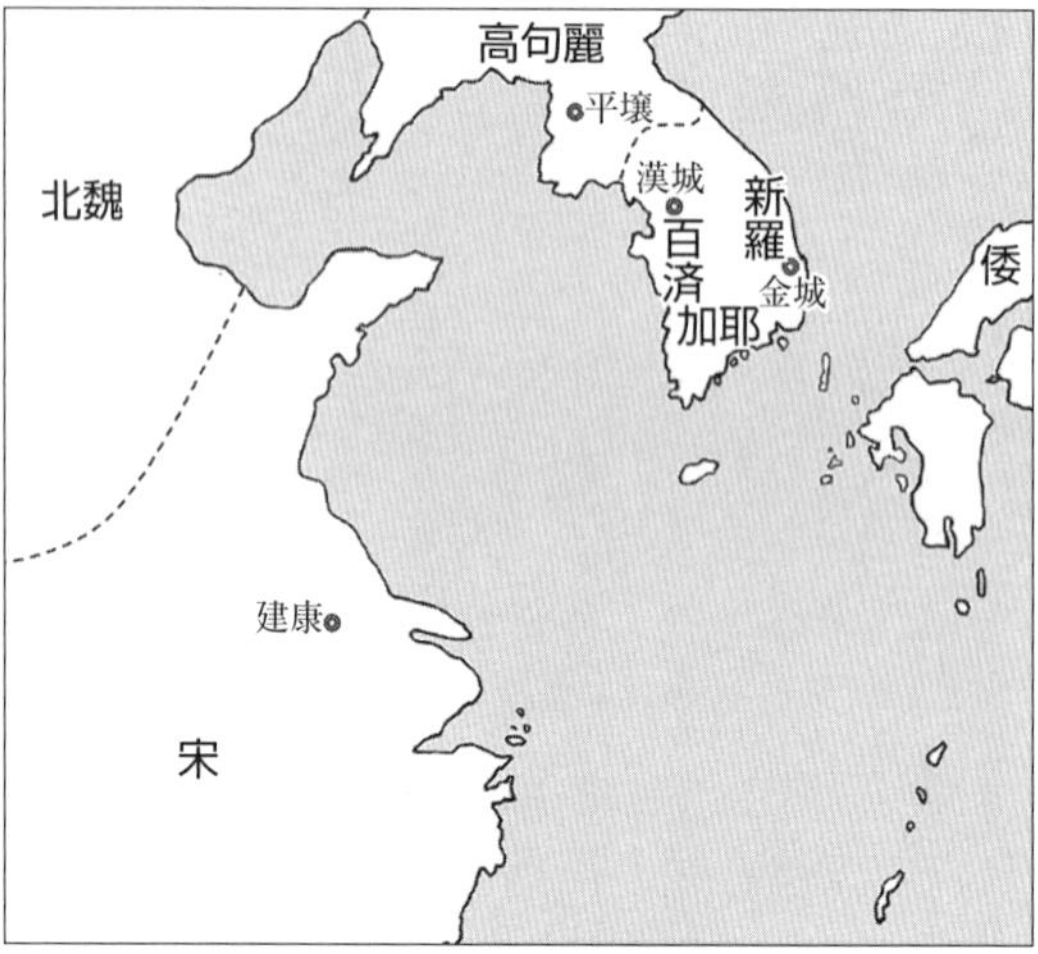

5世紀前半の倭国の国際環境

示しようとしたのである。そして四五一年には、済に「安東大将軍」が認められ、「征東大将軍」「鎮東大将軍」より劣位にあるものの、ようやく第二品相当となった。またこの時済には、「使持節、都督倭・新羅・任那・加羅・秦韓・慕韓六国諸軍事」という称号も加えられた。これは、宋が倭王に倭から慕韓までの六国の軍事支配権を認めたことを意味する。宋にこの肩書きを認められても、宋の支配の及ばない朝鮮半島諸国の軍事権を倭王が実際に掌握できるわけではない。しかし倭王は、当該地域の軍事的な関与を宋も支持していることを、国内外に示すことはできたのである。

広がる制度・文化

倭王権は、宋から与えられた称号を、自身の政治秩序・政治組織の整備にも活用した。魏晋以後の中国では、方面軍を指揮する諸将軍に府を開くことが認められ、将軍府には長史《ちようし》・司馬・主簿《しゆぼ》・功曹《こうそう》・参軍《さんぐん》などの僚属《りようぞく》がおかれた。これを府官《ふかん》という。四二五年に讃が宋へ派遣した曹達《そうたつ》も、「司馬」という府官の肩書きを持っていた。讃は、宋から「安東将軍、倭国王」を徐授されると、将軍府を開き、曹達らを府官として配置し、対中外交にあたらせていたのである。しかも曹達は、「曹」という中国的な一字姓を持ち、高句麗や百済でも活躍したあの中国系知識人か、その子孫であったとみられる。

また、こうして中国系府官を用いて対中外交を活発化させると、次の珍王・済王の時代には、臣僚に対し、倭王の将軍号より下位の将軍号・郡太守号を仮に授け（仮授）、宋にその正式な承認（除正）を求めるようになる。前述のように三世紀の卑弥呼の時代も、魏が倭王の使者に官職の称号を与えている。しかしこれは、魏による一方的な除授であった。けれども五世紀の倭王は、まず自ら臣僚に対して仮授を行ない、その除正を宋に求めた。王を中心とする政治秩序を、中国王朝の権威と官爵を利用して主体的に整えようとしていたのである。

同様のことは、倭国と同盟関係にある百済でも行なわれていた。対中外交は百済王の府官トップクラスが直接あたり、その中心に中国系の人々があった。また府官登場後は、国王が臣僚に対し、自身の官爵より下位の官爵を仮授して、中国王朝に除正を求めたのである。

こうした倭国と百済の共通性や連携は、四七二年に百済王慶が北魏に送った国書と、四七八年に倭王武が宋に送った国書にもあらわれる。ともに高句麗を非難しているが、その文章は史書・経書《きようしよ》にみられる漢文表現を広く活用し、特に晋代の語句用例を意識的に用いている。こうした国書に表出する漢字文化の共通性は、両国の外交文書作成に、いずれも晋回帰志向の強い中国系の人々がかかわっていたことを明瞭に物語る（田中史生—二〇〇五）。倭国は、同盟国の百済の協力も得ながら、王のもとに中国系の知識人を置き、彼らを使って対宋外交を繰り広げつつ、中国官爵を利用して、王権の政治組織を整えようとしていたのである。

もう一つ、五世紀に中国の影響を受けた倭国の政治制度に、人制《ひとせい》とよばれるものがある。渡来系技能者や首長層の率いる各地の上番者が、王権のもとに参集し、王宮や王権の工房などで様々な職務を分掌する体制のことで、これに従事する人々は「△△」＋「人」「者」と表記された。その代表的なものが、五世紀の出土文字資料である埼玉県稲荷山《いなりやま》古墳出土鉄剣銘の「杖刀人首」や、熊本県江田船山《えたふなやま》古墳出土大刀銘の「奉事典曹人」「作刀者」「書者」などである。この人制も、おそらくは華北の争乱を契機にその東方へ移動した中国系の人々が運んだ知識や文化の影響を受けたもので、高句麗や新羅でも一定の職掌を持つ「△△人」や「△△者」が王権のもとに編成され活躍していた（田中史生―二〇一三）。

このように、華北の争乱を契機とする東アジア情勢の緊迫化と、人と文化の移動は、倭国を含む「東夷」諸国の政治と文化に大きな変容と共通性をもたらすこととなったのである。

大王の治天下

ところで、稲荷山古墳の鉄剣銘や江田船山古墳の大刀銘には、ワカタケル大王が「天下」を治めていることが記されている。ワカタケル大王は、『古事記』や『日本書紀』の雄略天皇、倭の五王では武にあたるとみられている。

しかしそもそも天下とは、天から委任を受けた唯一の主権者たる中華皇帝が支配する、未開社会と区別された文明世界の領域である（渡辺信一郎―二〇〇三）。ところがワカタケル大王、すなわち武王権は、宋の冊封を受けて中華皇帝の天下に組み込まれることを望みながら、その一方で、大王を中心とする「天下」を構想していたことになる。

ただし、武王権の「天下」に、宋皇帝の天下への対抗意識はない。武が宋に奉呈した国書は、歴代倭王が広げた支配領域を「東は毛人を征すること五十五国、西は衆夷を服すること六十六国、渡りて海北を平ぐること九十五国」と、王を軸に四方へ広がる世界として表現している。これは、宋の天下の拡延と安寧をはかることを前提に、臣たる倭王が広げた統治世界を述べたものだが、支配実態以上に誇張されたその理念的支配領域は、せいぜい列島を越えても海北（朝鮮半島南部）までにとどまる。ワカタケル大王の治める天下も、おそらくはこうした空間認識を下敷きしたもので、いわば中華皇帝の広域的な天下の中に独自に設定した、矮小化された「天下」である。

実は、こうした独自の「天下」の設定も、高句麗が先行していた。高句麗は、中国皇帝を頂点とする冊封的な「王」爵の世界を意識しつつ、四世紀末に独自の年号を立てて君主号「太王」を成立させ、五世紀前半代までには王を中心に四方へと広がる「天下」観も成立させていたのである（武田幸男―一九八九）。この間、高句麗は中国の冊封体制にも積極的に参入しているから、「太王」の「天下」も、中国の天下と対峙する性格のものではなかったとみられる。倭国の「大王」の「天下」は、この高句麗の「太王」の「天下」を意識し、朝鮮半島南部を視野に含むことで、南進する高句麗に対抗する意図を込めたものであろう（田中史生―二〇一三）。

けれども、独自の「天下」観を誇示するようになったワカタケル大王の後の倭王権は、しばらく中国王朝との通行関係を絶つ。それは、倭王権が自らの支配体制と「天下」に自信を強め、中国の天下から主体的に離脱したというよりも、倭国を取り巻く厳しい国際情勢が、その選択を突きつけたとみるべきだろう。この間、中国では宋への攻勢を強めた北魏が四六九年に山東半島を手中にする。衰弱した宋は、武王の遣宋使直後の四七九年、斉にとってかわられた。その後も北魏の勢いは止まらず、四八〇年代初頭には淮南《わいなん》まで勢力を伸展させる。「東夷」諸国の海域に影響を与える中国沿岸部は、北魏にほぼ制圧されたのである。こうして、倭王権にとっての中国南朝は、通交のための航海の難度が高まったばかりか、高句麗牽制の地政学的価値も大きく低下した。しかも倭王権には、高句麗擁護に大きく傾く北魏との通交に切り替える選択肢もない（川本芳昭—一九九八）。こうして倭王権は、中国王朝の政治秩序に依存した支配体制からの脱却を余儀なくされ、以後、中国の天下から離れて「大王」中心の独自の「天下」観を醸成することとなる。

3　遣隋使と留学生

仏教と外交

倭王武の時代、百済は高句麗の猛攻にさらされて王都漢城《かんじょう》を失い、存亡の危機に立たされていた。百済に歩調を合わせて高句麗と対抗してきた倭王権は、中国王朝の後ろ盾が十分に得られないまま、百済を支援し続けるしかなかった。

しかし六世紀に入ると、百済もようやく国力が回復軌道に乗る。一方、中国の江南では、五〇二年に梁《りょう》の武帝が南斉から政権を奪い、様々な政治改革を断行して高い文化力を誇る国づくりを行なっていた。学問を奨励して五経博士《ごきょうはかせ》や僧をブレーンとして起用し、周辺諸国との間には仏教思想を介した梁中心の外交関係を盛んに結んだのである。百済は梁への朝貢を開始すると、五経博士や仏教を受容して国制を整え、これらを倭国へも伝えようとした。その背景には、新羅との対立があった。百済が加耶地域の攻略を本格化させたことで、同じく加耶進出を目論む新羅との間に深刻な軋轢が生じたのである。このため百済は倭国に、梁から受容した五経博士や仏教を伝えて、政治戦略を練るブレーンを共有することで、倭国を百済との共同戦線に取り込もうとした。おそらく百済は、倭国に梁への朝貢もすすめて、仏教を介した梁―百済の国際関係ラインに組み込もうとしていたに違いない。

けれどもそうこうするうちに、倭国を取り巻く国際環境はますます厳しくなっていく。加耶をめぐる百済と新羅の攻防は、新羅優勢のなか、五六二年に新羅が加耶諸国をほぼ掌握するという結末に終わった。このため、倭国政界には台頭する新羅との外交関係を模索する動きも強まる。しかも中国では北朝に属する隋《ずい》が、長く南北に分かれ争ってきた中華王朝を五八九年に統合する。華北の争乱から南北両朝の対立にいたる中華の分裂は、これまで日本列島を含む東方諸地域の政治動向に多大な影響を与えてきた。しかしその基本構図が全く変わってしまったのである。隋は、六世紀半ばに勃興した北方遊牧国家の突厥《とっけつ》を東西に分断させることにも成功すると、その圧力を東方へ直接及ぼすようになる。こうして、東アジアをとりまく緊張の度合いは一気に高まった。隋もまた、仏教を介した中華的な世界秩序の形成

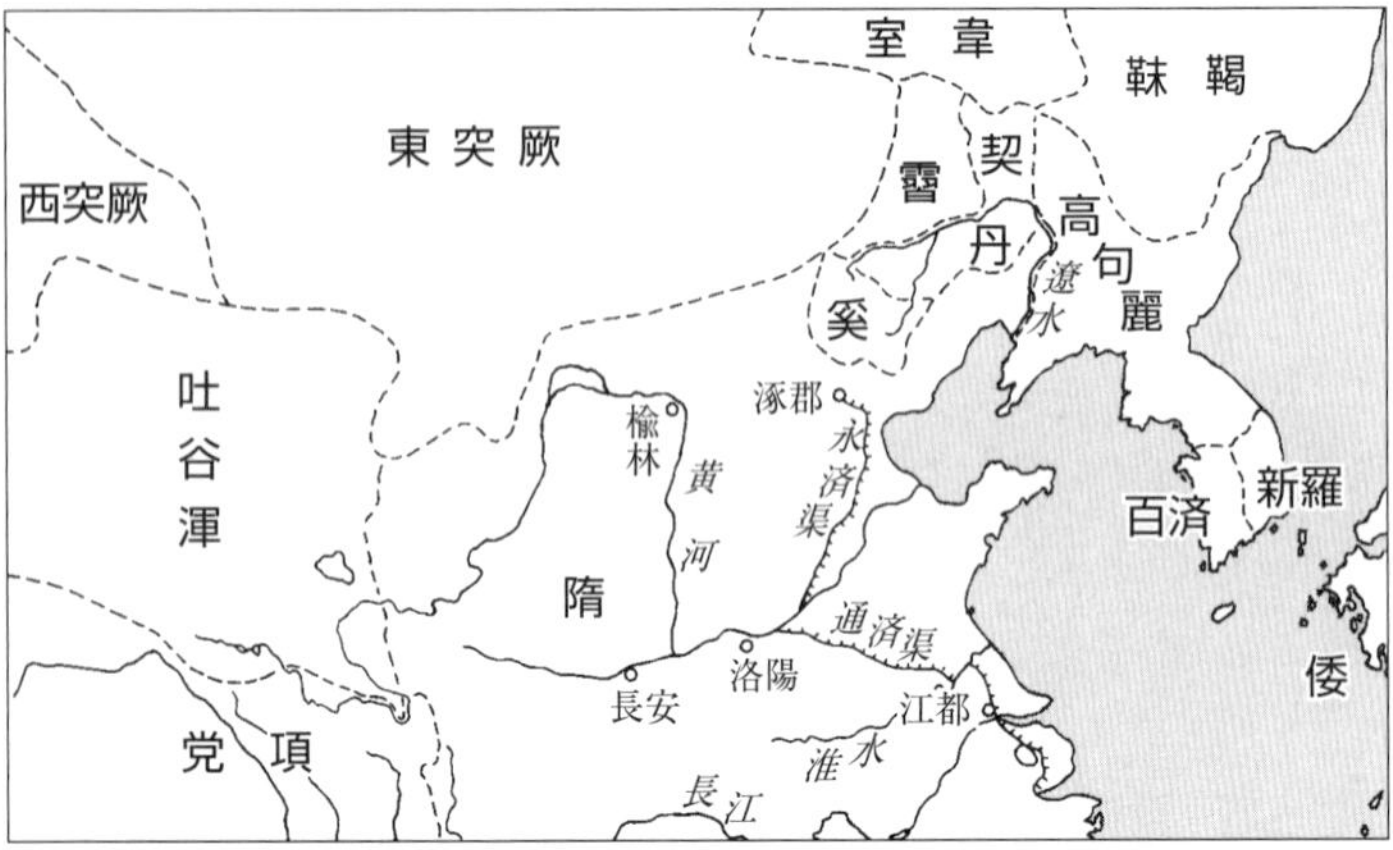

隋と周辺諸国図（金子修一『隋唐の国際秩序と東アジア』名著刊行会，2001年より一部加筆）

を目指していた（河上麻由子―二〇一一）。

この国際環境の変化に、百済と高句麗は素早く反応する。隋に使者を派遣して、臣従の姿勢をとったのである。ただし、隋と良好な関係を築いた百済と異なり、国境を接する高句麗は隋への警戒心をあらわにし、隋・高句麗関係は緊迫の度を高めていった。

ところが倭王権は、この国際情勢の大変動に、外交方針をなかなか定められない。支配層の間の外交をめぐる議論が、王位継承問題や仏教受容の可否をめぐる議論と結びつき、激しい権力闘争に発展したのである。こうしたなか、百済との関係を重視する大臣の蘇我馬子《そがのうまこ》は崇仏《すうぶつ》を強くとなえ、有力王子の厩戸王《うまやどのおう》などと協力して、対抗する物部守屋《もののべのもりや》らを五八七年に倒した。けれども、その後も倭国政界は百済・新羅両国からの外交攻勢を受け、朝鮮半島情勢への対応で揺れ続ける。おそらくはその影響で、五八七年に即位した崇峻《すしゅん》大王と関係を悪化させた馬子は、五九二年、大王を暗殺してしまう。

こうして新たに登場した推古《すいこ》王権は、蘇我馬子と厩戸王が大王を補佐する体制を築き、百済関係を重視した仏教受容の方針を明確にする。新羅がその直後の五九四年に隋との通行を開始したのも、この倭国の動きを牽制する意図が含まれていたであろう。一方、台頭する新羅や隋を警戒する高句麗は、僧の慧慈《えじ》を倭国へ派遣して厩戸王とのパイプを築くなど、対倭関係の好転をはかり、隋北方の東突厥との連携も模索した。そして五九八年には、隋領域に侵入して隋と軍事衝突を引き起こす。朝鮮諸国に大きく遅れて、五九六年にようやく本格的な伽藍《がらん》を備える仏教寺院（飛鳥寺《あすかでら》）の竣工も果たした倭国には、隋の国際秩序の影響下に等しくおかれた朝鮮半島情勢をにらみ、中国王朝との通行を再開する環境が整いつつあった。ましてや、親百済・高句麗に大きく傾き、対新羅政策で強気の姿勢をみせ始めた推古王権にとって、新羅が隋の冊封を受けたことは、無視できないものだったはずである。

遣隋使と国制改革

六〇〇年、倭国の派遣した使節団は、船でおそらくは百済海域から山東半島へ向かい、そこから隋の皇帝の宮殿を目指した。『隋書』倭国伝によると、この遠来からの使節に興味を持った文帝《ぶんてい》は、役人を介して倭国の風俗を尋ねさせている。すると倭国使は、倭王は天を兄とし、日を弟とし、夜明け前にあぐらを組んで座り、政務をとって、日が出るとやめて弟に任せるのだと説明したという。ここには、五世紀後半に生み出された倭王の「天下」が、一世紀を経てどのような思想や政務方式に展開していたかが示されている。ところが、これを聞いた文帝からは「はなはだ義理なし」と呆れられ、政務の執り方

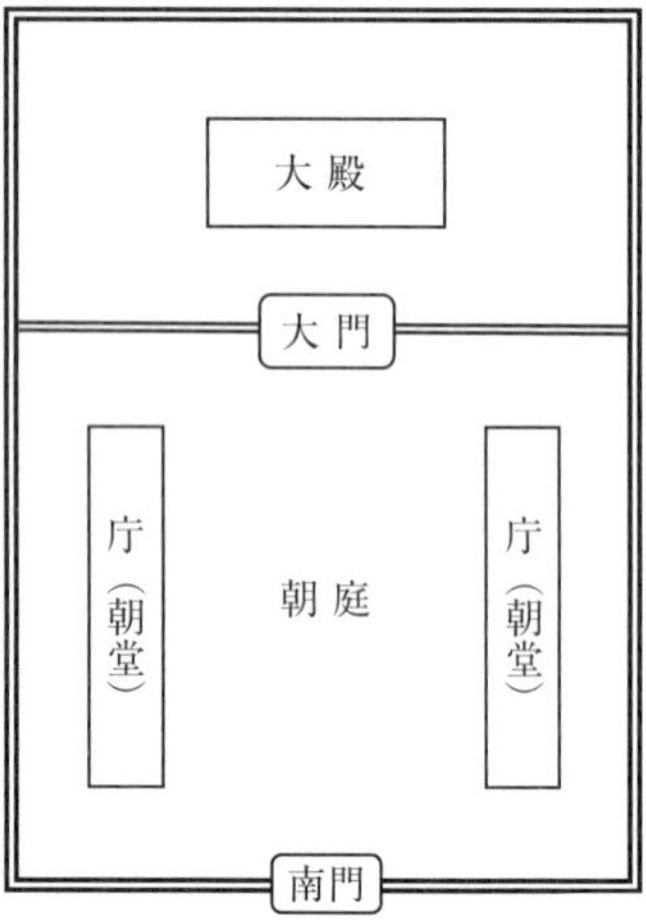

小墾田宮推定平面図

を改めるよう諭された。それは、高句麗・百済・新羅も組み込まれた隋を中心とする国際秩序において、野蛮国のレッテルを貼られたに等しい。この衝撃が、倭国の国制改革を強くおしすすめる契機となった。

　六〇三年、推古の王宮は、飛鳥に新たに造営した小《お》墾田宮《はりだのみや》へ遷され、一二階の冠位制が開始された。小墾田宮は、南門から入ると左右を庁（朝堂《ちょうどう》）に挟まれた空間（朝庭《ちょうてい》）が広がる。儀式などの際、一二等級の異なる冠を着けた官人たちが、それぞれ位に応じてここに整列した。その北方には大王の出御する大殿が鎮座した。こうした建物配置は、その後の宮殿構造にも引き継がれる。推古王権は、位によって官人を組織し、宮殿の儀式空間で整然と政務や儀礼を行なう、東アジア共通の政治方式を取り入れたのである。

　こうした改革をふまえて、六〇七年、倭国は新冠位をつけた小野妹子《おののいもこ》を大使とし、百済を通じて再び遣隋使を派遣した。一方、隋では文帝が亡くなり、子の煬帝《ようだい》が第二代皇帝についていた。『隋書』倭国伝によると、この時妹子らは「日出づる処の天子、書を日没する処の天子に致す。恙《つつが》無きや」と記した倭王からの国書を提出し、これをみた煬帝は「蛮夷の書、無礼なる者有らば、復《ま》た以て聞《ぶん》する勿《なか》れ」と激怒したという。皇帝の怒りは、唯一中華の皇帝が称する「天子」を「蛮夷」の王が称したことにあったことは間違いない。しかしそれだけでなく、仏典では東西を指す表現である「日出処」（東）「日没処」（西）を使用したことにも、皇帝の不興をかう要素があったとみられている。もともと「日出処」の「天子」という表現は、中国皇帝に対する信仰的敬意と威徳《いとく》を讃えるものとして国際的に広く使われていたからである（鈴木靖民—二〇一四）。朝鮮諸国よりも優位に立ちたい倭王権は、隋を上位に構築された国際秩序のなかで、無謀にも、隋との対等的な関係を志向していたのである。

これに対して隋は、翌年、鴻臚寺《こうろじ》という外交担当部局の下級役人で、まだ若年ではあるが名門裴氏出身の裴世清《はいせいせい》を、帰国する小野妹子らにつけて倭国へ派遣し、圧力をかけた。隋は、六〇〇年の遣使の時とは様子の異なる倭国を、百済・新羅が頻繁に通じる、ある一定の礼的秩序を備えた「大国」と認識を変えつつあった（黒田裕一—一九九八）。このため、東突厥ともつながる高句麗を強く警戒していた隋は、朝鮮諸国と密接かつ戦略的関係を持つ倭国についても、隋の国際秩序の下に組み込む必要を感じたのだろう。一方、その裴世清を倭国は小墾田宮で中国式儀礼を以て迎え、結局、隋を「礼儀の国」と称し、冊封は受けないが朝貢の姿勢を示すことにしたのである。

隋滅亡と留学生たち

ところで六〇七年に煬帝を怒らせる倭王の国書をもたらした小野妹子らは、隋に「沙門数十人」の留学許可も求め、煬帝を「海西の菩薩天子」と褒め称えて、隋中心の仏教的な世界観に寄り添う態度をとっている。『日本書紀』はこの沙門らの記載を欠いているが、六〇八年、帰国する裴世清について再び隋へ向かうこととなった小野妹子は、前回よりもへりくだった国書をたずさえると、やはり学生・学問僧からなる八名の留学生を引き連れて渡海した。その中には、帰国後に「大化改新」を主導することとなる南淵請安《みなぶちのしょうあん》や高向玄理《たかむこのくろまろ》、僧旻《みん》などが含まれていた。

こうして隋に渡った彼らの中には、留学中に中国の大変動を直接体験する者が少なくなかった。隋から唐への政権交替である。大土木工事や高句麗遠征などがもたらした疲弊と反発で、六一〇年代に入り急速に衰えた隋は、六一八年、揚州にあった煬帝が近衛軍団の反乱によって殺害され、あっけなく滅亡する。こうして隋にかわり中華王朝をひきつぎ、隋以上の強国へと成長していくのが唐であった。そして、この唐の勃興を目の当たりにした留学生の中に、遣隋留学生として医学関連知識を学ぶ恵日《えにち》もあった。彼は中華王朝の新たな主となった唐の底力と可能性を知るや、倭国は唐とも通行すべきと考えるようになったようだ。そして同様の考えを持つ学生・学問僧らとともに、六二三年七月、新羅経由で帰国を果たし、業を達成した留学生らの召還、および法典や儀式の備わる唐との交流を進言したのである。

彼らが新羅経由で帰国するきっかけは、新羅が六二一年に唐へ派遣した朝貢使にあったとみられる。おそらく、彼らは隋で新羅の留学生たちと親しく交流し、新羅の遣唐使に近づくきっかけをつかんだのだろう。隋では諸方から集う学問僧のために、都の大興城《だいこうじょう》（長安）・東都洛陽城に高僧を招聘し、等しく勉学させる場が用意されていた。このため、倭国学問僧は朝鮮諸国の学問僧と机を並べて学ぶ環境にあったが、なかでも学友となる僧は新羅に偏っていたとみられる。このころの新羅は、百済や高句麗と比べ、かなり多くの留学僧を中国に派遣しており、中国仏教教団とのつながりを持っていた。高句麗などから波状的に仏教が伝わり、これが政界の権力闘争と結びついてきた新羅は、自立的な仏教受容を目指し、中国に王権選抜の留学生を直接送って学ばせる戦略をとっていたとみられる。百済からの政治的要求の見返りとして伝来した仏教で崇仏論争を引き起こした倭国も、新羅同様の戦略を掲げて隋へ留学生を派遣していたから、倭国留学生たちも、この新羅の戦略に共感していったのであろう（田中史生―二〇一七）。

一方、新羅にも、倭王権に唐との交流を進言する恵日らを支援したい理由があった。高句麗・百済と対立する新羅は、唐から新羅寄りの姿勢を引き出させるなど、対唐関係の強化を軸に高句麗・百済を牽制する戦略をとっていたから、倭国が唐へ接近することは歓迎すべきことだったのである（山尾幸久―一九八九）。

こうして、七年後の六三〇年、倭は新羅に導かれ、恵日をその副使とした最初の遣唐使を派遣した。この時、倭の対中外交は、百済経由から新羅経由へと切り替わったのである。

隋と奄美・沖縄諸島

『隋書』流求伝によると、六〇八年に隋を再訪した小野妹子らは、同年に隋の使者が流求国から持ち帰ったという布製の甲《よろい》を見せられた。その「布甲」に見覚えのあった妹子らは、「此れ、夷邪久《いやく》国人の用いる所」と答えたという。

この、流求の比定地をめぐっては台湾説・沖縄説を中心に論争がある。近年の日本古代史研究は沖縄説に傾くが、その根拠は薄い。中国の十世紀の『濇水集《けっすいしゅう》』には、島嶼伝いに流求国まで至る島々の風俗や地形などが『隋書』よりも詳しく記載され、これらは条件次第で中国大陸から望めると記している。この地理観を重視するならば、むしろ台湾付近に求めるのが妥当だろう。煬帝期の隋は、突厥や高句麗だけでなく、西域や東南アジア方面に積極策をとっていた。流求国の攻略もこうした動きとかかわるだろう。一方、倭国使が語ったイヤク（夷邪久）は、九州以南の島々、すなわち奄美・沖縄諸島を指す。つまり、台湾地域の「布甲」と奄美・沖縄諸島で使われる甲が似ていたので、奄美・沖縄諸島の風俗を知る倭国使は、これをイヤクの人々が使うものと言ったのだと考えられる（田中史生―二〇一二）。

ところで、倭国使が隋で語ったイヤクは、『日本書紀』にはヤク（掖玖）という名で登場する。六一六年（推古二十四）にヤク人が渡来したという記事を初見として、以後、倭国とヤクの交流記事がたびたびみられるようになるのである。しかし『隋書』の記事はこれより少し早い時期のもので、倭国とヤクとの交流が、七世紀初めには開始されていたことがわかる。

そして最近、奄美・沖縄諸島において、この時代と重なるヤコウガイ加工場の遺跡がいくつか確認され、注目を集めている。ヤコウガイは南方に産出される大型の巻貝で、遺跡から出土するヤコウガイは、いずれもカットされたり磨かれたりしている。また、こうした遺跡は、奄美諸島を中心に分布している。九世紀以後の日本の史料によると、平安の貴族たちは、交易などで手にいれたヤコウガイを、ヤクからもたらされる貝という意味をこめてヤク貝とよび、杯《つき》に加工したり装飾用の材料に用いたりした。加工された大量のヤコウガイが出土する奄美諸島の遺跡は、平安時代の史料にみえるヤコウガイ交易が、七世紀以前に遡ることを示す重要な考古資料なのである。

ただし、奄美・沖縄諸島の人々は、弥生時代も、九州の倭人たちとゴホウラガイやイモガイといった巻貝の交易をしており、倭人との貝交易はかなり以前からあった。つまり、『隋書』や『日本書紀』の記事は、倭人と奄美・沖縄諸島の人々との交流のはじまりを示すものではなく、倭王権が奄美・沖縄諸島と直接交流するようになったことを示すものである。

では、七世紀の初めに、どうして両者の直接交流が開始されたかというと、これにも、当時の国際情勢がかかわっていた。このころ、倭王権は、新羅の台頭に加え、隋帝国の登場で緊迫化する東アジア情勢を警戒し、九州沿岸部の警備を強化していた。後に九州を統括し、外国との交流の窓口となる大宰府《だざいふ》の前身筑紫大宰《つくしのおおみこともち》も、ちょうどこのころ置かれている。こうして、九州沿岸地域の交通を監視し、周辺の情報を収集する体制がつくられると、倭国の支配者たちは、ヤクに関する知識や情報、さらにはヤクと直接交流するきっかけを、この体制を通して得るようになったと考えられる。遣隋使にはこうした列島周辺の情報を熟知する人々も加わり外交交渉にあたっていたため、その情報の一端が、六〇八年の遣隋使によって隋にも披露されたのである。

ヤコウガイ

二　遣唐使の時代

1　唐帝国と日本

東アジアの政変

隋末の混乱期の六一七年、赴任地の太原《たいげん》で挙兵した李淵《りえん》は、隋都長安の地をほとんど無傷で占拠すると、翌年の煬帝の死後、唐朝を開いて皇帝の位に即いた（高祖《こうそ》）。しかし、その後も各地に割拠する群雄勢力との戦いにあけくれて、国境を接する高句麗に対しては隋の時代のような強行姿勢をとらなかった。ただ、六二四年に高句麗・百済・新羅を冊封体制に組み込み、六二六年には三国の対立関係を調整するなど、朝鮮半島情勢の秩序化・安定化に向けて中華国としての役割を果たそうとしていた。しかし同年八月、李淵をなかば強引に引退させて即位した次男の世民《せいみん》（太宗《たいそう》）が、残存する群雄勢力を平定し、六三〇年には長く北方の脅威であった東突厥をも滅ぼすと、このころから高句麗は唐への警戒を強めている。

一方、この間、倭国は六二二年に厩戸王、六二六年に蘇我馬子、六二八年に推古大王と、政権中枢の三名を相次いで失い、六二三年の恵日らの進言にもかかわらず、なかなか遣唐使を派遣できないでいた。結局、倭国の最初の遣唐使派遣は、舒明《じょめい》大王が即位した翌年の六三〇年までずれ込む。それは、唐が東突厥を滅ぼした直後だったから、長安に到着した遣唐使一行は、その勝利に酔う唐朝の威勢を目の当りにしたことだろう。勢いに乗る唐は、六三二年、倭国使の帰国につけて高表仁《こうひょうじん》を送り、倭王権に唐の冊封を受けるように迫ったらしい。しかし『旧唐書《くとうじょ》』倭国伝に「表仁綏遠《すいえん》の才無く、王子と礼を争い、朝命を宣《の》べずして還る」とあるように、唐の強圧的な姿勢に倭国は態度を硬化させた。太宗は舒明王権を唐の国際秩序に組み込むことには失敗したのである。

その八年後の六四〇年、唐は西域の高昌国《こうしょうこく》も滅ぼし、高句麗の警戒はさらに高まった。高句麗では、唐に対抗する体制を整えようと、六四二年に大臣の泉蓋蘇文《せんがいそぶん》がクーデターをおこし国王を殺害。傀儡の王をかついで独裁的な政権が登場した。百済でも、前年に即位したばかりの義慈王《ぎじおう》が、反対派を追放するなどして権力集中をはかり、新羅の西部を攻めて、新羅—唐の海上交流ルートを遮断し、高句麗と手を結んだ。このため高句麗・百済に挟まれ窮地に陥った新羅は、六四三年、唐に使者を派遣して出兵を請うたのである。

こうした国際情勢の変化は、六四二年に発足したばかりの皇極《こうぎょく》王権を激しく緊張させた。倭国では、前年に舒明大王が亡くなり、その后の皇極が即位して、蘇我馬子の子の蝦夷《えみし》が大臣として政界を主導していた。しかし、対唐関係をうまく結べない倭国の外交は舵取りが難しく、当時としては異例の父子継承を続ける蘇我本宗家のあり方にも一族から不満が漏れるなど、権力闘争の火種を抱えていた。焦った蝦夷は、強引に子の入鹿《いるか》へ権力の委譲をはかり、その入鹿は蘇我系王子の古人大兄《ふるひとのおおえ》の擁立を企てて、山背大兄《やましろのおおえ》を襲い自害させる。しかし、こうした蘇我本宗家の権力集中の動きは、激しい反発を招いた。

そして、乙巳《いっし》の変《へん》が勃発したのである。乙巳の年、すなわち六四五年、皇極の息子の中大兄《なかのおおえ》らが、蝦夷・入鹿父子を葬り去り、稲目《いなめ》以来四代にわたり倭国の政治を牽引した蘇我本宗家を退場させた。

白村江の戦いへ

乙巳の変後、皇極は譲位し、弟の孝徳《こうとく》が即位した。新体制では中大兄が有力な次期大王候補として政治にかかわり、政変を成功させた立役者の一人中臣鎌足《なかとみのかまたり》も内臣《うちつおみ》という地位につき、大王の側近として政権に参加した。また、高向玄理や僧旻といった中国留学組が、その知識をかわれ、国博士《くにはかせ》として政権の顧問役となった。『日本書紀』によると、発足した新政権は「大化」という年号をたて、宮殿を大阪湾岸の難波《なにわ》に移して、新たな政策を次々と打ち出したという。このため、この時期の政治改革は「大化の改新」とよばれている。ただ、この「大化」の年号が実際に使われた痕跡は確認されておらず、「大化の改新」も『日本書紀』の伝えるとおりのものではなかった。しかしそれでも最近は、難波宮の発掘調査や木簡の調査などの進展によって、この時期にいくつかの重要な政治改革が行なわれたことは間違いないと考えられるようになっている。

ところで、この時に国博士となった高向玄理は、六〇八年に遣隋使にしたがい中国へ渡り、六四〇年に新羅経由で帰国した経験を持つ。要するに玄理もまた、隋・唐において新羅との関係を深めた倭国留学生の一人であった。新政権は、政変の翌年、対唐外交もにらみながら新羅との関係を模索しようと、この玄理を新羅へ派遣した。ところが、当時、高句麗・百済に挟まれ対唐関係を重視していた新羅では、唐との同盟関係のありかたをめぐり王権内に亀裂が生じていた。新羅救援策を提示した唐が、新羅の善徳女王《ぜんとくじょおう》の統治を批判し、女王の退位と唐王族の即位を要求してきたからである。これが六四七年に新羅国内で女王退位を求める反乱を引き起こした。中国で隋から唐への王朝交替を、帰国後は乙巳の変を経験した玄理は、新羅滞在中にまたも内乱に遭遇したのである。

一方、この新羅の内乱をおさめた一人が、後に武烈王《ぶれつおう》として即位する金春秋《こんしゅんじゅう》である。春秋も、新羅王族でありながら、高句麗へ出向いて抑留されたり、唐との厳しい交渉に臨んだりと、緊迫する国際情勢をくぐり抜けてきた。国際的な事件の目撃者である春秋と玄理は、今後の両国関係について意見を交わしたことだろう。春秋は内乱を収束させるとすぐ、玄理を連れて倭国を訪問した。そして倭国政界を新羅へ引き込もうと、積極的に動き回った。この春秋の来訪によって、両国に一定の緊密な関係が構築された。倭国は六四八年に春秋らに付託して唐に国書を提出すると、六五三年、六五四年と立て続けに新羅を経由し遣唐使を派遣し、唐との関係構築と、改革に有用な唐文化の移入につとめている。

しかし倭国には、高句麗・百済との関係を破棄してまで新羅に荷担する覚悟はなかった。このため、対唐関係を深化させ、唐化政策も進めた新羅は、春秋即位直後の六五五年、高句麗・百済から攻撃を受けると、唐に救援を求めて倭国を見限っていく。

六五九年、唐・新羅と百済・高句麗両陣営の軍事衝突が激化するなか、倭国は緊張緩和をねらい遣唐使船を派遣した。この船はこれまでのように新羅の支援を得られず、百済南岸の島から一気に中国大陸を目ざし、なんとか江南地域へ漂着した。けれども一行は唐側に、「海東の政」が行なわれるとの理由なしていたのである。

で抑留されてしまう。それは唐・新羅連合軍による百済総攻撃を指していた。唐も倭国を百済寄りとみなしていたのである。

こうして六六〇年、唐は西突厥との戦いに勝利したばかりの蘇定方《そていほう》らに一三万の兵を託し、その軍船が海路から、新羅軍五万が陸路から、百済王都泗沘城《しびじょう》を包囲した。義慈王《ぎじおう》は降伏し、百済はあっけなく滅亡したのである。これに対し倭国は、百済再興に動く百済遺臣と、倭国に滞在中の義慈王の子余豊璋《よほうしょう》にわずかな望みを託し、豊璋を「百済王」に仕立てて、唐・新羅との戦争に突入する。けれども、百済遺臣の軍に内部対立が起こり、六六三年八月には、白村江《はくそんこう》で組織的な陣を整える唐水軍に、ただ突撃を繰り返すだけの倭軍は大敗を喫した。豊璋も高句麗に逃れ、勝敗は決したのである。

律令国家成立の国際環境

それからほどなくして、高句麗も滅んだ。泉蓋蘇文の死後、その三子の間で内紛を起こした高句麗は、かつての強国としての威容を失い、倭国にも高句麗を支援する力はなかった。そして六六八年、唐・新羅軍の前にとうとう屈したのである。

一方、倭国では、白村江の敗戦後、亡命する百済人や敗走する倭人兵などが西日本に押し寄せ混乱していた。しかも、敗戦で権威を失墜させた倭王権は、同盟国を失ったまま敵国に囲まれ、その脅威に激しく緊張していた。このため、最前線にあたる北部九州の沿岸を防備する防人《さきもり》を配備した。また、亡命した百済の支配層や知識人らを積極的に登用し、彼らの協力を得て、博多湾からの敵の侵攻を防ぐ巨大な堀と堤防を備えた水城《みずき》を設けると、西日本各地に堅牢な土塁・石塁で山谷を囲った朝鮮式山城を置いた。さらに、強固な軍事態勢の整備と国内諸勢力に対する王権の優位性を回復するため、王を中心とした中央集権的な国家体制の構築を急いだ。

倭王権にとって幸運だったのは、それから間もなくして、対外的緊張が幾分か緩和され、新体制の整備に精神的・時間的余裕が与えられたことである。というのは、新羅と唐は高句麗滅亡の前後から、旧百済領の取り扱いをめぐり不和を生じさせ、六七〇年代、その対立が決定的となっていた。ちょうどこのころ、唐はチベット高原を本拠に台頭する吐蕃《とばん》との本格的な抗争を抱え、東方への対処が十分できなくなっていた。新羅はその間隙をついて朝鮮半島から唐の追い出しにかかったのである。

ただ、この朝鮮半島をめぐる攻防も、背後の倭国がどうふるまうかにかかっている。このため、東アジアにおける倭国の位置づけは一転した。新羅は倭国の歓心を得ようと恭順的な姿勢をみせ、余裕を失った唐も倭国との関係の改善、取り込みに動いた。これに対し、倭王権は表向き不関与の姿勢をみせながら、実質的には東アジアにおいて唐の影響力を弱めようとする新羅との関係を重視して、新羅と頻繁な交流関係を維持する。一方、唐との関係は三二年間も途絶させた。そこには、強大なパワーをちらつかせ、東アジアに強い圧力をかけてきた唐への警戒があったろう。独自の「天下」を発展させて、中国王朝の国際秩序との折り合いに苦慮してきた倭王権に、唐朝の東方への影響力の増大は望まれていなかったとみられる。結局、吐蕃戦で劣勢の唐は、六七〇年代後半には、新羅が朝鮮半島の支配者となることを認めざるを得なくなっていった。こうして新羅は、朝鮮半島全域の支配を確立させ、倭王権は、自らの権威の回復を企図した律令的な国家体制の整備を、亡命百済人だけでなく、唐化政策を成功させた新羅からの支援も得て加速させていったのである。

大宝の遣唐使と「日本」

おそらくこの間に君主号の一つとして「天皇」号が用いられるようになり、「倭」も「日本」とあらためられた。「天皇」号の成立は、奈良県の飛鳥池遺跡《あすかいけいせき》出土木簡によって、天武《てんむ》期以前に遡ることが確実である。一方、中国で発見された六七八年の祢軍《でいぐん》墓誌には「日本」が百済を指して用いられており、少なくとも「日本」はこの時点はまだ個別の国と結びつくものではなかった（李成市―二〇一四）。六七八年は天武七年にあたるから、「日本」号は天武期以後、「天皇」号は天武期以前の成立となる。そしてこの二つは最終的にセットとなり、「日本天皇」という呼称が「隣国及蕃国」に対して用いるものと位置づけられていく（養老公式令詔書式条『集解』古記）。

こうして新生「日本」は、七〇一年、「大宝」の独自年号とともに大宝律令を制定すると、翌年、久々に遣唐使を派遣した。遣唐使船は、新羅を頼り朝鮮半島西海岸沿いから山東半島にいたる従来の航路（北路）をとらず、五島列島から揚子江河口部まで一気に東シナ海を横断する航路（南路）を用いた。新羅から自立した対唐関係の構築を目指したとみられる。その背景には、朝鮮半島支配に自信を深めていた新羅が、六九〇年代以降、日本への依存度を弱めつつあったこと、そして後述するように、日本も同じころ、新羅を明確に「蕃」と位置づけ、より唐に近い国家モデルを志向するようになっていたこと

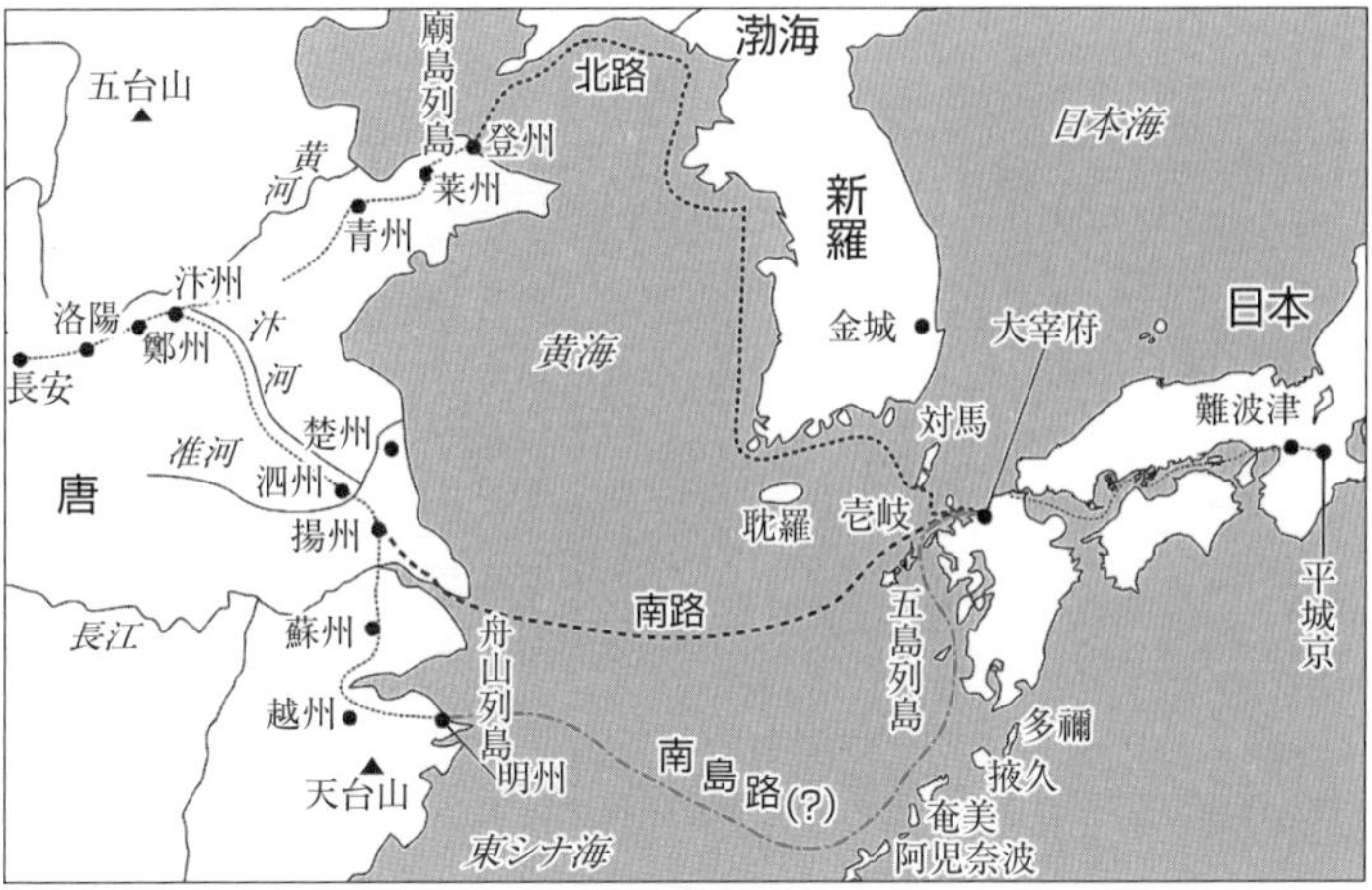

遣唐使の航路

があるだろう。

唐土に到着した遣唐使は、自らを「日本国の使」と述べた。しかし、国際社会からの名付けであった「倭国」をあらため、「日本国」を称するようになった経緯を、遣唐使は唐に明確には説明しなかったらしい。このため、中国の史書『旧唐書』の編者は、倭国との関係がよくわからず、いくつかの憶説を記している。それは対外的には「日本」とセットで用いられるべき「天皇」を、遣唐使は国書において、その和語の「スメラミコト」にあわせて「日本国王」の「主明楽美御徳」（スメラミコト）と記したらしいこと（森公章――一九九八）ともかかわっているだろう。倭国は、「日出づる処の天子」と称して隋帝を怒らせて以降、中国王朝に対しては冊封を受けないが朝貢は行なう蕃夷の国としてふるまっていた。「天皇」号も、唐では第三代皇帝高宗が使用したものであるから、これをそのまま漢字で示し、かつてのように皇帝の不興を招くことは避けたかったとみられる。そして

「天皇」とセットとなるべき「日本」は、中国の中華的世界観においては東極を意味したが、日本側はその改称に、朝鮮を服属させた帝国的国家としての価値を強く見出していたとみられる（神野志隆光—二〇一六）。しかも「日本」は、中国においては百済をも含む広い概念であった。したがってその名乗りに、「倭」を越えて朝鮮半島をも束ねる王朝としての意味を含めていた可能性が高い。けれども新羅を冊封する唐に、この改称意図を明確には説明できなかったのであろう。

とにかくこのような曖昧さを残して、唐の国際秩序とうまく摺り合わせを行なった遣唐使は、一行を率いた粟田真人《あわたのまひと》が「好みて経史を読み、文を属《つづ》るを解す。容止閑雅なり」（『唐会要』）と褒め称えられるなど、とりあえず評価は上々で、朝鮮をも従える王朝の名として採用した「日本」を、唐には東方の朝貢国の意味として承認させ、中国中心の国際秩序の中で「公認」された。出発したばかりの日本律令国家は、それをモデルとした唐から、国家運営に有用な文物と知識を直接移入する体制を整えることができたのである。

文書行政と都城

ところで、六九四年の藤原京への遷都と、七〇一年の大宝律令の制定により、その威容を整えた中央集権的な国家体制は、天皇を世界の中心的支配者と位置づける、中華思想によって支えられている。そして、律令法を用いて整備した官僚制的行政組織と公文書制度が、天皇による支配を具体化・実体化する。これらは、基本的に唐制を模したものであった。しかしその整備までの過程は、前述のように唐との国交が途絶していて、実際は亡命百済人や新羅の支援によって進行したとみられる。

まず、中華国としての威容だが、これに亡命百済人や新羅の果たした役割は大きい。中華国では、中華皇帝の直接支配・教化の及ぶ範囲を化内《けない》、その外側は化外《けがい》とし、化内を文明世界、化外を野蛮世界とみなす。化外の国は野蛮国の意を込め「蕃国」とよび、「蕃国」の王の派遣した使節は「蕃客《ばんかく》」とされる。また中華の聖王は、「帰化《きか》」を願う化外の民を哀れみをもって受け入れ、化内に編入する。こうして化内の文明世界は、化外を取り込み拡大する。大宝律令が制定されたころの日本では、新羅の使節がこの「蕃客」となった。また、王権が次々に編入した王族・貴族を含む多数の亡命百済人たちは、「帰化」の役割を担った。

天皇の支配体制を具現化した文書行政も、百済や新羅の手法が多く導入されている。日本では隋・唐と異なり、文書行政を行なう際に紙だけでなく木片に文字を書く木簡が多用された。近年、この日本出土木簡と韓国出土木簡との間に、用字の使い方や木簡の使用方法などで多くの類似があることが明らかとなってきたのである。

さらに、このころ登場した中国的な条坊を持つ藤原京も、方形の京城の中央に宮室を配置する、同時代の隋・唐にはみられない平面プランを採用している。中国古典の『周礼《しゅらい》』には、このプランに通じる記述があるが、発掘調査では『周礼』と異なる点もいくつか確認されている。こうしたなか、新羅の王京との類似性を指摘する見解がいくつか出されていることは注目される。

ところが、藤原京造営開始後、中国の律令法の体系的な継受に本格的に乗り出した王権は、改革の基

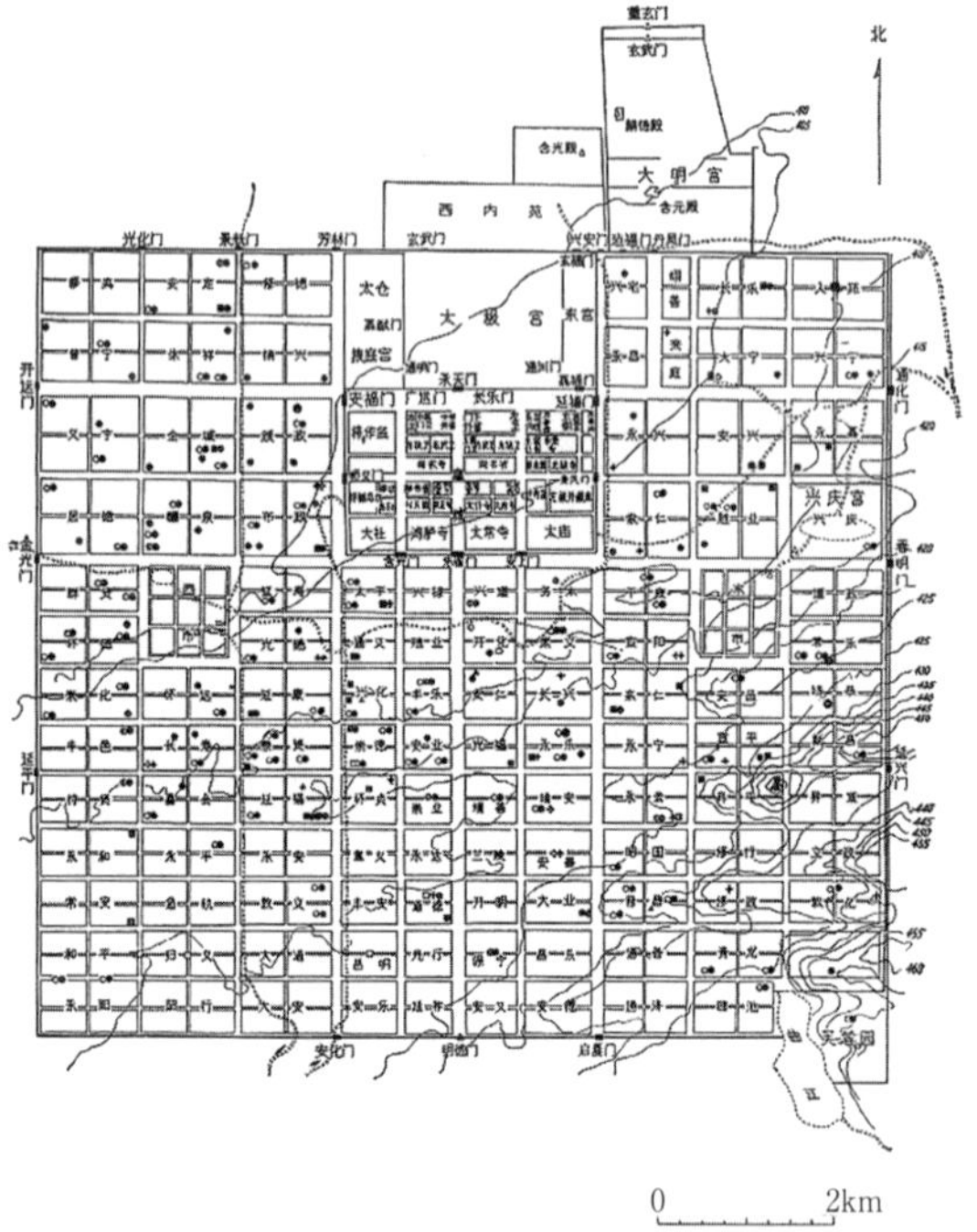

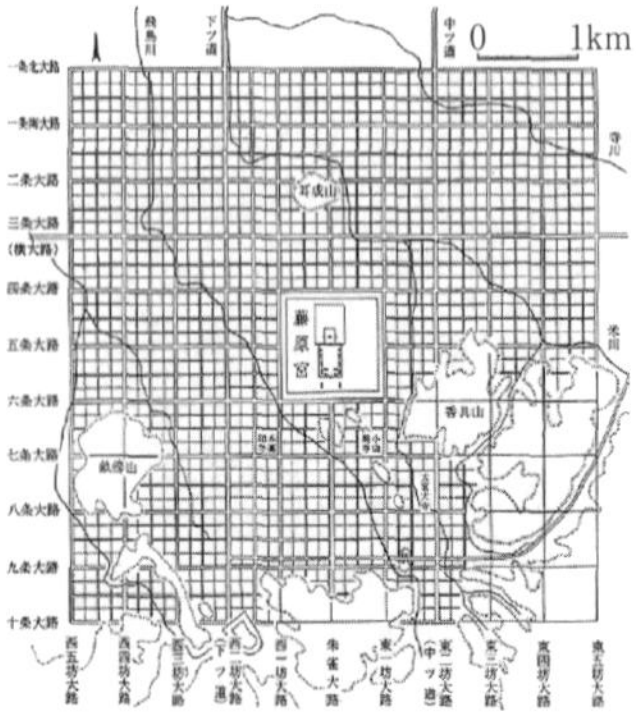

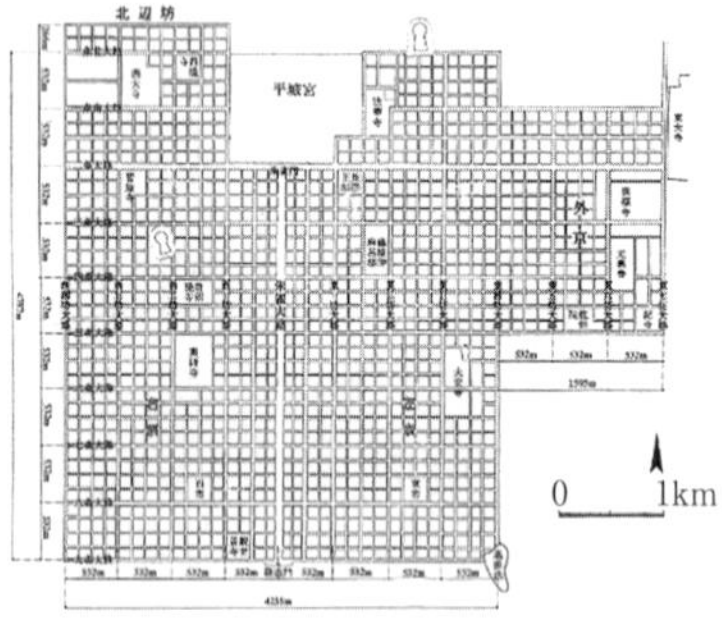

長安城（上），藤原京（左下），平城京（右下）（奈良文化財研究所創立50周年記念『日中古代都城図録』2002年より）

本路線をこれまで以上に唐化政策に置くようになった（鐘江宏之―二〇一〇）。この唐モデルへの接近は、大宝律令の制定と遣唐使の再開によって、さらに強化されていく。木簡などからは、このころから、朝鮮半島由来の用字が中国風に改められている様相が捉えられ、書風も、唐風の新しい書体が採用されるようになった（市大樹―二〇一二）。『旧唐書』日本国伝は、七一七年の日本の遣唐使が、唐皇帝からの回賜品《かいしひん》をことごとく換金して書物を買い帰国したというエピソードを掲載している。日本は唐化政策に必要な知識を、これほどまでに貪欲に求めていたのである。都城も、遣唐使再開後、唐制と類似したプランに変更された。七一〇年（和銅三）、藤原京から遷都した平城京では、皇帝を北極星になぞらえる思想に基づき、京域の北側中央部に宮室を設ける、唐都長安城と同様のプランが採用された。

百済や新羅に支えられて登場した「日本国」は、その百済や新羅をも「蕃国」とする中華的な国家を理想とし、結局それを、唐制・唐風に近づくことで果たそうとしたのである。

2　「中華」を求めて

小中華

日本律令の建前では、遣唐使はあくまで中華国たる日本から蕃国へ送り出された使者であった。ところがすでに見たように、唐に到着した遣唐使は、それとは真逆の、蕃夷の国からの朝貢使、すなわち「蕃客」としてふるまった。

こうした日本律令国家の姿勢の一端は、七五二年（天平勝宝四）派遣の遣唐使が、唐の宮殿で席次争いを起こした「争長事件《そうちょう》」にもあらわれる。八世紀末に編纂された『続日本紀』によると、唐の都長安に到着した遣唐使は、年が明けた七五三年正月、大明宮の含元殿《がんげんでん》で、他の外国使節とともに、皇帝に新年の拝賀を行なう朝賀の儀式に参列することになった。ところがそこで、日本使節の席次は西畔第二の吐蕃の下座、新羅の使節は東畔第一の大食国《だいじきこく》（アッパース朝イスラム）の上座とされたのである。要するに、唐は日本を新羅の下位とみたのだが、これを不服とする遣唐副使の大伴《おおとも》古麻呂《こまろ》は、唐側に「古より今に至るまで、新羅の日本国に朝貢すること久し」と述べ、日本を新羅の下に置くのは義に反すると猛抗議した。そして結局、唐側に、日本と新羅の座を入れ替えることを認めさせたという。唐の朝貢・冊封国である新羅を日本の「朝貢」国と訴えたかどうかは疑わしいが、新羅に対する自国の上位を、日羅関係の歴史的経緯から主張したのであろう。興味深いのは、帰国した古麻呂がこの事件を「諸蕃朝賀」での場面として誇らしく朝廷に報告し、それを日本の正史『続日本紀』が堂々と記録したことである。唐が日本を「諸蕃」と置いたことや、吐蕃・大食国と日本の位置関係については意にもとめていない。大宝律令以後、唐をも「蕃国」とする中華国を標榜した日本が意識したのは、中華帝国の唐を中心とする国際秩序のなかで、ただ新羅との上下関係だけであった（浅野充―二〇〇七）。日本律令国家は、国内では天皇中心の中華国としての体面を、国際社会では中華たる唐の東夷に位置する最上位国としての体面を、それぞれ使い分けて保とうとしていたのである。

このように、日本の中華思想は、理念的には中国をも含むものであるべきであったが、それが実際に含み込む具体的な世界は、中国より以東の世界にとどまることが支配層の間で了解されていた。これが前述の王朝名「日本」にもあらわれているのである。まさに小中華である。それは、高句麗に圧迫されて国際的に不利な状況にあった五世紀の倭王権が、中華王朝からの官爵を求めつつ、中国由来の「天下」を利用し、中国の天下に対抗しない限定された「天下」、小天下を構想したことにも通じる。また唐制を模した律令体制の充実にも、中国文化は必要不可欠であった。このため遣唐使には、唐を中心とする国際政治において「日本」のポジションを上昇させることと、中国文化の移入が重要な役割となったのである。

往来者たち

遣唐使が以上のような意味を持っていたため、隋・唐へ派遣される人々も、政治的な交渉を行なう使節と文化移入を任務とする留学生を中心に構成された。また、彼らには渡来系氏族の出身者が多いことも特徴の一つである。たとえば、六〇八年の遣隋使で名前のわかる使節員や通訳、留学生など一一名のうち、大使の小野妹子を除く実に一〇名が渡来系氏族出身者であった。先にみた恵日も、高句麗をルーツとし、百済から倭国へ渡来した技能者を祖に持つ。近年、中国西安の東郊で、七三四年に長安で没した日本の留学生井真成《せいしんせい》の墓誌が発見された。「井」の一字姓は日本の姓を唐風に名乗ったものとみられ、その出身氏族として井上忌寸《いみき》や葛井連《ふじいのむらじ》などが想定されているが、いずれも渡来系氏族である。

ところで渡来系氏族とは、最新の技芸を持って中国大陸・朝鮮半島などから日本列島へ渡った、いわゆる渡来人を祖とする氏族のことである。渡来系氏族の多くは、祖の渡来人がもたらした技能・知識・

文化を代々継承して倭王権に仕えた人々であった。そして遣隋使・遣唐使の時代も、倭国時代から引き継ぐその国際的知識・文化的能力を基礎に、他の「諸蕃」と競い合う外交折衝にあたり、唐の先進的な知識を学び取る役割を担ったのである。

ただし、遣唐使構成員における渡来系氏族の割合は、時代が下るとともに減少傾向にある。小野妹子の遣隋使から約二〇〇年後の、八〇四年の延暦の遣唐使をみると、大使以下、使節・通訳・留学生ら実名が確認できる二〇名近くの入唐者のうち、渡来系氏族出身者と判明するのはわずか四名にすぎない。こうした現象は、日本支配層の間に中国的教養が広がり、遣唐使の人選が渡来系氏族の外へと拡大したことを示している。それを支えていたのが、仏教伝来を契機に各分野に拡大した、氏族関係に依拠しない師弟関係による技能・知識の伝習方式と、増大する輸入書物を利用した学習方法である（田中史生―二〇一七）。

たとえば、養老の遣唐使（七一七年）で唐に留学した吉備真備《きびのまきび》は、岡山地方の豪族の子弟で、中央におかれた官人養成の学校である大学寮で学び、下級役人としてそのキャリアを始めた。そして才学を認められて入唐留学生となると、一七年もの間、おそらくは多くの師のもとで様々な分野を学びとり、帰国後は大学寮の次官や東宮学士《とうぐうがくし》に任じられて、最後は正二位、右大臣にまで登りつめた。注目されるのは、彼がその学びと対応する中国文化全般にわたる分野の漢籍を持ち帰ったことである（東野治之―一九九二）。彼が日本にもたらした知識と書物は、大学寮での後身の学習や、東宮での阿倍《あべ》内親王（のちの孝謙天皇）の教育に役立てられたであろう。なお、真備が参加した遣唐使には、中央有力豪族阿倍氏出身の阿倍仲麻呂《なかまろ》もあった。仲麻呂は唐において、高等教育機関である太学に進み科挙《かきょ》にも合格し、唐の役人として玄宗《げんそう》皇帝の寵愛を受け、唐で客死《かくし》する。『続日本紀』はこの二人を「我が朝の学生にして名を唐国に播《ほどこ》す者は、唯大臣（真備）と朝衡《ちょうこう》（仲麻呂）との二人のみ」と高く評価する。

また日本は、師そのものを唐から招聘することも行なった。鑑真《がんじん》は、そのもっとも著名な人物といえる。僧が戒を正しく受けるには、戒を授ける戒和上《かいわじょう》やその作法にかかわる羯磨師《こんまし》・教授師《きょうじゅし》の三人の僧侶（三師）と、戒に立ち会い証人となる七人の僧侶（七証）が必要だが、八世紀に入っても日本にはこうした僧がそろっていなかった。七四二年、日本に仏教戒律の師を招きたいと揚州大明寺を訪れた日本僧栄叡《ようえい》・普照《ふしょう》らの要請を受け、渡日を決意した鑑真は、すでにこの時、唐仏教界で戒律の実践・研究の第一人者であった。その後、様々な不運と妨害にあって渡海の失敗を重ね、長安であの争長事件を起こした大伴古麻呂の船で、七五三年（天平勝宝五）、ようやく日本の土を踏んだ。この時、多くの辛苦からすでに視力を失っていた鑑真を、日本の朝廷は盛大に迎えた。日本仏教界は戒律の伝授法の確立を悲願としていたが、この分野で高名な鑑真が、一四人の僧と三人の尼まで引き連れてきたことで、その環境整備が一気にすすんだからである。授戒伝律について一任された鑑真は、東大寺に戒壇《かいだん》を築き、聖武太上天皇、光明皇太后、孝謙天皇らにも菩薩戒《ぼさつかい》を授けた（東野治之―二〇〇九）。

なお、戒律を伝えた唐僧としては、鑑真に先だって、栄叡・普照の声がけで七三六年（天平八）に渡来した道璿《どうせん》もいる。道璿の弟子となった行表《ぎょうひょう》は、後に入唐して天台宗を開く最澄《さいちょう》の師となり、最澄は同じく入唐して日本天台宗の発展に寄与する円仁《えんにん》の師となった。このように、日本の唐文化を求める動きは、日唐間に師弟関係の連鎖をともなう人の往来とつながりをもたらしていった。

管理された国際交易

ではモノについては、日唐間でどのような往来があったのだろうか。そのことをみるには、まず、日唐の交易管理の特徴についてみておく必要があるだろう。

日本律令国家は、唐にならい、天皇とその官による対外関係の独占管理を目指した。その姿勢は、法制度の面に明瞭にあらわれる。たとえば、北部九州で対外業務を担う大宰府が対応すべき国外からの流入者は、「蕃客」か「帰化」に分類された。いずれも天皇の徳を慕い、野蛮世界から来航した者とされた人々である。渡来した彼らは、天皇の威徳を示す荘厳な客館《かっかん》に安置され、衣食が保証された。これも、国家が彼らを閉鎖的な空間へ隔離し管理する一面と抱き合わせの措置である。一方、日本からの海外渡航は、公使以外禁止された。

この律令国家の対外関係独占の姿勢は、国際交易にも及ぶ。日本の遣外使節は、天皇の命による派遣で、それが持ち帰るモノも基本的に天皇国家が独占する。一方、外国の遣日本使がもたらすモノについては、まず官司《かんし》が優先的に国家の必要品を買い上げる先買権を定めており、これに違反した場合の罰則もあった。なお日本律令は、国際商人の存在を想定していないが、これは律令国家成立当初、日本周辺海域にはまだ民間の国際商人があらわれていなかったためである。対外関係の独占体制をしいた律令国家にとって、日本で行なわれる国際交易といえば、外交使節を介した交易だったのである。

また官司先買後に許された交易も、「蕃客」が日本の諸勢力と自在に交流をしながら行なうものではなかった。交易に参加できる者は特権的な階層に絞られ、そのチャンスも、政治的な身分・地位に比例して与えられた。しかも交易当事者間の取引には官を介在させて、両者が直接交渉することも認めていなかったとみられる。

このように、律令国家においては、輸入品を入手できるチャンスが、天皇を中心とする同心円的な身分社会と対応して規制された。このため輸入品自体が、天皇を軸とした政治世界における自らの権威や身分を示す、いわばブランド品的性格を帯びることとなった。

けれどもこの日本の交易管理のあり方は、日本が参照したはずの唐の制度とは大きく異なっている。唐の国際交易の管理体制は、流入品の官司先買よりも、唐朝の文化的優位性を示す国内優品の国外流出を防ぐことに関心があったのである（榎本淳一―二〇〇八）。

こうした日唐の差異は、自らの持つ高度な文明を広く国際社会に分配することで権威を得る「中心」の王権と、外来文明を身にまとい、渡来の人・モノ・文化を国内諸勢力に分配することで権威を得る「周縁」の王権との差を反映している。すなわち中国では、国産優品の分配が、中華国としての文明的威厳を示し周辺諸国の朝貢を呼び寄せる武器となってきた。ところが日本列島社会は、弥生時代以来、輸入品の保有と分配の優位性が権威・権力の優位性と結びついてきた。その差が、法制度にもあらわれたのである。

越境するモノ

では、以上のことは、日唐間で往来したモノのあり方にどのように反映されたであろうか。

唐から日本へは、あらゆる分野の書物が大量に輸入されたことはすでにみたが、渡唐した僧侶たちも、仏教関連書物だけでなく文学作品などへも興味を広げ、幅広く書籍を収集した。また書籍以外も、仏像や図像、香薬など仏教とかかわる物品が盛んにもたらされている。なお唐からもたらされた香薬には、もともと東南アジアなどで産出されたものが多い。

この他、唐化政策で中華たらんとする日本支配層の求めたのは、高級絹織物、工芸品など、儀礼やくらしを唐貴族のように荘厳化する国際色豊かな高級品であった。その一端は、聖武天皇ゆかりの品々を中心とする正倉院宝物にみることができる。宝物には、舶載された素材などを使ったり、唐の工芸品を模倣したりして日本で製作されたものも多いが、使用された素材や意匠も含むモノに表わされた空間的広がりは、唐土を越えて、インド、東南アジア、ペルシア、アフガニスタンなどにも及ぶ国際性をそなえている。ただしこれらはあくまで、アジア全域から唐に集約された物資と思想・文化・技術を、日本が唐から部分的に継受したことであらわれた国際性に過ぎない（飯田剛彦―二〇一一）。日本がモデルとした唐は、西域進出によるインドや西アジアとの交流の深化などによって、国際性の高い絢爛豪華な文化を築き上げていた。日本に到達するユーラシア規模の文化的な香りも、結局は、唐をモデルに、唐や新羅、渤海を介して移入されたものであった。

一方、日本から唐へ渡った物品としては、中国史料に琥珀《こはく》・瑪瑙《めのう》や、紙、美濃《みのの》絁《あしぎぬ》・水織《みずおりの》絁《あしぎぬ》などがみえる。このうち、琥珀は王権が「蝦夷」と呼んだ列島北方の人々との交易で入手されたものとみられる（蓑島栄紀—二〇〇一）。絹織物の絁は各地から租税として貢納されていたが、なかでも唐朝にも献上された美濃国産のものが最上級とされた。また日本の紙は、唐において、繭《まゆ》のように光沢がありこれ以上のものはないと言われるほど讃えられ珍重されたが、これらは律令文書行政の開始とともに、中央だけでなく地方でも生産が開始されていて、その一部は中央へ貢納されるようになっていた。

また、十世紀前半に編纂された『延喜式』には、来日した外国使節に対する給付品が規定されている。このうち唐皇帝に給付される品々は、実際は遣唐使が持参した朝貢品であったとみられている。それらは、中国史料が伝える朝貢品とも重なる瑪瑙や水織絁・美濃絁を含む各種絁の他、各地から税として貢納された絹綿《きぬわた》、対馬《つしま》から産出された銀、さらには火打ち道具として使用する水精《すいしょう》・瑪瑙・鉄のセット、海石榴油《つばきあぶら》、甘葛汁《あまずら》、金漆《きんしつ》などである。正倉院宝物でもみたように、日本も国際性を匂わす工芸品を製作していたが、これらは唐文化の模倣で、本場の唐に「日本」の特性を示すものでも、ましてや優位性を主張するものにもならなかった。日本の特産品は、唐からもたらされる書物や国際的な文化の香る工芸品などと比べると、日本列島の範囲を舞台に、律令体制下の手工業生産や交易・貢納制などによって集めた繊維製品・鉱物・原材料など素朴なものとなっていたのである。

唐と蝦夷

以上の日唐間のモノの動きには、総じて日本の唐に対する周縁性があらわれているといえるだろう。

しかしそのなかでも、蝦夷から入手したとみられる琥珀などは、日本王権の中心性を唐側に示す意図があったと思われる。

唐・新羅の連合軍による百済攻撃が間近に迫った六五九年、倭国から遣唐使が派遣されたことはすでにみた。この遣唐使に随行した伊吉博徳《いきのはかとこ》の記録によると、倭国の使節は「道奥の蝦夷男女二人」をともない、時の皇帝高宗に謁見したという。高宗は二人の蝦夷の異質な風貌に興味を持ち、蝦夷の国の位置や蝦夷の種類、生活などについてたずねた。これに対し、倭国使は、その国が東北にあり毎年倭国に入貢していること、蝦夷には都加留《つがる》・麁蝦夷《あらえびす》・熟蝦夷《にぎえびす》の三種があること、家屋や農作物はなく、山中で肉を食べて暮らしていることなどを答えている。また同じく随行員の難波吉士男人《なにわのきしおびと》の記録によると、蝦夷は高宗に白鹿の毛皮一枚と弓三張、矢八〇本を献上したという。

このことは、中国の史料『通典《つてん》』などにも、倭国使人に従った蝦夷国からの入朝として記録され、唐側には蝦夷の長く蓄えた髭《ひげ》や、弓矢に長けていることなどが強く印象に残ったらしい。倭王権は、乙巳の変後の六四七年と六四八年、越後平野に防御施設を備えた支配拠点となる城柵を設けるなど、七世紀半ばから列島北方へ積極的に進出した。そしてこの遣唐使の前後には、阿部比羅夫《あべのひらふ》による大規模な北方遠征を繰り広げた。その「成果」が唐に示されたのである。しかも中国の史書は、多数の部族に分かれて政治統合のなされていない蝦夷を、「蝦夷国」（『通典』『唐会要』）などの「国」と表記している。これは、倭国使の説明に基づいているとみられる。『日本書紀』斉明五年（六五九）三月是月条には、「阿倍臣」（比羅夫）が船師一八〇艘余りを率いて「蝦夷国を討つ」と記しているが、この認識が唐に表明されたのであろう。しかも蝦夷の姿は、狩猟採集的側面が強調されるなど、中華的夷狄観に沿う側面を突出させている。倭国は、東方への圧力を強める唐に対し、自国が東北の異民族国を従える力を持っていることを誇示しようとしていたのである。なお、大宝の遣唐使も蝦夷を「毛人之国」として唐に伝えていたようである（河内春人―二〇一三）。

ならば、遣唐使が日本（倭）の特産品として加えた琥珀も、異民族を従え、広域的な貢納・流通圏を支配する日本（倭）王権の姿を、唐にモノによって示そうとしたものとみてよい。そもそも、七世紀中葉に積極化した王権の北方支配は、王権と蝦夷の間で結ばれる朝貢・饗給《こうごう》関係によって北方交易を一元化・安定化し、その成果を支配層に再分配することで、この交易に興味を持つ支配層を王権・国家に結集させる目的があった（蓑島栄紀―二〇〇一）。この場合の朝貢・饗給関係とは、蝦夷が産物を携えて朝貢し、それを受けた古代国家が饗宴と禄物《ろくもつ》を賜与するという互酬《ごしゅう》行為によって、両者が上下の政治的・経済的・人格的関係を結ぶシステムのことである。つまり、唐―日本で結ばれていた朝貢関係を媒介とした上下の互酬的関係を、日本は蝦夷の間に設定しているのである。

一方、奄美・沖縄諸島でも、倭王権が隋唐帝国の成立を契機に積極的な進出をはかり、ヤコウガイ交易などが盛んとなったことはすでにみたが、これも朝貢関係として整序され、赤木や竹やヤコウガイなどが大宰府・近畿へと運ばれた（田中史生―二〇一二）。こうした隋・唐の覇権的な中華世界の拡延に触発され、日本（倭）王権の進出・支配の対象とされていった列島の北と南は、以後、国際社会の変化とかかわりながら、大きく動きはじめることとなる。

三　国際交易の拡大と唐物

1　海商の時代へ

安史の乱と東アジア

文化的には国際的な彩りを大きく高めた唐も、すでに見たとおり、実際の国際政治上のパワーは、六七〇年代の吐蕃《とばん》との抗争を抱えたころから陰りが見えはじめていた。一方で、唐辺境地帯の力は増していた。こうして、唐朝の斜陽を決定づける大規模な反乱が、七五五年に発生する。玄宗皇帝の寵愛を受けていた節度使《せつどし》の安禄山《あんろくざん》が、盟友の史思明《ししめい》とともに起こした、いわゆる安史《あんし》の乱《らん》である。軍人として頭角をあらわした安禄山は、父がソグド人、母が突厥《とっけつ》人で、ソグド系商人のネットワークを利用した莫大な資金力と、ソグド系武人を含む多民族的な軍事力をもっていた。この乱は、禄山が七五七年に息子の安慶緒《あんけいしょ》らに暗殺された後も史思明らによって続けられた。結局、唐朝はこれを鎮圧するのに、中央ユーラシアで騎馬民族の代表的勢力となっていたウイグルからの支援と、九年もの歳月を要したのである。こうしてなんとか乱を鎮圧したものの、唐朝の権威は失墜し、実行支配地域が縮小するばかりか、内部にも対立的・反唐的な地域勢力の成長を許すこととなった。

この安史の乱の情報は、発生から三年後の七五八年（天平宝字二）、帰国した遣渤海使《けんぼっかいし》によってようやく日本にもたらされた。最盛期には中国東北部からロシア沿海州、北朝鮮の北部にまたがる広大な領域を誇った渤海は、唐が吐蕃戦争で東方への影響力を低下させるなか、靺鞨《まっかつ》諸族や高句麗遺民を率いた粟《ぞく》末《まっ》靺鞨人の大祚栄《だいそえい》によって六九八年に建国された。日本との関係は、第二代渤海王の大武芸《だいぶげい》が、七二七年に日本へ使者を派遣したことにはじまる。当時、渤海は、領域拡大にともない唐との間に軋轢を生じさせており、唐は新羅を巻き込み渤海を牽制していた。このため渤海は、日本との連携を必要としたのである。

一方、日本の外交は、新羅との関係悪化で行き詰まりつつあった。対唐関係を好転させた新羅が、対日外交で強行姿勢をみせるようになり、新羅をあくまで「蕃国」として処遇する日本との折り合いが悪くなっていったのである。安史の乱は、こうした東アジアの国際関係にも大きな波紋を投げかけることとなった。

乱の第一報がもたらされると、日本は即座に大宰府に防衛体制の強化を命じた。また帰国中に遭難し、唐に残留していた前回の遣唐大使藤原清河を迎える名目の遣唐使を、渤海経由で派遣している。おそらく、唐情勢を探るためだろう。しかし唐は清河の帰国を許さず、日本に武器・武具の見本を授け、唐で不足する武器の材料となる牛角の送付を求めてきた。唐は日本に軍事的な連携を要求したのである。

ところが日本は、この唐の混乱に乗じて新羅攻撃を計画する。これを主導したのは、政界で権勢をふるった藤原仲麻呂で、その背後には渤海の支持もあったとみられている。しかし七六二年、唐が渤海王の官爵を「郡王」から「国王」へと格上げしたことで、両国はかつてない緊密関係を築き、渤海は唐の外臣である新羅との衝突を好まなくなった。さらに、仲麻呂も政権基盤が弱体化し、最後は権力奪回をはかる乱を七六四年に起こして敗れ、計画そのものが頓挫した。

一方、東アジアの海域では、沿岸部ですでに活動をはじめていた民間の交易者たちが、安史の乱を契機とする唐の混乱・衰退によって勢いづく。もともと唐では、八世紀前半ごろから全海域で商人の活動がみられるようになっていた（堀敏一―一九九八）。『唐大《とうだい》和《わ》上《じょう》東征伝《とうせいでん》』によると、七四三年ごろ、江南地域沿岸部では海賊の横行が公私の船の往来を妨げるほど激しかったという。さらに新羅でも、七四五年から飢饉・疫病が深刻化し、貧苦を避けて日本や唐へ逃れた新羅人のなかには、中国沿岸部などで活動する海商らと結びつく者が登場した。この流れが、安史の乱による唐の混乱で一気に拡大したのである（田中史生―二〇一二）。唐では、この新たな動きを活用したい地方分権的な節度使たちによって、各地の経済活動が活発化し、交易者たちはますます成長していった。

このように、安史の乱は、それまで東アジアにためこまれていた矛盾やエネルギーを一気に噴出させるとともに、東アジア海域が交易関係でつながる新たな時代を招き寄せていったのである。

変わる国際認識と対外政策

日本律令国家成立当初、天皇を中心とする中華的世界は、「蕃客」と「帰化」を軸に描かれていたことはすでにみた。ところがこの国際環境の激変によって、日本の「中華」は大きく揺らぐこととなった。

東アジアにおける唐の軍事的・威圧的脅威が過去のものとなると、日本にやってくる渤海使は交易使としての側面をより強く押し出すようになる。また開戦直前にまで悪化した日羅関係は修復困難で、新羅は七七九年（宝亀十）の使節を最後に日本に使者を派遣しなくなる。

そして新羅では、このころから飢饉・疫病に加え王位継承争いまでが激化し、動揺・衰退期に入る。これが新羅人のさらなる国外流出を招いた。その中で新たに交易者へ転身した人々は、流住先の中国長江以北から山東半島にかけての地域や北部九州を拠点に、東アジア海域の民間交易の主役に成長していった。このため、日本は七七四年に「蕃客」「帰化」以外の渡来者を「流来《りゅうらい》」に区分し放還する法令を立て、北部九州の新羅人たちの交易につながる動きを封じ込めようとした。一方、日本にも交易拠点を築きたい新羅人たちは、「流来」に区分されることを避けるため「帰化」を訴え、北部九州にとどまろうとした（田中史生―二〇一二・二〇二三）。「帰化」もまた、その内実を失っていった。

こうしたなか、日本は自らの中華的世界を維持するために、中華の構造に対する考え方を大きく転換させていく。中華の皇帝は、その威徳で異民族を惹きつけ従える、文明世界の中心にあらねばならない。そして中華に取り込まれた諸民族は、そのなかで教化され文明化されて民族性が変化していくとされていた。けれども「蕃客」も「帰化」も先細る日本に、この外部を取り込む中華の構造は維持できない。八一五年（弘仁六）、氏族の系譜を整理・記録した『新撰姓氏録《しんせんしょうじろく》』が編纂されたが、そこでは「帰化」した人々の子孫たちの血統が「蕃」であることが敢えて強調されている。教化による民族の可変性を否定し、血統によって民族を国内に固定化した上で、天皇がこれらの「諸蕃」を支配していることを強調して、中華的な多民族支配の構造を維持しようとしたのである。一方、日本の外にある「諸蕃」は、神聖なる神に護持された神国日本とは異質の「殊俗」「他国異類」とされ、教化し内附すべき対象から外された（田中史生―一九九七）。

また、拡大する民間交易にも、積極的な関与を強める。きっかけは、新羅系の交易者のなかから、張宝高《ちょうほうこう》（張保皐）が台頭したことにあった。宝高は、飢饉・疫病の蔓延する新羅から唐へ逃れ、安史の乱後に成長した山東半島の反唐勢力を鎮圧する軍隊に身を寄せた後、八二〇年代ごろには帰郷し、朝鮮半島西南の莞島《ワンド》に清海鎮《せいかいちん》を設置して、黄海《こうかい》海域の新羅系交易者たちの支配をおしすすめた。そして自ら清海鎮大使と名乗ることを新羅王権に認めさせ、黄海を中心に唐―新羅―日本を結ぶ交易世界をリードする存在となった。

この宝高の登場が、新羅系の交易者たちへの対応に苦慮していた日本の対外政策に好機をもたらす。宝高らに国家との交易の機会を保障することで、その勢力を自らの秩序に取り込む政策を打ち出したのである。すなわち八三一年（天長八）、大宰府に命じて、新羅人の商船来着の際は、船内貨物を調べて国家の必要品の購入とその京進を行なわせ、それ以外は府官検察のもと估価《こか》（公定価格）に従い交易させる制を立てた。来航する新羅の海商の渡来は「化来《けらい》」とされ、もともと「蕃客」「帰化」の管理のために博多湾岸に設けた鴻臚館《こうろかん》（筑紫館）に安置され保護された。こうして民間の交易者を、日本の中華的世界へ取り込みながら、「蕃客」同様の官司先買制《かんしせんばいせい》を前提とした管理交易体制をはじめて整えたのである（田中史生―二〇一二）。

遣唐使の変容

安史の乱後の唐の疲弊は、日本の遣唐使にも影響を及ぼした。光仁《こうにん》天皇の即位直後に計画が浮上し、七七七年（宝亀八）に派遣された宝亀の遣唐使は、揚州到着後に唐側から、乱による駅舎の荒廃を理由に入京人数を大きく制限された。ただし唐帝代宗《だいそう》は、日本からの入京使を引見し、滅多にない唐使の日本派遣も命じている。威信の傷ついた唐に、東方の果てからの「蕃使」の朝貢はむしろ歓迎され、関係の維持・強化をはかりたいとの意図は読み取れる。それでも「蕃使」の入京は大きく制限せねばならないほど、安史の乱は唐に大きなダメージを与えていたのである。

しかし日本側にとって、この唐使来日が大問題となった。唐中央から皇帝の公式の使者が派遣されたのは、外交形式をめぐり日唐が対立した六三二年の高表仁《こうひょうじん》以来である。ましてや律令国家時代の日本は、国内的には天皇中心の中華国としての体面を維持していたから、その処遇をめぐって混乱した。ただ、唐使を引き連れて帰国した遣唐使の小野滋野《おののしげの》は、唐の傾きを直接見たためか、新羅・渤海同様の「蕃例」に基づきこれを処遇するよう主張している。『続日本紀』によると、結局日本は、新羅・渤海に対するものと同じ対応ではなく、宝亀の遣唐使が唐で「蕃使」として受けた儀礼を逆に唐使に適用しつつ、唐皇帝の地位は認めるという、綱渡りの対応を行なったようだ（廣瀬憲雄―二〇一一）。このころから日本は、国書の取り扱いや書式について制度的な再整備や見直しを行なっているが、これも、国際情勢が変化するなかで、遣唐使派遣と唐使来日が大きな契機となったものであろう（森公章―二〇一〇）。

これに続き桓武天皇が派遣した延暦の遣唐使も、八〇四年（延暦二十三）、安史の乱後なかなか復活できない唐朝の苦境を目の当たりにした。帰国した遣唐使は「内には節度を疑い、外には吐蕃を嫌い、暫《しば》しの休息もなし」と総括される唐情勢を朝廷に伝えたが、これは自立的・反唐的な国内地域勢力の成長と、勢いづくウイグル・吐蕃と唐との関係を的確に伝えたものである（山内晋次―二〇〇三）。

このように日本は、唐の国際政治上の覇権的側面が全く削がれてしまったことを、よく理解していた。けれども光仁天皇の子で、天武―草壁系から天智系への皇統の転換を強く意識した桓武天皇は、新皇統にふさわしい新都を築き（長岡京・平安京）、理想的な天皇像を中華皇帝に求める動きを一層強めたから、唐化政策に必要な文物を移入するという遣唐使の意義はむしろ大きくなる。八〇五年、延暦の遣唐使が帰国すると、桓武は直ちに「唐国物」を天智・光仁両天皇、早良親王の眠る山陵へ献じ、その成果を誇った。延暦の遣唐使には、王権を正当化・強化する「唐国物」の将来が強く求められていた。

延暦の遣唐使で渡唐した最澄・空海は、こうした動きのなか、仏教界の革新を求める平安初期の日本王権の気運に乗って、大きな足跡を残すこととなった日本僧である。

前述した唐僧道璿《どうせん》の孫弟子にあたる最澄は、鑑真のもたらした天台宗の仏典に興味を持ち、このころすでに、桓武天皇が期待を寄せる活躍を行なっていた。そして、天台宗へのさらなる深い理解と関連仏書を得るため、請益僧《しょうやくそう》という短期の留学僧に加えられた。遣唐使の往還に従わねばならない請益僧は、その期間に師を訪ね、あらかじめ準備した教学上の疑義を解決しなければならない。台州天台山や越州においてその役割を果たした最澄は、帰国までのわずかの時間で密教も受法し日本に持ち帰った。空海は、入唐以前の経歴に不明な点が多いが、長期の留学生として遣唐使に加わり、最澄も興味を持ったその密教を、その第一人者であった長安青竜寺《せいりゅうじ》の恵果《けいか》から本格的に学ぶ幸運に恵まれた。恵果の奥義をわずか三ヵ月ほどで修得した空海は、体系的な真言密教を日本に伝えることとなった。そしてこの密教の日新しさが、日本支配層の注目を集めることとなる。

最後の遣唐使と交易者

唐の文物移入を前面に打ち出した遣唐使の姿は、仁明《にんみょう》天皇の即位にともない企画された、次の承和の遣唐使でより明瞭となる。

総勢四〇〇名を超える一行が唐に到着したのは八三八年（承和五）。その中には、仏教界だけでなく、各種の学問・技芸を学ぶ短期・長期の留学生たちがあった。この遣唐使に、天台請益僧として加わった最澄の弟子円仁《えんにん》の在唐日記『入唐求法巡礼行記《にっとうぐほうじゅんれいこうき》』によると、唐に着いた遣唐大使らは、日本使への処遇が、新羅使と同等とされてきた先例と違い、きわめて簡素であることに抗議をしている。しかしそれは、日本が新羅と異なる「隔遠」の国と説明するだけのもので、要するに日本を新羅の一部と誤認する唐に、新羅よりも辺遠の独立国からの朝貢使として扱うよう求めたにすぎない。かつての遣唐使のような、席次を争っても日本が新羅の上位国と認めさせようとした緊張感は、どこにも見当たらない。またここからは、唐朝の日本に対する関心・認識の希薄化もみてとれる。ちょうどこのころ、唐の大きな外圧となっていたウイグル・吐蕃は混乱が生じ、八四〇年代に瓦解した。しかし唐には、それを好機として、中央アジアに勢力拡大をはかる余力さえなかったのである（山内晋次―二〇一一）。唐の衰退は、日本が新羅を朝貢国とすることが不可能となった現実と相俟って、日本の国際政治上の地位を遣唐使により上昇させるという政治目的を大きく後退させていく。

けれども一方で、承和の遣唐使はモノの入手に激しい情熱を傾けた。それは、唐朝の目を盗み、揚州において密かに禁制品の購入まで行なうほどであった。この間、桓武天皇の子の嵯峨《さが》天皇の時代以降、多くの施設名称や儀礼が中国的なものに変更され、勅撰漢詩集も編纂されるなど、「唐風文化」ともよばれる唐化政策の流れは絶頂期を迎えていた。唐由来の文物は延暦の遣唐使の時以上に重みを増していたのである。八三九年、承和の遣唐使が帰国すると、中央政府は、彼らがもたらした「信物要薬等」を陸路で逓送《ていそう》するよう急ぎ命じている。

さらにこの承和の遣唐使には、東アジア海域の新たな動き、すなわち新羅系交易者たちの台頭も大きく反映された。この遣唐使は帰国の際、新羅船九隻と新羅船員六〇人余を雇い入れている。これは、江《こう》淮《わい》流域の要地楚州《そしゅう》（江蘇省淮安市）に居留地（新羅坊《しらぎぼう》）を築いていた在唐新羅人たちの支援を受けたものである。遣唐使と在唐新羅人との仲立ちをしたのも、遣唐使一団に新羅訳語（通訳）として加わった新羅人たちであった。

そして円仁の在唐活動も、この在唐新羅人の支援なくしては成功し得なかった。請益僧でありながら、当初の目的が達成できず、半ば強引に唐にとどまった彼が最初に拠り所としたのは、張宝高が山東半島突端部に建立した赤山法華院《せきざんほっけいん》である。円仁の求法《ぐほう》活動のなかでも特筆される五台山《ごだいさん》巡礼も、この赤山院での新羅僧らの情報に基づき決意されている。

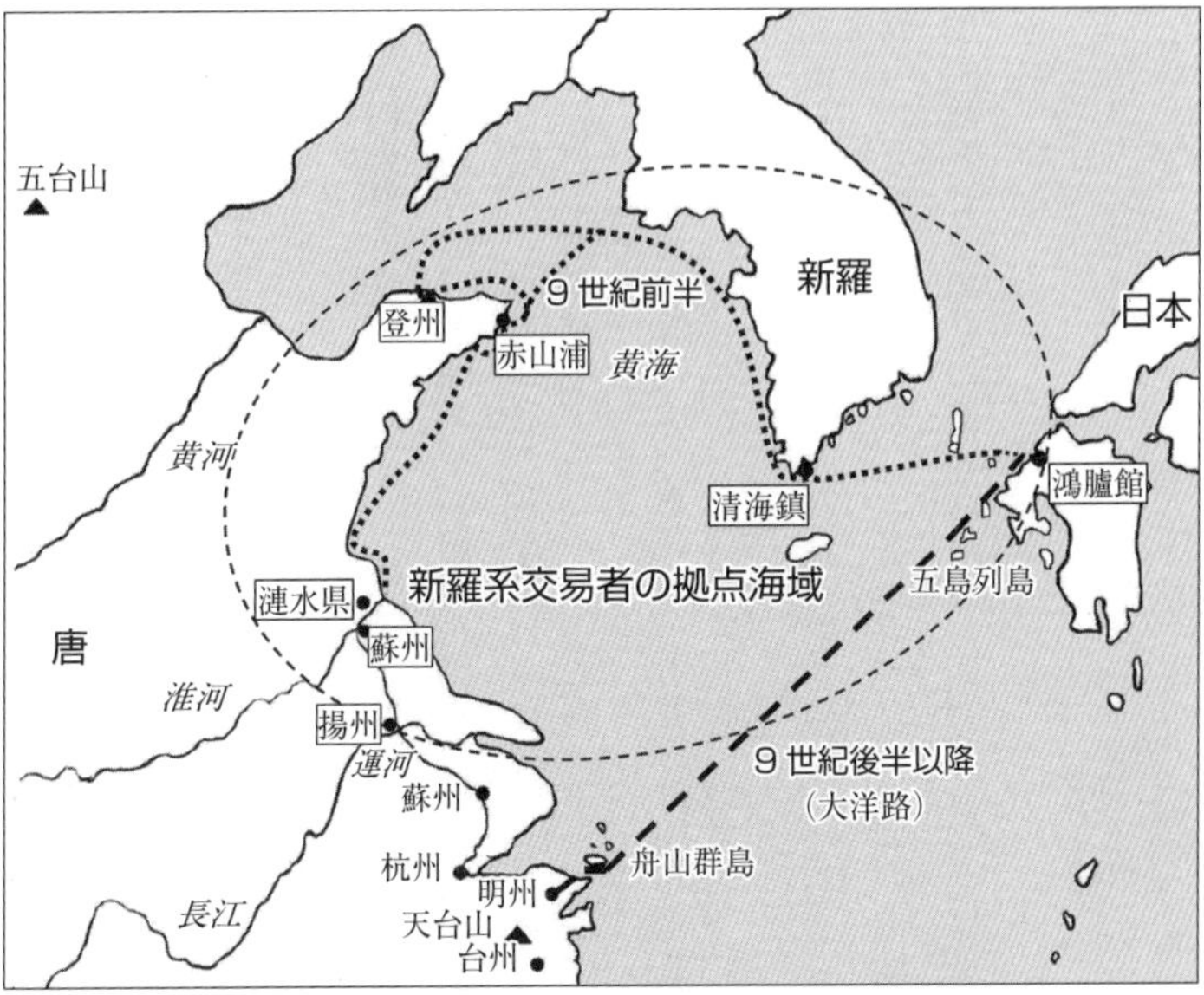

新羅系交易者の拠点（囲み地名）と海商船の航路

このように、承和時代に唐で活動した日本人にとって、新羅系交易者と在唐新羅人は必要不可欠な存在となっていた。『入唐求法巡礼行記』によると、この他、唐に滞在する日本人に彼らが提供した支援は、唐での滞在・移動の手続き支援、日本からの求法経費の伝送、国際・国内書簡の伝送、他の日本人らの動向に関する情報の提供、日唐往還の支援や帰国船の調達、貴重品の一時保管など多岐にわたっている。

円仁の時代、以上の仕事の多くは、楚州新羅坊の劉慎言《りゅうしんげん》という在唐新羅人が中心となって請け負っている。慎言は、後に新羅坊の総管につく実力者で、在唐新羅人の対日ネットワークの中核にあった。そのネットワークによって、孤立しがちな日本人・日本僧らの在唐活動を力強く支えたのである。そしてこのような環境が、唐文化を強く求める日本政界と仏教界に、国家の仕立てた遣外使船に頼らず、商船によってその目的を果たす機会を与えることとなった。こうして、求法僧ばかりか、唐物購入を目的とする官人の入唐使も商船で派遣されるようになった。結局、承和の遣唐使は、日本が朝貢使として唐朝のもとに派遣する、最後の遣唐使となったのである。

入唐僧恵蕚と江南地域

平安期以降は、商船を利用し日中を往還する僧侶が数多く登場するが、『入唐求法巡礼行記』にも登場する恵蕚《えがく》は、そうした新たな日中交流のあり方を最初に示した代表的な日本僧の一人である（田中史生―二〇一四）。

恵蕚の最初の渡唐は、承和の遣唐使が帰国した直後の八四一年で、新羅商船で朝鮮半島西岸沖から山東半島を経由し、楚州に上陸した。例によって、劉慎言ら楚州の在唐新羅人を頼ったのである。恵蕚は、高僧らの祀堂への奉施と禅僧招聘を求める太皇太后橘《たちばなの》嘉智子《かちこ》の命に従い、華北の五台山へ向かった後、同年のうちに江南に入り、翌年、新羅商船で明州（寧波）から帰国した。この船が、後に日中を結ぶ航路として頻繁に用いられた、明州・舟山群島《しゅうざんぐんとう》と九州を直接結ぶ「大洋路」を航行した、最初期の商船となる。

ただ、もともと恵蕚は、渡唐ルートを逆にたどって帰国する計画で、楚州の劉慎言に船の手配を依頼していた。ところが帰国を目前に控え、新羅王権と対立した張宝高《ちょうほうこう》が暗殺される事件が発生する。宝高というカリスマを失うと、新羅系交易者の統率は乱れ、互いに争うようになった。こうして、彼らの交易拠点のあった黄海を取り囲む海域は紛争の海となる。恵蕚がその海域を避け、明州から大洋路での帰国を決意したのは、このためであったとみられる。

帰国した恵蕚は、それほど時を空けず、八四四年初頭には再び唐に戻る。この時も、おそらく新羅商船で黄海海域を避けて明州から上陸すると、五台山へ向かった。嘉智子らの意向に従い、山中に「日本国院」を作るためである。ところがその道を急ぐ恵蕚を、今度は会昌《かいしょう》の廃仏が苦しめる。道教に傾斜した武宗《ぶそう》皇帝が、徹底的な仏教弾圧を始めたのである。こうして北上を阻止された恵蕚は、僧の身分を隠したまま蘇州に長く足止めされてしまった。

しかしここで恵蕚は、その後の日本史にも影響を与える二つの重要な出会いをする。一つは、白居易《はっきょい》(白楽天)の『白氏文集《はくしもんじゅう》』との出会いである。それは、蘇州南禅院で厳重に保管・管理されていた。これまでも日本には『白氏文集』が断片的に伝わっていたが、恵蕚は当時の最新版である七〇巻本を書写するチャンスに恵まれたのである。書写した文集は、恵蕚の帰国より一足早く八四四年に日本に届けられ、平安文学などにも多大な影響を与えることになった。もう一つは、江南を拠点に急成長をする唐商との出会いである。彼らは、武宗の廃仏政策に批判的で、弾圧される仏教界を密かに支援していた。こうして親交を深めた唐商らの協力を得て、八四七年、恵蕚は懸案となっていた禅僧義空《ぎくう》の招聘にも成功した。訪日した義空は仁明天皇や嘉智子に大いに歓待され、これに協力した江南の唐商も天皇家の信頼を得て、以後、日中交流の主役に成長していく。

ただ、禅宗はまだ、この時は日本にしっかりとは根付かなかった。来日した義空も、日本仏教界の戒律の乱れに深く失望し、八五四年には帰国してしまう。

その後、恵蕚は、東アジア海域の往来者たちの信仰に、多大な貢献をすることとなった。諸史料が伝えるところによると、観音信仰の聖地として名高い浙江省舟山群島の普陀山《ふださん》は、八五九年、恵蕚が五台山から日本へもたらそうとした観音像が、普陀山の先へ進むことを拒み、この島に安置されたことに始まる。話の骨格は恵蕚と同時代に作られていて、この奇譚の成立に、恵蕚自身がかかわっていた可能性は高い。

明州が東アジアの交易拠点として急速に発展し、舟山群島も海上の中継地としての重要性を増す時代、ここを行き交う人々は旅の安全を願う拠り所を求めていた。恵蕚は、日唐羅の多くの人々に支えられた恩を感じつつ、その旅人たちの苦しみに応えようとしたのだろう。その後、普陀山は、民族や国境を超え広く崇敬を集める聖地となっていった。

2　唐物への憧憬と唐の滅亡

唐物と政治

日本律令国家は、対外交易を管理・統制し、これに対する王権の優位性を確保して、天皇を中心とする同心円的な身分社会の強化をはかっていた。これは、渡来文物を優先的に確保し分配することで権威を示した倭国以来の権力構造を体制化したものである。このために古代、外来品は支配者たちの注目の的であった。

律令国家成立当初、支配層が外来品を入手できる機会は、国家間で繰り広げられる外交使節の往来に限られていた。しかも日唐を直接結んだ遣唐使は「二十年一来の朝貢を約す」ともいわれたように、二〇年前後の間隔で派遣されたにすぎない。比較的頻繁な新羅や渤海との間の使節の往還でも数年単位の間隔である。そのなかで、正倉院宝物に示されるように、支配層の権威を彩る国際的な品々は外来品を模倣した国産品でもまかなわれていた。これも官営工房によるものだから、身分制に即した生産と流通は守られたとみられる。

ところが八世紀半ば以降、民間交易者たちの活動が次第に盛況となると、状況は一変する。中央政府が大宰府に命じ、海商来着時の管理交易体制をはじめて整えた八三一年（天長八）の太政官符は、「愚闇人民」が国産品を軽んじ、来着した商船から外来品を競い買う風潮を諌めている。商船の往来で交易の機会が増えた支配層は、これに群がり熱狂した。

しかも九世紀は、以前にも増して外来品が政治的に重要な意味を持つようになっていた。前述のように、新皇統を自認する王権が自らの正当化・強化をはかり、政治・文化の両面で前代以上に唐化政策をおしすすめ、「唐風文化」が花開いたからである。このころから、外来品は唐物＝カラモノとよばれるようになった。倭国の時代、カラは「加羅」や「韓」といった朝鮮半島を指したが、律令国家の登場で唐が意識されるようになると、カラは唐へも拡延される。たとえば『万葉集』も、唐国を「韓国」の字で表現している（四二四〇、四二六二）。さらに平安期に「唐風文化」の時代を迎えると、カラはむしろ

「唐」字が代表するようになった。支配層の求めるカラのモノは、まさしく「唐物」となったのである。

加えて、平安初期の王権が、桓武天皇の皇子たちによる「王統迭立《てつりつ》」ともよばれる複雑な皇位継承のバランスの上に成り立っていたことも、支配層の唐物獲得競争に拍車をかけた。桓武以後の皇位継承は、嵯峨―仁明系と、淳和《じゅんな》―恒貞《つねさだ》系の二つの王統の間で迭立がはかられたが、その水面下では王統間の激しい権力闘争が繰り広げられていた。このため、政治的矛盾を抱え込んだ王・貴族層は、唐物で自己の政治的・文化的優位性を示そうと必死になっていた。このころの中央の支配層は、行幸の際や宮廷において、皇親《こうしん》を押し立て専制君主に接近しようと、競って絢爛豪華な宴会を盛んに開いたが、こうした場で、唐物が献物品として、また場を飾り立てるものとして重要な役割を果たしたのである（田中史生―二〇一二）。

大宰府と唐物使

ところで、八四一年の張宝高の暗殺により、宝高配下の新羅系交易者たちに対立が生じたことはすでにみた。その対立と混乱は彼らが拠点の一つとした北部九州にももちこまれたが、そのなかで、前筑前守の文室宮田麻呂《ふんやのみやたまろ》が、博多湾に逃れてきた宝高配下の商船から、貨物を勝手に差し押さえる事件が発生した。

その直前まで筑前国守であった宮田麻呂は、宝高の存命中、来日したその使者に密かに代価を渡し、大量の唐物購入を依頼していた。中央の皇位継承をめぐる対立のなかで、皇太子の恒貞親王派に荷担していた宮田麻呂は、親王の政治闘争に必要な唐物を入手するため、宝高と取引を行なったのである。これを問題視した仁明天皇は、側近で詔勅などを伝送する役割を持つ蔵人所《くろうどどころ》のトップ藤原衛《ふじわらのまもる》を大宰府へ転出させ、西海道の掌握をはかると、翌八四二年（承和九）、承和の変によって恒貞親王派を一掃し、鴻臚館での「新羅国人」と政府との直接的な取引も停止した。さらに八四三年には宮田麻呂にも「謀反」の罪を負わせて追放した。

こうして、宝高後、鴻臚館に安置され日本政府と直接的な取引が許されたのは、もっぱら先にみた中国江南地域の交易者たちとなった。ただし、その「唐商」の中には、宝高後の混乱を逃れて江南に拠点を移した在唐新羅人らが含まれていた。また日本政府との直接的な取引から閉め出された新羅渡来の商人にも、民間交易は認められた。宝高後の仁明王権は、承和の変で皇位継承問題を抑え込むと、新羅本国の混乱と結びつき流入する「新羅人」を警戒して彼らを鴻臚館から追い出すとともに、人事によって交易管理の実務を担う西海道への影響力を強めることで、北部九州の国際交易をめぐる矛盾を抑え込もうとしたとみられる（田中史生—二〇一二）。

ところが、次の八五〇年（嘉祥三）にはじまる文徳《もんとく》天皇の時代になると、大宰府の召還に応じない国《こく》司《し》が横行するなど、大宰府は早くも管内支配に不安を抱えるようになる。しかもこの時、またも皇位継承問題が浮上し、宮田麻呂の時代と似た暗雲が再び大宰府を覆った。

こうした状況を踏まえ、日本政府は、中央の蔵人所から唐物使《からもののつかい》という臨時の使者を大宰府へ派遣し、海商との交易において官司先買と管理交易の徹底をはかるようになる。すなわち、大宰府から朝廷へ唐商来航の報告があると、政府はその安置の可否を決定し、鴻臚館の商客のもとへ蔵人所から唐物使を派遣する。そしてその管轄のもと、唐物の検査・選別・購入を実行することとした。要するに、それまで大宰府が負ってきた管理交易実務の多くが、中央から臨時に派遣される唐物使に移されたのである。

これと類似の交易管理は唐にもあった。南海交易の拠点広州に宦官《かんがん》を派遣し、現地で交易を管理する市舶使《しはくし》の制度である。日本は、この制度も参照しながら唐物使の制度を創設したとみられる（田中史生―二〇一二）。

遣唐使の停止から唐滅亡へ

八九四年（寛平六）、久しぶりに遣唐使の派遣が計画された。承和の遣唐使からは六〇年もの歳月が過ぎていた。しかも派遣計画は、唐帝と良好な関係を築いて江南で権勢をふるう温州刺史朱褒《しゆほう》の日本通行の意志を、在唐中の日本僧中瓘《ちゆうかん》が書簡で仲介したことを契機とする、いわば唐からの働きかけに宇多《うだ》天皇が呼応したものであった。最初に日本側の主体的な動きがあったわけではない。唐の国際政治上のパワーの減退と、海商船の活況による人と文物の往来が、朝貢使としての遣唐使派遣の必要性を大きく後退させていたのである。ただ、これに宇多が積極的に応じたのは、傍系天皇の父光孝《こうこう》から引き継いだ皇統の権威を、この皇統と直接結びつく仁明天皇の遣唐使（承和の遣唐使）にならって高めようとする意図があったとみられる（渡邊誠―二〇一三）。しかし結局、寛平《かんぴよう》の遣唐使計画は、唐衰退などを理由に再考を促す遣唐大使菅原道真《すがわらのみちざね》の建議などもあって、うやむやとなる。

このころ、唐の凋落《ちょうらく》は止めようのない段階にあった。八七五年から八八四年まで続いた黄巣《こうそう》の乱《らん》という中国を覆う民衆反乱によって、唐朝の権威は完全に失墜し、道真が「大唐凋弊《ちょうへい》」とよぶ状態は明らかであった。そしてとうとう九〇七年、唐は滅亡する。

以後、九七九年の宋による再統一まで、中国は五代十国《ごだいじっこく》の大興亡時代に突入する。そしてこの唐衰滅の混乱が周辺諸国へも波及する。朝鮮半島では、九〇〇年に西部で後百済が、九〇一年に北部で後高句麗が、それぞれ勃興し、新羅とともに三国鼎立《ていりつ》の時代を迎える。その後、九一八年に後高句麗は王建《おうけん》の高麗《こうらい》にとって代わられ、九三〇年代には高麗が他の二国を滅ぼした。渤海も、九一六年に興った遼《りょう》によって、九二六年に滅亡した。こうして登場した新興国のいくつかは、日本に相次いで国交を申し入れたが、国際社会の混乱が国内へ波及することを警戒した日本は、これら諸国との正式な国交を持つことを拒絶し続ける。

しかしこの東アジア動乱期でも、江南から商船の来航はあった。当時、この江南沿岸部を実質的に支配したのが呉越国である。建国者の銭鏐《せんりゅう》は、銭塘江《せんとうこう》河口部杭州を首都とし、ここを東シナ海交易圏と南シナ海交易圏を結ぶ新たな港湾都市として整備した。そして日本とは、それ以前からの江南との交易関係を利用し、海商を介して政治的な交渉を行なっている（山崎覚士—二〇一〇）。

以上のような国際社会の大変動と時期を同じくし、日本では、政治と文化の両面において唐の絶対的規範性が揺らぎはじめたとする指摘がある（佐藤全敏—二〇〇八）。唐の衰滅は、それまで同化の対象として絶対視してきた唐＝カラの世界を大きく相対化させたとみられる。ただし、いわゆる「国風文化」

も、唐風文化の深い理解の上に成り立っていることが指摘され、また「仮名」に対して漢字が「真名」であるように、このころから前面に出る「和風」「和様」も権威ある「唐風」「唐様」との対置関係のなかではじめて認識され得るものである。平安文学にも示されるように、十世紀以後も支配層は唐物や「唐」を権威の象徴とみなし、理想化し、求め続けた。

こうしたなか、九一一年（延喜十一）、日本は海商の来航を制限する年紀制《ねんきせい》を導入している。年紀制とは、来航（安置）時点から起算し、再来航までの期間を一〇年余り空けるよう定めたもので、これによって朝廷と海商との交易頻度を抑制し、その支出を抑える目的があったとされる（渡邊誠─二〇一二）。このころ、政府は破綻しかけた財政の再建に取り組んでいて、海商の滞在費負担や取引金額の抑制も求められていたとみられる。しかし同時に、「化来」「朝貢」に擬された海商の来航について、その年限を日本が定め規制することで、中華的な国としての体面を維持し、また同一海商の頻繁な来航を制限して、特定海商と日本官人との私的な交易関係の拡大を抑制するねらいもあったとみられる。

国際交易と列島の北・南

ところで七世紀以後の日本（倭）王権が、隋・唐の中華世界の拡延に触発され、列島の北方・南方に進出して、朝貢関係を利用した互酬的で一元的・安定的な交易関係を結んだことはすでにみた。では、以上の東アジアの変動は、列島の北方や南方の社会にどのような影響を与えていったであろうか。

六五八年、大船団を率いる阿部比羅夫《あべのひらふ》は、蝦夷《えみし》の服属を促しながら日本海側を北進し、最後に津軽半島付近に想定される有間浜《ありまのはま》に着くと、「渡嶋《わたりしま》の蝦夷」を招いて、大がかりな饗応を行なった。この「渡嶋の蝦夷」とは北海道の蝦夷のこととみられる。

倭国の時代、東北北部から北海道にかけての地域は、稲作を行なわない続縄文文化が広がっていた。しかし倭王権が北方とのかかわりを持ち始める六世紀後半から七世紀、北海道の道央部から南西部沿岸地帯にかけての続縄文文化は、本州の土師器《はじき》文化と接触し変容する。擦文《さつもん》文化の成立である。「渡嶋の蝦夷」も、この初期の擦文文化集団であったとする説が有力である。一方、北海道の道北・道東からサハリンにかけての地域には、海獣狩猟や沿岸漁労に長けた海洋性のオホーツク文化が広がっていた。オホーツク文化は、北方ユーラシアの靺鞨《まつかつ》などとの交流の影響も強く、その文化集団の日本海沿岸における広範な海洋活動も確認されている。北海道にはこの二つの文化が共存していたのである。

このうち本州との交流・交易が盛んとなった擦文文化の中に、日本古代国家との交流が刺激となって、階層的な社会が出来上がっていく。こうして成長した首長層は、オホーツク文化が産する毛皮などを古代国家に供給する、中継交易などにも従事していたとみられている。またこの時代になると、日本にもたらされる北方交易品が中央支配層の注目の的となり、私的な交易活動も拡大していく。さらに十世紀後半から十二世紀になると、だいたい秋田市と盛岡市をつなぐ北緯四〇度以北で、環濠《かんごう》などをそなえた防御性集落が出現する。こうした遺跡はいずれも北方交易の拠点とみられる地にあり、そこには、列島中央部と結びついた北方交易の活発化と、それが北方社会にもたらした変革と軋轢の歴史が示されている（鈴木靖民―二〇一四）。

平安時代後期の北方と南方

この北方交易に群がった中央の人々は、一方で、唐物獲得に躍起となり、北部九州来着の海商船に競い群がった人々でもある。平安期の国際交易において、金や琥珀といった北方産品は日本の輸出品の代表であるから、こうした人々が、北方交易品をただ自らの消費のためだけではなく、国際交易に資するものとしても求めていたことも考えられる。

そして同じころ、列島の南方でも類似の現象が発生する。近年、喜界島《きかいじま》の久城《ぐすく》遺跡群の調査等によって、国際交易の管理を担う大宰府が、九世紀に南九州を介して奄美《あまみ》諸島との結びつきを深めたことがわかってきたのである。しかも、ここで結ばれた新たな交易関係は、交易参加者たちを個別に結びつけ、十世紀末になると大宰府と対立・衝突するようになっていった。そこには、国際交易者の関与と、在地の人々の階層的な成長があったとみられる（田中史生—二〇一二）。ちょうどこのころは、宋の軍事的必要性から、火薬原料の硫黄《いおう》を産する薩南諸島北部の硫黄島に注目が集まるなど、国際交易者たちの薩南島嶼への関心が高まる状況もあった（山内晋次―二〇〇三）。この南九州の活発化した交易・交流と、紛争のなかから、中世的荘園の先駆となる島津荘が生まれた可能性がある（小川弘和―二〇一二）。

以上のように、列島の北と南の同時的で類似の歴史的変革は、国際社会の変動と結びついた平安日本の活発な交易活動と連動した地域運動であった可能性が高い。しかもその連関構造の基盤は、隋・唐帝国に触発された日本（倭）王権の、北方・南方社会との朝貢関係を軸とした政治的・経済的・人的関係の形成によって作られていた。アジア各地に形成されたいくつもの中心と周縁は、複雑に絡み合い、互いに影響し合い、その結びつきを強めると同時に、その結びつきが中心と周縁の関係を絶えず揺らしていたのである。

コラム

印による文書行政のルーツをたどる

田中史生

字や図様を彫刻した印章は、文書などに何らかの信用や効力を与えるために用いられるもので、日本では今でも、その機能が形骸化しつつも健在である。この印章は、古代の日中関係にとっても、両者をつなぐ代表的なモノであった。

中国の印章は、行政機構の運用とかかわり、公権力の発給する官印として独自の発展をとげた。それは、紀元前の戦国時代に登場したとみられ、以後、官職・品級の序列に応じて印や紐（綬《じゅ》）の材質等を区別した官職印が、竹簡《ちくかん》などを粘土シールで封緘《ふうかん》する際の封泥《ふうでい》用の印として、また権威の象徴として発達した。紀元前一〇八年、前漢武帝の楽浪郡《らくろうぐん》設置後、朝鮮半島で郡県支配がはじまると、封泥の印を用いた文書行政も持ち込まれ、中国王朝の支配体制のもとで自らの地位と権威を示すことのできる中国官印が、中国東方社会にも受け入れられていった。「漢委奴国王」と記された志賀島《しかのしま》の金印や、魏が卑弥呼に渡した金印もそうした一つである。

四世紀に入ると、朝鮮半島の郡県支配は終焉を迎えるが、朝鮮半島、日本列島の支配者たちは、依然、中国王朝の官爵を求め、中国官印の受容は続いていた。五世紀の倭国と百済は、ともに、南朝の宋から王とその臣僚らに将軍号を認められたが、それらに応じた印章も賜与されていたとみられる。

その後、中国で紙による文書行政が進展し、紙面上に押印する官署名を記した官名印が発達すると、隋や唐の律令制の影響のもとで支配体制の整備をはかる新羅や日本でも、七世紀以降、銅製の官名印が製作・使用されるようになっていった。中国で発達した官印が、日本でも文書行政に必要不可欠なものとなっていったのである。

ただ、日本律令国家の官印制度を隋・唐の官印制度と比較すると、大きく異なるところがある。日本官印は、天皇の印である「天皇御璽《ぎょじ》」を最大とし、天皇を頂点とする階層的な官制ピラミッドに応じて、官名印のサイズを厳格に規格化している。ところが唐の官印にサイズに関するこうした厳格な規格性は認められない。また日本では、中央の命令伝達文書に押される印は「天皇御璽」を基本とした。ところが唐では、皇帝の印は封泥を前提とした玉製で、一般的な命令伝達文書の作成過程でこれが紙に押されることがない。官名印の紙の文書への押印は、皇帝の裁可した案件が、諸司において正しく処理され行なわれることを、監督し保証するためのものだったのである。こうした中国の押印制度を、日本は、中央政府の文書発給のすべてを天皇が直接把握・統治することに重きを置いた制度として再構築した。官制ピラミッドに対応させた官印を、天皇を軸に機能する文書行政の象徴としていったのである。

Ⅱ　中世日本と中華王朝

榎本　渉

本章は十世紀末から十六世紀初めにいたる五世紀半を対象とする。これ以前、日中関係史における決定的な転機は、交流の手段が国家使節から海商に変化する九世紀である。日本・唐・新羅諸国で採用された律令制度は、海商管理の仕組みを本来有しておらず、各国は九世紀における海上の新動向にただちには対応できなかった。日本では新羅海賊への恐怖に怯え異国調伏《いこくちょうぶく》の祈禱を繰り返し、新羅では海民と連携し勢力を伸ばした張保皐《ちょうほこう》が王位継承に関わるにいたるなど、国家側が海域の新動向に振り回されていた感が強い。

だが十世紀から十一世紀にかけて、国家・権力者と海商は安定した関係を築き、東シナ海では十四世紀まで四世紀続くシステムが構築された。前近代の東シナ海がこれほど長期的に安定した時代は他にない。国家が海商を管理下に置いたり、権力者が海商を組織したりすることによって、国家・権力者は海外の文物・情報の安定的な入手や税収の獲得を実現し、海商も保護・奨励を受けて貿易活動を発展させた。概していえば、陸上権力と海商の共生の時代だったと評価できる。この時代の日中関係は海商たちの操舵する貿易船によって担われた。国家間の外交は少なくとも日中関係の中では脇役にすぎず、日元間の軍事的衝突も一時的なものに終わった。交流の経済的な核となったのは両浙《りょうせつ》地方（現在の浙江《せっこう》および江蘇《こうそ》の長江以南地域）の明州《めいしゅう》（寧波《ニンポー》）であり、日本・高麗・華北・福建の各方面との間に盛んな交通が見られた。

この状態が一転するのが十四世紀後半である。これまでの日中関係を担ったのが海商だったのに対し、以後は遣明使と倭寇に変わる。一三六八年に成立した中国の明《みん》は、倭寇の跋扈《ばっこ》を含む海上の混乱を収拾する過程で民間商船の往来を禁止した。これによって朝貢使《ちょうこうし》（遣明使）以外の船が日明間を往来することは認められなくなる。ここに九世紀以来途絶えていた日本の朝貢船が復活するが、その交通頻度は日宋・日元貿易に遠く及ばず、日本の海外文物の主な入手先としては朝鮮と琉球が浮上することになる。十六世紀半ばには密貿易商人を中心とする大規模な海域交流の時代が到来するが、それ以前の一世紀半余は前後と比べて、日中交流が希薄な時代だったといえる。

一　平安王朝と宋海商

1　海域秩序の安定と貿易

宋の市舶司制度

宋《そう》は九七一年に広南の南漢国《なんかん》を制圧すると、貿易管理機関として広州《こうしゅう》に市舶司《しはくし》を設置し、遠征軍の潘美《はんび》を長官の市舶使《しはくし》に任命した。九八九年には両浙《りょうせつ》の呉越国《ごえつ》の故都杭州《こうしゅう》にも市舶司が置かれ、九九九年以後は杭州・明州《めいしゅう》に市舶司が併置される。広州と杭州・明州の市舶司は、それぞれ南シナ海と東シナ海の貿易を管轄したが、これは貿易で栄えた南漢・呉越の商圏を受け継ぐものだった。宋は両国の遺産を受け継いで富国の源としようとしたのである。なお北宋末には山東の密州《みっしゅう》、福建の泉州《せんしゅう》、両浙の秀州《しゅうしゅう》華亭県《かていけん》（松江《しょうこう》）にも市舶司が増置され、また南宋期の両浙では、秀州市舶司の下に杭州・明州・温州《おんしゅう》・江陰《こういん》の市舶務《しはくむ》を置く体制が採られた。これらの中で中心的地位にあったのは、広州・泉州・明州の三港だった。

宋の規定では、海商は出航の際に自らの所在の州（戸籍に登録された州）に申告し、出航地（日本向けの場合多くは明州）で市舶司から公憑《こうひょう》（公拠《こうきょ》）を受け取る必要があった。帰国の折には原則として出航地に入港し、公憑を返納することが定められた。帰国手続きの際には徴税（抽解）・官貿易（博買）も行なわれ、特に香薬《こうやく》などの専売品（禁榷品）はすべて市舶司で買い上げる原則だった。一方で、北に遼《りょう》（契丹《きったん》）という大国を控える宋は軍事的リスクにも敏感であり、禁輸品（武器・銭など）・渡航禁止地（遼《りょう》・大越《だいえつ》の他、時期によっては高麗・日本も）の指定や、スパイなどの出入りの取り締まりも行なわれた。外国海商については公憑の発給はなかったが、市舶司設置港への入港と船内のチェック、徴税・官貿易の手続きなどは、宋海商と同様だった。

商客接待体制

宋代の東シナ海では宋海商、南シナ海では宋海商とイスラーム海商が主役の位置にあった。東南アジア・高麗・日本の諸国は、彼らを管理貿易港で受け入れ、多くの場合港に客館《きゃっかん》も設けていた。国家間の文書送付や朝貢使《ちょうこうし》の派遣などの外交交渉も、海商の便を利用して行なわれた。この時代の東シナ海の通交体制を商客接待体制《しょうきゃくせったいたいせい》とよぶ説もあるが（荒野泰典・石井正敏・村井章介—一九九二）、それは南シナ海諸国でも見られ、東シナ海海域を超える広がりを持っていた。商客接待体制は、国家にとって海外の商品・情報の確保を可能にするものであると同時に、海商にとっては公的保護の提供を意味する。献上品納入や納税を強制されるなど、国家による海商受け入れは海商に不利な部分もあったし、港を素通りする船に襲撃を加えた東南アジアの三仏斉《さんぶっせい》の例のように（『嶺外代答《れいがいだいとう》』巻二）、「接待」サービスには多分に強制的な側面もあった。だが海域規模で同様の体制が採られたのは、これらの不利を補う合理性と安定性を備えていたからこそであろう。

そしてこの体制は、東シナ海に面する日本についても例外ではない。日宋貿易は一貫して宋海商によって担われており、特に北宋期においては、大宰府《だざいふ》が彼らを受け入れて管理貿易を行なうという唐末以来の仕組みが機能し続けた。もちろんそこには日本で歴史的に形成された要素もあったが、広く見れば東シナ海・南シナ海に普遍的な体制だったといえる。

日本の貿易制度

日本の商客接待体制は九世紀から十世紀初頭にかけて整備され、十世紀末以後の日宋貿易も、おおむねこれに依って運用された。すなわち宋海商が九州に来航すると、大宰府は存問《そんもん》（事情聴取）を行なって朝廷に報告し、海商を大宰府鴻臚館《こうろかん》という官営の館舎に収容する。事例は少ないが来着地が山陰・北陸諸国の時もあり、その場合は来着地の国司が上記手続きを行なった。大宰府または国司の報告が届くと、天皇（幼主の場合は摂政）は年紀（九一一年以後、海商は前回の来航時から一〇〜一二年以上空けて来航することが求められた）を勘案して、海商の安置・廻却を決定して大宰府に伝える。この際に天皇は、必要な場合には陣定《じんのさだめ》を開催させ、公卿の意見を徴することもあった。安置の場合、蔵人所《くろうどところ》から唐物使《からものの つかい》が派遣されて、検領《けんりょう》（舶載品の検査と官貿易対象品の選別）と京進《きょうしん》が行なわれ、その後代価の支払いが行なわれた。こうして朝廷にもたらされた舶載品は、天皇親閲の儀礼（唐物御覧）を経て、一部は皇族や摂関家に頒賜された。以上の過程で官貿易が遂行された後は、大宰府の監督下で民間貿易を行なうことも許された（詳しくはI章を参照）。従来は如上の貿易管理を忌避した宋海商によって、平安中期から荘園内密貿易が盛行したとされてきたが、それを示す史料はなく、実際には平安期の公的貿易管理は十二世紀前半まで機能したと見られる。

ただし管理制度の運用面には変化も見られた。一つは唐物使で、一〇二〇年代末を最後に派遣されなくなり、検領・京進の事務は大宰府に委任される。その背景には貿易代価の変化があった。十世紀には陸奥から蔵人所に貢納された砂金が用いられたが、同世紀末から貢金が停滞したため、西海道諸国の官《かん》物《もつ》（国司が徴収する税の一種）で決済を行なう例が生まれ、やがて定着する。これにともない蔵人所からは官物決済の命令を伝える返金使が大宰府に派遣されるようになる。要は官貿易の代価を中央財源から支払わず、地方に肩代わりを命じるようになるのである。

また考古学の成果により、中国製陶磁器の集中的な出土地が十一世紀前半まで大宰府鴻臚館だったものが、同世紀後半に博多浜の西の入江に移るという、日宋貿易の拠点の移動が明らかになった。博多浜の入江は十二世紀前中期の文献に散見する博多《はかた》津《つ》唐房《とうぼう》に相当すると見られる。拠点移動の契機は『扶桑《ふそう》略記《りゃっき》』に記事が見える一〇四七年の「大宋国商客の宿坊」の放火事件とするのが一般的だが、この「宿坊」が鴻臚館であることの確証はない。だが少なくとも、大宰府がこのころから海商の館舎収容と接待を行なわなくなり、よりローコストの管理体制を選択したことは間違いない（ただし博多時代の貿易でも大宰府の管理自体は継続する）。宋海商の貿易関与のあり方も、大宰府鴻臚館での一時的な滞在（波打際貿易）から博多津での居住（住蕃《じゅうばん》貿易）へと変化したという図式が提示されている（亀井明徳—一九八六）。だが海商の日本滞在期間は十世紀末の時点ですでに七、八年に及ぶものがあり、館舎に収容され

南宋白磁（福岡市埋蔵文化財センター提供）
博多浜入江跡付近の12世紀の遺構から出土した.

たから短期滞在だったとはいえない。鴻臚館も海商の経営拠点になっていた形跡が出土遺物より認められるという指摘もあり（大庭康時―二〇〇六）、鴻臚館時代と博多時代を截然と区別することは必ずしも妥当ではない。

宋海商と地方官・公卿

大宰府の長官（大弐《だいに》または権帥《ごんのそち》）は中央の公卿から任命されたが、貿易管理の職務を帯びたこともあって、諸国の受領《ずりょう》以上に致富に有利なポストであり、珍奇な舶来品の入手も期待できた。たとえば藤原道長家司《けいし》の藤原惟憲《これのり》は、一〇二九年に任期を終えて帰京した際、「随身《ずいじん》の珍宝、其の数を知らずと云々。九国二嶋の物、掃底奪取し、唐物も又た同じ」と言われている（『小右記』）。一〇二六年、宋海商周良史《しゅうりょうし》は「日本国太宰府進奉使」を名乗り、大宰府都督《ととく》（惟憲）の命を受けたと称して朝貢品を持って明州に入港したが、日本国から皇帝に充てた表文《ひょうぶん》がなかったため朝貢が認められなかった。宋ではしばしば有利な待遇を受けるために朝貢使を搭載したり自ら朝貢使となったりする海商が問題視され、朝貢使を偽称する者すらいたが、その一例である。この事件の背後には周良史と惟憲の結託があったと見られる。周良史はその後一〇二八年に来日したが、惟憲はこれを秘して朝廷に報告しなかった。だが周良史が下向中の唐物使を通じて、惟憲から随身唐物を召し取られたことを朝廷に訴えたことで事態は明るみに出た（『小右記』）。惟憲が朝廷に報告しなかったのは偽使の件を隠蔽するためだろうが、その後利益分配をめぐるトラブルなどのために、結託関係が崩れたことが、周良史の行動の背景にあるのだろう。

このことは、大宰府のさじ加減次第で海商の不法行為も黙認され得たことを示唆する。一〇八五年の陣定《じんのさだめ》でも、大宰府が海商を優遇してその意向に配慮するため、宋海商の廻却を命じる太政官符を下しても施行されない現状が吐露されている（『朝野群載』巻五）。宋海商は貿易活動の便宜を得るためにも、大宰府長官や日本海沿岸諸国の国司との間に人格的関係を結び、大宰府長官や国司もこの関係を利用して宋海商と結託し致富を図ったのである。さらに宋海商は、貿易の許可・不許可の審議にあたる京都の公卿上層部への献物も欠かさなかった。彼らは宋において違反行為の見逃しなどを期待して、市舶司官吏らに取り入ったり賄賂《わいろ》を送ったりすることもいとわなかったが、日本でも同様のことを行なっていたのである。

日宋貿易の輸出品と南海

日宋貿易における日本からの輸出品としては、日本を「黄金の国」として紹介した十三世紀末のマルコ＝ポーロ『東方見聞録』（『世界の記述』）の知名度もあって、金が従来から注目されてきた。たしかに九世紀以来、金は官貿易の決済手段として用いられ、南宋期にも輸出品として大きな位置を占めた。だ

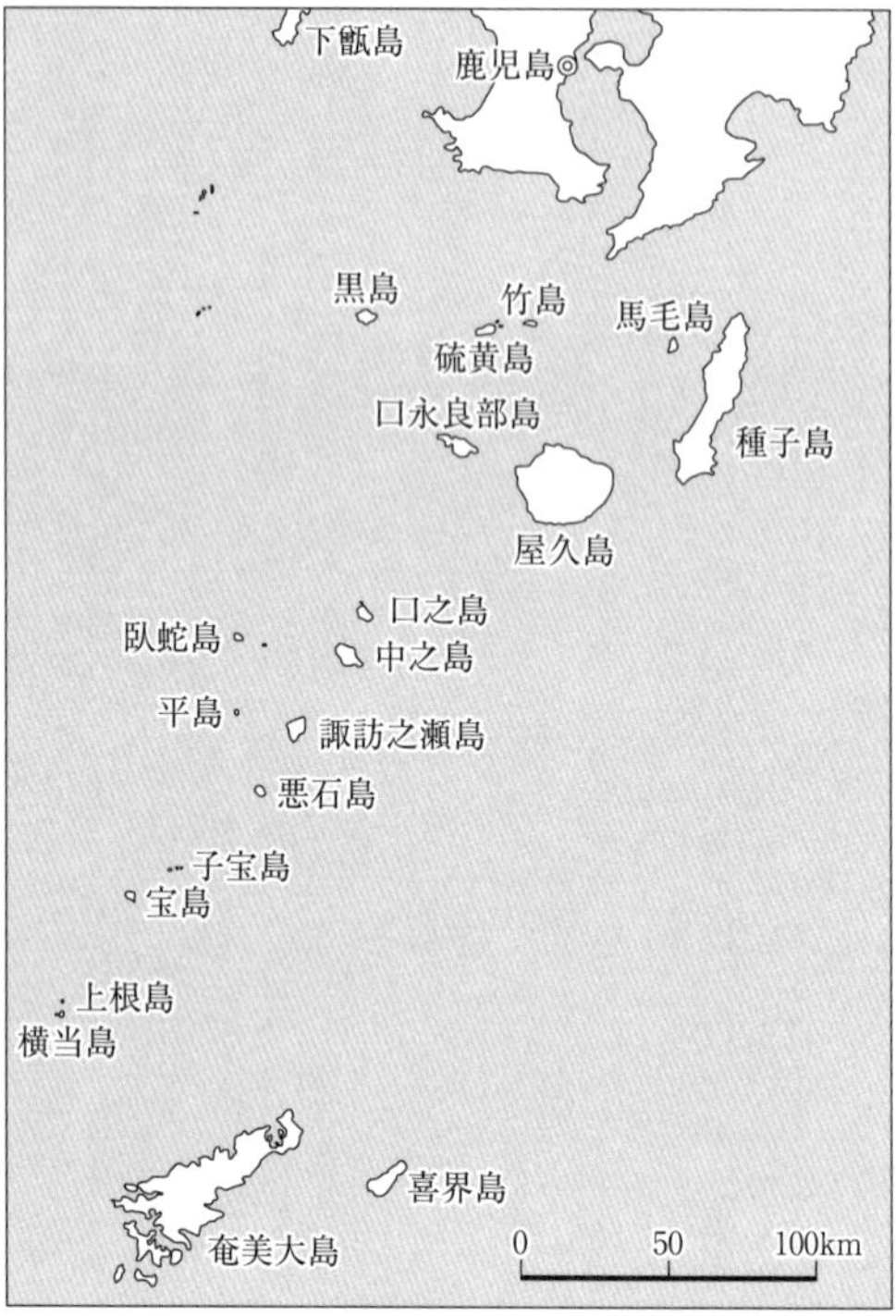

九州南端〜奄美諸島地図（山里純一『古代の琉球弧と東アジア』より）

が少なくとも官貿易の決済手段としては、金は北宋期に入って間もなく退場する。既述のように、十一・十二世紀には、商品代価が大宰府管内の官物によって海商に支払われていたのであって、そこには米を含む様々な品目が含まれていたと見られる。

北宋期に目立つ輸出品としては、硫《い》黄《おう》と巻貝がある。硫黄は宋代に軍事用の火薬の原料として大量の需要があったが、中国国内ではほとんど産出しなかった。一方日本では、薩摩半島の南に浮かぶ火山島の硫黄島で硫黄が採掘されており、宋にも輸出された。宋初九八八年、入宋僧嘉因《かいん》の皇帝への献上品に「石流黄七百斤」が見えるのが、日本産硫黄が宋にもたらされた文献上の初見で、十一世紀後半になると宋の日本産硫黄の輸入が頻繁に確認されるようになる。一〇八四年には海商を日本に派遣して硫黄五〇万斤を購入する案が知明州《ちめいしゅう》（明州長官）から提案され、宋皇帝の神宗《しんそう》はこれを認めている。時に宋は西夏《せいか》遠征（霊武《れいぶ》の役）の最中であり、これに用いる火薬の原料として硫黄が必要となったと推測される。

巻貝は「螺頭《らとう》」「螺殻《らかく》」などとして史料に現れ、その中心は奄美諸島以南で採取されるヤコウガイと考えられる。ヤコウガイの貝殻は奈良時代には南島の進貢品・貿易品として日本にもたらされ、螺鈿《らでん》細工など工芸品の材料として用いられたが、後には宋にも輸出されるようになった。なお漆器の他、刀剣・扇等の工芸品も、宋の文人に重宝された。

以上の商品の中で金は東北地方、硫黄とヤコウガイは南島の特産品であり、日本人が宋海商との取引を遂行するためには、これら特産地との交易の機会を確保する必要があった。すなわち日宋貿易はひとり日中間の問題にとどまらず、日本の辺境支配の問題にも直結する。特に南島については、大宰府の動向が注目される。大宰府は十一世紀に九州諸国に対する支配と収奪を強化するが、その一つの要因として南島交易品への需要があったと見られる。貿易代価が蔵人所ではなく大宰府から支払われるようになるという貿易体制の転換も関わるだろう。この点で注目されるのが、近年奄美大島近海の喜界島《きかいじま》で発掘された古代の大規模遺跡城久《ぐすく》遺跡群である。遺構の第一期は八世紀後半から十世紀前半、第二期は十一世紀後半から十二世紀前半である。大宰府とほぼ同じ組成の陶磁器が出土する一方で在地の兼久式土器《かねくしきどき》がほとんど出土しない特異な遺跡であり、大宰府と密接な関係を持つと考えられている。大宰府の南島産品確保ともかかわる可能性が高い。

日宋貿易の輸入品

輸入品で特に重視されたのは陶磁器・香薬・織物である。入宋僧成尋《じょうじん》は宋の神宗から、日本が宋に求める物は何かと聞かれた時、香薬・茶垸《ちゃわん》・錦・蘇芳《すおう》（染料の原料）などだと答えている（『参天台五台山記』熙寧五年十月十五日条）。また十一世紀半ばの『新猿楽記《しんさるがくき》』には、当時の行商人が扱った商品が「唐物」「本朝物」に分けられて列挙されるが、「唐物」の冒頭には様々な香薬が並べられ、その後には顔料・陶磁器・織物類などが挙げられている。

宋の陶磁器・織物（特に絹織物）は日本では再現困難な品質を誇り、重宝された。特に陶磁器は土中でも腐食せず残るため、日宋貿易の盛行を今に伝える格好の資料としてよく用いられる。大宰府鴻臚館では越州窯青磁、博多遺跡群では十二世紀前半ごろまでは広東・福建の白磁、それ以後は浙江龍泉窯《りゅうせんよう》などの青磁が主に出土する。平安末期まで日本の遺跡から出土する中国製陶磁器の量は、大宰府鴻臚館・博多が圧倒的な規模を誇るが、それは当該地が貿易の場だったことを反映する。香薬の多くは東南アジアなど南方に特産地が点在するため、日本は通時代的に輸入に頼らざるを得ず、平安期にも広州・泉州を経由して、両浙から日本にもたらされた。これらは医療に用いられただけでなく、香合《こうあわせ》や密教法会など平安王朝の粋ともいえる文化的営為においても欠くことのできない必需品であり、平安文化は船来品の常備を必須の条件として展開した。他に重要なものに書籍があるが、これについては後述する。

2　僧侶の往来と外交問題

入宋僧の活動

日本では十世紀以後、日本人の中国渡航はほとんど認められなくなったが、例外的に公認されたのは僧侶だった。これは承和度遣唐使（八三八年）の後、唐商船を利用して往来した入唐僧を先例とするが、九世紀末以後は入唐許可の頻度が低下する。そのような中で文化的にも大きな意味を持つ入宋僧には、奝然《ちょうねん》（九八三年入宋、九八六年帰国）・寂照《じゃくしょう》（一〇〇三年入宋、客死）・成尋（一〇七二年入宋、客死）の三人がいる。その行跡に詳しく触れる余裕はないが、ここでは最初の入宋僧である奝然を中心に見てみよう。奝然は九八二年、円融天皇から入宋を認める宣旨を受け、翌年従僧五人を連れて海商陳仁爽《ちんじんそう》・鄭《てい》仁満《じんまん》の船で入宋した。海商の貿易船に便乗して入宋したこと、海外渡航に天皇の許可が必要だったことは、唐末五代の入唐僧と同様である。ただし寂照は入宋の申請をしてもなかなか認められず、勅許を得ないまま九州に下向しているし（最終的には入宋勅許を獲得）、成尋は最後まで申請が認められず密航に及んだ可能性が高い。

入宋僧は様々な人々から後援を得た。たとえば奝然は天皇家や摂関家の人々の現世利益を祈る願文を宋で作成しているが、これは後援者にあたると考えられている。寂照・成尋についても同様の存在は確認できる。入宋の許可を得るための根回しや渡航費用の確保のためにも、入宋にあたって後援者の存在

釈迦如来像（清凉寺所蔵）

通肩の着衣形式，同心円状の衣文，大きな頭と狭い肩幅など，一般的な平安時代の仏像とは異なる特異な造形である．

は必須であり、それは唐末入唐僧以来確認されるところである。入宋僧の後援者にとっては、僧侶への援助自体が功徳《くどく》となる行為だったが、寂照が藤原道長から託された念珠・砂金などを天台山に施納したり、成尋が五台山で藤原寛子（後冷泉天皇皇后）から託された後冷泉天皇書写経などの供養を行なったりした例を見るに、入宋僧を介した仏教聖地での罪業消滅も期待されることがあった。

奝然は入宋してまず天台山を巡礼した後、太宗《たいそう》の命で台州の使にともなわれて都の開封《かいほう》に入り、太宗に謁見して紫衣《しえ》や下賜品を賜わり、観音院を宿泊場として提供された。翌年には五台山《ごだいさん》に参じたが、この時は太宗から旅費を与えられ移動の便宜も提供された。九八五年には帰国にあたり太宗から法済大師号や、蜀版大蔵経《しょくばんだいぞうきょう》（開宝蔵）五〇四八巻を中心とする仏典などを与えられ、移動経費も提供された上で台州に向かい、翌年台州商客鄭仁徳《ていじんとく》の船で帰国した。宋における入宋僧への国家的な厚遇がわかる。唐末の入唐僧や南宋期の入宋僧についてはこうした待遇は確認できないが、北宋期には奝然だけでなく寂照・成尋も同様の待遇を受けている。北宋では他国の僧にも同様の厚遇が行なわれた。

北宋期入宋僧の主な巡礼地は唐末五代の入唐僧と同様に、天台山・五台山だった。入唐僧が求法《ぐほう》（同時代の中国仏教の修得）を目的としたのに対し、北宋期の入宋僧が巡礼を目的としたという評価が古くからある。だが、天台門徒などの抵抗のために実現しなかったものの、奝然は帰国後、平安京北西の愛宕山《あたごやま》に大清涼寺を建立して五台山に見立て、戒壇《かいだん》・阿闍梨《あじゃり》を置いて、三学宗・達磨宗《だるましゅう》と称される一宗を建立する計画があった。三学宗の内実は明らかでないが、戒定慧三学《かいじょうえさんがく》を併修する宋代仏教をモデルにしたものか。鎌倉初期の栄西《えいさい》の『興禅護国論』世人決疑門では、南宋の禅宗と三学宗との異同が話題に挙げられており、奝然による仏教改革の可能性は日本仏教界で記憶されていたらしい。また鎌倉時代の清凉寺では奝然将来の釈迦如来像の前で宋式の金光明懺法《こんこうみょうせんぼう》が修されたが、その儀式次第は鎌倉初期以前に遡る古態で、清凉寺創建当初に遡る可能性があるという（谷口耕生—二〇一四）。摂関・院政期仏教の特徴として、北宋仏教の擬似的導入（権力による恣意的変形をともなう選択的導入）が指摘されるが（上川通夫—二〇〇七・二〇一二）、擬似的ではない導入を志す立場も存在した。

書籍の往来

北宋期入宋僧の活動に付随して、二つのトピックを挙げておきたい。一つは書籍の輸入である。唐末の入唐僧と同様、北宋期の入宋僧も日本未渡の仏典の入手を一つの使命としていた。その中でも特に目を引くのが、奝然が賜わった蜀版大蔵経（開宝蔵）である。これはおそらく日本に来た最初の版本であ

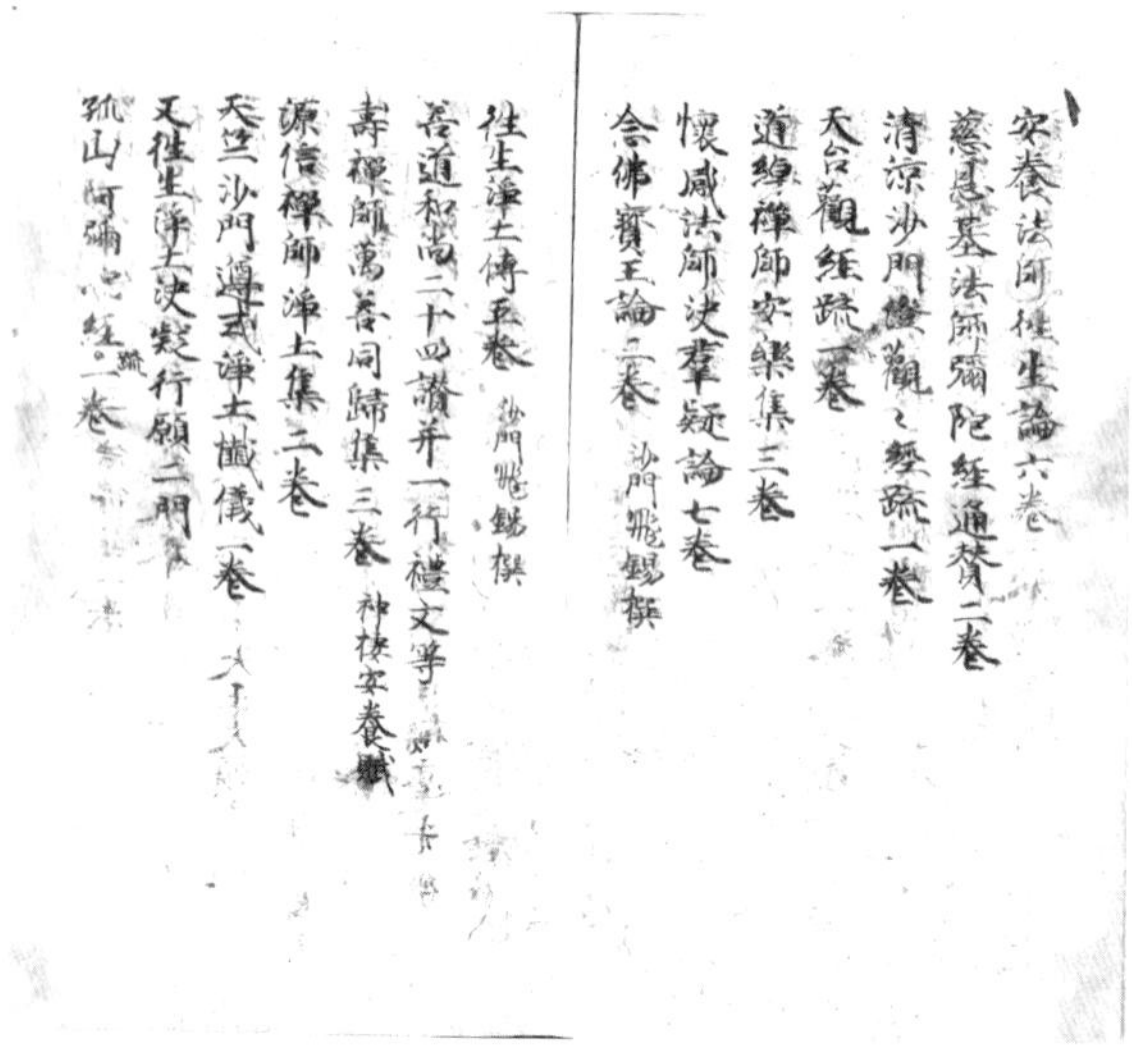

北宋・王古撰『新修浄土往生伝』巻下（国立国会図書館所蔵，1102年刊，1128年写）

『往生要集』にあたると考えられる「源信禅師浄土集二巻」の書名が見える．

り、日本典籍史上の大事件だった。原本は現存しないが、写本が各処に伝えられており、重宝された様子がわかる。その後入宋した嘉因・成尋も、奝然以後の新訳経典を中心に入手して日本に送っている。北宋期にはまだ版本の流通は限られたが、藤原道長が海商や入宋僧を介して宋版『文選《もんぜん》』『白氏文集《はくしもんじゅう》』を入手したように、仏典以外の外典も宋初から日本にもたらされている。特に需要の大きかった仏書・医書の類は海商を介し、早いものは刊行後数年で日本に将来された。南宋期になれば版本の流通はさらに盛んになり、南宋仏教の導入に積極的だった禅宗・律宗はもちろん、京都高山寺の明恵《みようえ》や、親鸞を含む法然の一門でも宋版仏典の利用が確認される。宋版仏典の輸入は、仏教各派の運動を刺激する役割も果たしたのである。

中国では唐末以来の戦乱で仏典が失われたため、五代北宋のころには高麗や日本にこれを求めるという逆転現象も見られた。たとえば一〇〇三年に入宋した寂照は、明州保恩院の知礼《ちれい》の一門に仏書を贈っている。寂照は延暦寺横川《よかわ》の源信《げんしん》の関係者として入宋したものだが、源信は宋との交流に強い関心を持ち、寂照に天台宗の疑問二七条等を託して知礼から回答を得ている。また源信は九州に来航した宋僧斉《さい》隠《いん》や宋海商に託して、自著やその他の日本浄土教関係の著作を宋に送ったことも知られる。その一つである自著『往生要集《おうじょうようしゅう》』は、一世紀後に宋で編まれた『新修浄土往生伝』でも浄土教の要書の一つとして挙げられていることが近年紹介された（横内裕人―二〇一四）。一〇七二年に入宋した成尋も六〇〇巻以上の仏書を日本から携行し、宋僧に見せたり貸したりしているが、その中には日本撰述書も少なからず含まれていた。

日宋間の外交交渉

今一つのトピックは、入宋僧が宋において日宋外交の契機として期待されたことである。北宋は広く異国の僧を厚遇し、その僧の出身国と外交関係を結ぶ機会としようとした。日本朝廷の公的認可を得て渡航した入宋僧は、日宋両国の国家的保護を受けた存在だった。そのため奝然の入宋と太宗への謁見を、僧の巡礼を利用した外交形態の一種とする評価もある（石上英一―一九八二）。日本側にはあえて外交関係を結ぶ意志はなかったが、軍事大国遼の存在により東アジアの覇権国家の地位を得ることができなかった宋は、これを補うために周辺諸国の朝貢を期待した。特に対外的積極策を採った神宗《しんそう》は、日本に対しても度重なるアプローチを行なっている。きっかけとなったのは一〇七三年、成尋従僧の帰国である

（成尋は帰国せず）。成尋は神宗から、自らへの下賜品以外に、天皇への下賜品として法華経・錦や神宗御筆の文書も受け取っており、これを従僧に託して日本に送ったのである。朝廷ではその受領の可否や返答品をめぐって議論が紛糾し（結果として受領）、返事が送られたのは四年後の一〇七七年のことだった。以後も宋は北宋最末期まで日本に外交文書を送り続け、特に一一一八年には徽宗《きそう》自ら朝貢を催促する書を送っている。だが日本は返事をする場合も国交樹立に積極的な姿勢は示さなかったし、返答せず黙殺する場合もあった。

なおこの時期に用いられた外交文書の形式は牒《ちょう》といい、原則として明州と大宰府の地方官の間でやりとりする形を採った。大宰府牒の文案は実際には京都で作成されたし、明州牒も皇帝の確認を経た上で送られたが、元明代のように君主間（中国皇帝―日本国王間）のやりとりという形式は採らない。使船・使節の派遣も行なわれず、日宋ともに海商かその船に乗った入宋僧に託して牒を送るにとどまった。北宋期の外交交渉は打診の段階で終わり、国家が前面に登場する段階まではいたらなかったといえる。

そのような中で例外的に使節派遣にいたったのが、後白河院政期である。明州は一一七二年に使者として水軍使臣を日本に派遣し、後白河院と平清盛に賜物を送った。この使臣の帰国にあたって、日本は返信物と日本国沙門静海《じょうかい》（平清盛の法名）名義の返牒を明州に送っている。使臣が帰国すると明州はこれを中央の枢密院に報告しており、この日本遣使は中央の意向を受けたものと見られる。宋は同年中にまた牒を送ったようで、清盛は翌年も返牒を送っている。宋側の目的について、貿易推進のための海賊対策と見る説や、金と対抗するための外交戦略と見る説があるが、いずれにしろこの関係は一時的なものに終わった。

また明州の遣使以前、一一六七年には日本の使僧が明州に到来し、一一七〇年には後白河が清盛の福原山荘で宋人と面会しており、正式な使者派遣に先んじた予備交渉があった可能性がある。折しも一一六七年には平頼盛（清盛の弟）が大宰大弐として大宰府に下向し（このころ大宰府長官は遙任化しており下向は異例）、同年の重源《ちょうげん》や翌年の栄西を皮切りに、平氏や後白河院近臣と関係が深い僧侶の入宋が一一七〇年代まで相次ぐ。入宋僧は一〇八〇年代以来八〇年近く絶えていたが、これが復活したのは後白河院や清盛の外交政策と関わるものだろう。なお後白河は一一六九年に出家した後、明州阿育王山《あいくおうざん》の従廓《じゅうかく》に連年連絡を送り弟子の礼を取った（『攻媿集《こうきしゅう》』巻一一〇）。後白河は意外と宋仏教界に関心を持っており、当該期の日宋交渉の背景を平家の対外的積極性のみに収斂させるべきではない。

日本と遼・金

当時東アジアの大国としては北方の遼・金もあり、軍事的にはむしろ宋よりも優勢だった。日中間航路の起点となった明州が終始宋の支配下にあったため、日本の主な交流の相手は宋となったが、遼・金との関係も絶無だったわけではない。たとえば『遼史』道宗本紀には一〇九一・九二年の日本使到来記事がある。一〇九一年の使者は海商の鄭元《ていげん》・鄭心《ていしん》と僧の応範《おうはん》（日本側史料では明範）をはじめとする二八人だった。この件には大宰権帥藤原伊房《ふじわらのこれふさ》や対馬守藤原敦輔《あつすけ》が関与していた。伊房は宋海商劉琨《りゅうこん》の船で明範を派遣し武器を売って金銀を得たが（鄭元・鄭心は劉琨と同船の海商か）、これは朝廷の認可を得ずに行なったものであり、翌年発覚すると伊房・敦輔は処罰された。この事件の背後には、一〇九〇～九四年に宋が海商の高麗渡航を禁止したことがある。それまで宋海商は渡航が禁じられた遼に密航する場合、高麗を経由して渤海湾から上陸していたが、それが封じられたことで、一時的に日本経由の入遼を試みる宋海商が現れたものだろう。日遼貿易の痕跡はこの時以外に確認できないが、この前後、遼代の仏典が宋・高麗経由で日本に将来され、院政期・鎌倉期の仏僧の著述や説話集にも影響を与えるなど、遼文化の日本への影響は皆無ではなく、院政期に遼仏教が政策的に導入されたことを想定する立場もある（上川通夫─二〇一二）。

一一二五年遼に代わった金は領域を南の淮河《わいが》北岸まで延ばし、海との接点を増やした。史料にはあまり現れないものの、一二一七年に大宰府の民が山東《さんとう》半島の莱州《らいしゅう》に漂着したように（『金史』宣宗本紀）、日本との偶発的な接触の機会は遼代より多かっただろう。一二二三年には越後寺泊《てらどまり》浦に女真《じょしんじん》人が漂着し、翌年京都に送られているが、モンゴルの圧力による金の南遷後、遼東に残った金の勢力が一二一五年に建てた東真国《とうしんこく》の使者である可能性が指摘されている（藤田明良─二〇〇七）。

二　日宋・日元関係の展開

1　南宋期日宋貿易の展開

権門の博多進出

十一世紀後半、日宋貿易の場は大宰府鴻臚館から博多津唐房に移る。二〇一八年、唐房推定地の近くから、このころの港湾施設である石積遺構が発掘された。輸入品の中国製陶磁器や輸出品の硫黄等も出土しており、また石積の近くには貿易品の荷上げ場や港湾管理施設があったとも考えられている。唐房の文献上の初見は近江西教寺《さいきょうじ》所蔵『両巻疏知礼記《りょうかんそちれいき》』巻上の「筑前国薄（博）多津唐房大山船龔三郎船頭房、以有智山明光房唐本移書畢」という一一一六年の奥書で、博多津唐房の大山船の龔三郎《きょうさんろう》船頭の房で有智山《うちやま》の明光房《みょうこうぼう》の唐本を書写したことが知られる。有智山は大宰府大山寺《だいせんじ》のことであり、大山船は大山寺の船と考えられる。龔三郎は龔姓の宋海商であり（数字＋郎は宋で一般に行なわれた輩行《はいこう》の表記）、博多津唐房には大山寺に帰属する宋海商の宿房があったことになる。大山寺は一一〇四年にも宋人と唐物をやりとりするなど（『卌五文集』）、地の利を生かして宋海商とかかわりを持った。

このころ延暦寺と石清水八幡宮の間で大山寺の本末関係をめぐる争いがあり、最終的に延暦寺の勝利となっている。この動向を主導した比叡山東塔の梶井門跡《かじいもんぜき》は、同時期に伊勢・陸奥にも影響力を及ぼすべく運動を行なっている。伊勢の水銀・真珠や陸奥の金は日宋貿易の輸出品でもあり、比叡山は貿易品の特産地と貿易港の掌握を志向していたらしい。東大寺も同時期に大宰府観世音寺の末寺化を進め、石清水も筑前筥崎宮《はこざきぐう》を末社化している（ただし筥崎宮は、一一四〇～八五年は大宰府領）。これらはいずれも宋海商との関係が確認される寺社であり、東大寺・石清水も日宋貿易との接点を求めて博多津周辺に拠点を設けようとしたらしい。これら中央の大寺社は宋海商と遠隔地商人の双方を組織し、貿易品を効率的に流通させる体制を築いた。摂関家の九条道家も一二四二年に博多承天寺《じょうてんじ》の円爾《えんに》を招いて京都東福寺を建立し、後には九条家領の周防《すおう》国上得地保《かみとくじほ》をここに寄進している。上得地保は輸出品である木材の産地であり、やはり一権門による貿易港と貿易品特産地の掌握の志向がうかがえる。

院政を敷いた治天も諸権門と同様に、貿易港と貿易品特産地を後院領《ごいんりょう》（皇室領の一つで、治天の管理下にあった）として掌握し、院御厩《いんのみうまや》の機構を通じて遠隔地商人を院御厩舎人に組織し、貿易の経営も行なった。鳥羽・後白河院政期には平家関係者が院御厩の預《あずかり》・別当《べっとう》を歴任し、鎌倉期には西園寺家《さいおんじけ》がこれを継いでいる。一二四二年に帰国した西園寺公経《きんつね》の貿易船も院御厩との関係が考えられる。後院領として注目されるのが、肥前神埼荘《かんざきのしょう》と、保元の乱（一一五六年）で摂関家から没収した奥羽の五荘園である。前者は後述の通り宋海商と関係を持ったことが知られ、後者は産金地として砂金を毎年貢納していた。一般に言うところの平家の日宋貿易も、如上の治天の家産機構を介して行なわれたと考えられ、平家独自の事業だったわけではない（渡邊誠―二〇一〇）。

公的貿易管理の終焉

十二世紀は大宰府を介した公的貿易管理が終焉を迎え、寺社・権門の貿易関与が表面に出る時代である。管理貿易下で禁止されたのは官貿易以前の民間貿易であり（官司先買制）、朝廷が必要とするものの購入が完了すれば、他の商品の売買は認められたから、管理貿易と寺社・権門の貿易関与は矛盾するものではない。だが後者の発達とともに、前者は次第に骨抜きにされていく。たとえば海商の積荷には、貨物・和市物《わし》の他に随身貨物・雑物などとよばれるものもあった。海商は官貿易品選定の資料として前者のリストを提出したが、後者は滞在費自弁のための物品として申告しないことが認められていた。海商はこの枠を増やして民間貿易品を確保する傾向にあったようで、貨物・和市物が足りない場合、随身貨物のリストも提出するように大宰府から指示されることもあった。海商は寺社・権門との貿易において事前に注文を受けることもあったが、それは官貿易品の対象に入らないように、随身貨物としてもたらされたはずである。

この方式が問題を惹起したのが一一三三年のことだった。九州に来着した宋海商周新の船に対し、大宰府が先例通りに存問を行ない、和市物（官貿易品）を船から出したところ、院御厩預として肥前神埼荘を管理していた平忠盛が鳥羽院の院宣《いんぜん》と号し、周新の船を神埼荘の管理下として、大宰府の管理を排除しようとしたのである。周新が鳥羽院・神埼荘との契約に基づきもたらした商品が大宰府に召し上げられたため、忠盛が強硬手段に出たものか。詳細はともかく、太政官機構を通じた官貿易制度は、ここにいたり最高権力者である治天の貿易活動と衝突した。以後大宰府から海商来着が報告されたり、朝廷で貿易の可否を審議したりする事例が確認できなくなるが、寺社・権門の意向が優先され、大宰府の管理貿易は後退したのだろう。

ただし大宰府による対外交通の規制は平家滅亡（一一八五年）までは機能したと見られる。前節で見たように、一一六七年からは入宋僧が復活するが、それは平家やその他の後白河院近臣の関係者に限られ、時期も後白河と明州阿育王山の交渉期に限定される。従来通りの管理貿易が継続していたわけではないだろうが、平家が府官の家人化を通じて影響下に置いた大宰府を拠点に、対外交通にも統制を及ぼしていた可能性は高い。

日宋交流の「解放」

博多の発掘成果に拠ると、十二世紀後半以後の中国製陶磁器は、唐房のあった入江周辺に限らず広く出土する。文献でも博多津唐房の称は一一六八年以後見えなくなり、宋海商の居留区は港周辺に限定されなくなったらしい。また鹿児島県の万之瀬川《まのせがわ》流域では十二世紀後半から十三世紀の中国製陶磁器が多く出土し、宋人居留の痕跡も見られる。サブルートと考えるべきだろうが、このころには明州―博多航路沿いに収斂しない日宋交通路も現れるようである。人の往来を見ても、平家滅亡後には政権所縁の者に限らない様々な僧侶が頻繁に入宋するようになる。大宰府を介した海商や僧侶の管理は、平家の滅亡後、最終的に放棄されたと見られる。ただしその後も府官が貿易をめぐり海商・権門との間で紛争を起こしていることを見るに、鎌倉前期まで大宰府は貿易現場近くの官衙《かんが》として一定の存在感を残し続けたらしい。

十二世紀後半から十三世紀には日宋交流のあり方に大きな変化が生まれる。宋の文化の影響が、地理的には博多周辺、人的には特定の入宋僧の周辺に限定されていたものが解放され、従来よりもはるかに広く深いものに変化するのである。たとえば宋銭は博多周辺では十一世紀末から用いられたが、十二世紀後半には中央でも流通を始め、十四世紀初頭には日本列島の基軸通貨の地位を確立する。中国製陶磁器も十二世紀までは博多での出土量が圧倒的だが、十三世紀になると博多の出土量が減少し、代わって広く全国的な出土を見るようになる。寺社・権門の貿易経営が前面に出ることで、海商と国内の遠隔地

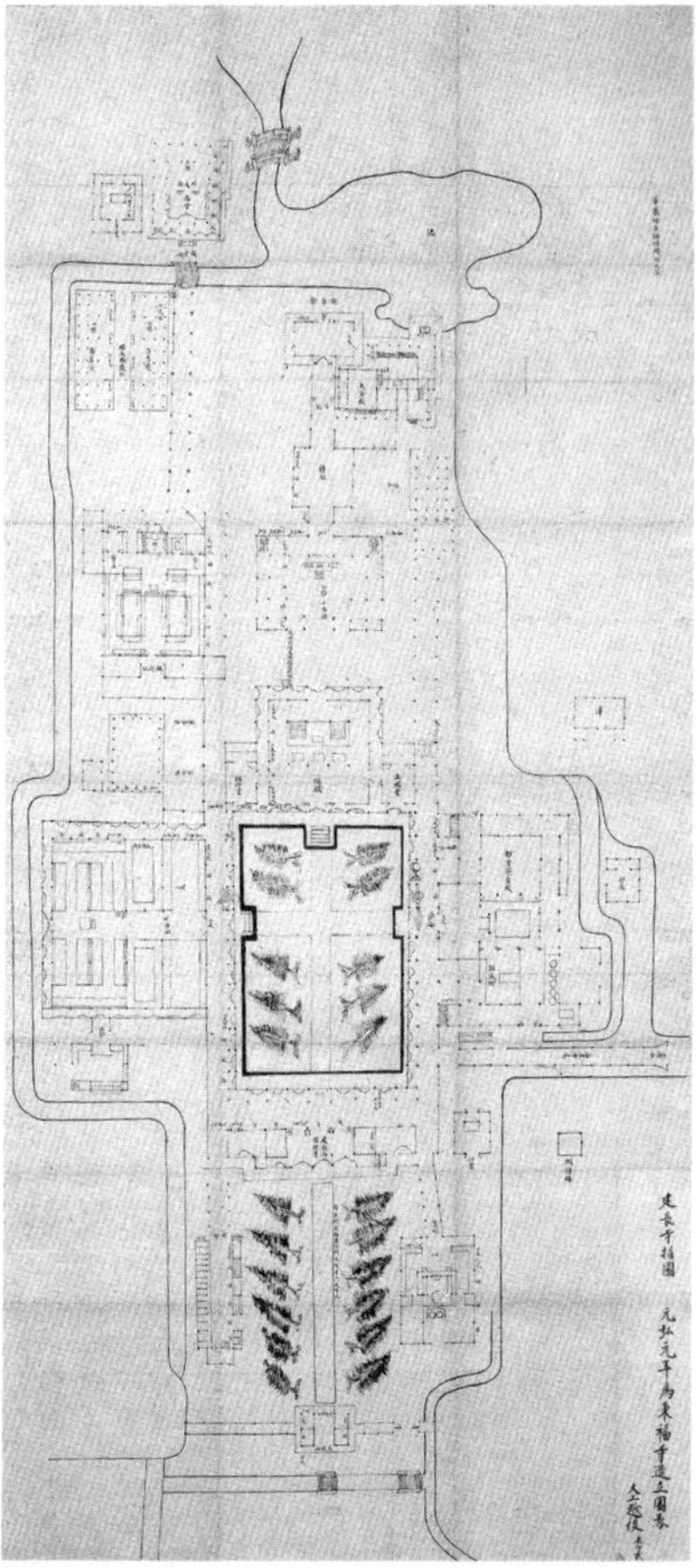

建長寺伽藍指図（建長寺所蔵，1331年作，1732年写）

鎌倉時代の建長寺で南宋式伽藍配置が行なわれていたことを伝える指図.

商人との接続が効率的に行なわれ、博多に長期保管される売れ残り品・廃棄品も減少したのだろう。

また鎌倉期には入宋僧・渡来僧によって南宋式の仏教が本格的に導入され、寺院経営・伽藍配置・生活規範などのレベルまで、平安仏教と異質の南宋仏教の再現が志向された。南宋期の入宋僧は北宋期のような国賓待遇を受けることも、高僧として遇されることもなかったが、むしろそのために、自由な立場で宋国内の寺院をめぐり、一般の宋僧とともに集団生活を体験することが可能となったのである。南宋仏教界もあるいは日本の経済的支援を期待し、あるいは自らの権威を高める手段として、日本僧を積極的に受け入れた。宋式の喫茶文化・食文化（点心など）、宋代漢字音（唐音）、漢詩文の制作、石造物の造立（卵塔《らんとう》・宝篋印塔《ほうきょういんとう》など）も、入宋僧によって紹介されたものである。鎌倉・南北朝期は前近代日中仏教交流のピークで、入宋・入元僧や渡来宋元僧は、文献から判明するだけでも六〇〇人近くを数えることができる。特に十三世紀半ば以後は、蒙古襲来前後や元の貿易禁止期間を除き、ほぼ毎年僧侶の往来が確認される。彼らの入宋・帰国は貿易船に便乗することで行なわれており、末期日宋貿易の盛況も知ることができる。

鎌倉期の日宋貿易と木材・銅銭

宋海商は大宰府の管理消滅とともに公的な保護も失ったため、寺社・権門の保護を期待して関係を強めるようになった。おそらくその結果、彼らは十三世紀に寺社の神人《じにん》・寄人《よりうど》の身分を得て活動するようになる。寺社・権門は彼らに出資して貿易品を入手したものだろう。海商の中でも有力な者は複数の寺

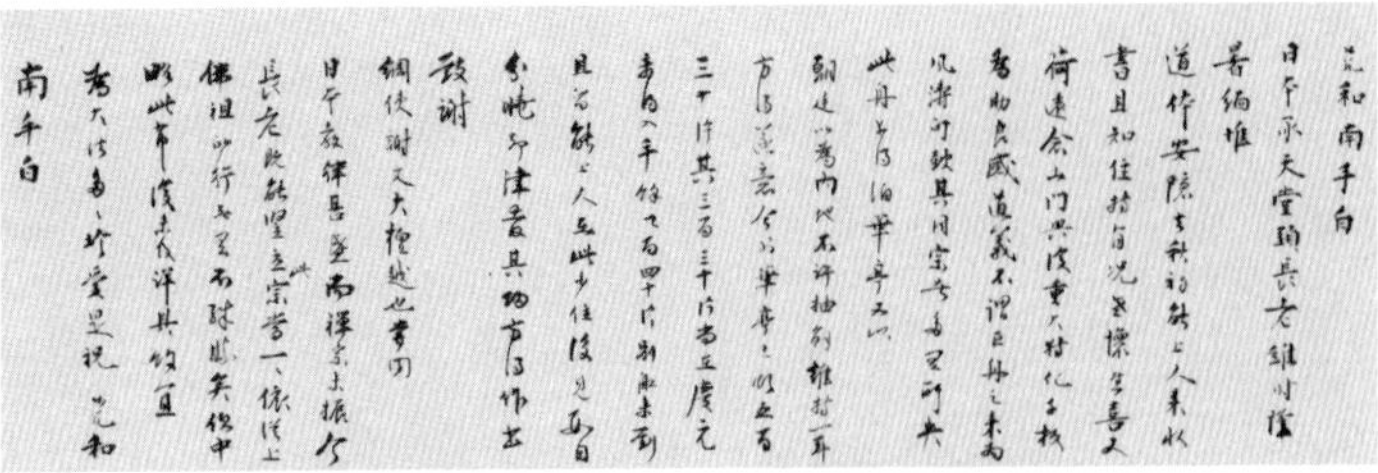

『板渡の墨蹟』（1245年，東京国立博物館所蔵）
南宋径山住持の無準《ぶしゅん》師範《しぱん》から日本の円爾に，寺院復興用の木材送付への感謝を伝えたもの．出典：ColBase（https://colbase.nich.go.jp）

社・権門に帰属しており、必ずしも特定の寺社・権門に隷属する存在ではなかった。たとえば謝国明《しゃこくめい》は、博多承天寺を建立し、筥崎宮領を買得して承天寺に寄進し、筑前宗像社《むなかたしゃ》領小呂島《おろのしま》に権益を有し、筥崎宮・宗像社に社役を勤仕する立場にあった。また張光安《ちょうこうあん》は大山寺の寄人で大宰府・神埼荘とも関係を持っていたと見られ、筥崎宮の神人でもあった。

　彼ら宋海商は、貿易にあたっては寺社・権門から派遣された形を取り、自らは綱首《ごうしゅ》（船頭）などの立場で貿易に従事した。彼らは宋では「日本商人」「倭商」などとよばれた。かつてこれらは宋海商の貿易独占に対抗した日本人の海外渡航という文脈で語られたが、「日本商人」とは必ずしも日本人を意味せず、実際に先述の謝国明も宋で「日《に》本綱使《ほんごうし》」とよばれている。貿易では宋海商自身の資本と寺社・権門の出資分、および一般から募集した資本を用い、帰国後にはその収益を関係者に分配したと考えられる。一三二三年に慶元《けいげん》（明州）から博多への帰国途上、韓国新安《シナン》沖で沈没した新安沈船の引揚遺物からは、積荷の権利者を表示する荷札木簡が多く発見されているが、その四割以上は京都東福寺に収める積荷に付けた「東福寺公物」「東福寺公用」

銘木簡と綱司《ごうし》（綱首）の権利品に付けた「綱司私」銘木簡で占められている。それぞれ派遣主と海商の出資に対応した取り分だろう。その他の木簡は一般出資者および便乗した商人の権利品と考えられる。

貿易品は基本的に前代と同様で、輸出品には金・硫黄・巻貝、輸入品には香薬・陶磁器・織物・書籍などがあったが、この時代に新たに現れるものとして、輸出品に木材、輸入品に銅銭がある。木材輸出の背景には宋の南遷にともなう官舎・宮殿の大規模造営があった。このため新都臨安《りんあん》（杭州）周辺の両浙地域の山林資源は乱伐されて枯渇し、木材価格は高騰したため、日本産木材が安価で良質なものとして重宝された。後白河院は一一七〇年代前半、重源を介して明州阿育王山に周防の木材を送り舎利殿を造立しており、その後も一一九三年には栄西が明州天童寺《てんどうじ》に、一二二八年には京都泉涌寺《せんにゅうじ》の湛海《たんかい》が臨安白蓮寺《びゃくれんじ》に、一二四四年には円爾・九条道家が臨安径山《きんざん》に、寺院修造用の木材を送っている。これらの木材送付は代価支払いもともなう一種の貿易であり、海商にとっては大きな商機でもあった。

銅銭の列島規模での流通はすでに触れたところだが、その背景には一一六〇年、宋の会子《かいし》（紙幣）発行があった。宋の市場では会子が主に流通し、退蔵された銅銭は国外に流出するようになる。宋では銅銭貿易が禁止されたが、実際には市舶司設置港での違法取引や密貿易港での取引によって大量の銅銭が流出し、特に十三世紀には日本への流出が問題とされた。一二四九年には二万貫の銭を密輸しようとした倭船が検挙されており（『許国公奏議《きょこくこうそうぎ》』巻四）、前述の新安沈船からは海底からの引き揚げ分だけで約八〇〇〇貫の銭が確認されている（一貫は銭一〇〇〇枚、現代で約一〇万円に相当）。元代には貨幣として交鈔《こうしょう》（紙幣）がもっぱら用いられたため、銅銭流出の傾向にはさらに拍車が掛かったと考えられる。こうして日本には宋元代の間に大量の銅銭がもたらされたが、これは貨幣としてだけではなく、銅の原材料としても利用されたと考えられる。

来日宋人と宋風文化

南宋期最初の入宋僧となったのは、一一六七年入宋の重源である。彼は宋の教学を日本に紹介することはなかったが、後白河院と明州阿育王山《あいくおうさん》の仲介を務めるなど、興味深い人物である。東大寺南大門・開山堂など、宋の建築技法を採用した大仏様建築に見るように、宋風文化導入の契機の一つとなった東大寺再建事業も、重源が東大寺大勧進（東大寺復興の責任者）として主導したものである。この時に仏像造立に関わった運慶・快慶ら慶派《けいは》仏師は、天平彫刻の復興を志しながら宋風の要素も取り込み、以後の彫刻に多大な影響を与えた。以後も鎌倉時代には、鎌倉大仏など多くの宋風仏像が製作される。なお奝然将来の清凉寺釈迦如来像も、注目されるようになるのは後白河のころからで、鎌倉時代には多くの模刻像が製作された。

東大寺再建事業に関わった宋人に陳和卿《ちんなけい》がいる。貿易のために来日し、船の破損によって日本に滞留していたもので、重源の下で活動した。弟の陳仏寿《ちんぶつじゅ》は「都宋朝工」の肩書きを持つ宋人工匠の統括者であり、その配下には多くの宋人技術者がいたと見られる。その一人である伊行末《いこうまつ》は明州出身の石工で、その子孫は南北朝期まで活動した。花崗岩製の硬質石材を定型で切り出し整形する技術は鎌倉時代に宋から伝わったものであり、鎌倉期の石造物には少なからぬ宋の影響が見られる。たとえば東大寺南大門の石獅子は宋から輸入した石材で宋人石工が作ったもので、その意匠は宋代石造物に起源する。石材などの物資輸入には宋海商の協力もあったと見られる。一一九五年の東大寺大仏殿落慶供養時に李宇《りう》なる宋人が恩賞を受けているが、彼は『日吉山王利生記《ひえさんのうりしょうき》』巻七の説話に拠れば、貿易に関わった海商だった。他に出自は不明だが、重源の門人には空躰房鑁也《くうていぼうばんや》なる宋人の僧がいた。

海商の船で来日した宋人たちは、他にも少なからず確認され、文化史上注目すべき事例も多い。特に宋人に期待されたのは医療だった。たとえば平安時代には来日宋人の医学情報の聞書と思しき『宋人密《そうじんみつ》語抄《ごしょう》』なる本が宮廷に保管されていた。『大鏡』に拠れば眼病を患っていた藤原隆家《ふじわらのたかいえ》は、唐人の眼医に診察してもらうために大宰府赴任を望んだとされる。これは恵清《えしょう》という宋医で、右大臣藤原実資《さねすけ》は一〇一四年、大宰権帥の隆家を介してこの恵清より目薬を取り寄せている。鎌倉時代には上述の鑁也が藤原定家の診療を行なっているし、摂政近衛兼経《かねつね》は「宋人文子」と医療のことを語っている（榎本渉—二〇一三）。北条時宗《ほうじょうときむね》に仕えた医官の明《みょう》（朗《ろう》）元房《げんぼう》も宋人だったし（『念大休禅師語録』『仏光国師語録』）、奈良には宋人歯科医も住んでいた（『沙石集』八）。鎌倉末期を代表する医者である梶原性全《かじわらしょうぜん》の『万安《まんあん》方《ぼう》』は多く性全が清書・校点しているが、一部の清書は宋人道広《どうこう》が行なっている。道広は性全の下にいた助手の宋医だろうか。

十一世紀後半の興福寺僧円憲《えんけん》は、博多で宋人から琴を習ったとされ（横内裕人—二〇一〇）、同じころに対馬・大隅・日向の国司を歴任した津守有基《つもりのありもと》は「異朝人」から方磬《ほうけい》（打楽器の一種）を学び（『住吉神社并一族系図』）、大宰府目代を勤めた大江通国《おおえのみちくに》は九州（博多か）で占術を学び宋人から自筆の占書を伝授された（太田晶二郎―一九九一）。十一世紀前半、高階某が九州で宋人から算術を学んだとの説話も興味深い（『今昔物語集』巻二四）。来日した宋人・高麗人経由の芸道の伝授は意外とあったのだろう。また宋代の漢字音も、鎌倉時代には入宋僧・渡来僧によって、宋音・唐音として日本に紹介されたが、平安時代には僧侶が来日宋人から学ぶこともあったことが知られている。

宋風仏教の盛況

栄西は、一一六八年と一一八七年の二度入宋した。二度目は宋経由のインド渡航が目的だったが、宋から許可が得られず、禅宗を学んで一一九一年に帰国した。日本禅宗の祖とされる栄西だが、実際には栄西以前にも入宋僧覚阿《かくあ》が禅宗を伝えており、また摂津三宝寺の禅僧能忍《のうにん》の一派も達磨宗《だるましゅう》とよばれ教線を広げていた。一一九四年には延暦寺の訴えにより能忍・栄西の活動が禁止されており、両者が当時の禅宗の二大勢力だったらしい。達磨宗は後に勢力を失うが、門徒の一部は後に道元《どうげん》に参じ、日本曹洞宗の動向にも影響を与えたと考えられている。

栄西は鎌倉幕府の招聘を受け、その庇護下に鎌倉寿福寺・京都建仁寺・高野山金剛三昧院などを創建する。一門（臨済宗黄龍派《おうりようは》）からは多くの入宋僧を輩出したが、その中には曹洞宗を伝えた道元や東福寺開山の円爾がおり、新たな禅宗の門派を形成した。特に円爾は九条道家の外護下に京都東福寺を創建し、一門（臨済宗聖一派《しょういちは》）からは多くの入宋・入元僧を輩出した。道家は他にも天台僧の慶政《けいせい》（京都法華山寺開山）や律僧の俊芿《しゅんじょう》（京都泉涌寺開山）などの入宋僧を保護したが、両門派からも多くの入宋僧が出ている。九条家とその分家の一条家は、鎌倉前期を代表する宋風仏教外護者だった。さらに鎌倉後期になると、天皇家の大覚寺統も京都禅林寺（南禅寺）を創建して円爾法嗣の入宋僧無関玄悟《むかんげんご》（普門《ふもん》）を開山に据え、入宋僧南浦紹明《なんぽじょうみょう》の一門（臨済宗大応派《だいおうは》）を保護して京都大徳寺を開くなど、宋風仏教の外護者の一つとなる。

なお俊芿は宋で戒律に関する五三条の質問状を作成した（『終南家業』）。その内容は日本の天台教学を前提としたものだったが、一部の宋僧がこの影響を受けた教説を行ない、宋仏教界で論争が惹起されたことがある（大谷由香―二〇一六）。限定的なものではあろうが、南宋期の日宋交流が、日本仏教だけでなく南宋仏教にも影響を与えることがあったことは、当該期の交流が頻度だけでなく、深さにおいても特筆すべきものだったことを物語る。

これら諸門派には日宋間をつなぐ回路として博多・大宰府に拠点寺院を確保し、宋海商とも関係を持つものが多かった。たとえば栄西は上洛以前、博多の宋海商と交流を持ち、彼らの外護下に博多聖福寺《しょうふくじ》を開いたと考えられている。円爾も帰国当初から宋海商の帰依を受け、彼らが建てた博多承天寺の開山となっている。慶政も金源三なる在京宋商人と関係を持っていた。南浦の一門（大応派）も鎌倉後期に大宰府崇福寺《そうふくじ》を影響下に置き、博多商人の外護下に妙楽寺を創建している。妙楽寺は室町期に外交使節の宿泊所となるなど、博多の対外交通の拠点として機能した。承天寺・妙楽寺を拠点とした聖一派・大応派は、室町期にも多くの外交僧を輩出し続けた。

鎌倉では得宗《とくそう》の北条時頼が、渡来僧蘭渓道隆《らんけいどうりゅう》が一二四八年に鎌倉に下向すると、鎌倉建長寺を建立してその住持に据えている。以後蘭渓は得宗の外護下に建長寺・建仁寺・寿福寺等の住持を歴任した。一二四六年の宮騒動《みやそうどう》で前将軍九条頼経《くじようよりつね》（道家の孫）が失脚した後、頼経の下に組織されていた顕密僧の多くが鎌倉を去ったことを受け、時頼は新たな仏教勢力を取り込む姿勢を示し、その中で蘭渓や奈良西大寺の叡尊《えいそん》などを重用することになった。また円爾も、宮騒動に連動した道家の失脚後時頼に接近し、蘭渓とともに日本東西の禅宗の核として協力関係になる。得宗家は蘭渓一門を重用する一方、兀庵普寧《ごったんふねい》（時頼）・無学祖元《むがくそげん》（時宗）・東明慧日《とうみんえにち》（貞時）・清拙正澄《せいせつしようちよう》・明極楚俊《みんきそしゆん》（高時）など宋元僧を招聘し続け、建長寺・建仁寺や鎌倉円覚寺の住持に据えた。彼らは南宋仏教の体現者として禅宗界の指導者となり、その門人からも多くの入元僧が出た。これら京都・鎌倉の禅寺は鎌倉末期から南北朝期にかけて、室町幕府創建の京都天龍寺・相国寺なども加え、南宋の制度に倣い京都五山・鎌倉五山に編成され、その下には全国の禅寺が十刹《じつさつ》諸山として序列化された。

2　蒙古襲来と日元貿易

モンゴルとの外交交渉と戦争

一二〇六年に建国されたモンゴル帝国は、強力な騎馬兵によってユーラシア各地を征服し、世界史上未曽有の大帝国となった。一二三四年には金を滅ぼし、淮河《わいが》を挟んで南宋と対峙し、同じころには高麗遠征も開始する。高麗も崔《チェ》氏の率いる武臣政権下で江華島に遷都し、長期にわたって抵抗を続けたが、一二五八年に崔氏政権が倒れると和を請い、一二七〇年には開城に還都して服属を受け入れた。このころからモンゴルのクビライ＝カーンの視野には日本も入ってくる。一二六六年には高麗経由で日本に黒的《こくてき》を派遣したが、軍事的負担を忌避した高麗の計略で、黒的は途中で引き返すことになった。だがクビライは高麗に再度の遣使を命じる。一二六七年、高麗はやむなく潘阜《はんぷ》を日本に派遣し、服属を要求するモンゴルの国書をもたらした。三〇年余りにわたる日元外交交渉の始まりである。

モンゴル・高麗の国書は、大宰府の武藤資能《むとうすけよし》（筑前等の守護）から鎌倉、ついで鎌倉から京都に送られたが、後嵯峨院は返答しないという結論を出した。外交案件に幕府が介在するこの仕組みは、これ以前の高麗外交の中で形成されたものらしい。黒的は一二六九年二月にも派遣されたが、対馬《つしま》で足止めされたため、対馬人を拉致して帰国しクビライに謁見させた。九月にはこれを送還する使者が高麗から派遣される。後嵯峨院はこの時の国書に返牒する意向だったが、幕府はこれを承知せず、結局返牒は送られなかった。外交文書の起草は伝統的に朝廷が行なうことになっていたが、その実行の可否については幕府の意見が反映され、朝廷の意向通りには行なわれなかったのである。

モンゴルは一二六八年には南宋と日本への遠征準備を始めたが、一二七〇年に高麗海上で蜂起した高麗三別抄《さんべつしょう》の鎮圧に三年を費したため、遠征は延期された。この間、一二七二・七三年には趙良弼《ちょうりょうひつ》が元（一二七一年モンゴルから改称）から派遣されたが、やはり日本は招諭《しょうゆ》に応じない。この時南宋は、帰国する入宋僧桂堂瓊林《けいどうけいりん》を介して、元にしたがわないように日本に働きかけていた。モンゴルに対峙する南宋は、このころ外交的配慮から日本の貿易船に優遇を与えており、緊迫した軍事情勢は貿易にも影響した。

蒙古襲来のインパクト

一二七四年、元は南宋・日本に向け、相次いで遠征軍を発した。南宋は抗しきれず、一二七六年正月に降伏する（残存勢力は一二七九年まで抵抗）。一方日本は高麗から対馬・壱岐《いき》を犯され博多に攻め込まれるも撃退している（文永の役）。一二七五・七九年には日本に元の国信使《こくしんし》が派遣されるが、元に遠慮する必要もなくなった幕府は、いずれも斬首に処した。一二八一年には高麗・慶元（明州）の二方向から日本に向けて、旧南宋水軍も徴用した大軍の遠征があったが、日本はこれも撃退に成功する（弘安の役）。元にとって文永の役は南宋陣営一掃作戦の一環だったが、南宋滅亡後の元は東南アジアへの軍事的圧力も強めており、弘安の役はより積極的に、モンゴルの海域世界への軍事的進出の一齣ととらえることができる。ただし大越（陳朝）・占城《チャンパ》・ジャワ（シンガサリ朝）など、モンゴルの南方での軍事行動もほぼ失敗に終わった。

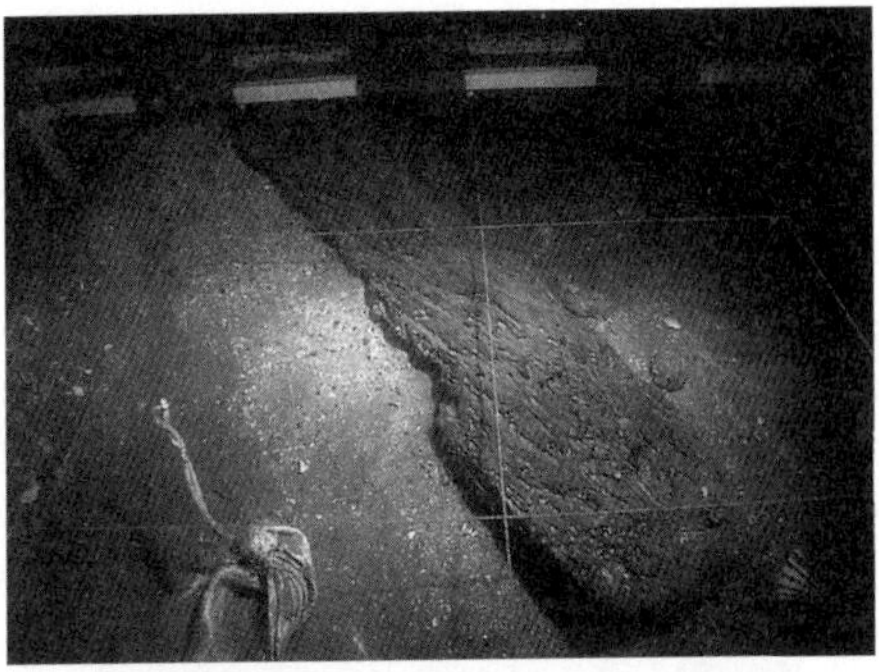

長崎県鷹島海底遺跡発見の元軍船部材

鷹島は弘安の役の戦場で，海底からは元の軍船やその搭載品が発見されている．（鷹島町文化財調査報告書『鷹島海底遺跡Ⅶ』2002年より）

日本は元軍を撃退したとはいえ、その衝撃はきわめて大きかった。一二七二年には北条一門の名越時章《なごえときあきら》兄弟や六波羅探題の北条時輔《ほうじょうときすけ》（得宗の北条時宗の兄）が討たれている（二月騒動）。得宗のライバルを倒して戦争に向けた挙国一致体制を目指したものだろう。このころの幕府中枢は

「只《た》だ薄氷を踏むが如く候《そうら》いき」と言われた緊張下にあった（『鎌倉遺文』一五七六六）。文永の役後、蘭渓道隆が讒言《ざんげん》によって甲斐《かい》に流謫《るたく》されたのも、異国への警戒が極度に高まる中での出来事だった。一二七五年の元使到来後には、元軍襲来の恐れがある九州・山陰・北陸諸国の守護職が一斉に更迭されるが、これは北条一門による守護職集積の一契機となった。

幕府は文永の役に先駆けて、九州北部の警備を御家人に命じる異国警固番役《いこくけいごばんやく》を定め、文永の役後には博多湾沿岸の石築地《いしついじ》（元寇防塁）の築造を命じるなど、軍事的な備えも行なっていた。弘安の役後もモンゴル三征の可能性は消えなかったため、これらの軍役は鎌倉幕府滅亡まで九州の武士が負担し続けた。また文永の役直後からは、御家人に加えて本所一円地《ほんじょいちえんち》（地頭が置かれず荘園領主の支配下にあった土地）の住人にも軍役が命じられるが、これは将軍と主従関係を結んだ御家人のみを指揮下に置く幕府創設以来の原則を大きく逸脱するものである。幕府は軍役に応じた本所一円地住人にも恩賞も宛がわねばならなくなり、その過重な負担は幕府倒壊の遠因となった。

蒙古襲来後の日元関係

一二七六年に南宋が元に降伏すると、日本の貿易相手国は南宋から元に代わり、貿易と軍事は密接に関わることになる。ただし元は日本との貿易を禁じておらず、一二七七年にはクビライが日本から派遣された商人に金と銅銭を貿易することを認めており、これは後に「柔遠《じゅうえん》（遠隔地の者を手なずけること）の道の至り」と評されている（『国朝文類』巻四一）。翌年クビライが泉州から東南島嶼諸蕃国に宣布《せんぷ》し、望むままに貿易を認めるとして来朝を促したのと同様に（『元史』本紀）、貿易を通じて海外諸国の歓心を買うという政治的効果を期待したものだろう。だが弘安の役後には日元両国とも沿岸の防衛体制を強め、貿易船の往来は途絶した。元は弘安の役の後に二度の使者を日本に派遣するが、日本へ行くことを恐れた船員の反乱などによって、いずれも博多にはたどり着かなかった。

一二八〇年代後半には日元貿易も再開したが、一二九二年、慶元に来航した貿易船に、日本宛ての元の牒状が託された。さらに同年には、元の指示で日本人漂流民を送還する高麗使も到来している。幕府は警戒を強め、北条兼時・時家を博多に下向させる。兼時らは翌年から九州全域で異国警固や聴訴の権限を行使した。ここに有事体制を背景として鎮西探題が誕生し、九州の政治的中心地も大宰府から博多に移る。実際にこのころクビライはジャワ遠征の準備のかたわらで日本三征も計画しており、幕府の対応は杞憂ではなかった。だがクビライが一二九五年に崩御したことで日本三征計画は中止され、おそらくこれを知った兼時・時家は翌年鎌倉に帰還する。

クビライの後継者となった孫のテムルは

一山一寧座像（14世紀，南禅院所蔵）

対外強硬路線を取らず、外交交渉によって東南アジア諸国の朝貢を実現する。日本に対しても外交交渉による招諭を目指したようで、一二九九年には帰国する貿易船に禅僧一山一寧《いっさんいちねい》・西澗子曇《せいかんしどん》を乗せて日本に派遣した。しかし鎌倉幕府はまたも軍事的警戒を以て応じる。一山は伊豆に幽閉され、当然元への返事も送られなかった。ただし無学祖元（一二七九年来日、一二八六年没）以来渡来僧が途絶えていたこともあり、幕府は一山・西澗を釈放して鎌倉建長寺・円覚寺の住持に据え、高僧として遇した。特に一山の下には入門を求めて多くの僧が殺到した。

末期日宋貿易と十四世紀日元貿易の狭間となる一二七六〜一三〇四年は、上記の軍事的・政治的情勢のために貿易船の往来が不安定で、僧侶の往来事例も前後の時期と比べてかなり少ない。しかしその一方で、一二八四年ごろから日本各地で、多くの宋人が活動していた様子が確認できるようになる。彼らの多くは、『元史』『高麗史』に記される弘安の役の捕虜宋人のその後である可能性が高い。彼らは僧侶往来の減少を埋める形で、鎌倉後期の日元交流の担い手となった（榎本渉―二〇〇六b）。

元朝の倭船対策

元は一山派遣の失敗を以て、三〇年以上試みてきた日本招諭を放棄し、一三〇二年ごろから日本不臣を前提とした体制を構築する。慶元には浙東道都元帥府が置かれ、防衛態勢強化が図られた。日本船についてては官貿易の実施・日本人の入城禁止・貿易の振興を旨とする定制《ていせい》が施行されており、管理強化の一方で貿易への積極的姿勢がうかがわれる。この体制が整った一三〇五年ごろから、日元貿易船や入元僧の事例は急増する。外交交渉の棚上げのため、日元双方は防衛費という軍備的コストを負い続けたが、一方で以後半世紀余の日元貿易は盛況を取り戻し、僧侶の往来は前近代の最盛期となった。日中関係史における元代を「元寇の時代」とよび、軍事的衝突の側面だけを強調する通俗的な見方は、史実のごく一部を誇大に捉えた一面的な評価に過ぎない。

元が敵性国家日本から来航する貿易船を相手にする上で、これを強力に管理することは、安全な取引を行なうためにも当然の対応だった。だが強い管理は地方官の不正の温床にもなり、海商側にも不満の種となる。一三〇九年、市舶司官吏の不正行為に憤慨した倭商は、商品の硫黄を使って慶元の役所に放火し、これが街中に燃え広がる大参事を引き起こした（至大《しだい》「倭寇」）。これは帰国した貿易船によって日本にも「異賊蜂起」として伝わり、幕府は全国に異国降伏祈禱を命じている。一方で元も、日本僧の検挙を行なって大都《だいと》（北京）に押送《おうそう》し、慶元の軍備強化も行なった。

この事件の結果、日元貿易は途絶えたようだが、数年後には復活した。しかし日元貿易の構造に根本的な変化がなかった以上、同様の事件は以後も頻発せざるを得ない。一三二八年には泰定《たいてい》「倭寇」、一三三五年には元統《げんとう》「倭寇」

奉化江

寧波（明州・慶元）城域の東北部，宋代以後の船着場付近から北向きに撮影．日宋・日元貿易船や遣明船もここに着岸し，市舶司の査証を受けた．

事件が起こった。後者は慶元の上官に送った賄賂が問題になり帰国させられた倭船が、おそらく貿易失敗の埋め合わせに、帰路に昌国《しょうこく》（舟山群島）で略奪を行ない鎮圧されたというものだが、この事件を契機として、元では倭船来航が禁止される（榎本渉―二〇〇七）。なお以上の至大・泰定・元統の「倭寇」は、市舶司での正規取引のために慶元に来航した海商が、何らかの事情で暴動・海賊行為に走ったものであり、当初から密貿易・略奪を目的とした後世の倭寇とはまったく異質のものである。

寺社造営料唐船と鎌倉・室町幕府

日元貿易が禁止される中、一三四二年に一艘の日本の貿易船が慶元に現れた。この船の入港は軍によって阻まれて、乗員は船上で年を越すことになり、衰弱死する者も出るありさまだった。しかしそれでもこの船は辛抱強く交渉を続け、一三四三年にはついに貿易の許可を獲得する。これを機に日元貿易は復活した。背景には元の政権交代があり、皇帝トゴン＝テムルの下で急激な改革を進めていたバヤンが一三四〇年に失脚し、これに代わったトクトによってその改革は順次旧に復されていた。倭船来航禁止措置はバヤン執政期の施策であり、その撤廃はトクトの政策の一環と考えられる。

貿易再開の契機となった貿易船については日本側にも対応する資料があり、いわゆる天龍寺船《てんりゅうじせん》だったことが知られる。これは足利直義《あしかがただよし》が京都天龍寺の造営用途を獲得するために元に派遣した貿易船で、商売の成功・失敗にかかわらず帰国後に現銭五〇〇〇貫を天龍寺に納入する契約が、一三四一年に綱司（船長）至本《しほん》との間で取り交わされた。鎌倉末期から幕府関係者が寺社の修造を目的に派遣する貿易船の事例が現れるようになり、研究史上寺社《じしゃ》（社寺）造営料唐船《ぞうえいりょうとうせん》とよばれている。天龍寺船の他には金沢称名寺船（一三〇六年）・鎌倉極楽寺船（一三一六年）・建長寺・勝長寿院船（一三二五年）・鎌倉大仏船（一三三〇年）の派遣および療病院船派遣計画（一三六七年）が知られている。

寺社造営料唐船は幕府の公許を得て元での扱いを有利にしようとしたものとされ、民間貿易たる日宋貿易と官営貿易たる遣明船貿易の中間形態とも評価されてきた。だが日本が元の敵性勢力であり続けた以上、幕府の公許は元で貿易の保障にはなりえない。そもそも寺社造営料唐船が一般に幕府の公許を得ていたという論は建長寺船・天龍寺船の二例から敷衍したものだが、極楽寺船・鎌倉大仏船などは公許を得ていた形跡がない。一方で幕府が関与した船の中には寺社造営の名目を用いていないものもあり、寺社造営という派遣目的と幕府公許という派遣形態を短絡的に結び付ける論は疑問である。東福寺造営のために派遣された新安沈船を、寺社造営料獲得が目的であることを根拠に公許船とする説もあるが、これにも同様の問題がある。なお研究史上で言うところの「公許」船の称は、天龍寺船に与えられた室町幕府の「免許」に由来するが、この語は幕府による貿易船派遣決定の文脈で用いられたものであり（『天龍寺造営記録』）、公許船とは幕府もしくは将軍家の派遣船を意味している（鎌倉期には得宗家派遣船も加わる）。幕府による貿易許認可制度があったわけではなく、非公許船が非合法の密貿易船だったわけでもない。

ただ東国から起こり西国に強力な地盤を持たなかった鎌倉幕府は、鎌倉前期には貿易に積極的でなかったのに対し、鎌倉後期になると日元貿易への関与が目立つようになる。これは蒙古襲来の前後、幕府による九州防衛態勢構築の中、幕府の博多への影響力が高まったことが大きい。幕府は海外への窓口である博多で、有事に備えた監視・管理を行なうようになった。特に十三世紀末以降、北条一門が鎮西探題として博多に常駐するようになると、博多（鎮西探題）―京都（六波羅探題）―鎌倉（幕府）のネットワークを通じ、鎌倉まで安定した唐物輸送が可能になり、これが鎌倉末期の日元貿易における幕府の存在感の増大に帰結した。鎌倉では鎌倉末期の遺跡から大量の青磁《せいじ》が出土し、その唐物需要の大きさを知ることができる。

南北朝初期には既述の通り日元貿易は断絶したが、復活後は室町幕府から鎮西管領（後の九州探題）に任じられた一色《いっしき》氏が、博多に出入りする貿易船や僧侶の管理を行なったらしい。なお鎮西管領の職務には石築地《いしついじ》修築もあったが、実施された形跡はない。異国警固番役・石築地役は、鎌倉幕府滅亡とともに実質を失ったと考えられる（佐伯弘次―二〇〇九）。

三　遣明使の時代

1　元末明初の動乱と日明外交の開始

元末内乱と日元交通

一三五一年の紅巾《こうきん》の乱《らん》を契機に、元では各地で反乱が勃発する。元はまたたく間に実質的な支配領域を減少させ、海上への影響力も衰えた。特に台州の方国珍《ほうこくちん》は早く紅巾の乱以前の一三四八年に蜂起し、浙東沿海の慶元・台州・温州を制圧した。方国珍は海民の出身で、配下には舟山群島など島嶼沿岸部の海民が組織されていた。また塩徒《えんと》の張士誠《ちょうしせい》は一三五三年に淮東の泰州で蜂起し、平江（蘇州）・杭州など浙西沿岸部を制圧した。浙東は造船業の中心地、淮東は生活必需品たる塩の生産地、浙西は元朝最大の穀倉地帯である。元は江南税糧《ぜいりょう》の生産地と輸送手段を張士誠・方国珍に抑えられ窮地に陥った。

以上の動乱の中で日元貿易も動揺し、方国珍の脅威が及ぶ慶元―博多ルートを避けて長江河口の太倉《たいそう》劉《りゅう》家港《かこう》を出航する航路も現れた。一三五一年、元僧東陵永璵《とうりんえいよ》もこの航路で来日している。室町幕府は以前から様々な元僧に来日を求める使者を送り続け、後にも明僧招聘を試みたが、多くの宋元僧が鎌倉幕府の招聘に応じたのに対し、室町幕府の招聘に応じたのは東陵一人だった。南北朝内乱の情報の影響と見られるが、そのような中で東陵が来日を受諾したのは、元国内の不穏な情勢のためだろう。

戦乱の本格化とともに日元交通は一時途絶えるが、一三五六年には方国珍、翌年には張士誠が元に帰服し、一三五九年には海運による大都への税糧輸送も再開されるなど、東シナ海は一時的に安定を取り戻し、日元交通も一三五七年ごろに復活する。元からの自立運動を始めた高麗の恭愍《コンミン》王の下に、一三五七年から方・張両者の使者がたびたび到来するなど、東シナ海では新たな秩序形成の動きも見られた。だが内乱期以前と比べ海上交通は危険度を増していた。その影響でこの頃から日本禅林では、入元を避けることを正当化する言説が多く見られるようになる。

海賊の活動

この時期に取り上げられる日本対外関係史のトピックと言えば、一三五〇年に突如現れて以来連年高麗を苦しめた前期倭寇であろう。彼らは一三五八年には高麗から北上して元の遼東・山東にも進出する。元は大都の生命線たる江南物資の輸送を主に海運に頼っていたが、倭寇はその終着点である渤海湾《ぼっかいわん》付近に入る船を主な襲撃対象とした。元では十四世紀前半から飢饉の続発や船戸の没落により、沿海部で海賊の跋扈が問題になっており、方国珍の乱もその一つの帰結だった。相次ぐ反乱によって元が海上の治安維持能力を低減させると、海民は活動を活発化させたが、倭寇もそこに参入した一勢力として見ることができる。

紅巾軍より出た朱元璋《しゅげんしょう》（洪武帝《こうぶてい》）は方・張を含む各地の群雄を倒し、一三六八年に応天府《おうてんふ》（南京）を都として明を建国し、元をモンゴル高原に追放した。朱元璋は早くから太倉に黄渡市舶司を設け、明建国後には明州（慶元から改称）・泉州・広州にも市舶司を置いた。当初は宋元代と同様に、市舶司を通じた民間貿易を認める方針だったらしい。だが方・張の残党は明の統制に従わず、沿海部を荒らしまわった。その初期にあたる事件が、明建国の年に方国珍残党の海民が明州で蜂起した蘭秀山《らんしゆうさん》の乱《らん》である。彼らの一部は耽羅（済州島）経由で高麗まで落ち延びており、その広大な活動圏がうかがわれる。一三六九年には倭寇の活動が山東以南、かつての方・張の勢力圏まで広がるが、明はその背後に方・張の残党がいると認識していた。明初倭寇は多分に海民統治の問題として現れたのである。

明は海上の治安維持のため、国初から沿海民の出海を禁じる海禁令を発布したが、一三七四年ごろにはこれを徹底して民間貿易を禁止し、市舶司も廃止した。以後明と貿易する手段は、朝貢使派遣以外になくなる。元の軍事的圧力にさえ動じなかった日本が明に対しては朝貢使を派遣した根本的原因はここにある。これに付随して、商船の往来を利用した僧侶の留学は認められなくなり、明代仏教を日本で再現する試みも、江戸時代の黄檗《おうばく》宗ブームまで長く途絶えることとなった。

なお海禁の実施にもかかわらず、倭寇は十五世紀初めまで盛んに活動し、日明間の懸案事項となった。これが下火にな

望海堝城跡より東方，黄海の長山群島を望む

遼東総兵の劉江はここに築城して，2000人以上の倭寇を城下に破った．

るのは朝鮮の倭寇懐柔策に依るところが大きいが、明も遼東で倭寇の大軍を殲滅した望海堝《ぼうかいか》の戦い（一四一九年）のころには、倭寇禁圧の実を挙げるようになっていた。

日明外交の開始

日明関係史研究に関する二大テーマは、倭寇と遣明使であろう。特に遣明使は前近代日中関係史の中でも重厚な研究史を誇り、二〇一五年にはこれをまとめた村井章介編集代表『日明関係史研究入門』（勉誠出版）も上梓された。当該分野に関する詳細については本書を参照されたい。

さて、洪武帝は建国直後から、諸国の朝貢を積極的に勧誘したが、特に日本招諭においては、倭寇禁圧という特殊な要求も含まれた。日本では南朝方の征西府《せいせいふ》（懐良《かねよし》親王）が一三六一年、北朝方の鎮西管領を博多から追い出して大宰府を制圧していたが、一三七〇年には明使を受け入れ、翌年「日本国王良懐」名義で遣明使祖来を派遣する。八三八年の承和度遣唐使以来五世紀以上派遣されていなかった日本の朝貢使である。室町幕府が九州に送り込んだ今川了俊《いまがわりょうしゅん》の軍事的脅威が、朝貢の背後にあったと考えられる。だが洪武帝が再度懐良の下に派遣した明使が博多に到着した一三七二年には、すでに懐良は了俊に敗れて大宰府・博多を逐われていた。了俊は明使を拘束してその処遇を幕府に仰ぎ、幕府は翌年明使の上洛を認めた。幕府はさらにその翌年になって明使を送還する遣明使を派遣する。

この後も『明太祖実録《みんたいそじつろく》』には一三八六年まで日本遣使記事が見える。特に一三八一年までは頻繁で、一一年間で九回を数えることができ、さらに『明太祖実録』には見えない一三七五年秋の遣明使の存在も『月篷見禅師塔銘《べつぽうけんぜんじとうめい》』の異本から知られる（榎本渉―二〇一一a）。この中で一三七四・八〇年の遣明使は中書省《ちゅうしょしょう》宛の足利義満の書をもたらしたが、皇帝宛の表文を持たなかったため退けられている。この時期の遣明使の多くは征西府の「日本国王良懐」名義を用いたが、幕府・了俊や島津氏が派遣した可能性が高いものが含まれ、通交実績のある名義を詐称したものと考えられる。室町期日朝交通に頻見する偽使の早い例である。

連年の遣明使派遣は日本の唐物需要を支えたと推測されるが、明が要求する倭寇禁圧については被虜明人が送還される以上の成果はなかった。遣明使が不遜な対応を取り続けたこともあり、洪武帝は一三八〇年代になると朝貢を退け遣明使の抑留に及ぶようになる。さらに丞相胡惟庸《こいよう》が日本とともに謀反を企てたという口実を設けて日本と断交した。遣明使や入元僧には南京天界寺《てんがいじ》などに軟禁され、陝西・四川・雲南に流されて一生を終えた者もいた。

足利義満の冊封

日明断交の後も密貿易船の往来は続いたらしい。倭寇とされた船にはこの種の密貿易船も含まれると見られる。その一人である筑紫商客肥富《こいとみ》は、明から帰国して足利義満に「両国通信之利」を説き、義満はこれを受けて一四〇一年に遣明使を派遣したという（『善隣国宝記《ぜんりんこくほうき》』巻中）。義満はこれ以前の一三九六年ごろ、九州経営に失敗した九州探題今川了俊を解任して大内・大友・島津氏と探題の対立を解消し、一三九九年には周防を拠点に長門・豊前や紀伊・和泉など交通の要所を抑えていた大内義弘を討つな

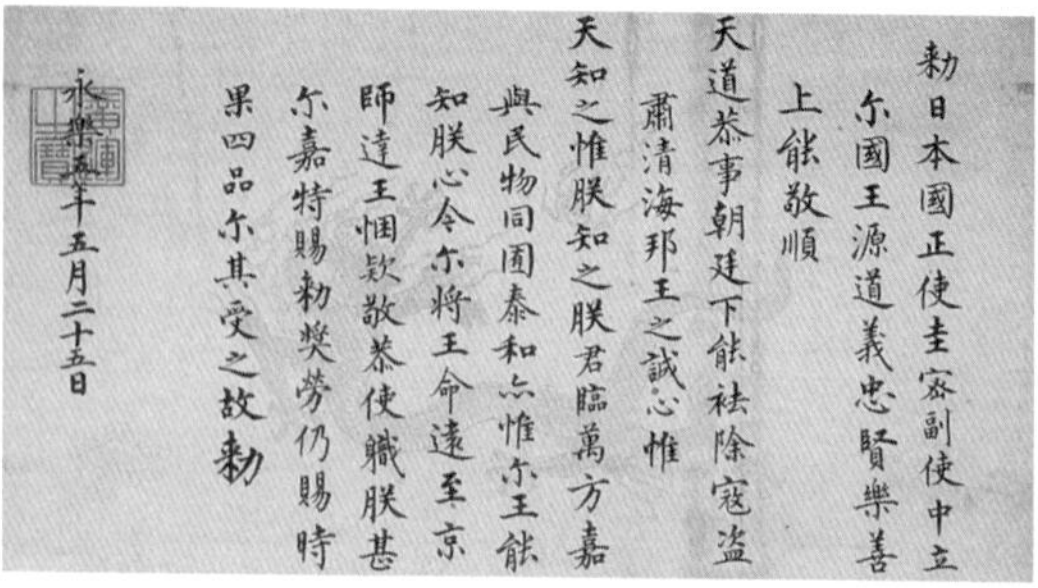
勅日本國正使圭密副使中立
尓國王源道義忠賢樂善
上能敬順
天道恭事朝廷下能祛除寇盗
肅清海邦王之誠心惟
天知之惟朕知之朕君臨萬方嘉
與民物同囿泰和尓惟尓王能
知朕心令尓将王命遠至京
師達王悃欵敬恭使職朕甚
尓嘉特賜勅奨勞仍賜時
果四品尓其受之故勅
永楽五年五月二十五日

永楽帝勅書（相国寺所蔵，1407年）

遣明正使堅中圭密・副使中立が永楽帝から賜わった勅書.

ど、対外交通に関わる条件を整えていった。なお了俊の後の九州探題には渋川満頼《しぶかわみつより》・義俊《よしとし》が任じられ、義満・義持期の外交案件に関与した。

時に明では建文帝《けんぶんてい》が、北平（北京）で起こった叔父朱棣《しゅてい》の反乱軍に苦戦していた（靖難《せいなん》の変《へん》）。義満が送った国書は「日本准三后道義」名義で敵礼《てきれい》（対等関係）の上書形式、しかも日本の応永年号を用いるという、朝貢使としてあり得ない形式の国書だったが（本来は国王名義、臣下からの上表文形式、明年号を用いるべき）、建文帝は軍事的苦境もあってこれを厚遇し、翌年の遣明使帰国の折には使者を同行させた。義満はこの明使から国書・下賜品を受け取る際、曲彔《きょくろく》（イス）に座って南面する（上位にあることを表現）など、明の賓礼と比べて著しく尊大な態度で臨んでいる。

一四〇三年には、この明使を送還する遣明使が派遣された。時に南京は反乱軍に制圧されており、国書は朱棣（永楽帝）に提出された。書式は皇帝宛の表文で、義満は「日本国王臣源」を名乗るなど、国際的にも通用する形式を備えていた。永楽帝は翌年、遣明使を帰国させて明使をこれに随行させた。義満を日本国王に封じる誥命や、国王が代々用いるべき印章の下賜はこの時に行なわれ、明による義満の冊封はここに成った。中国による日本冊封は、日本の国号が定まって以来初めてのことである。永楽帝は皇位簒奪者として正統性に問題をはらんでいたこともあり、盛世の演出を求めて対外遠征や朝貢招致に積極的だったが、その中でも日本冊封の意味は小さくなかっただろう。

日明外交の仕組み

義満の冊封以来、日明間では連年の使船往来が実現した。十五世紀初頭は遣明使がもっとも頻繁に派遣された時代である。ただし称臣朝貢は民間貿易を禁止する明と貿易を行なうための方便に過ぎず、義満は永楽帝から賜わった日本国王号を国内で使用し明の権威をアピールすることはなかった。義満の死の翌年の一四〇九年には息子の義持も永楽帝の冊封使を受け入れ、遣明使も派遣したが、一四一一年以後は明使入京を認めず追い返すようになり、日明交通はわずか一〇年で途絶えた。明への朝貢は義満生前から日本国内で批判があり、そのことが義持の政策転換の背景にあったのだろう。ただし足利義教が一四三二年に遣明使を復活させると、以後足利義晴まで歴代の室町殿（将軍家家長。征夷大将軍現任者には限らない）は明に対して日本国王を名乗り続けた。

義満期は明と冊封関係が成立した点だけでなく、室町幕府が外交権を掌握した点でも重要である。一四〇一年には文章道《もんじょうどう》の東坊城秀長《ひがしぼうじょうひでなが》が国書を起草しており、なお公家外交の伝統が意識されていた。だが次の一四〇三年の国書は、夢窓派の禅僧絶海中津《ぜっかいちゅうしん》が起草している。五山の禅宗諸派中でも室町幕府とのつながりが強かった夢窓派からは、絶海以後、春屋妙《しゅんおくみょう》葩《は》などが幕府の外交に関与してきたが、遣明使の表文はその学統によって独占的に作成され続け、公家の関与は見られなくなる。なお応仁度遣明使（一四六八年）の表文を作成した瑞渓周鳳《ずいけいしゅうほう》は、日本初の外交史書『善隣国宝記』も編纂している。

絶海中津は一三六八年に入明し、明初の禅林で行なわれた四六文《しろくぶん》（蒲室疏法《ほしつそほう》）を学んで五山文学に取り入れるなど、義満期の日本を代表する中国通だった。明代に優勢だった臨済宗大慧派《だいえは》と絶海の縁を重視する説もある（上田純一―二〇一一）。絶海は明の海禁以前、求法僧の立場で（遣明使としてではなく）留学・帰国できた最後の世代にあたり、元明交替後の中国禅林の様子を日本に紹介できる最適の人材だった。絶海も含む禅僧は同時代中国の漢詩文を解する能力を持ち、豊富な中国情報も備えていた点で、外交担当者として適任だった。

禅僧は明・朝鮮に派遣される使者としても登用されたが、これもやはり漢詩文の能力を初めとする中国的教養が大きい。対して明が日本に派遣する使者の多くは俗人だったが、一三七二年と一四〇二年には禅僧と天台僧をセットにして派遣し、一四〇四年にも副使に禅僧を任じている。これは元が一山一寧を派遣したのと同様に、仏教国日本との交渉を円滑に行なうための措置だろう。明からはチベットなど他の仏教国へも仏僧が派遣されている。なお義満は洪武期から禅僧を遣明使に任じていたが、一四〇一年には同朋衆《どうぼうしゅう》の祖阿《そあ》を派遣するなど、例外もあった。一四〇三年には禅僧の堅中圭密《けんちゅうけいみつ》（派遣直前に京都天龍寺住持）らに加え浄土宗の明空《みょうくう》（京都廬山寺《ろざんじ》住持）も派遣されたが、これは明が禅院・教院の住持を使者としたのを受けた人選と考えられる。だがこれ以後の遣明使は、すべて禅僧から選ばれた。

2　海域の核としての琉球

琉球の登場

日明交通は一三七〇年代と一四〇〇年代の前後の計二〇年余りには連年行なわれたが、それ以外の時期は概して低調であり、常態としては途絶えていたともいえる。かつて中国の商品や中国に運ばれた東南アジア産品は、日元貿易によって日本に大量にもたらされたが、日明貿易はこれを代替する規模にはなり得なかった。ただし室町期の日本にも、明や東南アジアの産品は依然としてもたらされた。それは琉球という南方の新興国家を経由したものだった。日本の貿易相手は元から明ではなく琉球に移ったともいえるし、日本列島の中国向けの主要な窓口が、九州から沖縄諸島に移ったともいえる。

琉球は古く隋の遠征の記録もあるが、地理的には福建東方海域の島嶼群を指し、沖縄よりはむしろ台湾を中心に認識されていた。また南宋一二二五年の『諸蕃志《しょばんし》』や『元史』瑠求（琉球）伝には、貿易船は琉球に行かないとあり、宋元代には海域交流の表舞台に立つ存在ではなかった。ただ考古学の成果では、宋代に沖縄に流入していた中国製陶磁器の組成が九州とほぼ同じであるのに対し、十三世紀後半から十四世紀半ば、すなわち元代のころに、先島諸島を中心に、沖縄諸島まで福建製粗製白磁が流入するようになることが明らかにされている。これは今帰仁《なきじん》タイプやビロースクタイプ（Ⅰ・Ⅱ類）とよばれるもので、日本本土ではほとんど出土しない。元代には日本を経由しない福建から琉球への直接の物流が拡大したようである。元はこうした交流を前提に、一二九二・九七年に琉球に招諭や偵察の使者を派遣したが、政治的な交流や支配は実現しなかった。

南島路の開拓と琉球

琉球が歴史の表舞台に登場するきっかけは元末内乱である。方国珍・張士誠の元朝帰服の後、一三五七年ごろから日元交通が復活することは前節で触れたが、危険度を増した日元交通では、従来の博多―慶元ルートに加えて肥後高瀬―福建ルートも新たに用いられた。入元僧が立ち寄った場所を見るに、石屏子介《しっぺいすかい》は一三五七年ごろに福州を出航して高瀬に入り、大拙祖能《だいせつそのう》は一三五八年に福建興化路《こうかろ》から薩摩甑島《こしきじま》を経由して高瀬に入り、如心中恕《じょしんちゅうじょ》は一三七〇年代に某港を出航した後に俊寛の墓（薩摩硫黄島に所在）と高瀬を詩に詠んでいる。これらは福建から薩摩・高瀬へと北上しており、琉球を経由している可能性が高い。この航路は十五世紀にも明使・遣明使によって利用されることがあった。沖縄出土の中国製陶磁器が十四世紀後半以後の遺跡から特に多く出土することは、これまで琉明通交と関連して理解されてきたが、元末に遡らせることも可能だろう。かつて那覇の臨海寺にあった薬師三尊石像の元末至正二年（一三四二）の銘も、貿易港那覇の歴史が元末に遡る可能性を示唆する（上里隆史―二〇一〇）。

洪武帝は一三七二年楊載《ようさい》を琉球に派遣し、琉球中山王察度《さっと》はこれに応じて同年弟の泰期《たいき》らを派遣して朝貢した。琉球の国際社会デビューの瞬間である。招諭使の楊載が一三六九・七〇年日本に出使していることに注目し、彼が日本で琉球情報を得て帰国時に琉球に立ち寄って察度と接触し、洪武帝に琉球情報を報告したことを推測する説がある（赤嶺守―二〇〇四）。福建―高瀬ルートの存在を念頭に置けば、楊載が日本からの帰路で琉球に立ち寄った可能性は充分にあるだろう。

琉球に移住する華人も現れた。那覇には久米村《くめ》（唐栄《とうえい》）という華人居留区があり、ここの華人は十五世紀には王府に仕えて航海や外交文書作成に関わるなど、重要な役割を果たした。彼らは後世閩人《びんじん》三十六姓と称され、近世琉球の史書では一三九二年に洪武帝から琉球に下賜された華人の子孫とされる。だが久米村の来源をすべてこの伝承から説明するのは困難であり、基本的には元明海商の琉球往来の中で形成されたものと考えられている。琉球三山は彼らを活用して外交・交易活動を行ない、その過程で彼らとの関係を強化したのだろう。なお一三八〇年代には琉球の山南・山北も朝貢を開始し、中山王の尚巴志《しょうはし》による琉球三山統一（一四二九年）まで、琉球からは複数の勢力が朝貢を行なったが、三山はしばしば同日入貢しており、名義は別でも同一の華人集団が朝貢実務を請け負っていた可能性が高い。

那覇には若狭町とよばれた倭人居留区もあり、那覇が日明双方と密接なつながりを持つ港市だったことが知られる。ここに広厳寺《こうごんじ》を創建した日本僧芥隠承琥《かいいんしょうこ》は、十五世紀後半に琉球の対日外交を担当した。那覇には十五世紀に日本経由で禅宗が移入されるが、それは対日外交僧の人材供給源にもなった。ただし日本のように、禅僧が対明外交にたずさわることはなかった。

琉球の繁栄

琉球は明によって特別な優遇を受けた国だった。それを端的に示すのが朝貢頻度である。明は一三七二年、高麗や東南アジア諸国の朝貢を三年一貢に制限する原則を立てたが、琉球に関しては制限が設けられず、洪武末期の『皇明祖訓《こうみんそくん》』でも「朝貢不時」と特記された。また明は琉球に多くの海船を下賜しており、その規模は洪武・永楽年間で三〇隻に及んだ。これらの優遇策は一三八三年ごろから始まる、以後明代を通じて、琉球の朝貢回数は他の海上からの朝貢国のそれを圧倒した。明は同じころ、海禁令の発布や海防の強化を図る一方で、日本の遣明使を退けるようになっていた。明の琉球優遇策は、日本との外交交渉に代わる新たな倭寇対策としての側面もあったと見られる。そもそも明初の海上不安は、民間貿易禁止という原則のために、海商が海賊行為や密貿易活動に追い込まれたことに起因する側面もあった。そこで明は琉球の朝貢を促し、それを彼ら海商の活動の受け皿とすることで、海商を朝貢体制の中に組み込もうとしたものと考えられる（岡本弘道―二〇一〇）。

こうして琉球は十四世紀末より、交易国家としての発展を加速させた。琉球の外交文書集『歴代宝案』に収める文書からは、陶磁器など中国製品を東南アジアにもたらして中国銭を入手し、それで香薬を購入して帰国する琉球船の様子がうかがわれる。日本・朝鮮に対しても、東南アジア産品や明の商品が琉球経由で供給された。これは外交使節を通じて行なわれることもあったが、前述の倭人居留区を通じ、商人によって行なわれることもあっただろう。たとえば博多商人は高瀬・薩摩を介して琉球につながる商業ネットワークを持っており、十五世紀後半には琉球国王使を名乗って朝鮮に渡航し、琉球で入手した香薬などを進貢した。琉球から明への朝貢品には硫黄鳥島《いおうとりしま》の硫黄などの自国産品もあるが、多くは東南アジアの香薬や日本の工芸品だった。

要するに明・日本・東南アジア各国の商品は、琉球を介して明・日本・東南アジア各地に再配分され

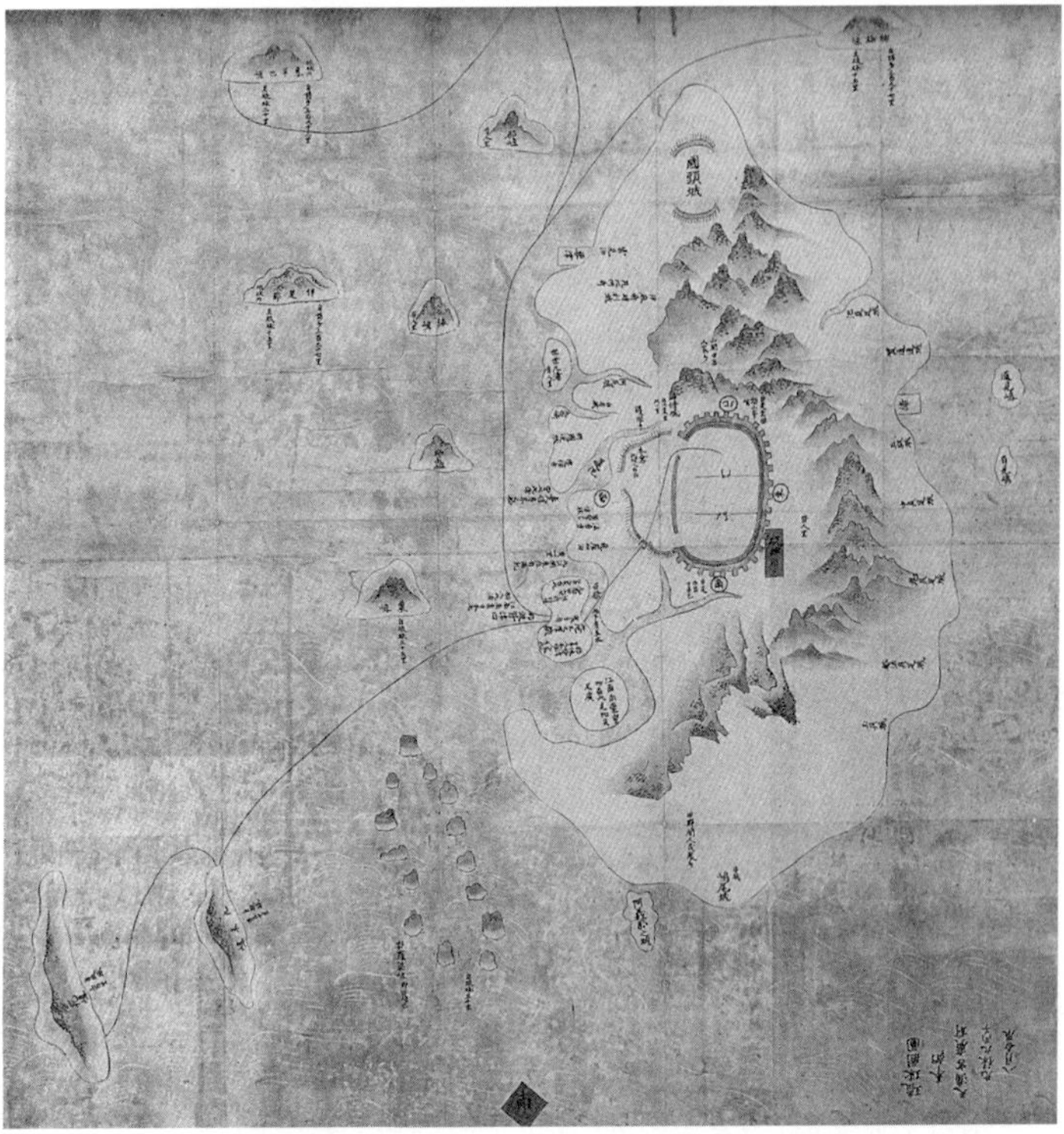

琉球国図（部分，沖縄県立博物館所蔵，1696年写）

15世紀に博多商人道安が作成した地図の内容を反映したものと考えられている．

ており、琉球は東シナ海・南シナ海における物流のセンターになった。朝鮮で編纂された『海東諸国《かいとうしょこく》紀《き》』に収める「琉球国之図」が、那覇湾口に「江南・南蛮・日本の商船の泊まる所」と注記するのは、当時那覇に諸国の貿易船が入港したことを示すものである。なお近年紹介された沖縄県立博物館所蔵『琉球国図』は江戸時代の作成だが、「琉球国之図」と来源を同じくするものと見られ、注目された。

日明関係と琉球

琉球の日本遣使の初見は一四〇四年で、一四一七年以後頻度を増す。一四一一年、足利義持の対明断交は、琉球を介した唐物確保を前提に行なわれたと考えられる。また一三九〇年代から一四二〇年代にはアユタヤやパレンバンの華人の船が朝鮮や日本に来航している。機会は限られたが、こうした香薬産地との直接交渉も、日明断交後に輸入品の供給を補完する意味を持っただろう。

明の宣徳帝《せんとくてい》は一四三二年、日本に来朝を要求する勅の転送を琉球に命じている。足利義教はすでに将軍就任の一四二九年から遣明使の準備を進めていたから、一四三二年の遣明使復活は宣徳帝の試みによって実現したわけではないのだが、明が琉球を日本への窓口と見ていたことを象徴的に示す逸話といえる。後述する寧波の乱の戦後処理に見るように、琉球は以後も日明間を仲介する役割を果たしており、交流頻度の少ない日明関係を経済面だけでなく外交面でも補う役割を果たした。なお日明間の連絡は朝鮮経由でも行なわれており、たとえば一四五九年には、宝徳度遣明使（一四五三年）の一員が明で傷害事件を起こしたことについて、足利義政から朝鮮を経由して明に謝罪が行なわれ、天順帝《てんじゅんてい》から次の朝貢の許可を得ている。

義教の朝貢は一四三二年に行なわれ（永享四年度遣明使）、宣徳帝は翌年冊封使を派遣した。これを送還する遣明使も一四三四年に派遣されている（永享六年度遣明使）。これによって日明国交は復活したが、次の宝徳度遣明使までは実に二〇年という、対明断交期と変わらない間隔が空く。倭寇が下火になったことで明側で海防への関心が低下したこともあるが、対明断交期における日琉貿易の盛行により、日本の対明貿易への依存度が低下したことも一因だろう。

十五世紀後半になると、明は琉球への海船下賜を止め、入港地の指定や貢期・人員の制限を設けるなど、琉球優遇姿勢を弱めた。これに応じて琉球の朝貢頻度も減少する。十五世紀半ばに財政難に陥った明は、これ以前から東南アジア・日本やモンゴルの朝貢に制限を加え、回賜《かいし》も減額していた。永楽期に六〇国近くあった明の朝貢国は、十五世紀末には朝鮮・大越・日本・琉球・チャンパ・アユタヤ・ジャワ・マラッカの八国を残すのみになっていた。琉球優遇策の後退もこの情勢の中の一齣である。他国と比べれば琉球に対する朝貢制限は緩かったし（通常は三年一貢、琉球は二年一貢）、施行も遅れるが、朝貢の恩恵を特に強く受けた琉球にとって、明の外交経費削減は大きな問題だっただろう。とはいえ琉明間の朝貢頻度の低下はただちに琉球の衰退につながったわけではない。琉球では十五世紀後半から十六世紀前半にかけて、朝貢関係に依らない福建との密貿易が活発化し、密貿易品を元手として東南アジア・日本との中継貿易はむしろ拡大した。琉球は第二尚氏の尚真《しょうしん》の下で国家制度の整備と中央集権を進め、奄美諸島から先島諸島までの広大な領域を支配するなど、十六世紀前半までは最盛期を謳歌した。

3　日明交通の利権

宝徳度遣明使の試みと結末

話を十五世紀後半の日本に移そう。一四五三年、足利義政の代初め事業として派遣された宝徳度遣明使は、九艘一二〇〇人という空前絶後の規模だった（当初は一〇艘の予定）。火事で燃えた天龍寺の再建も派遣目的の一つだったため、三艘は天龍寺の船とされたが、他船は伊勢法楽舎《ほうらくしゃ》（二艘）・九州探題・大友氏・大内氏・大和多武峰《とうのみね》が派遣主となった。これほど多くの船が一度に派遣された例は他にないが、一方で幕府の船は含まれていない。

これを考える上で重要なのが勘合《かんごう》である。勘合は洪武帝の時から外交資格証明のために明から朝貢国に給付された料紙で（俗説の如き割符《わりふ》ではない）、皇帝の代替わりごとに給付された。日本は永楽帝から初めて与えられている。勘合は底簿とセットで、日本用勘合の場合、勘合・底簿の両紙を重ねた上に「日字〇号」「本字〇号」を割書きし（〇には壱から百までの数字が入る）、一方の国は日字勘合・本字底簿各一〇〇枚、一方の国は日字底簿・本字勘合各一〇〇枚を保管した、外交文書は勘合に書き込まれ、これを受け取った側は底簿を以て勘合が実物であることを確かめた。明と貿易するためには船が朝貢使船と認められる必要があり、そのためには勘合が必須だった。朝貢品の準備や船の手配が困難なほどの財政難にあえいでいた義政はこれに目を付け、日明貿易参加を希望する勢力に勘合を与え、一枚あたり三〜四〇〇〇貫の礼銭を得る手段に出た。つまり貿易原資すら確保できなかった義政は、勘合を貿易参加チケットとして販売することで収入を得たのである。

だが明もこのころは財政難に苦しんでいた。そこで景泰帝は宝徳度遣明使に対し、回賜品の額や官貿易レートを従来よりも低く設定した上、次回からは遣明使を一〇年一貢・三艘・三〇〇人以内に制限することを命じた（景泰約条）。以後日本からは九次の遣明船派遣があったが、それらは景泰約条に依りほぼ一〇年おきに派遣された。宝徳度船帰国の一四五四年以後、日本から朝鮮に偽使（名義を詐称した使者）の殺到が始まるが、それは日明貿易に期待できなくなった博多商人が、日朝貿易拡大のために行なったものと考えられている。また明の船数制限により、幕府は勘合のばらまきによる大幅な利益獲得を期待できなくなった。そのため以後は明応度遣明使（一四九五年）まで、幕府直営の遣明船が復活する。

日明貿易のかたち

遣明船派遣の流れについて、史料の豊富な十五世紀後半以後の事例を中心に復元してみよう。明は永楽期、朝貢使受入の官署として、寧波（明州）・泉州（後に福州に変更）・広州に市舶司を復活させた（民間商船の管理を主な役割とした宋元代とは異なる）。日本の遣明船は寧波に入港する例が多い（琉球は主に泉州・福州）。遣明船が市舶司で入国手続きを済ませると、朝貢品は都（永楽期までは南京、永楽末以後は北京）に運ばれて皇帝に献上された。朝貢使には朝貢品の数倍の価値のある回賜品が与えられたから、朝貢も一種の貿易だった。ただし遣明船の積荷は、朝貢品以外の附搭貨物と呼ばれる商品が大部分を占めた。附搭貨物は官貿易の対象となるものもあったが、後には上陸地の市舶司や北京の会同館の監督下で、民間貿易によって取引されるものが多くなった。民間貿易では事前に代価を支払い後日商品を受け取る信用取引がしばしば行なわれたが、これによって日本人が詐欺被害に遭うことも多かった。なお朝貢品・附搭貨物は無税であり、その点で明は宋・元と異なり、貿易の税収に期待していなかった。

遣明船の乗員は客商も含めて派遣主が決定した。乗員の構成を示す例として『戊子入明記《ぼしにゅうみんき》』に載せる応仁度遣明使（一四六八年）の乗船予定者リストを見るに、一号船には正使・副使各一名が乗り込んだ。各船には居座《こざ》二名と土官数名（一号船三名、二号船二名、三号船一名）が乗り、副使は一号船の居座より選ばれた。この一三名が遣明使の幹部層で、さらに正使には一〇人、他には八人前後の僧俗の従者が付いた。正使・副使や居座は禅僧（主に五山僧）から選ばれ、土官は俗人を中心としたが、禅僧が選ばれることもある。各船には船頭一名と通事二名もおり、一号船には船頭の長である惣船頭や脇船頭・知庫《ちこ》・力者《りきしゃ》などもいた。遣明船には日本国内を運行する船を用いたようで、応仁度では門司の大型船が徴用されている。通事には倭寇の被虜人を出自とする明人が主に登用された。以上は官員と呼ばれたが、さらにここに船の漕ぎ手である水手と、便乗した客人衆（客商）が加わる。官員の従者も実態は商人が多く、両者を合わせれば商人が乗員の大半を占めた。一艘の乗員は一五〇～二〇〇名程度で、三艘で四五〇～六〇〇名前後だったが、上京できたのは官員など一部に過ぎず、永正度遣明使（一五一一年）以後は五〇名に制限される。圧倒的多数を占める他の人員は、上陸地の寧波に留まって商売を行なった。

朝貢品は「日本国王」である室町殿が用意するべきものだが、宝徳度以後は貿易船を派遣する守護・寺社勢力の一つにこれを代行させ、室町殿は回賜品のみ獲得するようになる。守護・寺社などの派遣主は、客商を募集して乗船賃・荷駄賃を徴収し、これを船のチャーターや朝貢品の準備などの必要経費に充て、船が帰国すると積荷の十分の一の抽分銭《ちゆうぶんせん》を客商から徴収して収入とした。つまり幕府も派遣主も、派遣に関わる経費は下に押し付け収入を確保した。客商の搭載品は一艘あたり一万貫（現代で約一〇億円相当）程度の価値で、これを売却して得られる代価は三〜四万貫（抽分銭は三〜四〇〇〇貫）、その他に派遣主自身の輸出品も一〇〇〇〜一五〇〇貫程度搭載されるというのが、平均的な遣明船の姿と推測されている（橋本雄―一九九八b・二〇一一）。

最後に遣明船の貿易品について触れておこう。日本の輸出品として硫黄が用いられたことは宋元代と同じで、産地としては薩摩の硫黄島や豊後があった。遣明船派遣にあたっては、幕府から島津氏・大友氏に調達が命じられた。刀剣・扇・蒔絵などの工芸品の輸出も前代から続いている。目新しいものとしては銅がある。胡椒《こしよう》・蘇木《そぼく》など南海産の香薬・染料も日本から輸出されているが、これは東南アジアから来航した商船や琉球との取引で入手したものだろう。主な輸入品は生糸・絹織物や銅銭・香薬・書籍などである。生糸については永享四年度・宝徳度遣明使に参加した中国系商人楠葉西忍《くすばさいにん》が、貿易でもっとも利益になるものと言っている（『大乗院寺社雑事記』）。銅銭の輸入は、室町幕府の事実上の貨幣発行権を意味するとしてかつて重視されたが、前代以来の銅銭のストックや私鋳銭、日明貿易の頻度を考えれば、政治史の文脈では過大評価できない。

細川氏と大内氏

応仁度遣明使は一四六九年に帰国した。一号船は幕府船だが、経営は大内政弘が請け負っており、三号船（大内船）とともに赤間関《あかまがせき》（下関）に帰着した。赤間関は博多と並び、大内氏の貿易にあたり重要な役割を果たした港で、抽分もここで行なわれた。このころ日本は応仁の乱の最中であり、大内政弘は西軍の主力として、東軍方の足利義政（一号船派遣主）・細川勝元（二号船派遣主）と対立関係にあった。政弘は幕府船を抑留して帰京させず、幕府が受け取るべき回賜品に加えて、新たに支給された勘合（成化勘合）までも差し押さえた。義政はそこで一四七七年、前の景泰勘合を用いて文明八年度遣明使を派遣し、明には成化勘合が賊に奪われたと報告した。このように応仁の乱は日明交通にも影響したが、乱は文明八年度船派遣と同年に、義政・政弘の和睦により終結し、その過程で応仁度船の積荷や成化勘合の引き渡しも実現した。このように応仁の乱のころから、大内氏は遣明使派遣に大きな存在感を示し始めた。しかし文明十五年度遣明使（一四八四年）では、参加予定だった大内政弘が辞退し、次の明応度遣明使（一四九五年）では当初政弘の参加が内定していたものの細川政元の策略で外されている。

文明・明応のころには遣明船出航地が兵庫（神戸）から堺に移り、大内氏支配下の赤間関・博多を通らず土佐・南九州を経由することが多くなった。堺商人の貿易進出も著しく、文明の二度の遣明使は堺商人が経営を請け負った。細川氏が中心となった明応度遣明使も、やはり堺商人が関与している。細川氏は堺を含む和泉国の守護であり、堺商人と細川氏の関係は深かった。なお遣明船における細川氏・堺商人と大内氏・博多商人の競合は古くから説かれるところだが、大内氏は博多商人だけでなく、在京雑掌や臨済宗聖一派（京都東福寺を拠点とした一派）のネットワークを介して堺商人とも接点を持っており、十六世紀に大内氏が博多から派遣した遣明船にも、堺商人は乗り込んでいた。

寧波の乱とその後

明応度船帰国翌々年の一四九八年には、足利義満百回忌（一五〇七年）の仏事費用捻出のため、早くも次の遣明船派遣が計画される（永正度遣明使）。大内氏は遣明船経営に復帰し、一号・三号船を大内氏、二号船を細川氏が管掌した。ただし一五〇七〜〇八年の細川氏の内紛や永正の政変（前将軍足利義稙の将軍復帰）の影響か、遣明船派遣は遅々として進まず、その間の一五〇九年、細川高国は規定外の四号船を堺から派遣してしまった。表文や朝貢品を携えた三艘が博多より一五一一年に出発したのは、四号船帰国後のことである。

遣明船に関する日本側の意志不統一は、次の大永度遣明使で寧波の乱を惹起する。足利義稙は一四九三年に京都を追放された後（明応の政変）、一五〇八年に大内義興を頼って将軍に復帰した。一五一六年には義興に遣明船の永代管掌を認め（『室町家御内書案』）、永正度遣明使がもたらした正徳勘合を与えた。だが一五二一年、義稙が細川高国と対立して京都を出奔すると、高国は新将軍義晴を擁立し、一五二三年に古い弘治勘合を用いて大内氏と別に遣明使を派遣する。大内船と細川船の乗員は寧波で武力衝突を起こし、明人の拉致・殺傷にまで及んだ。この事件により日明間は断交の可能性も浮上したが、明は琉球を経由して義晴・高国に接触し、大内氏も朝鮮、次いで琉球を介して明に連絡を取った（伊藤幸司—

湖心碩鼎像（近松寺所蔵，1531年自賛）

湖心は幻住派の宗勢を大いに拡大した僧．博多聖福寺住持時代に天文八年度遣明使の正使も務めている．

二〇〇三）。結果として明と復交を果たしたのは大内義隆で、足利義晴の承認も得て天文八年度・十六年度遣明使（一五三九・四七年）を派遣する。

このころ大内氏の保護下で多くの外交僧を輩出した勢力に、臨済宗幻住《げんじゅう》派《は》がある。博多聖福寺を拠点の一つとして勢力を伸ばし、その影響は京都や東国まで及んだ。彼らは五山・非五山系の各門派に密参し多重の法系を相承する特徴的な宗風により、禅宗の多様な人的ネットワークを集積しており、それが外交にも活かされたかたちになる。以後幻住派からは江戸初期にいたるまで、多くの外交僧が出た。

なお天文年間（一五三二〜五五）は大内氏の遣明使独占時代とされるが、細川高国を破って京都に入った細川晴元も、一五三五年ごろから堺で遣明船の準備を行なっている。この船は一五四四年、豊後大友義鑑《よしあき》との協力の下で派遣されたとする説もある（岡本真—二〇二二）。さらに同じころには肥後相良《さがら》氏も遣明使を派遣している。これらの内で明が受け入れたのが大内氏派遣船のみだったことは確かだが、大内氏が遣明船を独占的に派遣したわけではない。

大内義隆は天文十六年度遣明使帰国の翌年、一五五一年に滅亡する。大友義鎮《よししげ》は弟の晴英《はるひで》を大内氏当主とし（大内義長《よしなが》）、明の地方官の使者鄭舜功の到来を機に、一五五六～五八年に連年遣明使を派遣したが、いずれも勘合の不備と「日本国王」名義の不使用によって朝貢は認められなかった。こうして遣明使の歴史は終わりを告げるが、このころはすでに明海商（後期倭寇）やポルトガル商人によって、新しいかたちの交流が始まっていた。

コラム　中世蝦夷地と中国の交流

中村和之

中国王朝の勢力が、日本列島の北方地域に直接およんだことはない。ただし金朝以降の元《げん》・明《みん》・清《しん》朝は、アムール河下流域とサハリン島（樺太《からふと》）に勢力をのばし、アイヌやニヴフ（旧称はギリヤーク）などの先住民との間で朝貢交易を行なった。その交易品が北海道や東北地方にもたらされた。清代には、中国製の絹織物がアイヌの手を経て松前藩にもたらされたが、それらは蝦夷錦《えぞにしき》ないし山丹錦《さんたん》とよばれた。山丹とはアムール河下流域およびそこに住む民のことである。

中国王朝の政治的・経済的な影響がもっとも強くアムール河下流域におよんだのは、モンゴル帝国・元朝の時代である。クビライ=カーンの時代に、元朝はアムール河下流域の現在のティル村に東征元帥府《とうせいげんすいふ》を置き、さらにサハリン島にまで軍を進めてアイヌを攻撃した。元朝はサハリン島に果夥《クオフオ》という拠点を置いたが、筆者はこの果夥をクリリオン（西能登呂《にしのとろ》）岬《みさき》の南端の白主土城《しらぬしどじょう》に比定している。その一方でアイヌは、元朝の支配下にあった野人《やじん》とよばれるツン

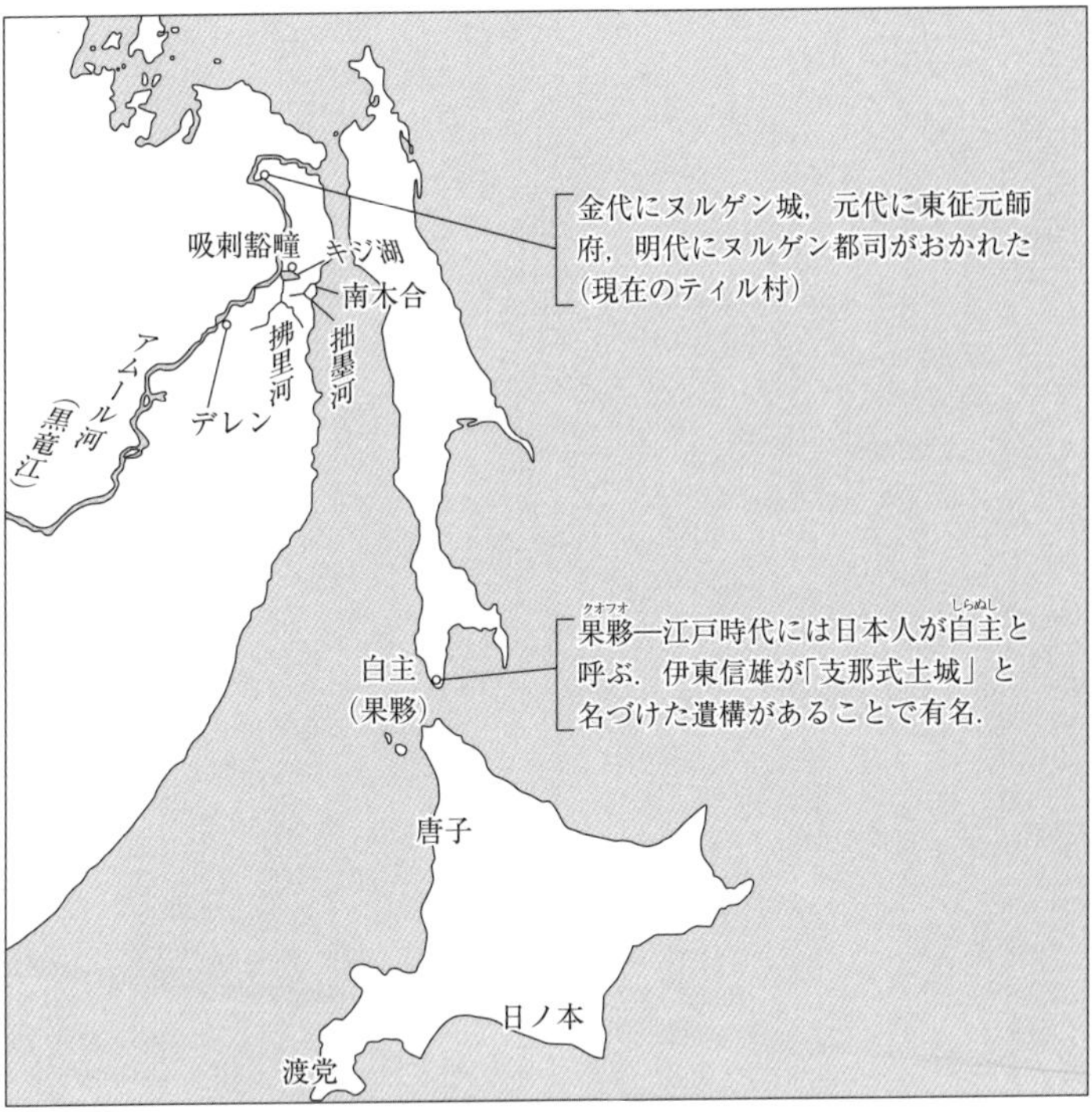

グース系の集団と、オコジョの毛皮の沈黙交易を行なっている。マルコ＝ポーロによれば、元朝の宮廷では正月に全員が白い衣服を身につける「白き宴」を開いていた。このオコジョの毛皮に対する需要が、アイヌに直接は接触しない沈黙交易を促したのである。

　元朝の進出の影響は、日本の史料にも記されている。一三五六年に成立した『諏《す》方《わ》大明神《だいみょうじん》画《え》詞《ことば》』では、蝦夷には日ノ本《ひのもと》・唐子《からこ》・渡《わたり》党《とう》の三類があるとされている。このうち唐子は北海道の北部のアイヌのことであるが、この集団に中国を意味する「唐《から》」というよび名がついていることは、中国との関係が知られていたことを示すものといえる。

これに続く明朝の時代は、元朝・モンゴル時代の延長といえる。第三代の永楽帝《えいらくてい》は、宦官《かんがん》のイシハをアムール河の下流域に派遣し、東征元帥府の跡にヌルゲン都司《とし》を立てさせた。イシハはまた、ヌルゲン永寧寺《えいねいじ》を併設した。永寧寺の建立の経緯を記した二つの石碑は、明朝の支配のありようを記す重要な記録である。それによれば、明朝はサハリン島に住むアイヌなどの先住民に、様々な品物や衣服などを与えている。さらに明朝は、布と鈔（紙幣）も下賜している。おそらく公的な朝貢交易の周辺で、私的な交易が行なわれていたのであろう。時代は下るが、間宮林蔵《まみやりんぞう》『東韃地方紀行《とうだつちほうきこう》』には、アムール河畔のデレンでの朝貢交易の後に、すぐ側で下賜された蝦夷錦などを売り払っている姿が描かれている。まさに朝貢交易と私的な交易がセットで展開されていたのである。明朝が下賜した布と鈔は、私的な交易の交換手段として使われたと思われる。

明朝の勢力は宣徳帝《せんとくてい》の時期まで続くが、宣徳帝の死後、一四四九年に土木《どぼく》の変《へん》が起き正統帝《せいとうてい》がオイラトのエセンに捕虜にされると、明朝の勢力はアムール河流域から急激に後退する。一四五六年（ないし一四五七年）に起きたコシャマインの戦いは、小刀《こがたな》の交易をめぐるアイヌと和人との争いが発端である。その対立の背景には、明朝の朝貢交易の縮小により減少した朝貢交易の利益の分配を巡る対立の激化があったのではないかと思われる。

Ⅲ　近世アジア海域秩序の再編と日中関係

渡　辺　美　季

本章では、十六世紀半ばから十九世紀初めにいたる期間を主に扱う。

十四世紀後半から十五世紀初めにかけて明《みん》が民間貿易の禁止（海禁）と朝貢制度を一体化した通交管理体制を構築すると、日本（室町政権）は五世紀以来の冊封《さくほう》を受け入れ、九世紀以来の朝貢《ちょうこう》（遣明使派遣）を開始して、明の国際秩序（華夷秩序）へと参加した。しかしその実利であった朝貢貿易（勘合《かんごう》貿易）はわずかな期間を除いて低調で、十六世紀半ばには廃絶してしまう（本書Ⅲ―一）。そしてこれと引き換えるように、これまで貿易を禁じられてきた日明の民間商人（後期倭寇《わこう》）が、武装船団を組んで海禁を破り、生糸などの中国物産と日本銀を取り引きする空前の大貿易（密貿易）を展開するようになる。そこに「大航海時代」のうねりに乗じて東アジアに進出してきたヨーロッパ勢力なども参入し、国家や民族の境目《さかいめ》を曖昧化するような「混淆」状況のなかで、明の国際秩序は有名無実化していった。

日明民間貿易の活況のもと、日本では新興の軍事勢力（戦国大名）が直接的・間接的に貿易と結びつき、自らの経済基盤や軍事力を強化した。やがてその最終勝者となった豊臣秀吉や徳川家康が日本列島の統合を進め、その過程で多元的に展開していた日明貿易をいかに管理・掌握するかが課題となった。このため秀吉は朝鮮・明を征服して東アジア国際秩序の主宰者となることを目指したが、家康はむしろ明の国際秩序に参加することで日明国家が協同して貿易を管理する体制を構築しようとした。初期の徳川政権はまだ日本の外交・貿易を一元的に統制できておらず、明に協力を求めざるを得なかったからである。一六〇九年には、琉球を「明の朝貢国」のまま支配下に置いたが、これも対明交渉の仲介役を担わせるためであった。しかし明はかえって日本への警戒を強め、交渉はまったくの不調に終わる。ほどなくして徳川政権は徐々に国内支配を確立し、貿易管理に明の協力を仰ぐ必要は消滅していった。こうして一六三〇年代から四〇年代前半にかけて、徳川政権は禁教を徹底しつつ外交・貿易を一元的に管理する状態（いわゆる「鎖国」）を成立させ、明の国際秩序からの相対的な自立を果たす。これにともない日本国内では将軍の「武威」を背景に「日本（将軍）を上、外国を下」とする観念的な「国際」秩序（世界観）が広く構想されるようになった。

一方、十七世紀初頭の中国では、ジュシェン（女真）人が遼東《りょうとう》に清《しん》を建国し、鄭《てい》氏が東シナ海の制海権を確立して、それぞれ勢力を拡大していた。一六四四年、農民反乱によって明が滅亡すると、清が反乱軍を制して中国の新たな支配王朝となり、八三年には鄭氏を降伏させて、明に代わる国際秩序の主宰者となる。明とは異なり清は民間貿易を公認したため、多くの中国商船が「晴れて」長崎へと来航したが、幕府は銀の産出減少などを背景に貿易制限へと舵を切り、華人商人への統制も強化した。清はこの転換に警戒と懸念を抱いたものの、結局、日本との公的な関係や交渉を避け、互いの秩序を保全しつつ実利（商利や治安）を優先する選択をする。これにより十八世紀中葉には、朝鮮・琉球も組み込みつつ、清の国際秩序と日本の「国際」秩序がすみ分ける状態となった。また前後して日本は生糸など主要な輸入品の国産化を進め、中国経済から自立していった。関係の疎遠化による「平和」のもと、日本では「異国」への渇望や憧憬が強まり、書物の普及も相まって、社会の広い階層で中国への関心が喚起され、中国的な文化・教養が広まった。同時に様々な中国像が「消費」されることで「日本／日本人」意識が強まり、自尊意識の高揚へと結びついていった。他方、清ではわずかな例外を除いて日本への関心は低く、明末の倭寇のイメージが巷間で再生産され続けた。

一　倭寇と日明貿易

1　民間貿易の活性化

明の国際秩序（華夷秩序）と「北虜南倭」

十六世紀に入ると、明との貿易（朝貢貿易）から締め出されていた二つの勢力——明では「北虜南《ほくりょなん》倭《わ》」とよんだ——によって、明の国際秩序は解体に向かう（岸本美緒・宮嶋博史一九九八、岸本美緒二〇二一）。

「北虜」とは、北方辺境のモンゴルを指す。彼らは中国の産物を求めて明への侵入と略奪を繰り返し、明ではその防衛戦線に遠路はるばる送る軍糧として、軽くて価値の高い銀の需要が高まった。このため現物で徴収されていた税の銀納化が進んだが、国内の銀産量ではまかない切れず、銀不足が深刻となる。そこに彗星のように登場したのが日本産の銀であった。一五二六年、博多商人神屋寿禎《かみやじゅてい》らが石見《いわみ》銀山を発見し、三三年に朝鮮伝来の精錬法灰吹法《はいふきほう》が導入されると、日本の銀産量は爆発的に増大したのである。この日本銀が、世界の花形商品であった生糸・絹織物・陶磁器などの中国産品と引き替えに、明へと大量に流れ込んだ。

当初、日本銀は朝鮮に向かい、そこから中国へ流入したが、やがて直接、中国の江南《こうなん》地方へと運び込

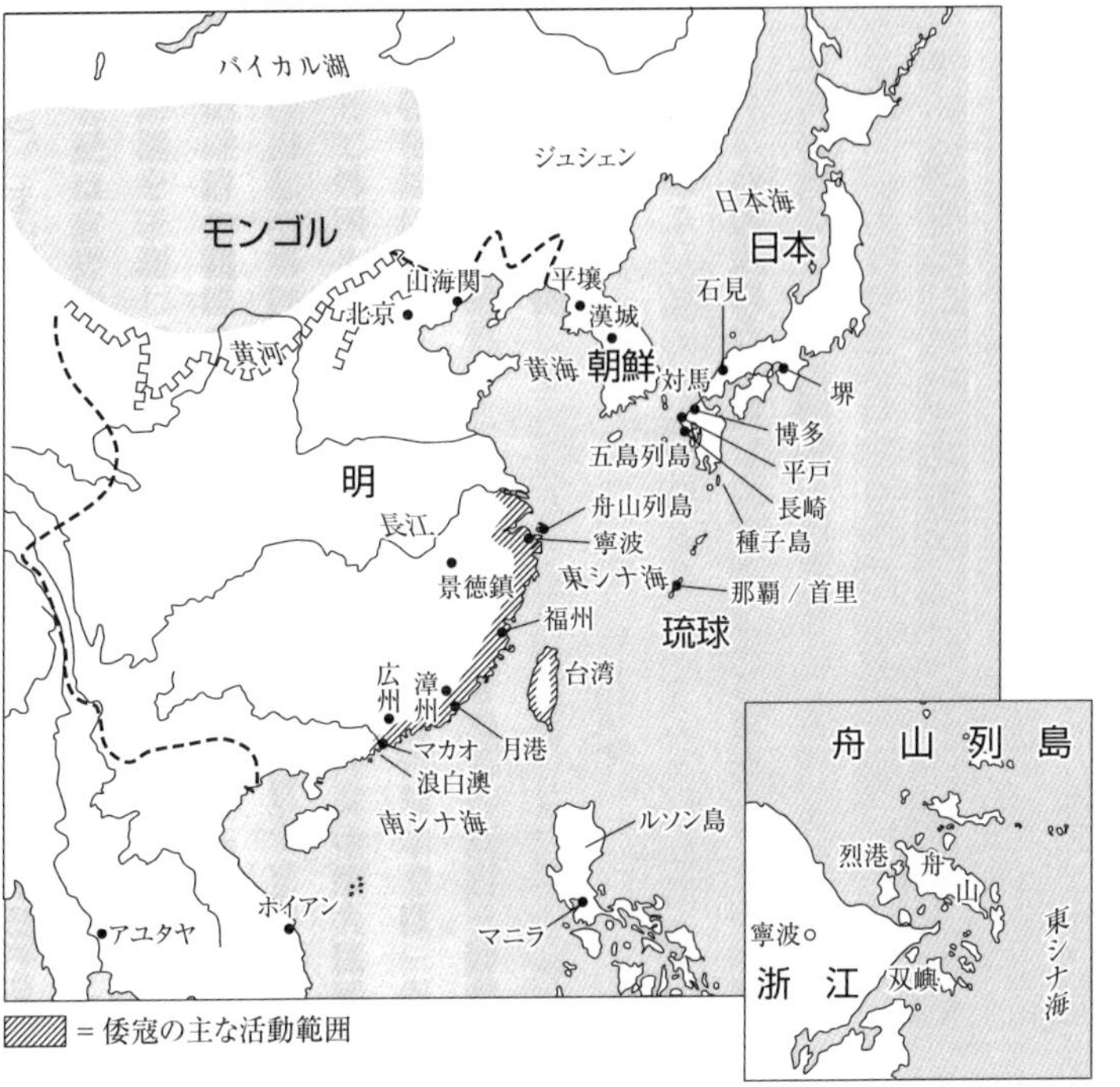

16世紀の東アジア

まれた。この銀の流れの担い手として急成長を遂げたのが東南沿岸の「南倭」、すなわち倭寇（いわゆる後期倭寇）とよばれる武装商業勢力である。ただし倭寇とは言うものの、実際には日本列島や中国沿岸部の出身者を中心に、アジアへ進出したヨーロッパ勢力なども加わり、民族・国家の枠組みを越えて貿易や略奪を行なうボーダーレスな集団であった（石原道博一九六四、田中健夫二〇一二a b）。なお倭寇とはあくまでも明・朝鮮における呼称であり、日本では海賊・海賊行為を指して通常「ばはん」（語源不詳。八幡の字を当てることが多い）とよんでいた。

「南倭」の活動は、一五五〇年代に「北虜」の脅威とともに頂点に達し、彼らによる空前の民間貿易（明からすれば密貿易）のブームのなかで、明の国際秩序は有名無実化していった。

遣明船から倭寇へ

明の秩序が形骸化するなか、日本の遣明船貿易（勘合貿易／朝貢貿易）も終息に向かう。そしてそれと入れ替わるように西日本の戦国大名や海上勢力が民間貿易に乗り出すようになった。

遣明船貿易、より正確には「通交に有効な勘合を持つ遣明船」による貿易は、一五五一年、寧波《ニンポー》の乱（一五二三年）以降これを主導していた大内氏の滅亡と同時に途絶する。一方で一五四〇年代以降、複数の戦国大名が遣明船をたびたび寧波に派遣している（橋本雄『中世日本の国際関係―東アジア通交圏と偽使問題―』吉川弘文館、二〇〇五年、村井章介ほか―二〇一六）。これらの船は勘合の不備、貢期違背などの理由でいずれも明から拒絶されたが、なかには同時に寧波沖にある舟山《しゅうざん》列島の双嶼《そうしょ》などで民間貿易を行なったとみられる船もあり――はじめからそれが目的だった可能性もある――、遣明船による公貿易から倭寇による民間貿易（密貿易）へと移行する過渡的な日明貿易の様相を示すものであると言えよう。

倭寇的遣明船が赴いた双嶼は、当時すでに福建《ふっけん》南部の漳州月港《しょうしゅうげっこう》（後の海澄）と並ぶ民間貿易の一大拠点として成長を遂げていた。中国東南沿岸部には一五二〇年ごろからこうした拠点が形成され、中国人がポルトガル人・日本人などとともに、日本銀と中国産品の取引を核とした貿易を盛んに行なっていたのである。一方、一五四〇年代に入ると、銀を求めて日本（主に九州沿岸部）に来航する中国船も増加した。その一部は朝鮮半島南部に漂流・出没し、正体不明の不審な「荒唐船《こうとうせん》」として警戒され、朝鮮水軍の攻撃対象となった（高橋公明「一六世紀中期の荒唐船と朝鮮の対応」田中健夫編『前近代の日本と東アジア』吉川弘文館、一九九五年）。以上のように日明の民間貿易は、中国沿岸における島嶼部貿易と日本への来航貿易の二形態があった。その担い手は後述する王直《おうちょく》のように双方の形態の貿易に従事する者や、両形態に加えて過去の正規の遣明船貿易にも関与した者（たとえば堺商人の日比屋一族）など様々であった（岡本真『戦国期日本の対明関係―遣明船と大名・禅僧・商人―』吉川弘文館、二〇二二年）。

民間貿易の活発化により、一五四七年、明政府は官僚朱紈《しゅがん》を浙江《せっこう》・福建に派遣し、倭寇討伐を命じた（山崎岳「巡撫朱紈の見た海―明代嘉靖年間の沿海衛所と「大倭寇」前夜の人々―」『東洋史研究』六二―一、二〇〇三年）。朱紈は海禁の厳守と海防の再建に努め、四八年に双嶼を壊滅させるが、その強硬さは現地社会の反発を招き、失脚の末、自殺してしまう。倭寇（すなわち日明の民間貿易を行なう武装商業勢力）は、現地社会において必ずしも疎外されていたわけではなく、しばしば有力者（郷紳や地方官）と結びつき、その資本や威信を後ろ盾とした。朱紈の失脚は、倭寇禁圧を目指す立場にありながら、密貿易の利を求める地方有力者の矛盾を示している。

「嘉靖大倭寇」と王直

双嶼陥落の後、日明の民間貿易を主導したのは王直という人物であった（米谷均―二〇〇三、山崎岳―

二〇一〇・二〇一五）。彼は安徽《あんき》省南部の徽州《きしゅう》――この地は専売品である塩の売買などを通じて広域商業を営む大商人を輩出していた――の出身で、ある時期からは五峯《ごほう》とも号した。一五四〇年ごろ、日本や東南アジアを往来する民間貿易に身を投じ、双嶼にも出入りしたようである。四三年（四二年とする説もある）にはポルトガル人が種子島《たねがしま》に火縄銃を伝えたが、日本側史料によれば彼らは五峯という明人の船に乗っていたという。

一五四八年、王直は朱紈の双嶼攻撃から逃れ、日本の五島などを拠点にほかの残存勢力を吸収した。五一年には浙江沖合の金塘《きんとう》島の烈港《れつこう》（瀝港）に新たな貿易拠点を築き、商売敵を駆逐して「海上ついに二賊なし」と称されるようになる。王直は貿易黙認と引き換えに官軍の軍事行動に協力するなど官憲と一定の共生関係にあったが、王直討伐を強硬に主張する武官兪大猷《ゆたいゆう》らの攻撃により五三年に烈港からの遁走を余儀なくされた。その後、王直は日本の平戸へ移住し、平戸や五島を拠点として日明民間貿易を主導し続けた。このため平戸・五島を含む九州沿岸部は、中国やポルトガルの商人が来航して大いに繁栄し、その活況は松浦《まつら》氏・宇久《うく》氏といった現地大名にも歓迎された。

一方、江南・浙江の沿岸地帯は毎年のように海賊集団による激しい略奪活動に晒されることになった（佐久間重男『日明関係史の研究』吉川弘文館、一九九二年）。王直という強力なリーダーが突然姿を消したことにより、海上勢力が拡散・激化し、統制の効かなくなった一部のグループが暴走したものとみられる（上田信―二〇一二）。この事態は嘉靖《かせい》帝の治世（一五二一～六六年）に発生したため現在では一般に「嘉靖大倭寇」とよばれ、その余波は朝鮮半島や琉球にも及んだ。特に有名なのが王直の配下から自立

大明副使蔣　承奉

欽差督察[illegible]制提督浙江等處軍務各衙門為因近年以來日本各島小民假以買賣為名屢犯

中國邊境[illegible]掠居民奉

旨議行浙江等處承宣布政使司轉行本職親詣

貴[illegible]等因奉此帶同義士蔣海胡節忠李御陳桂自舊年十一月十一日來至五島由松浦博多已往豊後

大友[illegible]會議即蒙遍行禁制各島賊徒備有回文發船遣僧德[illegible]座等進

表貢物前有[illegible]行爾島禁賊御書見在特行備禮就差通事吳[illegible]詣投遞爾即當移

貴國[illegible]部民之橫行劫掠[illegible]禁制不許小民私出海洋侵擾

中國[illegible]靜黨隊不生共享和[illegible]福史冊書美光傳百世豈不快哉否則奸商[illegible]不已黨類益繁[illegible]隙禍發非

貴[illegible]年安南國陳氏之[illegible]大今特移文併知非特為

中國[illegible]一行之希即回文須至咨者

右　咨

日本國對馬島

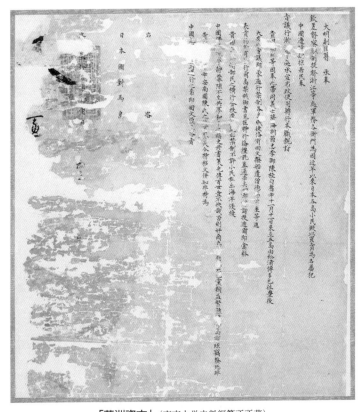

「蒋洲咨文」（東京大学史料編纂所所蔵）

1556年に蒋洲が「日本国対馬島」に宛てて倭寇禁圧を求めた書（咨文）.

した徐海《じよかい》で、薩摩《さつま》・対馬《つしま》から紀伊《きい》・和泉《いずみ》にいたる日本各地の出身者を率いて中国沿岸を繰り返し略奪したという。

倭寇被害が増大するなか、一五五五年、明は「日本国王」に倭寇禁圧を求める使者を派遣することにした（村井章介ほか—二〇一六）。まず江南・浙江・福建の軍務総督楊宜《ようぎ》が鄭舜功《ていしゆんこう》を、次いで浙江巡撫（後に浙直総督）の胡宗憲《こそうけん》が蔣洲《しようしゆう》・陳可願《ちんかがん》を九州へ派遣したが、「日本国王」（室町将軍）の弱体化により鄭舜功・蔣洲は豊後の大友氏のところに到来している。蔣洲はさらに周防《すおう》の大内氏や対馬の宗氏などへも書状を送り、倭寇禁圧を求めた（須田牧子「蔣洲咨文について」『東京大学史料編纂所研究紀要』二三、二〇一三年）。

また蔣洲・陳可願は五島で王直と面談し「帰国すれば罪を問わず、海禁を緩めて貿易を許す」とする胡宗憲の説諭を告げ、武装解除と投降を求めた。王直はこれに応じ、一五五六年末、蔣洲や大友氏の使者と寧波沖の舟山へ入港する（陳可願は先に帰国した）。胡宗憲は、日本の有力者と関係を結び沿海の治安を改善するための仲介者として王直を利用しようと考え、政府に赦免《しやめん》を求めようとしたが、「王直から賄賂《わいろ》を受け取って罪をもみ消そうとしている」などの悪評が立ったことにより方針を一転し、五九年に王直を逮捕・処刑すると、大友氏の使者も朝貢使と認めず倭寇として追討してしまった。こうして明政府が日本の有力者と協力して倭寇（と民間貿易）を取り締まり、形骸化していた海域の国際秩序を再建するという選択肢は白紙に帰したのである。

その後まもなく「嘉靖大倭寇」はピークを過ぎ、規模を縮小しつつ福建・広東へと主な舞台を移した。

また北方では一五七一年に明と「北虜」の和議（隆慶和議）が結ばれ、多くの軍事費（銀）を引き寄せていた北辺辺境の緊張が緩和された。そのことは銀を商う「南倭」の活動の沈静化にも結び付いていった。

2　海禁緩和と互市の試み

ポルトガルの日明仲介貿易

「南倭」の脅威が軽減するなか、一五六七年、明政府は「海禁の強行が倭寇の猖獗《しょうけつ》を招いている」とする官僚塗沢民《とたくみん》の建議を受け入れ、海禁を部分的に緩和する宥和政策へと方針を転換した。これにより官憲から渡航証明書を得た中国船が、福建の漳《しょう》州にある月港《げっこう》（海澄）――数年前まで倭寇の一大拠点だった――から東南アジア方面に限って出航し、民間貿易を行なうことが認められた（引き換えに関税の支払いが義務づけられた）。ここに朝貢をともなわない明と外国との民間貿易――これを互市《ごし》という――のルートが、極めて限定的ではあるものの公然と開かれたのである。

折しもポルトガルに続いてアジアに進出したスペインが、一五七一年に都市マニラを建設し、それと前後してアメリカ大陸の植民地で採掘した大量の銀をガレオン船で直接アジアへもたらすようになったため、海禁緩和により東南アジアに押し寄せた中国船がこの銀を明へと運ぶことになった。また以前から東南アジアに渡航していた日本人海商も、より頻繁に現地を訪れるようになる。一方で一五七〇年以降、東南アジア方面における琉球の国家貿易は途絶えた。東・南シナ両海域を繋ぐ琉球の中継貿易は、明の国際秩序の動揺と民間貿易の活況により低落しつつあったが、明の海禁緩和で中国船が東南アジアに殺到したことが、この傾向に追い打ちをかけたとみられる。

なお海禁緩和後も、明は倭寇への警戒から日本渡航を禁じていた。その間隙を突いて日明貿易の仲介者として台頭したのがポルトガルである（岡美穂子『商人と宣教師―南蛮貿易の世界―』東京大学出版会、二〇一〇年）。十五世紀末にインド洋に到達したポルトガルは一五一一年に東南アジア貿易の要衝マラッカを占領すると、一七年に明に遣使して通商を求めたが拒絶された。そこで四〇年代に入ると、国家の枠に縛られない私貿易商人が華人海商に誘われて双嶼の民間貿易に参加するようになり、中国船を利用して日本にも姿を見せはじめた。先述したように四二（または四三）年に種子島に火縄銃を伝えたポルトガル人は王直らしき人物の船に乗っていたし、四九年にはイエズス会宣教師ザビエルも中国船で鹿児島に来航している。ザビエルは、四七年にポルトガル商人の船でマラッカに来ていた鹿児島のアンジローと出会って日本布教を決意し、約二年間の日本滞在で七〇〇名ほどの信者を得たという（岸野久「アジア海域のフランシスコ・ザビエル」荒野泰典・石井正敏・村井章介編『日本の対外関係五　地球的世界の成立』吉川弘文館、二〇一三年）。

ザビエルの来日はポルトガル人の日本に対する関心を高め、また朱紈による双嶼陥落の影響もあって、一五五〇年代に入るとポルトガル船は平戸・薩摩・豊後《ぶんご》などへ直接来航し、日明の中継貿易（南蛮貿易）に本腰を入れはじめる。その後、ポルトガル海商は福建の漳州、広東《カントン》の浪白澳《ランパカウ》へと拠点を移し、ついに五七年ごろ、近海の海賊討伐への協力によって明からマカオの居留権と隣接する広州での貿易活動を認められ、ここにも互市の道が開かれることになった。

一方、日本では布教と貿易を一体的に推進するイエズス会の戦略により、一五六二年以降はほとんどのポルトガル船がキリスト教を保護する肥前の大村氏の領内に来航するようになった。その領主大村純忠《おおむらすみただ》は六三年に洗礼を受け日本初のキリシタン大名となっている。七〇年ごろにはポルトガル船に対して領内の長崎港が開かれ、ポルトガル人は日明双方に拠点を確保した。翌年、長崎とマカオを結ぶ貿易が始まり、日明貿易におけるポルトガルの優位が確定する。以後このルートを通じて一六〇〇年前後まで膨大な日本銀がマカオから中国市場に流入した。なお大村氏は八〇年に長崎をイエズス会に寄進している。

倭寇と日本社会

日明の民間貿易が盛行するなか、明政府による海禁を犯して、多くの中国船が貿易のため日本へと来航した。明軍による王直らの討伐作戦により九州に密貿易の拠点が移ると、十六世紀末から十七世紀初頭にかけて九州を中心に華人居留地（唐人町）が形成され、「倭寇的な人々」の拠点となっていく（中村質―一九七三、荒野泰典―二〇〇三）。たとえば華商の寄航・居留地だった大隅半島の内之浦《うちのうら》を一五九六年に訪れた儒者藤原惺窩《ふじわらせいか》は、華人に接してたびたびルソンや琉球の情報を得ており、惺窩に対応した現地役人竹下宗怡《たけしたそうい》は琉球に妻子を持ちルソンをも往来する海商であった（『南航日記残簡』）。このように国の境目を曖昧化する人々（倭寇）によって日本列島の沿岸部に「諸民族雑居の状態」が出現したのであ

明代後期の媽祖像（鹿児島県南さつま市，藤田明良撮影）
南薩摩地域に伝わる．「千里眼」（向かって左）・「順風耳」（同右）という鬼神を従えている．

る（荒野泰典―一九八七）。移住者のなかには、倭寇によって中国や朝鮮から連れ去られ、奴隷となったり転売されたりした被虜人も数多く存在する一方、漢学・医学・鉱山技術などの技能を持ち、大名の家臣として取り込まれる者もいた（中島楽章―二〇〇四、鹿毛敏夫―二〇一二）。彼らの居留の痕跡として、唐《とう》人町《じんまち》・唐人小路といった地名のほか、中国風の墓や井戸、漢民族の航海神である媽祖《まそ》（天妃、後に天后）の神像などが各地に残されている（藤田明良「東アジアの媽祖信仰と日本の船玉神信仰」『国立歴史民俗博物館研究報告』二二三、二〇二一年）。

倭寇は中国産の生糸・絹織物・綿布・陶磁器（特に青花磁器）・銅銭・硝石《しょうせき》などを日本にもたらした。その背景には日本における唐物《からもの》の根強い需要があった。生糸・絹織物・綿布の主産地は浙江の双嶼に近い江南デルタ地帯であり、陶磁器は官用品を生産する江西《こうせい》省東北部の景徳鎮《けいとくちん》に加え、福建南部などの民間の窯《かま》で盛んに生産された。これらは古来より東アジアのみならず世界の花形商品であり、また奢侈品《しゃしひん》であったが、十六世紀になると活発に交易されるなかで、より広い階層の日常生活へと普及していった。

銅銭とは低廉《ていれん》な私鋳銭《しちゅうせん》を指し、これは十六世紀を特色づける貿易品である。中世日本では国家が貨幣を発行せず、渡唐銭《ととうせん》とよばれる中国の銅銭が一般に使用されていたが、十六世紀中期には福建南部の漳州で模造された低質な私鋳宋銭が倭寇によって大量に日本に流入し、通用銭となった（黒田明伸『貨幣システムの世界史』岩波書店、二〇〇三年）。しかし十六世紀後半の海禁緩和とアメリカ大陸―マニラ間貿易の開始により大量のアメリカ銀が流入したことで、漳州一帯は銀遣い圏へと変容し、私鋳銭の鋳造は下火となった。これにより中国からの銭供給が激減し、西日本経済は一五六〇年代末から一五七〇年前後に銭遣いから米遣いへ、十六世紀末から十七世紀初頭にかけて米遣いから銀遣いへと転換していった（浦長瀬隆『中近世日本貨幣流通史―取引手段の変化と要因―』勁草書房、二〇〇一年）。

硝石は火薬の主原料である。日本では天然の硝石は産出しなかったが、倭寇を通じて中国・東南アジアから安定的に輸入されるようになり、それと表裏してポルトガル人（広義の倭寇）のもたらした火縄銃が急速に日本列島に普及した。やがて十六世紀末になると日本では人工硝石が本格的に製造されるようになる（中島楽章「十六世紀東アジア海域の軍需品貿易―硝石・硫黄・鉛―」鹿毛敏夫編『硫黄と銀の室町・戦国』思文閣出版、二〇一二年）。

二　日明戦争――秀吉の朝鮮侵略

1　「天下統一」と明の国際秩序

戦国大名と倭寇的勢力

「北虜南倭」による国際商業の活発化や、それにともなう火縄銃などの新式火器の伝来は、東・東南アジア各地において新たな国家形成に繋がる諸勢力の成長を促した（岸本美緒―二〇二一）。日本でも戦国大名らが倭寇的勢力と結びつき、南蛮貿易を含む日明の民間貿易に参与するとともに、新しい軍事技術を導入して権力を強化した。特に西国の大名は地理的環境を背景にアジア各地との貿易・外交に直接関わる者が多く、一方で東国の大名は京・堺《さかい》・博多などの商人を介して間接的に国際商業とつながる傾向にあった。

こうした戦国大名の最終勝者となったのが織田信長・豊臣秀吉・徳川家康であり、彼らが必然的に直面したのが、外交・貿易を多元的に展開する自立性の強い戦国大名を、いかに再編・統合して一元的に管理するかという課題であった（池享―二〇〇三）。このため国際貿易港を支配し、主要輸出品である貴金属鉱山を掌握するなどの施策が積極的に進められた。

たとえば全国統一事業の先陣を切った信長は、一五代将軍となる足利義昭を奉じて一五六八年に上洛

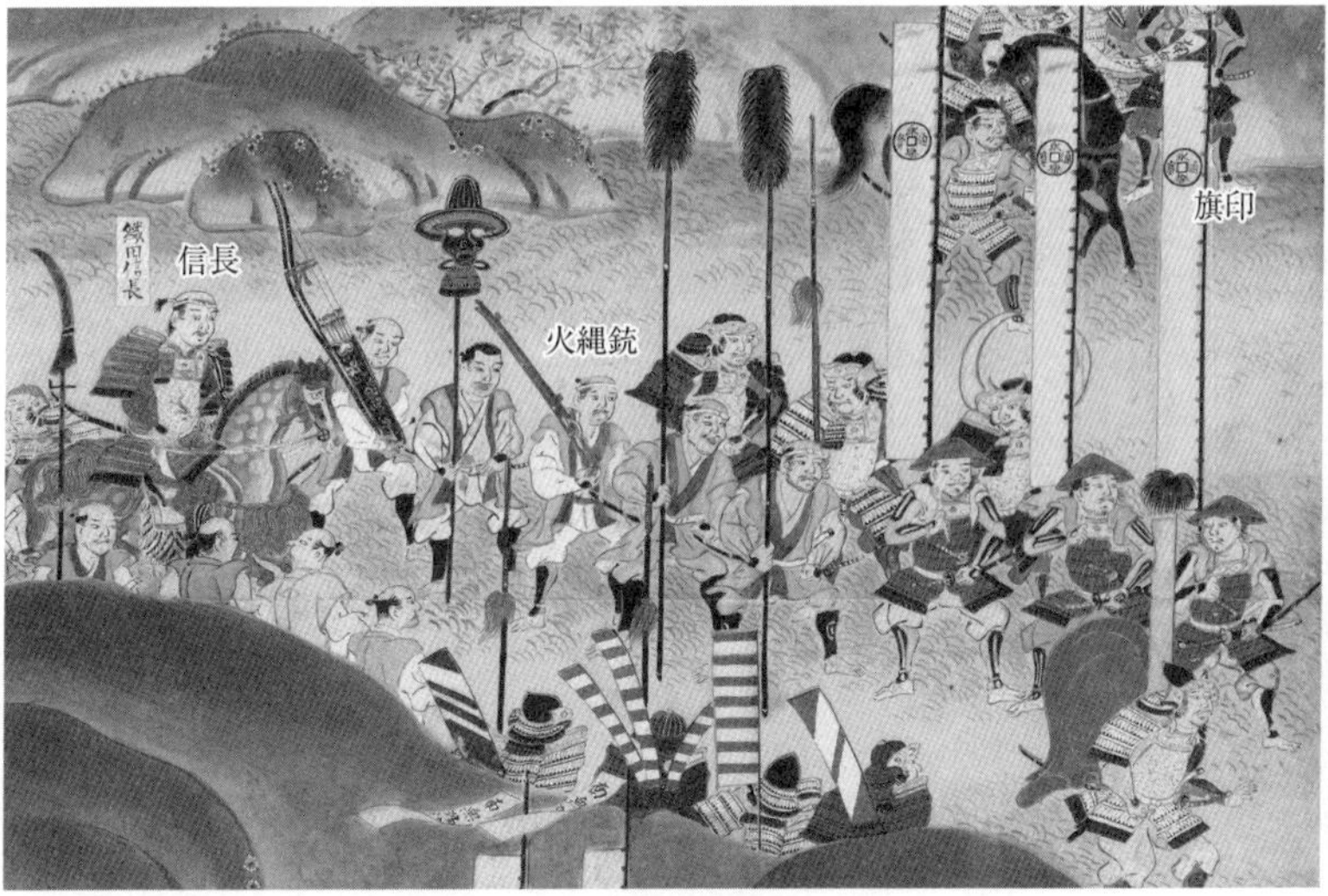

織田信長の旗印

織田信長は明の永楽通宝を旗印としていた．永楽通宝は質の良さから基準通貨として重んじられた．なおこの屏風は後世の作品である．（「長篠合戦図屏風」より，徳川美術館所蔵，©徳川美術館イメージアーカイブ／DNPartcom）

すると、翌年には本州最大の国際貿易港である自治的都市堺を屈服させ、但馬の生野《いくの》銀山を占領するなど、経済基盤と軍事力の強化に努めた。これらの施策は、一五七五年の長篠《ながしの》の合戦における信長の勝利が象徴するように、大規模な火縄銃部隊を率いての全国統一事業を後押しした。信長は八二年に臣下の謀叛《むほん》で敗死したため、その野望の全体像は不明である。しかし七六年に着工した安土《あづち》城には儒教・道教・仏教の理想郷が描かれており、イエズス会宣教師フロイスによれば、晩年の信長は「日本六十六ヵ国の絶対領主になったら、一大艦隊を編成してシナを武力で征服する」ことを決意していたという（『日本史』）。こうしたことから信長は、中国を意識した権力者像を思い描き、中国皇帝に代わって東アジア世界に君臨する野望を持っていた可能性も指摘されている（池上裕子―二〇〇九、堀新―二〇〇三）。

豊臣政権と東アジア

信長の後を継いだ秀吉は、一五八七年に九州を平定し、九〇年に全国統一を完成したが、その過程で海賊停止令《ちょうじれい》（八八年に全国公布）により国内外における海賊行為（倭寇の活動）を禁止し、生野銀山や堺・博多・長崎といった海外貿易港を直轄化して外交・貿易を一元的に掌握しようとした。また唐船・南蛮船の来航を奨励し、舶来する中国産生糸の買い占めも行なった。

一方で秀吉は早くから、全国（＝その時点での「国内」）統一の延長線上に「国外」への支配拡大を意識していた。それは「国外」における中心的存在であった明（の国際秩序）とどう向き合うのかという課題に直面することを意味する。当初漠然としていたこの野望は、九州平定により対馬の宗氏・薩摩の島津氏を服属させたことで具体化された（池享―二〇〇三、中野等―二〇〇八）。一五八七年六月、秀吉は宗氏に対し、朝鮮国王に上洛（すなわち服属）を求め、応じない場合は即時に渡海して誅罰《ちゅうばつ》を加える旨を伝達するよう指示した。またその前月には妻おねにこの件を伝えつつ「唐国《からこく》まで手に入れる」と書き送っている。琉球と通交関係のあった島津氏に対しても、琉球国王に上洛を要求するよう命じたが、秀吉の意向を汲んで島津氏が八八年に作成した国王宛ての書簡には「全国統一が達成され、朝鮮はすでに服属し、明・南蛮も（秀吉への）使節派遣を検討している」という誇大な論調で、入貢を怠れば直ちに攻め滅ぼすことが記されていた。

一五八九年一月、秀吉は島津氏に再び琉球の入貢を促し、また領内の「渡唐賊船」の取り締まり（海賊停止令の履行）と「明から『勘合』を望んでくるよう工夫し、その上で秀吉がそれを認める形となるよう取りはからうこと」を命じている。かつて明が倭寇禁圧を日本に求めたためか、秀吉は海賊停止令により倭寇を取り締まれば、明から「勘合」復活が提案されると考えていた（藤木久志『豊臣平和令と戦国社会』東京大学出版会、一九八五年）。ここで言う「勘合」とは明との国家貿易（公貿易）のことで、秀吉は双方の国家の提携による日明貿易の統制を志向していたと思われる。なお対外貿易を朝貢に限定していた明からすれば、国家貿易とは朝貢貿易にほかならず、その実現には明の臣下としての日本の朝貢が必須であったが、秀吉がこの段階でそれを十分理解していたかどうかはわからない。また秀吉は明に対しては琉球や朝鮮のような形で服属を要求することはなかった。

さて秀吉の入貢要請に対し、琉球国王尚寧《しょうねい》は一五八九年冬に遣使して秀吉の全国統一を祝賀した。秀吉はこれを服属の使節と見なし、その後は自らの征明《せいみん》／唐入り《からいり》（明の征服）計画のなかに琉球を組み込んでいく。なお秀吉は後に「明に派兵するついでに琉球を改易（領地没収）して軍団の将を派遣するつもりだったが尚寧の遣使により思い直した」と述べており、一時は王国の取り潰しも想定していた。

他方、朝鮮との貿易に大きく依存する宗氏は、秀吉の要求をすり替え、全国統一を祝賀する通信使の派遣を朝鮮に求めた。交渉は難航したが、ようやく一五九〇年に通信使が来日・上洛すると、秀吉はこれを服属の使節と見なして征明への参陣を要求し、翌九一年には朝鮮に「仮道《かどう》（借道）入明」（明を攻めるための行軍経路の提供）を求めた（荒木和憲―二〇二四）。しかし明の朝貢国である朝鮮はこの要請を拒絶した。

同年、秀吉はさらにマニラのスペイン政庁へも書簡を送り、入貢・服属と征明への協力を命じている。同様の書簡は一五九三年に高山国《たかさん》（台湾）へも送られた。これらの書簡では「日本は神国」（ただしこの神は天照大神と天帝を一体化した太陽神を指す）であり「自らの生誕に際して母は日輪（天帝）を懐胎した夢を見た（＝秀吉は天帝の子である）」として秀吉の自己正当化が図られた。これは東北アジアに広く見られる感生帝説《かんせいていせつ》とみられ、同様の言説は朝鮮・明に対しても展開されている（北島万次―一九九〇）。

一五九二年、秀吉は一方的に琉球を島津氏の与力《よりき》（軍事指揮体系における部下）と位置づけ、征明の軍役をともに負担するよう島津氏に指示した。なお秀吉は八二年に家臣亀井茲矩《これのり》に「琉球守」と称することを許し、茲矩も琉球進出に意欲を示していたが、秀吉が琉球を島津氏の下位に位置づけたことで、茲矩の構想は頓挫した（紙屋敦之―一九九〇）。こうして日本の側《がわ》から「豊臣政権―島津氏―琉球」の上下関係が公定され、島津氏は統一政権の手先として琉球への圧力を強化すると同時に、琉球とともに政権の要請に忍従する、ある種の「運命共同体」と化していく（荒木和憲「一五・一六世紀の島津氏―琉球関係」『九州史学』一四四、二〇〇六年）。島津氏の催促と恫喝《どうかつ》により、九三年、琉球は征明の軍役（兵糧）の過半を供出したが、明へはその事実を隠匿した。また征明に先立つ九一年には、その情報をいち早く明へと通報している。これは明政府が入手した最初の征明情報であったとみられ、明は琉球にさらなる情報収集を命じ、琉球もこれに応じて征明情報を漏洩《リーク》し続けた（米谷均―二〇〇五）。秀吉の服属要求に曲がりなりにも唯一「従った」琉球ではあったが、実際には日明の間で二方面的な対応を展開していたのである。

2　明への挑戦

朝鮮侵略と日明交渉

一五九二年四月、日本軍が釜山《プサン》に上陸し、仮道入明を拒絶した朝鮮を相手に、第一次朝鮮侵略（壬辰《じんしん》倭乱／文禄《ぶんろく》の役《えき》）を開始した。当初日本軍は一方的に進軍し、五月には首都漢城《かんじょう》を陥落させたが、これを知った秀吉は、征明後に天皇を北京に移し、甥秀次《ひでつぐ》を中国の関白とし、自身は「日本の船着《ふなつき》」である寧波に居住して天竺征服を目指すつもりであるという構想を披露している。なおこの構想の背景には、世界は「本朝（日本）・唐（中国や朝鮮）・天竺（「唐」の向こう）」の三国から成り立っているとする日本古来の世界観があった。

その後日本軍は平壌《へいじょう》を占領したが、やがて朝鮮の義兵・水軍、朝鮮の要請を受けて出動した明の援軍により劣勢に転じた。一五九三年一月には平壌からの後退を余儀なくされ、四月には一旦休戦し釜山まで撤退する。以後、日本軍の先陣を率いる小西行長《こにしゆきなが》と、明の朝鮮救援活動を統括する経略朝鮮の宋応昌《そうおうしょう》（兵部右侍郎）・市井の策士沈惟敬《しんいけい》――ともに兵部尚書石星《せきせい》が起用した――を軸とした講和交渉が本格化した。彼らはすでに半年以上前から和議に向けた接触・折衝を繰り返しており、交渉が本格化した時には日本軍の完全撤退と明による秀吉冊封・朝貢許可によって講和を実現するという合意が形成されていたようである（中島楽章「封倭と通貢―一五九四年の寧波開貢問題をめぐって―」『東洋史研究』六六―二、二〇〇七年）。

一五九三年五月、秀吉は肥前名護屋《なごや》城で「明の使者」を装った宋応昌の部下に会い、①明の皇女の天皇への降嫁、②「勘合」復活、③朝鮮南部の割譲などの講和条件を示した。このうち明が受け入れる可能性があるのは②のみであったが、そのためには明による秀吉の冊封が必要である。そこで行長は沈惟敬と共謀し、明に謝罪して封貢（冊封と朝貢）を求める秀吉の国書「関白降表」を偽作して、家臣の内《ない》藤如安《とうじょあん》を「偽りの講和（降伏）使」として北京へと派遣した（北島万次―一九九〇・一九九五）。これにより明政府内では「封貢を認めるか／封のみ認めるか／両方とも拒絶するか」を巡って紛糾し、九四年四月には福建巡撫許孚遠《きょふえん》が自らの諜報活動に基づいて「薩摩と組んで秀吉に対抗する案」を上奏した影響で一時的に封貢中止へ傾いたが（三木聰『伝統中国と福建社会』汲古書院、二〇一五年）、最終的には朝鮮からの完全撤兵を条件に冊封（封倭）のみを許す勅裁が下った。

こうして一五九六年九月一日（明の暦では二日）、秀吉は大坂城で、明の冊封使から誥命《こうめい》（秀吉を日本国王に任じる皇帝の辞令書）・金印（日本国王之印）・官服を受領した（佐島顕子―一九九四・二〇一三、米谷均―二〇一四）。同時に徳川家康など一七名も国王幕下として軍官職の冊封を受けた。少なくともこの時、秀吉は「勘合」（朝貢貿易）の条件として冊封を受ける必要性を理解していたとみられる。しかし翌日、秀吉は明の和議条件が朝鮮からの完全撤退にあると知り激怒した。このため講和は決裂し、秀吉は直ちに朝鮮侵略の再開を決定する。一五九七年一月、再び日本軍が渡海し、第二次朝鮮侵略（丁酉《ていゆう》再乱／慶長の役）が始まった。ただしもはや朝鮮南部の奪取が主目的となり、征明は半ば放棄されていた。日本軍の戦局は厳しく、南部拠点をどうにか維持するなか、九八年八月に秀吉が病死した。まもなく撤兵が開始され、戦争はなし崩し的に中止された。

明における日本研究

秀吉の征明で締め括られた十六世紀は、前近代を通じて低調だった中国の日本への関心が、異例なほどに高まった世紀である（田中健夫―二〇一二ａｂ）。契機となったのは一五二三年の寧波の乱で、同年、薛俊《せつしゅん》による海防の書『日本国考略』が編纂され、後の日本研究の基礎となった。「嘉靖大倭寇」の時期には、倭寇討伐を担った将軍戚継光《せきけいこう》が倭寇対策の軍事書『紀効新書』（一五六〇年）を著し、また明から倭寇禁圧を求める使節が日本に派遣されると、倭寇掃討の総責任者であった浙直総督胡宗憲のブレイン鄭若曽《ていじゃくそう》が、使節のもたらした日本情報を『日本図纂』（一五六一年）およびその拡張版『籌海図編《ちゅうかいずへん》』（一五六二年）にまとめた。とりわけ『籌海図編』は、中国沿岸の地図や倭寇被害の年表、船舶・武器の絵図なども収め、倭寇研究の集大成ともいうべき画期的な書であった。一方、使節自身がまとめた倭寇研究書として鄭舜功『日本一鑑』（一五六五年）があり、自らの見聞に基づいた最新かつ精緻な日本情報が収録されている（上田信『戦国日本を見た中国人―海の物語『日本一鑑』を読む―』講談社、二〇二三年）。

「嘉靖大倭寇」は十六世紀半ば過ぎに沈静化するが、同世紀末の秀吉の征明により明・朝鮮・琉球の三国間では諜報活動が盛んに展開され、玉石混淆の日本情報が海域を巡った。侯継高《こうけいこう》『全浙兵制考』

（一五九二年）の付録「近報倭警」には、琉球や日本に居留する明出身の海商や漁民が通報した征明情報が収録され、福建巡撫許《きょ》孚遠《ふえん》の『敬和堂集《けいわどうしゅう》』には、一五九三年に島津氏を明に与同させるために派遣した密使らによる日本情報が載る（増田勝機―一九九一、米谷均―二〇〇五）。

明において秀吉の征明は「倭寇朝鮮（倭、朝鮮を寇す）」として、「嘉靖大倭寇」の延長・継続ないしは総決算と捉えられる傾向が強く、王直ら倭寇の大頭目のイメージから秀吉を中国人と見なす言説も広く流布した。倭寇関連書ブームも再来し、福建出身の軍官鄧鐘《とうしょう》が『籌海図編』を増補した『籌海重編』（一五九二年）や、揚州知府郭光復《かくこうふく》による倭寇防備の書『倭情考略』（一五九七年ごろ）などが刊行された。こうした書物は倭寇の言葉を理解するという観点から倭語（日本語）の情報なども載せるが、なかでも「日本風土記」（『全浙兵制考』付録）には生活・文学・歴史・習慣など倭寇関連に留まらない多様な日本情報が収められている。

描かれた倭寇

月代《さかやき》を剃ったザンバラ髪に裸足の倭寇が，日本刀などの武器を手に，略奪を行なっている.（「倭寇図巻」より，東京大学史料編纂所所蔵）

①

②

③

明清時代の日用類書に描かれた日本人

①明『三才図会』(1609年刊，国立公文書館所蔵)
②明『万宝全書』(1628年刊，国立公文書館所蔵)
③清『増補万宝全書』(1739年，アメリカ議会図書館所蔵)
初期の禅僧姿（①）から，半裸・裸足に抜き身の日本刀を持った倭寇としての日本人像（②）へと移行する．これは清代にも踏襲されるが（③），着衣姿のややマイルドな像となる（228〜229頁）．

さらに倭寇を描いた絵図も作成された。明軍と倭寇が戦う場面を描いた「倭寇図巻」（東京大学史料編纂所蔵）、それと著しく類似する「抗倭図巻」（中国国家博物館蔵）が現存しており、両図とも胡宗憲の倭寇掃討の功績を描いた戦勲図《せんくんず》から派生した模本と推測される（東京大学史料編纂所─二〇一四、須田牧子─二〇一六）。両図に描かれた倭寇は、月代《さかやき》風に髪を剃り、浴衣のような単衣の着物をつけ、裸足で日本刀や弓・長槍を持つ。十六世紀の倭寇は多様な出自を持つ人々で構成されていたが、それにもかかわらず「倭寇」として括られたことの一因に、その多くが倭寇の「共通のしるし《トレードマーク》」として、日本の武士に倣《なら》った月代風の髪型をしたり和服を着たりしたことがあったと考えられる（米谷均―二〇〇六、上田信―二〇一一）。

十七世紀初頭、明では商人などを読者とした日用類書（日用的な挿絵入り小型百科事典）が多数出版された。その初期刊本には「日本国」に禅僧の挿絵が載るが、その後は半裸で抜き身の刀を担ぐ典型的な倭寇の挿絵が大半となる（田中健夫―一九九三）。宋元以来の禅僧交流のイメージに代わり、倭寇が日本人のイメージとして一般化・固定化したのである。こうした認識の変化には秀吉の征明の影響があった。倭寇が多民族的な集団であったことは同時代の明でもよく知られていたが、秀吉の征明――豊臣政権という国家権力による軍事侵略――によって、明・朝鮮では「かつての倭寇は文字通り倭人の賊だったのだ」とする過去の再認識が行なわれ（石原道博―一九六四）、「日本人の倭寇もいる」という認識から「倭寇は日本人（日本という国家権力に帰属する人）である」という認識へと変わってしまったのである（渡辺美季―二〇一二）。

三　徳川政権と日明貿易

1　明との連携の模索

日明講和と「勘合」―家康の外交課題―

秀吉の死後まもなく、豊臣政権の運営は最有力大名であった徳川家康が掌握するようになった。その最大の外交課題は、秀吉の征明（朝鮮侵略）後の事態の収拾――具体的には明・朝鮮との関係を修復し、明との「勘合」（国家貿易）を実現することであった。

一五九九年、家康は明に届ける書簡を調え、征明の際に人質となった明将の送還を島津氏に命じた。書簡は、明・朝鮮と講和して明と再び「金印」（皇帝から下賜される国王印）と「勘合」によって通交したいが、二年以内に講和・貿易が実現しなければ明・朝鮮を攻撃するとする脅迫的な内容で、人質だけでなく明の商船に海賊行為を働いた者を捕らえて届けることも記されていた。海賊（倭寇）の取り締まり、国家貿易の要請、武力による恫喝などの点で、秀吉とほぼ同様の外交姿勢が確認できる。一六〇〇年、島津氏配下の海商鳥原宗安《とりはらそうあん》が人質や海賊を送還し、家康の講和・貿易要求を明政府に伝えたが、明がそれを受け入れることはなかった（増田勝機―一九九九、渡辺美季―二〇〇六）。

さらに一六〇二年には家康の指示を得ることなく加藤清正が福建に被虜人を送還し、恫喝的な文言で日明講和を要請する書状を届けている（李啓煌―一九九七）。この段階で、家康はまだ日本の外交・貿易を一元的に統制できておらず、またそれゆえに明政府の協力を前提とした貿易管理体制の構築を目指さざるを得なかったのであろう。翌〇三年、家康は征夷大将軍に就任して江戸に幕府を開くと、その二ヵ月後に長崎を直轄領とし、〇五年には息子秀忠に職を譲って将軍職が徳川家の世襲であることを示したが、それでも国内に分散する外交権を完全に掌握するまでにはいたらなかった。

一方、朝鮮に対しては秀吉の死後まもなく対馬の宗氏を介して講和交渉が開始され、一六〇三年ごろからは家康の意向を踏まえて明との関係修復（朝貢貿易の再開）の仲介も要請された（中村栄孝―一九六九、李啓煌―一九九七、荒木和憲―二〇二四）。宗氏の尽力もあり〇七年に朝鮮国王の使節が来日して徳川政権と朝鮮の間に外交関係が結ばれたが、家康の本命とも言える日明関係の修復依頼には朝鮮は一貫して応じなかった。

琉球侵攻と日明関係

家康は島津氏を通じて琉球にも日明貿易の仲介を求めた。一六〇二年、まず陸奥《むつ》に漂着した琉球人を島津氏に送還させ、返礼の遣使（による服属）を求めたが琉球は応じなかった。膠着状況のなか、一六〇六年に島津氏は自らの財政難解消のため琉球領の奄美諸島を武力で獲得することを計画し、幕府の内諾を得る（紙屋敦之―一九九〇）。しかしまもなく幕府は「日明和談の成立」を理由に琉球出兵を控えるよう命じた。翌〇七年に朝鮮使節が来日することになり、日明講和交渉の進展が期待されたためであろう（黒嶋敏―二〇一六）。

一六〇六年はまた、国王尚寧の冊封使が明から琉球に派遣された年でもあった。この時、島津氏は中国商船の島津領内への来航を要請する冊封使宛ての書簡を琉球に届けている（実際に冊封使の手に渡ったかどうかは不明である）。他方、琉球も冊封使に対して中国商船の来航による出会い貿易の許可を求めた。斜陽にあった朝貢貿易から活況にあった民間貿易（互市）へのシフトを意図しつつ、閉塞した日琉関係の打開をも目指したものとみられるが、冊封使はこれを認めず、日本との貿易も厳禁した（上里隆史『琉日戦争一六〇九―島津氏の琉球侵攻―』ボーダーインク、二〇〇九年）。

当時、琉球の政権運営は親明派の宰相鄭迵《ていどう》が主導していたこともあり、冊封使の帰国後も幕府への遣使は行なわれなかった。鄭迵は明初に琉球に移住した福建人の子孫で、かつて秀吉の征明を明へ報じた人物である。一六〇八年、島津氏は琉球に遣使して「毎年貴国に明の商船を来航させ日明貿易を行なってはどうか」とする「将軍の志」を伝えたが、鄭迵はこれを拒絶した（黒嶋敏―二〇一六）。明への働きかけに失敗したこの段階では、断る以外の選択肢はなかったのであろう。

一六〇九年二月、島津氏は「家康に琉球誅罰を命ぜられたが日明仲介を行えば安泰を保障する」とする国王宛ての「最後通牒」を作成した上で、三月に琉球へと派兵した。島津軍は四月に首里城を陥落させ、五月には国王と鄭迵ら重臣を捕虜として鹿児島に凱旋する。この報を受けた家康・秀忠は大いに喜び、島津氏に琉球の「仕置《しおき》」（支配）権を認めた。ただしそれはあくまでも明との君臣関係を有する琉球王権・王国の存続を命じた上での許可であり、琉球を日本に併合することはなかった。王国の取り潰しすら想定していた秀吉とは異なり、家康は日明交渉の仲介のため明の朝貢国としての琉球が必要だったからである。こうして琉球が明・日本との二重の主従関係を有する状況が開始された。

「勘合」復活交渉と琉球

侵攻の後、島津氏は琉球に明への朝貢継続を命じた。琉球は一六一〇年に朝貢使を派遣して、侵攻の経緯を概ね正しく明へ伝え、「（琉球が）倭国と講和すれば兄弟のような関係が続くであろう」として日琉共存の可能性を提示した。明は朝貢国（朝鮮・琉球）を立て続けに侵略した日本への警戒を強めつつも、琉球を労《いたわ》り、事情の再報告を求め、それによって本格的な処遇を決定するという比較的穏やかな反応を示した。

幕府は明に対する海賊行為の実施を検討していたが、明の反応を知ると日明交渉への期待を高め、派兵を見送っている。同様の対応は、一六一〇年に家康が起草させ、来日中の明の商人周性如《しゅうせいじょ》に託した福建総督宛ての書簡にも確認できる。この書簡は明に対して①勘合による使船の往来、②福建商船の長崎来航（日本に対する海禁解除）、③朱印船《しゅいんせん》漂着時の保護を求める内容であったが、「中華」との和平を求めながらも、日本を統一した「日本国主源家康」に対し「朝鮮・安南・交趾《こうし》・占城《チャンパ》・暹羅《シャム》・呂宋《ルソン》・西洋・柬埔寨《カンボジア》等の蛮夷の君長・酋帥」が国書を奉じて貢物（賓《みつぎ》）を運んでくるとして、あたかも日本（華）と周辺諸国（夷）の間に朝貢による上下関係が成立しているかのような表現をしている（ロナルド・トビ「近世初頭対明の一外交文書諸本の系譜—誤写、誤読、誤記の系譜と日本型「華夷」論—」『東京大学史料編纂所研究紀要』一三、二〇〇三年)。しかし夷のなかに実際に服属させた琉球の名は見えない。実は草案(林羅山《はやしらざん》執筆)では「朝鮮は入貢し、琉球は臣を称し、安南・交趾……(以下同様)」と記されていたが、正文(金地院崇伝《こんちいんすうでん》執筆)では琉球の臣従を示す文言だけが削除されたのである(藤井讓治―一九九四)。それはまさに明の朝貢国である琉球によって日明貿易交渉が進展することを期待しての削除であったと考えられる。

一六一一年、島津氏は奄美諸島を直轄領とし、それ以外の王国領の支配権を国王に認め、島津氏への臣従を誓わせた上で国王・重臣を帰国させた(ただし鄭迵は処刑された)。直後に国王に書簡を送り、①明が一島を割譲して行なう日明貿易、②琉球での出会い貿易、③国書・貢物を交わす外交使者の往来による貿易の「三事」を明に示し、中国沿岸部への武力攻撃をほのめかしながら、いずれかの方法で日明貿易の実現を迫るよう指示した。

一六一一・一二年、琉球は事情の再報告を行なう朝貢使を二度に分けて福建に派遣し、「三事」を記した先の島津氏の書簡を福建当局に提出した(梅木哲人―二〇一一、池谷望子―二〇一九、木村可奈子―二〇二四)。これにより明は、琉球は日本に操られているとして急速に態度を硬化させる。その背景には日本の脅威のみならず、当時、明(特に福建)において「通倭(日本との密貿易)」が悪化し、内外結託の動きとして懸念されていたこともあった(小葉田淳―一九九三)。こうして一六一二年、琉球の朝貢を一〇年間停止する(関係は断絶しないがすぐには朝貢もさせない)という明帝の勅諭が下った。それは琉球が朝貢に乗じて日本の貿易要求の手先となることも、日本が明に代わって琉球を属国とし増強することも、いずれも回避したい明政府による苦肉の策であった。

「勘合」復活交渉の挫折

琉球は明との関係改善を目指し――島津氏も関係改善を最優先するよう指示した――、朝貢停止の一〇年間、口実を設けてほぼ毎年明へと遣使し処分の撤回を求めた。このうち一六一六年の遣使理由は、倭寇による鶏籠《けいろう》（台湾）攻取計画を通報するというものであった。これは同年、長崎代官村山当安《むらやまとうあん》（等安）が幕府の認可のもと台湾を日明貿易の拠点とすべく実施した遠征を指す（岩生成一―一九三四、中砂明徳―二〇一二）。福建対岸の台湾は先住民の居住地で中国本土との関係は薄かったが、十六世紀末以降、日明出会い貿易の拠点として存在感を増していた。遠征は暴風雨などで失敗したが、当安配下の明石道《あかしどう》友《ゆう》の船が行方不明者の捜索のため福建にいたり、明の交渉役董伯起《とうはくき》を人質として帰国している。道友は翌年、通商を求める幕府の書簡とともに伯起を福建に送還したが、現地の官人はこの書簡を受け取らなかった。

　ところで琉球は島津氏の侵攻直後にも、明に対して「琉球国王の諫言により倭軍の鶏籠出兵が中止された」と伝えている（渡辺美季―二〇一二）。侵攻と同じ一六〇九年、家康は肥前の大名有馬晴信《ありまはるのぶ》に対し、高砂（台湾）を偵察し日明商船による出会い貿易の算段を調え、交渉が調わない場合には武力行使するよう命じた（藤井譲治―一九九四）。琉球がこれに関与したという事実は確認できないが、おそらくこの動きを利用して、日本の連続的な軍事行動に恐々とする明政府に自らの存在意義をアピールしたものと考えられる。一六一六年に当安の遠征通報を遣使の口実としたのも、同様の外交戦略であろう。なおこれは一見日本に背く行動のようだが、最大の目的は明との関係改善による朝貢（と貿易）の回復であり、それ自体は島津氏の指示に沿うものであった。琉球の通報に対して、明は琉球が秀吉の征明情報を報じた前例に準じて給賞したが、勅諭は撤回しなかった。ただし政府内には琉明の民間貿易や日明貿易を容認することで日本の脅威を軽減しようとする意見もあった（小葉田淳―一九九三）。とはいえ秀吉の征明によって決定的に「倭寇」化した明の日本（人）観は、征明に続く家康の武力の発動（琉球侵攻や台湾遠征）によって改善されることはなかった。

日明中継貿易の拡大―朱印船・ヨーロッパ船―

家康は明との国家貿易の道を探る一方で、中国産生糸と日本産銀の取引を核とした日明の中継貿易ないしは出会い貿易のルートを増やし、また政権による統制を強化しようとした（荒野泰典―二〇〇三）。それは十六世紀後半にマカオ―長崎という貿易ルートを確保して、日明中継貿易を主導していたポルトガルの地位を相対化する政策でもあった（木村直樹―二〇一四）。

家康はまず明の海禁緩和によって多数の中国商船が来航していた東南アジア方面に出会い貿易のルートを確保する。一五九九年以降、家康は東南アジア諸国の首長らに書簡を送るなどして関係樹立に努め、この関係にもとづいて家康の朱印状を携行する船（朱印船）の安全の保障と貿易の許可を求めた（藤井譲治―一九九四）。また同時に日本通商を許可する朱印状を現地に送り、東南アジアからの船舶を誘致し

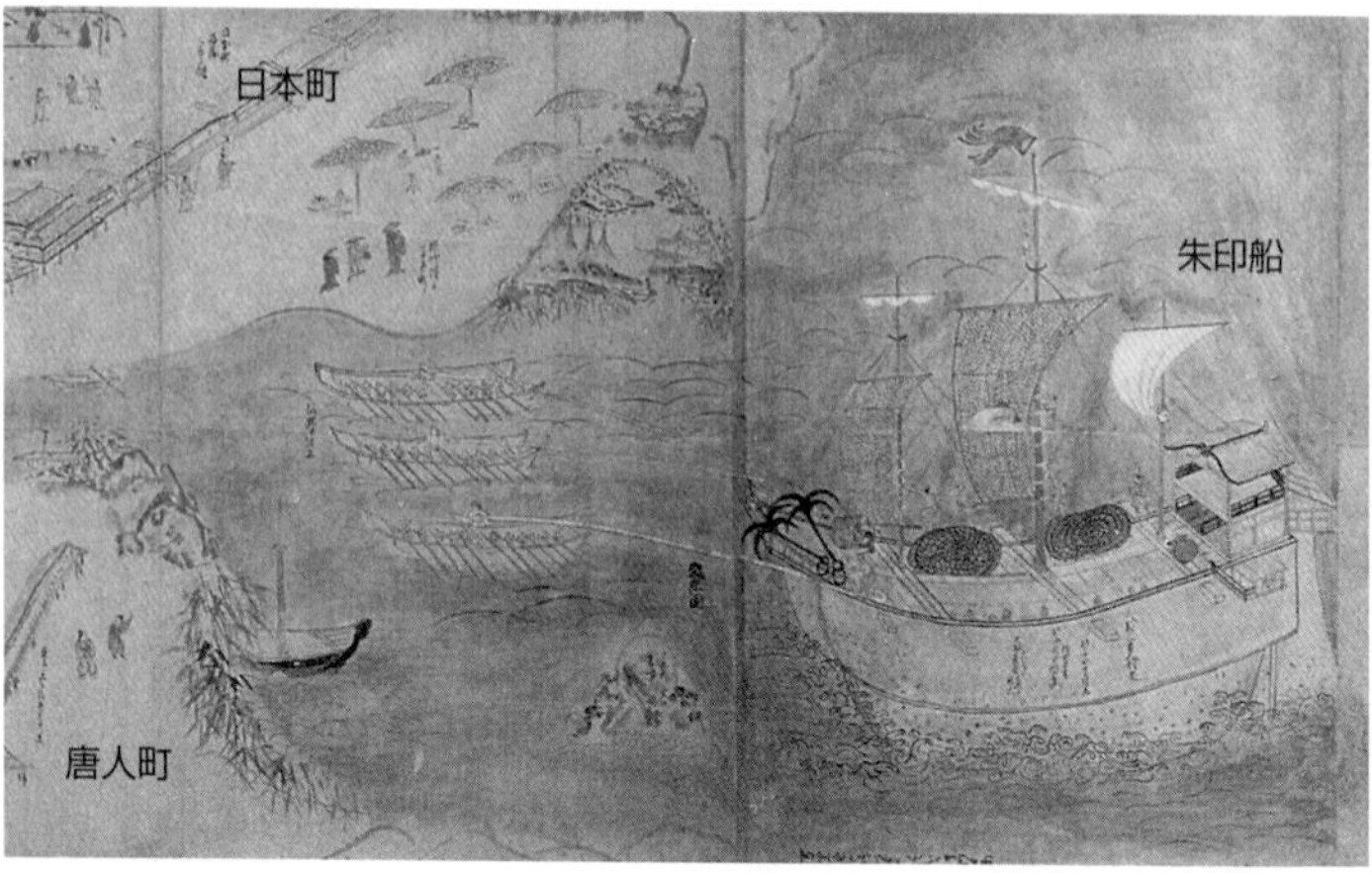

茶屋氏の朱印船

ホイアン（ベトナム中部）に入港する様子．朱印船の渡航先は中国船の貿易拠点でもあった．（「茶屋新六交趾貿易渡海図」より，清妙寺蔵）

た。こうして日本人の海外渡航が禁止される一六三五年までに少なくとも延べ三六〇隻ほどの朱印船が呂宋・東京《トンキン》（ハノイ）・交趾《こうし》（ベトナム中部）・柬埔寨《カンボジア》や高砂（台湾）へ渡航し、豊富な日本銀を元手に中国産の生糸や東南アジア産の金・鹿皮・蘇木《そぼく》などを入手して中国船・オランダ船をしのぐ利を上げたが、それゆえに競合者とのトラブルも絶えなかった（岩生成一―一九八五、永積洋子―二〇〇一）。朱印状の受給者の約八割は日本人（商人・大名・武士）で、とりわけ多くの船を派遣したのは初期豪商として知られる角倉《すみのくら》・茶屋《ちゃや》（京都）・末吉《すえよし》（大坂）・末次《すえつぐ》（長崎）などの朱印船貿易家（資金を集め船長を雇い朱印状を持たせて海外に派遣する企業家）であった。また受給者にはヨーロッパ人や長崎・平戸・薩摩・呂宋などに住む華人も約一割ずつ含まれており、日本を拠点とする船主であれば国籍は問われなかった（荒野泰典―二〇〇三）。船は主に長崎から出航し、商人だけではなく、戦乱終息により「失業」した雑兵《ぞうひょう》（牢人）――その代表例は傭兵としてシャム国王に重用された山田長政である――や奴隷・キリシタンなども渡海した。アユタヤなど日本人が多数渡航した港市には、華人居留地やヨーロッパ商館と隣接して日本人居留地（日本町）が形成されたが（岩生成一『南洋日本人町の研究』岩波書店、一九六六年）、それは日本列島の唐人町同様、国境を曖昧化する人々の動きによって出現した「諸民族雑居の状態」であった。

家康はまたポルトガル以外のヨーロッパ勢力との貿易も積極的に推進する。一六〇二年にはスペイン漂着船の保護を契機にマニラを拠点とするスペイン船の招致を試み、貿易の可能性を探ったが、スペインの関心は布教にあり交渉は進展しなかった。オランダ・イギリスとの関係は、一六〇〇年に蘭人ヤン・ヨーステンや英人ウィリアム・アダムス（三浦按針《あんじん》）らの乗ったオランダ船リーフデ号が豊後に漂着したことをきっかけに開始され、一六〇九・一三年に蘭・英の東インド会社――ただし日本では単なる商人として振る舞っていた――が、家康の朱印状を得て平戸に商館を置いた。とはいえこの時点では両国とも輸出品である中国商品の安定的・合法的な入手ルートを有しておらず、ヨーロッパにおけるイギリス・オランダとスペイン・ポルトガルの対立とも相まって、もっぱらスペイン・ポルトガル船（さらには中国船・朱印船など）を襲撃し、その積荷を略奪していた（加藤榮一『幕藩制国家の成立と対外関係』思文閣出版、一九九八年）。

一方、ポルトガルに対しては貿易継続を前提に統制が強化された。一六〇四年には糸割符《いとわっぷ》制度が設けられ、ポルトガル船の生糸を将軍と特定商人が独占的に買い付けるかたちで日本が価格決定の主導権を得たが、ポルトガルは不満を募らせ、関係は悪化した。さらに一六一一年、幕府はポルトガル船の寄港地を直轄領長崎に限定する。これはキリスト教禁止（禁教）政策とも連動していた。家康は禁教を志向しつつも貿易を重視して黙認していたが（これは秀吉も同様だった）、同年、ついに江戸・駿府・京都に禁教を命じ、一四年には不徹底ながらもこれを全国に及ぼしたのである。こうして貿易におけるポルトガルの優位は次第に揺らいでいった。

2　明からの「自立」

「勘合」復活の放棄

家康は、大坂冬・夏の陣（一六一四・一五年）にて豊臣氏を滅ぼし、元和偃武《げんなえんぶ》（徳川氏による平和）を実現すると、一六一六年四月に没した。親政を始めた秀忠は、家康の方針を守りつつ、達成後まもない「平和」の維持に努めた。その対外政策は「将軍を頂点とする国内秩序に合致するかどうか」を見極めた上で進められ、商船の来航を奨励し貿易ルートを拡大した家康親政期の積極性は影を潜めた（鶴田啓二〇一三）。

日明民間貿易に関しては基本的な貿易構造は変わらなかったものの、一六一六年（元和二）八月に諸大名に対して禁教の徹底が命ぜられ、その一環としてヨーロッパ船の来航・貿易が平戸・長崎に限定された。豊臣政権以来、ある程度区別されてきた貿易統制と禁教の一体化が進んだと言える。なお中国船はキリスト教とは無関係と見なされたため、どこに着岸しても自由に貿易できるとされた。幕府は早くから中国船の長崎集中も目指していたが、この段階で彼らと独自に貿易を展開する九州諸大名を統制し切るまでにはいたっていなかったのである（武野要子―一九七九、荒野泰典―二〇一三）。貿易統制と禁教はその後も強化され、結局一六二〇年代にスペイン・イギリスは日本貿易から脱落し、台湾に貿易拠点を獲得したオランダのみが「生き残る」ことになる。また一六三一年には長崎来航の中国船にも糸割符制度が適用された。

一方、朱印船は渡航先・回数とも縮小して限定的になり、一六三一年には朱印状に加えて老中奉書の発給も条件とする奉書船制度が開始される。秀忠親政期にはイギリス・オランダとスペイン・ポルトガルの対立が激化し、朱印船はその対立にしばしば巻き込まれていた。幕府公認の船だけに、紛争を回避し将軍権威の失墜を防ぐ必要性があり、統制が強化されたものとみられる（木村直樹―二〇一四）。

他方、家康の最大の外交課題であった明との国家貿易を目指す動きは見られなくなった。一六一九年に明の商人単鳳翔《たんほうしょう》が海賊の禁圧を要請する将軍宛ての「浙直《せっちょく》地方総兵官」の書簡をもたらしたが、幕府は貿易云々を論ずることなく、もっぱら文書が無礼で信用できないという理由で一六二一年に書簡を受け取らないと決めている。すなわち明との公的関係を構築する絶好の機会を自ら見送ったのである。幕府の国内支配の確立により貿易統制に明の協力を仰ぐ必要性が大きく減じていたことに加え、冊封を受けることで将軍の体面が損なわれるなど、明との関係構築にともなうリスクの回避が優先されたためであろう（ロナルド・トビ―一九九〇）。同時に琉球へ日明仲介を求める幕府の言説も見られなくなる（上原兼善―二〇〇一）。こうして徳川政権は、正式な外交関係を取り結んで明政府と連携する道を放棄したのである。

「鎖国」と日明関係

一六三二年（寛永九）、大御所秀忠が死去し息子家光（二三年に将軍就任）が親政を始めた。家光は秀忠路線を踏襲しつつ、一六三三〜三九年の長崎奉行への一連の業務命令――「寛永の鎖国令」（なお当時「鎖国」の語はなかった）――によって禁教とそれにともなう貿易統制を著しく強化する（山本博文―一九八九・一九九五）。まず三三年に奉書船以外の日本船・人の海外渡航を禁じ、三五年にはすべての日本人の海外への渡航と海外からの帰国を禁止した（荒野泰典―二〇一三）。なおここで言う海外とは奉書船の渡航地を指す。また同年、中国船の来航も長崎に制限し、ようやく幕府は外交・貿易の一元的統制（独占的掌握）を達成した。ただし幕府が長崎貿易の経営に関わるのは一六九七年の長崎会所の設置以降であり、この時点では貿易利益の独占は意図されていなかった。これらの諸策の背景には、幕府の禁教政策の進展によりポルトガル船への監視が強化されるなかで、奉書船・中国船がキリスト教関係者の主な日本潜入手段となっていたことがあり、また海外渡航の全面禁止については、海外における紛争に日本人が巻き込まれ幕府・将軍の権威に傷がつくことを回避する意向もあった（鶴田啓―二〇一三）。

一六三六年には日本人とキリスト教の接点を絶つため、長崎に新たに設けた人工島である出島にポルトガル人を収容し、ポルトガル人男性が日本人女性との間にもうけた子やその母・養父母をマカオに追放した。ただしポルトガル船との貿易は継続する方針であった。しかしそれは一六三七〜三八年に発生したキリスト教徒らによる大規模な農民反乱（天草《あまくさ》・島原一揆《しまばらいっき》）によって転換を迫られ、三九年、ついに幕府はポルトガル船の来航を禁止する。これは事前に調査・検討を重ね、中国船の長崎集中やオランダ船の貿易実績により中国産品の安定供給が可能になったと判断した上での決定であった。またこれと同時に対馬藩・薩摩藩には朝鮮・琉球経由で中国商品の輸入に努めるよう命じた（田代和生―一九八一、上原兼善―二〇〇一）。すなわち両藩は長崎貿易のサブ・ルートとして補完的に機能することを求められたのである。なお琉球は一六三四年に明から旧来通りの朝貢（二年一貢）を許され、中国船の来航が長崎に限定されたことで自藩における貿易の道を閉ざされた薩摩は、資本投下などの形で琉明貿易に深く関わるようになった。

一六四一年、空いた出島にオランダ商館が移転され、幕府が直轄領長崎でオランダ東インド会社・中国民間商船との貿易――依然として中国生糸と日本銀の取引が主であった――を管理するようになった。なお明は日本渡航を禁じていたので、来日する華商《かしょう》は明からすれば密貿易者である。さらに幕府は沿海防備体制を強化し（山本博文―一九九五、松尾晋一―二〇一三）、宣教師の密入国を排撃する体制を一六四三年に完成させた（清水有子『近世日本とルソン―「鎖国」形成史再考―』東京堂出版、二〇一二年）。こうして幕府に従う（かつキリスト教を布教しない）外国のみを受け入れ、日本人と外国との接触を大きく制限し、禁教を徹底するという状態（いわゆる「鎖国」）が成立したのである。家光親政期に段階的に形成されたこの状態は、以後長く維持され、「体制」とよび得るほどに固定化していく。

一方、先の「状態」と同時に、日本を中心とする「国際」秩序も構想された（朝尾直弘『日本の歴史

一七　鎖国』小学館、一九七五年）。家康以来、徳川政権はしばしば（相手国の意向はどうあれ）外国使節を将軍への「御礼」（恭順／感謝）の使者と表現し、その威光が海外にも及んでいることをアピールしてきたが（高木昭作『将軍権力と天皇』青木書店、二〇〇三年）、一六三〇年代から四〇年代前半にかけて朝鮮通信使（正式には三六年〜、外交儀礼上は対等だが、ともすると「御礼」「来貢」の使者と認識された）・琉球国王使（四四年〜、新国王即位の御礼／新将軍襲職の慶賀）・オランダ商館長の江戸参府（三三年〜、貿易許可・継続の御礼）といった主な外国使節の将軍引見が恒例化したことで（荒野泰典―一九八八、木土博成―二〇一三）、将軍の「国際」的威光（「武威」）が国内に印象づけられ「日本を上、外国を下」とする自己中心的な「国際」秩序が継続的に構想できるようになった。それは家光親政期の諸政策により日本人が「世界」から徐々に遮断されたことと表裏をなしている（岸本美緒―二〇二一）。「世界」に広く認められていた中国の国際秩序（華《か》夷《い》秩序《ちつじょ》）に比べ、日本の「国際」秩序（日本型華夷秩序・日本型華夷意識などとよばれる）は、国内を中心に限られた範囲でしか通用しない主観的・独善的な代物であったが、「鎖国」ゆえにそれが損なわれる可能性は限りなく低かった（荒野泰典―一九八七、ロナルド・トビ―一九九〇）。

また三〇年代後半、幕府は日本宛ての朝鮮国書における将軍の称号を「日本国王」から「日本国大《たい》君《くん》」とするよう求め、朝鮮宛て国書における年号を「干支のみ」から「日本年号」へと変更した（荒野泰典―一九八八、紙屋敦之―一九九七、池内敏―二〇〇六）。「王」（や「将軍」）は中国の官職名に由来する呼称であり、また幕閣には「明に朝貢する（明年号を使用する）朝鮮とは異なり日本は独自の年号を定めてきた」とする意識があった（池内敏―二〇〇六）。こうしたことから幕府は明の国際秩序から相対的に自立した立場にあることを示そうとしたものと考えられる（鶴田啓―二〇一三）。

かつて秀吉は明の国際秩序に挑戦し、明に代わって東アジア世界の頂点に立とうとした。家康は貿易掌握のため明との連携を試み、その国際秩序への参画を試みたが失敗した。秀忠は家康の路線を放棄し、「平和」（国内秩序の安定）の維持を優先した。家光はさらに、明の秩序とは別個に日本を中心とした自前の「国際」秩序を醸成し、「平和」を補強しようとしたのである。それは崩れゆく明の秩序の周縁部において、新たに国家を形成するほどに成長した新興の軍事勢力の一つの到達点であった。しかし日本がこの「国際」秩序を安定的に継続するには、次の二つの問題が解消される必要があった。それは第一に明の国際秩序が完全に崩壊した後、それに代わる広域秩序を誰が主宰するのかという問題であり、第二にその主宰者は日本にどのように対応するのかという問題である。しかしこの二つはいずれも幕府の自助努力の範疇《はんちゅう》を超えた問題であった。

四　清の国際秩序と日本

1　明清交替と日本・琉球

明朝南北の新興勢力

十六世紀の「北虜南倭」は、明の周縁部に戦争景気と民間貿易の利益による好況をもたらし、様々な勢力が武装してその利を争った。その混沌のなかから日本では最終的に徳川政権が戦国大名を制して頂点に立ったが、明の北辺から東南沿岸にかけての一帯でも自立的な商業軍事勢力の台頭が見られた。

北方の辺境地帯（遼東地方）では、「北虜」防衛のために投入された軍事費による戦争景気のなかで漢人《かんじん》・モンゴル人・朝鮮人・ジュシェン（女真・女直）人などが競合し、やがて貂《てん》の毛皮・朝鮮人参による交易の利潤を基盤にジュシェン人のヌルハチが頭角を現した。彼は十七世紀初頭にジュシェン勢力をほぼ統合すると、一六一六年には自らの国を後金《こうきん》と号し、一八年には明への侵攻を開始して、二一年に明の重要拠点であった遼陽・瀋陽を制圧する。その死後は息子ホンタイジが明との戦争を続け、漢人やモンゴル人も配下に組み込んで支配を広げた。ホンタイジは三五年に民族名を満洲《マンジュ》と改め、三六年に国号を大清《ダイチン》と定めると、翌年には朝鮮を服属させる。清は朝鮮に、対日貿易の継続を認めた上で、日本の使者を朝鮮経由で来朝させるよう命じたが、朝鮮の消極的な対応により実現せず、この段階で日清両政権の接触は起こらなかった（中村栄孝―一九六九）。ただしそれ以前から、「韃靼《だったん》」――日本ではジュシェン人をこう呼んだ――の勃興については対馬藩を通じて幕府へと報告されていた（程永超『華夷変態の東アジア―近世日本・朝鮮・中国三国関係史の研究―』清文堂、二〇二一年）。清軍はさらに北京を目指すが、万里《ばんり》の長城《ちょうじょう》東端の関門（山海関《さんかいかん》）を突破できず、膠着状態のまま一六四三年にホンタイジが急死して六歳の息子フリンが後を継いだ。

他方、南方では日本銀と中国生糸による貿易の巨利をめぐる武装海商勢力の抗争のなかから、後期倭寇の系譜に連なる福建出身の鄭芝龍《ていしりゅう》が台頭し、オランダと手を組んで急速に勢力を拡大する（永積洋子―一九九〇、林田芳雄―二〇一〇、八百啓介―二〇一三）。従来この海域の貿易はポルトガルが主導していたが、オランダは一六二四年に台湾南部の安平《あんぺい》（タイオワン）に要塞ゼーランディア城を築いて出会い貿易の拠点とすると、二八年には鄭芝龍と組んで中国商品の安定的な入手ルートを確保し、ポルトガルを凌駕していった。鄭芝龍は若いころに、平戸・長崎の華人社会のリーダーで朱印船貿易家でもあった李旦《りたん》の配下として貿易に従事し、平戸の日本人女性との間に息子成功《せいこう》をもうけている。一六二五年に李旦が死去するとその交易網を引き継いで勢力を拡大し、二八年には海防官に就任することで自らの沿海支配に対する明政府の公認を得て、一六三〇年代半ばに東シナ海の制海権を確立した。

「華夷変態」と日本乞師

しかし瓦解しつつあった明を直接倒したのは清や鄭氏ではなく、気候の寒冷化による飢饉《ききん》や軍事費となる税負担にあえぐ内陸部農民を主体とした李自成《りじせい》らによる反乱であった。一六四四年三月、李自成軍は北京《ペキン》を包囲し、明の崇禎《すうてい》帝を自殺に追い込んで北京を占拠する。山海関にて清軍と対峙していた明将呉三桂《ごさんけい》は、これを知ると「李自成討伐の援助を請う」（＝明の仇を討つ）という名目で清軍に投降し、両軍は反乱軍を駆逐して五月に北京を占領した。九月には北京でフリンが改めて皇帝（順治帝《じゅんちてい》）として即位し、同地を都と定めた。他方、明の残存勢力は南へ逃れ、明の皇族――福王（南京）・唐王《とうおう》（福建）・魯王《ろおう》（浙江）・桂王《けいおう》（広西）など――を擁する亡命政権（南明）を樹立して清に抵抗し、日本・琉球・安南からローマ教皇にいたるまで乞師《きっし》（援兵要請）の書簡を送ったが（石原道博『明末清初日本乞師の研究』冨山房、一九四五年）、清軍は南明の大半を平定し、四六年には華北・華中をほぼ支配下に治めた。こうして中国の支配者となった清は、崇禎帝の盛大な葬儀を行ない、明を継ぐ正統王朝であることをアピールする一方で、人口の大多数を占める漢人に辮髪《べんぱつ》（男性のみ）などの満洲（ジュシェン）人の風俗を強要し、王朝の主宰者が満洲人へと交替したことを視覚的に知らしめた。

明清交替や南明樹立の情報は、四四年八月以降、長崎に来航する華商によって漸次幕府へと伝えられた。翌年春には唐王から琉球に招撫使（朝貢を促す使者）が派遣されたが、これを知った幕府は薩摩に琉球経由の中国情報を知らせるよう命じている（真栄平房昭「近世琉球の対中国外交―明清動乱期を中心に―」『地方史研究』一九七、一九八五年）。同年末には南明の武将崔芝《さいし》（周鶴芝《しゅうかくし》）――唐王政権と結んだ鄭芝龍の部下とみられる――の使者が長崎にいたり援兵を求めたが、幕府は勘合による日明外交の途絶を理由に門前払いの形で拒否し、大陸の混乱への関与を回避した（小宮木代良「「明末清初日本乞師」に対する家光政権の対応」『九州史学』九七、一九九〇年）。四六年九月にも鄭芝龍の使者が乞師のため来日したが、幕府は拒否の姿勢を貫いた。まもなく唐王政権は清に滅ぼされ、芝龍は清に投降する。息子の成功（国《こく》姓爺《せんや》）は桂王を奉じて清への抵抗を続け、四八・五一・五八・六〇年と日本への乞師を行なうも、幕府の方針は変わらなかった。

明清交替とそれに続く動乱の際に長崎来航の中国船などがもたらした大陸情報（唐船風説書《ふうせつがき》）は、その処理・分析を担った幕府の官儒《かんじゅ》林家によって逐次編纂され『華夷変態《かいへんたい》』という書物にまとめられた。一六七四年に林羅山の嗣子春勝《しゅんしょう》（鵞峰《がほう》）が記した序文には「韃虜《だつりょ》（満洲人）が中原《ちゅうげん》に横行しており、これは華が夷に変じたという態である」とあり、明を中華、清を夷狄とする華夷観が日本に芽生えていたことをうかがわせる。なお大陸情報は、長崎来航の華商以外にもオランダ・朝鮮（対馬経由）・琉球（薩摩経由）から幕府へと継続的に伝えられ、幕府の対外政策を支えた（ロナルド・トビー一九九〇、松方冬子―二〇〇七）。

辮髪問題と琉球

一方、琉球は福王による招撫の後、福王・唐王・魯王の順に南明に帰順した。しかしいずれの政権もまもなく清に滅ぼされてしまう。なお魯王は琉球へ乞師の書簡を届けたが、琉球が応じた形跡は確認できない。

他方、一六四六年に唐王への朝貢のため福建に赴いた琉球使は、直後に清軍が現地を制圧したことから、本国の許可を得ないまま清軍に投降し、翌年、上京して順治帝に謁見・投誠《とうせい》（帰服）した上で福建へと戻った。同年二月、順治帝は諸外国の朝貢受け入れを国内に示達し、六月には福建に滞留中の琉球・安南の使者に、帰国した上で国王に明から冊封の証として与えられた勅書・印章の返還と清への帰順を促すよう命じた。清はこれらの朝貢国も明から引き継ぐことを意図したのである。

一六四九・五二年、清の招撫使が琉球にいたった。琉球は島津氏に対応を尋ねたが、島津氏・幕府とも明確な方針を有しておらず、対応は琉球に委ねられた。島津氏はまた「琉球は昔から唐・日本に従っており、現在は島津氏が拝領したといっても日本の国内ではないので、このような時の指示はこちらでは難しい」として、那覇に駐在する監視役の薩摩役人に干渉を禁じている。琉球は明復活の可能性を考慮し、明清どちらにも対応し得るような二方面外交を展開した――たとえば明印は返還したが、歴代国王に下賜された明帝の勅書は二枚（および詔書一枚）しか提出しなかった――が、清は明印が返還された一六五四年に半ば強引に琉球への冊封使派遣を決定した（高瀬恭子「明清交替時における琉球国の対中国姿勢について」『お茶の水史学』二二、一九七八年）。

その情報は一六五五年に琉球・日本へもたらされ、島津氏は幕府に、冊封使が琉球に辮髪などの清俗（清の風俗）を強制した場合の対応を問い合わせている。島津氏は、清俗は「日本の瑕《きず》（不名誉）」なので拒絶して冊封使を追い返すか、あるいは討ち果たすかと尋ねたが、幕府は冊封使の指示に従うべきであると回答し、自らの「国際」秩序の体面よりも清の国際秩序（清と琉球の君臣関係）を優先する姿勢を示した。その保守的な態度は、当時の幕府が弱冠一五歳の四代将軍家綱《いえつな》をいただく譜代大名等の合議

①

②

③

琉球国王の皮弁服と官服用の絹織物（蟒緞）

①明代・皮弁服（赤無地）　尚寧王御後絵
②清代・皮弁服（赤地五爪蟒）　尚育王御後
③清代・琉球国王に下賜された赤地の蟒緞
竜は皇帝の象徴であったため，建前上，臣下は竜に似たウワバミ（蟒蛇）の紋を用いることになっていた（ただし竜と同様の紋を蟒と称していただけである）．明は琉球国王に蟒紋の使用を認めていなかったが，清はこれを許可した．（沖縄県立芸術大学附属図書・芸術資料館所蔵，①②は鎌倉芳太郎撮影）

体制にて運営されていたことも影響していたであろう（高埜利彦「元禄の社会と文化」同編『日本の時代史一五　元禄の社会と文化』吉川弘文館、二〇〇三年）。家光は一六五一年に在職のまま死去しており、大御所という後ろ盾のない家綱政権は家光路線を堅守しつつ自らの安定を最優先する以外の選択肢を持ち得なかったのである。

琉球・日本が清の動向を注視するなか、東南の制海権を握っていた鄭氏勢力の阻害により、冊封使の渡来は大幅に遅れ、一六六一年の順治帝の死去と康熙帝《こうきてい》の即位を経て、六三年にようやく実現した。この時、結局清俗は強制されず（これは他の朝貢国も同様であった）、それまで明の皇帝から下賜された明の官服（皮弁冠服《ひべんかんぷく》）を儀礼服として用いていた琉球国王は、以後、清から下賜された清の官服用の絹織物（蟒緞《ぼうどん》）を用いて、自国にて作成した明風の衣装を儀礼などの際に着用するようになった。こうして琉球は清を中心とした新たな国際秩序の中に再編されたのである。また琉球の冊封と前後して、暹羅《シャム》（一六五三年）・安南《ベトナム》（一六六一年）も清に朝貢し、明に代わる清の国際秩序の実体化が進んだ。

清の国際秩序の確立

しかし清の国際秩序はいまだ盤石《ばんじゃく》ではなかった。最大の難敵は東南の鄭氏勢力であり、清は一六五五年に海禁令を出し、翌年それを強化して、鄭氏の海上貿易の途絶を試みた。さらに六一年には遷界令《せんかいれい》を発して福建・広東沿海の住民を内地に強制移住させ、海外貿易や漁業を禁じて鄭氏勢力との接触を絶とうとした。清が攻勢を強めるなか、鄭成功は六一年に台湾に進攻し、オランダ人を駆逐して占領した。

オランダ人はバタヴィアへ撤退し、成功は翌年急死したものの、子の鄭経《ていけい》が後を継いで清への抵抗を続けた。

鄭氏に対する「兵糧攻め」は清にも大きな痛手であった。海外貿易の禁止は銀の流入を激減させ、深刻な財政難を招いたからである。その状況下で一六七三年には、それまで清に従っていた漢人の将軍たちが「興明討虜」を唱えて大反乱（三藩《さんぱん》の乱《らん》）を起こした。これに鄭氏勢力も呼応して沿岸部を攻撃し、一時はあわや清明交替かという事態にまでなった。幕府は情報を収集しつつ不介入の姿勢を保ったが、実際は明の復活（華夷の再逆転）に期待する向きもあり、林春勝は『華夷変態』の序文（七四年）を「（三藩の乱で）夷が華に変ずる態となれば、異域のこととはいえ、また痛快なことではないか」と締めくくっている。

一六七六年、三藩の一藩である福建の靖南王《せいなんおう》（耿精忠《こうせいちゅう》）が琉球へ遣使して「大明」（三藩）の優勢を説き協力を要請した。琉球はすでに清の冊封を受けていたにもかかわらず、明復活の可能性を考慮し、島津氏・幕府に相談の上で火薬の材料となる硫黄の提供に応じた。さらに琉球は靖南王・清それぞれに宛てた国書二通を準備して福建に遣使したが、使者が到着してみると靖南王はすでに清軍に敗北していた。そこで使者は靖南王宛ての国書を焼き捨て、清宛ての国書を清軍に提出して大事に至らずに済んだという。

幕府の淡い期待にもかかわらず、結局、清は康熙帝の統率力のもとで一六八一年に三藩の乱を制し、八三年には鄭氏勢力をも降伏させて台湾を占領、翌年台湾府を設置して清の一部とした。かくして明周縁の国際貿易ブームから頭角を現した「北虜」の後裔は、同様に台頭した「南倭」の末裔を滅ぼし、明に代わる国際秩序の確固たる主宰者となったのである。この清が日本にどのような姿勢で臨むのか、対外関係に関しては、いまやそれが幕府にとって唯一にして最大の潜在的懸案であった。ちょうど幕府では、家綱の死去（一六八〇年）により、その異母弟綱吉《つなよし》が初の直系以外の将軍（五代）として緊張感のともなう政権運営を開始したところであり、まもなく綱吉政権は「武断」政治から「文治」政治への転換に本腰を入れることになる。

長崎華人社会の形成

明から清へと国際秩序が移行するなか、「生身」の日中交流の場は長崎に集約・限定された。長崎へ来航する中国船は十七世紀初めごろから増加し、これにともない居留する華人（唐人）も増えていった（中村質一一九七三）。彼らは出身地ごとに同郷団体（幇《ばん》）を組織したが、華人社会の成長につれて航海神媽祖《まそ》を祀る各幇の集会所が唐三ヵ寺《とうさんじ》――興福寺《こうふくじ》（南京寺、一六二三年）、福済寺《ふくさいじ》（泉州寺、後に漳州寺、二八年）、崇福寺《そうふくじ》（福州寺、二九年）――として整備された（李献璋『媽祖信仰の研究』泰山文物社、一九七九年）。これらはやがて来航する華人がキリシタンではないことを証明する役割も担うようになった。さらに一六三五年、幕府の「鎖国」政策の一環として中国船の来航・貿易が長崎一港に制限されると、日本各地の唐人町から長崎への華人の移住が進んだ（ただし現地で日本社会に同化する者も多かった）。

一六三九年、幕府は長崎在住の華人・オランダ人に妻子と帰国するか日本に帰化するかの選択を迫り、

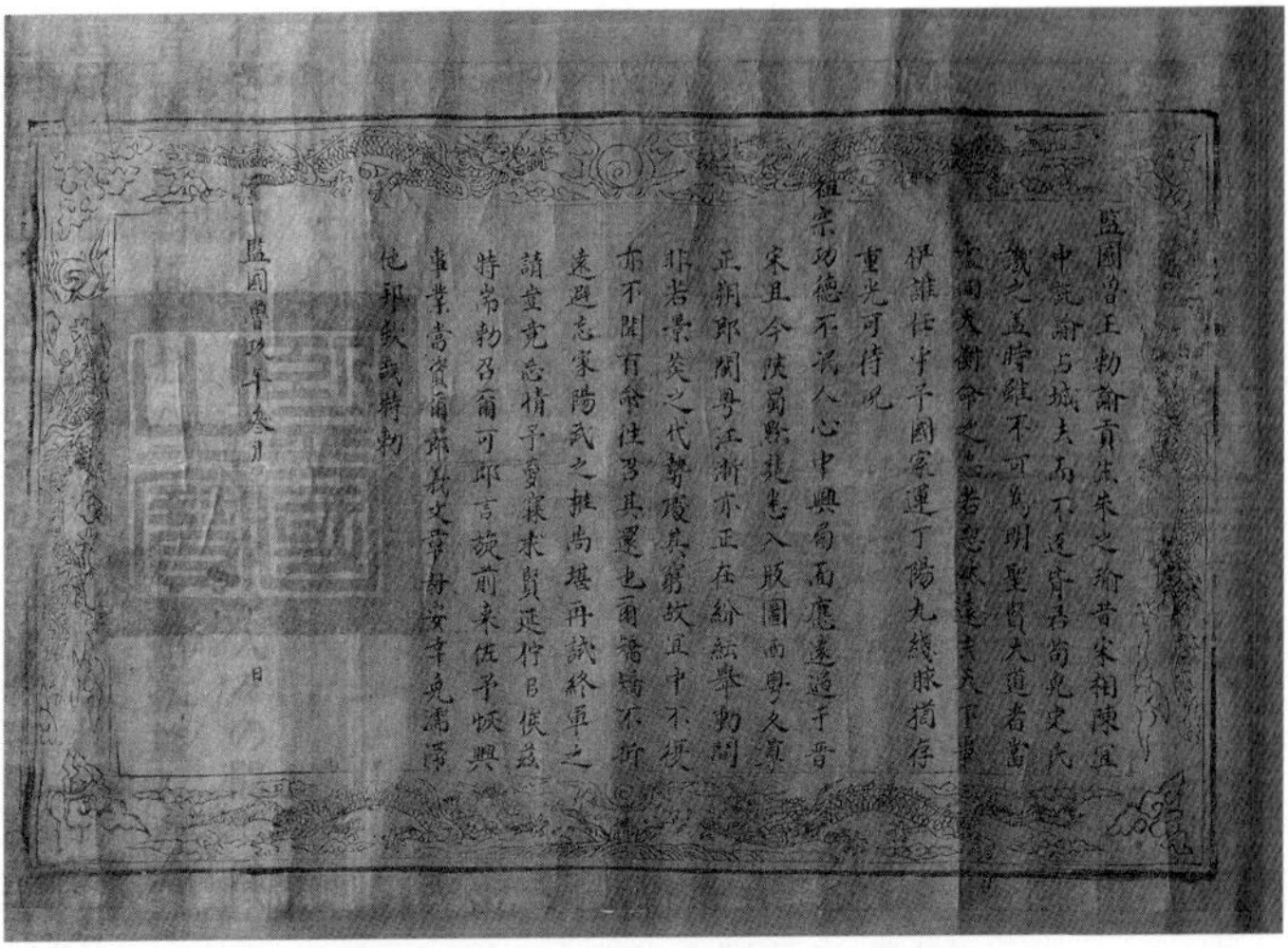

監國魯王勅諭貢生朱之瑜昔宋相陳宜
中遠渉占城夫爲不返胥吾尚免史氏
譏之蓋時雖不可爲明聖賢大道者當
監國大衛命之也若忽然遠去天下事
伊誰任乎國家運丁陽九綫脈猶存
重光可待况
祖宗功德不泯人心中興局面應遠邁于晋
宋且今陝蜀黔楚悉入版圖而粤久爲
正朔即閩粤江浙亦正在紛紜舉動間
非若景炎之代勢窮兵窮故且中不復
亦不聞有命住召其還也爾猶播不祈
遠避忘家陽武之推尚堪再試終軍之
請豈竟忘情予夢寐求賢延佇已倶茲
特常勅召爾可即言旋前来佐予恢興
事業高賢爾邦栽文学毋安卒免濡滞
他邦欽哉特勅
監國魯玖年叁月　日

南明の魯王が朱舜水に宛てた勅書

「復明」のため「予は夢でも賢者を求め，首を長くして待ちわびている．……外国に留まってはならない」と呼びかける内容で，朱舜水は肌身離さず重宝していたという．（1654年，徳川ミュージアム所蔵，©徳川ミュージアム・イメージアーカイブ／DNPartcom）

同時に華人・オランダ人（かつ日本貿易からすでに脱落していたイギリス人）と日本人女性との子とその母に国外追放を命じた。これにより長崎に来航する外国人（華人・オランダ人）は帰国を前提とし「家」（住居と家族）を持ち得ない一時滞在者のみとなった。彼らは男性であることが暗黙の前提とされ、日本人女性との交際は禁じられたが、幕府公認の特定の遊廓の遊女——日本の「家」制度の埒外《らちがい》にあった——との交際は認められた（松井洋子―二〇一〇）。一方、日本への帰化を選択した華人は住宅唐人《じゅうたくとうじん》とよばれ、長崎の住民として「家」を世襲する「日本人」となった（なお帰化したオランダ人はいなかった）。その代表格が地役人《じやくにん》（住民から任用される在地役人）のなかの唐通事《とうつうじ》（中国語通訳）で、住宅唐人とその子孫七十数家から選任され、出自によるアイデンティティを維持しつつも風俗・習慣の面では日本に同化していった（林陸朗『長崎唐通事―大通詞林道栄とその周辺―』吉川弘文館、二〇〇〇年）。

こうして列島内の「諸民族雑居の状態」が解消され、「家」を単位に国家権力に把握される「日本人」――それはある種の「国民」とも言える――が選別・固定されるなか（荒野泰典―一九八七、松井洋子―二〇一〇）、最後の小さな逆流を引き起こしたのが一六四四年の明清交替である。東南の制海権を鄭氏が握っていたこともあり、その船などを利用して多くの「明人」が長崎に来航し、一部は亡命して明末の学問・禅宗・絵画（漢画）・音楽（明楽）などを日本に伝えた（杉仁―二〇〇三）。たとえば福建黄檗《おうばく》山万福寺《まんぷくじ》の禅僧隠元隆琦《いんげんりゅうき》は、一六五四年に長崎の僧侶・町人の招請に応じて鄭成功の船で渡来し、幕府の保護を得て六一年に宇治に黄檗山万福寺を開いた。以後その末寺が全国に建立され、禅宗のみならず書・絵画・医術・漢詩・精進料理（普茶《ふちゃ》料理）などの黄檗文化（広義には明末清初の中国文化）が広まった。十八世紀に入ると中国僧の来航は減少し、やがて途絶するが、黄檗文化は都市文人に愛好され、後述する文人（中華）趣味の流行に連なっていく。他方、浙江の儒者朱舜水《しゅしゅんすい》は「復明」を唱えてたびたび長崎に来航した後、一六五九年に日本へ亡命した。その華夷思想と大義名分論は日本で高く評価され、六五年には水戸藩主徳川光圀《みつくに》が江戸藩邸に招聘したことから、後の水戸学の形成に大きな影響を与えた。（石原道博―一九六一、徐興慶―二〇〇八）。

2　日清秩序の共存

海禁解除と貿易制限

鄭氏降伏の翌一六八四年、清は海禁を解除して、民間船の海外出航と外国商船の来航を許可した。また同年から翌年にかけて福建・広東・江蘇・浙江に海関《かいかん》を新設し、国内外のあらゆる船舶の貿易管理と関税徴収を担わせた（岡本隆司『近代中国と海関』名古屋大学出版会、一九九九年）。これにより中国船による民間貿易（互市《ごし》）が急増し、朝貢貿易に代わって主流となった。すでに鄭氏は滅び、日本船は姿を消し、ヨーロッパ船の活動は不活発であったため、欧米船が増加する十八世紀半ば以降まで、東・南シナ海域は清の管理のもとで出海貿易に勤しむジャンク船（中国式帆船）の独壇場となった（岸本美緒・宮嶋博史—一九九八）。

海禁解除の翌年、中国船八五隻が長崎にいたった（前年二四隻）。内一三隻は清の地方官二名が率いる官船で、降伏した鄭氏勢力より日本貿易の情報を得て関心を持った康熙帝の指示により来航したと述べた。詳細は不明だが、清官らは「以後官吏を派遣しないように」との幕府の要請を受け入れて帰国したという（大庭脩—一九九九）。こうした事態から幕府は中国船のさらなる増加を予測して貿易制限へと方針を転じ、同年、中国船・オランダ船による貿易取引高（購入時の評価額）をそれぞれ年間銀六〇〇〇貫・三〇〇〇貫と定めた（御定高《おさだめだか》制）。さらに八八年には中国船を年間七〇隻に制限した（同年は史上最高の一九三隻が来航した）。これらの制限の背景には、十七世紀半ばごろからの金銀の産出減少と、貨幣

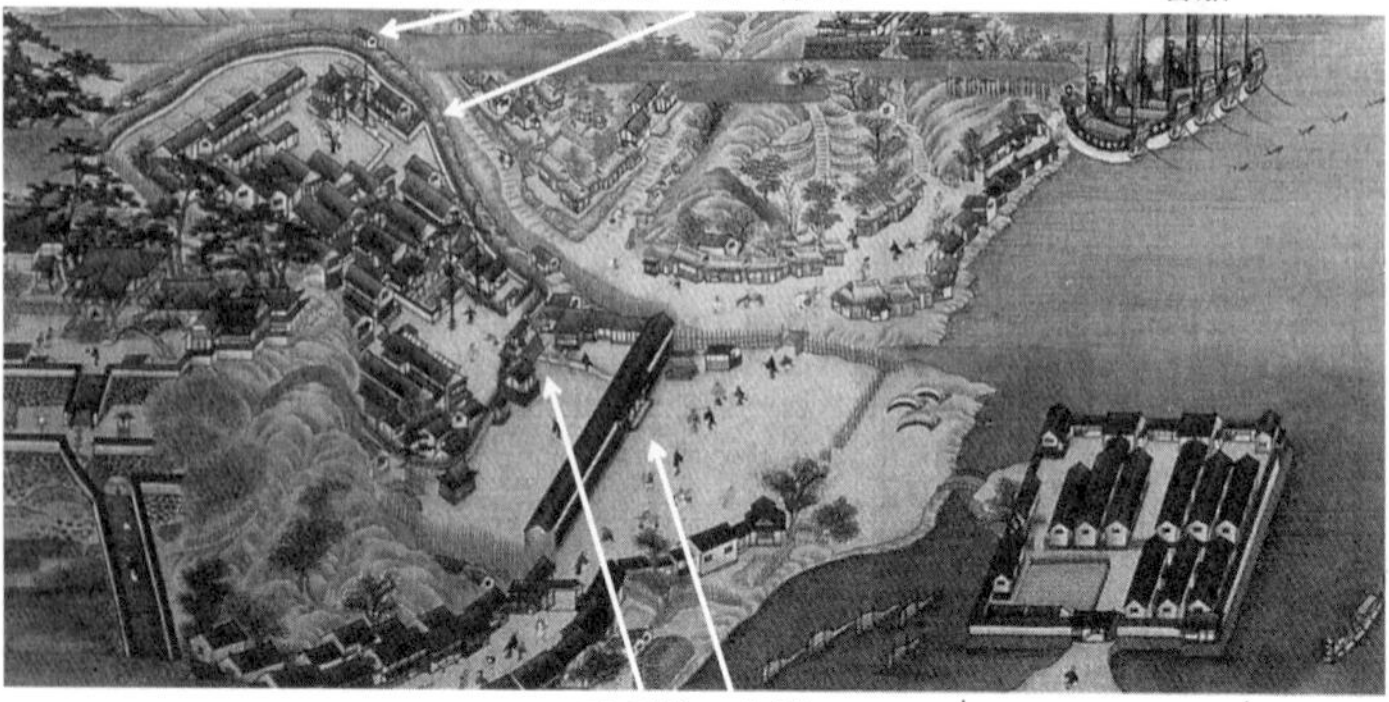

唐人屋敷（唐館）

日本社会から厳重に隔離されていた．（円山応挙「長崎港之図」より，長崎歴史文化博物館所蔵，1792年）

経済の発展による国内の金銀需要の増加があった。一六三六年に鋳造を始めた寛永通宝の普及などにより、幕府は一六七〇年に古銭（中国銭とそれを模した私鋳銭）の使用を禁止して金銀銅三貨の自給体制を確立し、国内使用銀が不足する懸念から一六六〇年代には金銀の輸出を抑制するようになっていた。

貿易制限は、積荷の持ち帰りを命ぜられた華人と貿易に関与して生計を立てる長崎住民との結託による抜荷《ぬけに》（密貿易）の横行を招いた。そこで抜荷阻止と中国船経由でのキリスト教の流入防止のため、一六八八〜八九年に町はずれの海岸沿いに唐人屋敷（唐館《とうかん》）が設立され、それまで町内の船宿《ふなやど》に分宿し比較的自由に行動していた華人がまとめて収容された。その敷地は約二万九〇〇〇平方《メートル》で、練塀《ねりべい》・堀（後に竹垣も）・二重の門・複数の番所により日本社会から厳重に隔てられ、華人・日本人ともに不要・無許可の出入りは禁じられた。さらに一七〇二年には付属の倉庫として人工島である新地《しんち》蔵が完成し、貿易品はここに直接荷揚げされることになった。

幕府による来航華人への統制強化は清の懸念を招いたとみられ、一七〇一年には「日本の動静を風聞した」康熙帝が、内務府（いわゆる宮内庁）の経済官僚莫爾森《モルセン》らを「商人」として長崎に派遣し、実情を探らせている（松浦章―二〇〇七）。一七二八年に後継の雍正《ようせい》帝が記したところによると、莫爾森は帰国後、風聞の多くは虚偽捏造で日本は「惰《だ》弱《じやく》恭順」（意気地がなく従順）であると報告したため、康熙帝は日本に対する警戒を解き、以後は「意に介さなかった」という。内務府の旧蔵書（すなわち御物《ぎよぶつ》）には、①莫爾森の上司に当たる曹寅《そういん》が作らせた上海―長崎の詳細な航路と長崎港の景観を描いた『海洋《かいよう》清晏図《せいあんず》』や、②詳細は不明ながら康熙年間中に作成されたとみられる『長崎貿易図』の存在が確認でき、清が長崎貿易や唐人屋敷についての具体的な情報を把握しつつ、日本の動きに目を向けていたことが確認できる（劉序楓「守屋壽コレクション「琉球国図」と清朝宮廷所蔵の「海洋清晏図」について」広島県立博物館編『京・江戸・長崎―近世・海の旅とあこがれのまち―』同館、二〇一一年）。

正徳新令と信牌制度

日本における金銀の産出減少は、日本銀と中国生糸を軸とした貿易に転換を迫った。このため貿易制限に加えて主に二つの対策が採られた。一つは金銀以外の貿易比率を増すことである。ちょうど一六九一年に伊予（愛媛）の別子《べつし》銅山が開坑され、また清では銅銭の原料として日本銅（清では洋銅と呼ぶ）の需要が高かったため、一六九〇年代には銅貿易が促進された。しかし一七〇〇年代に入ると銅の産出も

干鮑を作るアイヌ

蝦夷地は俵物や昆布の主要な生産地で，アイヌがその生産に従事していた．鮑の殻をむき，茹でて干す作業が描かれている．（平沢屏山「干しアワビ造り図」ロシア科学アカデミー・ピョートル大帝記念人類学民族学博物館所蔵）

減少していった。

鉱物輸出が行き詰まるなか、幕府は新たな輸出品の開拓を試みた。来航した華人に宇治茶を試飲させ、希望する日本の産物を尋ねるといった模索を通じて、十七世紀末より徐々に注目されるようになったのが乾燥海産物である（若松正志―一九九六）。折しも清は康熙・雍正・乾隆帝と三代続く「盛世《せいせい》」（盛期）に突入し、高級中華料理（宴会料理）が発展するとともに、その食材として乾燥海産物の需要が拡大していた（松浦章―一九七二、若松正志―一九九六、上田信―二〇〇二）。

一七〇九年に将軍綱吉が死去すると、六代将軍家《いえ》宣《のぶ》・七代将軍家継《いえつぐ》に重用された儒者新井白石《あらいはくせき》が、長崎奉行大岡清相《おおおかきよすけ》とともに海舶互市新例《かいはくごししんれい》（正徳新令）を立案し、一七一五年に施行した。それは中国船・オランダ船の来航船数をそれぞれ年間三〇隻・二隻とし、銅の輸出総額をピーク時（一六九〇年代）の約半分に制限し（中国船は上限年間三〇〇万斤）、中国船に対しては俵物《たわらもの》――俵に詰めて運ばれた――とよばれる高級海産物（煎海鼠《いりこ》〈干しナマコ〉・干鮑《ほしあわび》・鱶鰭《ふかひれ》）や諸色《しょしき》（昆布・鯣《するめ》・天草など俵物以外の海産物とその他

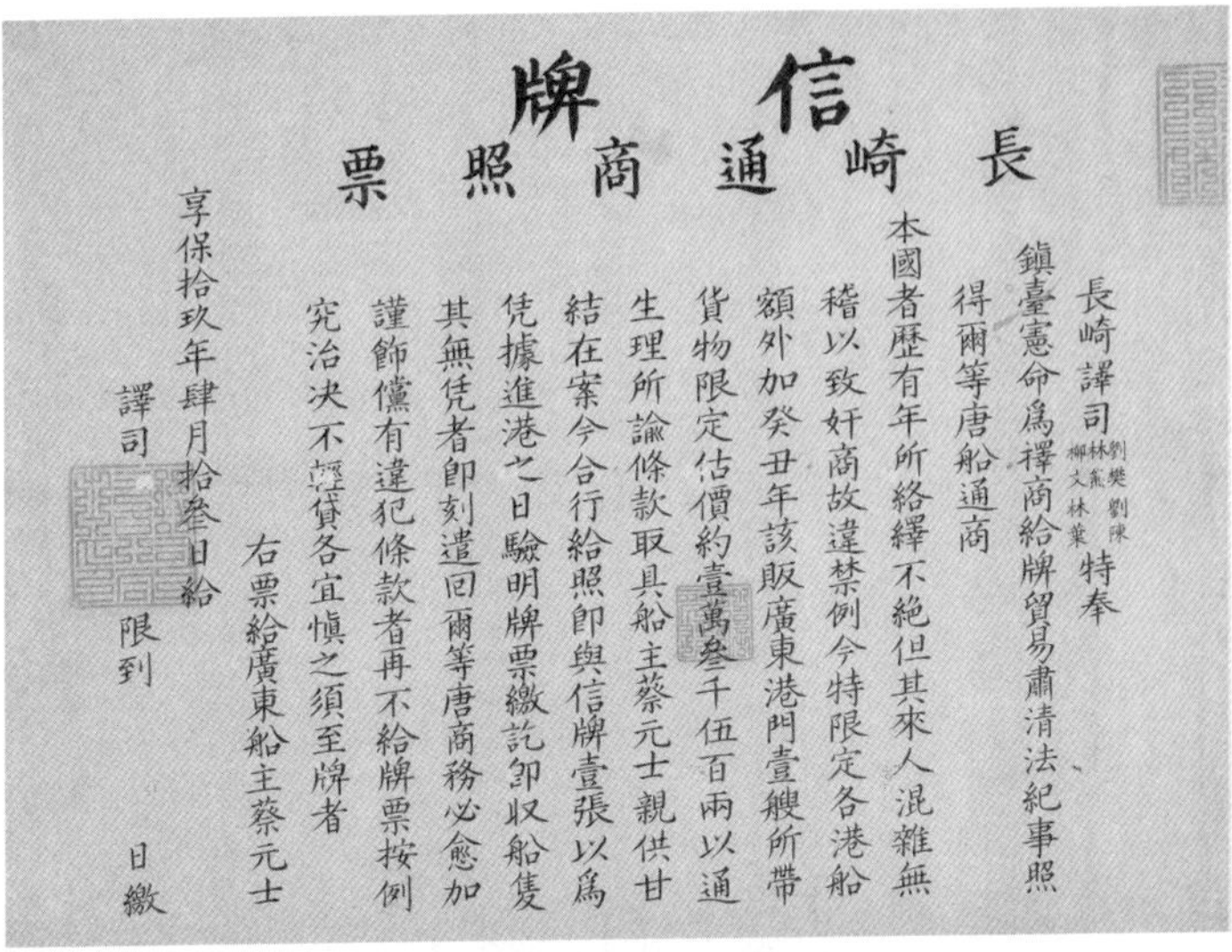

信牌

長崎通商照票

長崎譯司劉樊劉陳林龜柳文林葉特奉
鎭臺憲命爲擇商給牌貿易肅清法紀事照
得爾等唐船通商
本國者歴有年所絡繹不絶但其來人混雜無
稽以致奸商故違禁例今特限定各港船
額外加癸丑年該販廣東港門壹艘所帶
貨物限定估價約壹萬叁千伍百兩以通
生理所論條款取具船主蔡元士親供甘
結在案今合行給照即與信牌壹張以爲
凭據進港之日驗明牌票繳訖即收船隻
其無凭者即刻遣回爾等唐商務必愈加
謹飭儻有違犯條款者再不給牌票按例
究治決不輕貸各宜愼之須至牌者
右票給廣東船主蔡元士
享保拾玖年肆月拾叁日給
譯司　限到　日繳

信牌（東京大学史料編纂所所蔵）

この信牌は享保19年（1734）に長崎訳司（唐通事）から広東船主に発給された．日本年号が用いられている．

の商品）での代物替《しろものがえ》（物々交換）を促進する内容であり、以後の長崎貿易の基調となった。これにより乾燥海産物は銅と並ぶ主要輸出品として定着し、銅不足の対策として施行された銅輸出の「半減令」（一七四二・九〇年）などの影響により、重要性を高めていった。

海船互市新例では同時に、信牌《しんぱい》（清では倭照とよぶ）という貿易許可証を中国船に交付する制度が新設され、貿易制限の徹底がはかられた（矢野仁一一九三八、彭浩―二〇一五）。信牌は新例遵守の証文と引き換えに長崎唐通事の名義で発行され、そこに記された「来航すべき年次」と「貿易額の上限」を守れば他船への譲渡も可能であった。

信牌問題と日清秩序

信牌制度を日本が一方的に新設したことは、清において大きな波風を引き起こした（大庭脩―一九八四、松浦章―二〇〇七、彭浩―二〇一五、岩井茂樹―二〇二〇）。貿易量（特に輸入銅）の減少、信牌を得た商人による貿易独占への懸念に加え、日本の条例と信牌によって清の商人が管理される制度は「国の礼」（清の体面）に差し障る可能性もある。また長崎行きの船が多く出航する浙江・江蘇では、信牌を受け取りそびれた商人が信牌を受領した商人を「外国に従い（＝清朝に叛《そむ》き）、外国年号のある信牌を受領した」と提訴する事件も起こった。そこで浙江・江蘇の当局は一六年に商船一七隻を信牌なしで長崎へ渡航させ、来日した商人たちは当局の指図で来航したことを告げた上で、提訴事件を引き合いに信牌の「弊害」を訴えて貿易を求めた。すなわち当局は商人を通じて日本側に信牌制度の撤回と従来の貿易方法の継続を迫ったのである。

江戸の新井白石はこれを知ると、「信牌は長崎奉行所が渡したのではなく、唐通事との約定であり、通事が渡したものだ。……（それについて）外国の信牌を受け取って清に叛いたというのは心得がたい」との反論を商人らに提示させた。唐通事は長崎奉行配下の地役人ではあったが幕臣ではない。幕府の施策でありながら、幕臣である長崎奉行ではなく唐通事の名義で信牌を発給したのは、清との関係を非国家レベルに収めることで国家間の交渉を回避しようとする白石の政治的配慮だったのである。同様の姿勢は、新例発布の前年（一七一四年）にも確認できる。この年、白石は中国船による抜荷・狼藉などの違法行為について「船を乗っ取り、乗員を切り捨てよ」とする厳罰・強硬策を西国・中国の大名に指示したが、同時に「悪事を働くのは、清の取り締まりから逃れて来た『海賊』であり、『大清の唐人』ではない」として国家間の摩擦を回避し得る大義名分を周到に用意していた（松尾晋一―二〇一〇・二〇一三）。

結局、幕府は信牌なしで来航した中国船の貿易を認めなかった。日本の強い姿勢に接した浙江の長官は康熙帝への上奏に踏み切り、信牌の現物や新例の条文を添え、信牌制度の撤回を求める文書を日本に送る（＝外交交渉を行なう）ことも提案しつつ勅裁を仰いだ。すると皇帝は自ら信牌を確認し、「信牌は商人同士が交わす認証の文書にすぎず、外国の公文書ではない」として提案を却下したのである。白石の主張が皇帝に直接伝えられた形跡は確認できないが、信牌や新例の文面から皇帝は白石の意図するところを汲み取ったのであろう（岩井茂樹―二〇二〇）。その上で貨幣の原料である日本銅の輸入を維持しつつ、自らの体面や清の国際秩序を損なわない現実的で柔軟な対応を選択したものと考えられる。それは清との外交摩擦を避けつつ長崎貿易を維持しようとした白石の姿勢と見事なまでに呼応していた。一七一七年、信牌を容認する皇帝の方針を踏まえ、浙江当局は商人らに信牌の譲り合いや共同利用などを促し、信牌にまつわるトラブルを自国にて解消できるようなしくみの整備をはかることになる。

「沈黙外交」というすみ分け

一七一六年四月、将軍家継が急逝し、紀州藩主であった吉宗《よしむね》（家康の曽孫）が五月に八代将軍となった。吉宗は白石ら前代のブレインを罷免し、その政策も大幅に是正したが、正徳新令《しょうとくしんれい》については内容を吟味した上で継続を認めた。そこには「違法」中国船――「大清の唐人」ではない「海賊」――に対する強硬策も含まれていた。当時は貿易制限の影響で、九州沿海、とりわけ福岡・小倉《こくら》・萩《はぎ》三藩の領域が接する「三領沖」にて中国船と日本船による沖買《おきがい》（抜荷）が頻発し、その首魁として「唐人の服」を着て「唐人の船中にて日本の案内」をする先生金右衛門《シャンスイ》なる日本人が活躍していたという（荒野泰典―一九八八）。一七一八年以降、「打ち払い」が地元大名へ委任する形で実施され、やがてそれは長崎奉行らが統率するようになった。すなわち「違法」中国船の取り締まりは、幕府の沿岸防備体制に包摂されたのである（松尾晋一―二〇一〇）。一七二一年を過ぎると、逮捕した金右衛門らを囮《おとり》として中国船を拿《だ》捕《ほ》する作戦などが功奏し、中国船は「三領沖」から姿を消した。

一方、一七一七年より長崎奉行所は、情報提供などの協力への「褒美」として、信牌を持たない中国船へ原則一回限りの臨時信牌を発給し始めた。まもなく吉宗が中国船に対して積極的に要望を出すようになり、医者・儒者・馬医者・「射騎に優れた武官」といった特定の人材や、唐馬・象・人参苗などを求めたため、華商たちはこれに応じることで臨時信牌を得ようとする（大庭脩―一九八四）。たとえば一七二八年に信牌なしで入港した中国船は、ベトナムから象を連れ渡り、褒美として臨時信牌を下賜されている（翌年、象は江戸で吉宗に「謁見」した）。しかしこのように華商が将軍の「御用商人」と化していく状況は、清の警戒を招いた。一七二八年、浙江総督の李衛《りえい》が雍正帝《ようせいてい》（二二年に死去した康熙帝の後継）に「清の軍人が日本に招かれて弓箭を教えている」などと急報し、日本情報の収集を指示されている。李衛は長崎からの帰国者や長崎へ派遣した偵察者から詳細な情報を入手し、「商人が信牌による貿易の利を求めて日本に従う」状況を管理するため、商人八名を総商（商総）に選定し、相互に監視させつつ禁制品や違法渡航の検査を担わせる制度（総商制）を提案して、皇帝の認可を得た。国家は直接関与せず、あくまでも商人同士の管理に委ねたのである（岩井茂樹―二〇二〇）。なお清の警戒は日本にもある程度伝わっていたとみられ、以後、長崎当局が臨時信牌を発給して華商に特別な注文を行なうことはほとんどなくなった。

こうして公文書や外交使節を一切交わすことのない「沈黙外交」を通じて、日清間の信牌問題は沈静化した（岩井茂樹―二〇二〇）。両国は国家間の交渉を敢えて回避することで、互いの権威と実利を守りつつ共存するという暗黙の合意を形成したのである。ここに十七世紀前半以来の日本の懸案――明に代わる広域秩序の主宰者（清）は日本にどのように対応するのか――が解消され、日本の「国際」秩序はようやく安定化した。以後、東シナ海に並び立つ日清の秩序は、双方の「すみ分け」を前提に約二世紀にわたる空前の「平和」を保つことになる（羽田正編『海から見た歴史』〈東アジア海域に漕ぎだす一〉東京大学出版会、二〇一三年）。

「日本」を隠す―琉球の対清外交―

一方、日清の秩序の狭間《はざま》にあった琉球では、清の秩序（清と琉球の君臣関係）を優先する幕府の意向を背景に、薩摩藩が「鹿児島の御手（支配下）に入ったことを中国において取り沙汰してはならない」（一六六四年）などと琉球に指示したことから、清に対して日本との関係を隠蔽する政策が開始された

（紙屋敦之―一九九〇）。

隠蔽策は当初薩摩藩が主導していたが、十七世紀末になると琉球（首里王府）が能動的かつ主体的に取り組むようになる。その契機は、一六八三年に琉球に派遣された清の二回目の冊封使が、「琉球属地の頭目」と詐称して面会した薩摩役人らの献上品を拒絶したことにあった。正使汪楫《おうしゅう》は「彼らの容貌は憎々しげで卑しく琉球人とは似ていない。頭髪を剃り、生え際にわずか一線だけ残し、これを後頭部で結い、一寸ほどの長さに切っている。……倭人だと言う者もいる」と記し、彼らが日本人であることを婉曲に表現している。実際、汪楫は渡航前に康熙帝に対して「日本は琉球と往来している」と述べており、皇帝ともどもすでに琉日関係を把握していた（渡辺美季―二〇一二）。その上で琉日関係そのものは糾弾せず、日本人が（肩書きは詐称しながらも）日本人とわかる姿で「清琉関係」の現場に出てくることに難色を示したのである。日本との摩擦・衝突は清の望むところではなかったが、琉球に「清の忠実な朝貢国」としての体裁《ていさい》をより厳密に守らせ、清の秩序の体面を保全したかったのであろう。

汪楫の姿勢から清の意向を忖度《そんたく》した琉球は、以後、隠蔽策を積極的に強化し、「中国に漂着したら日本のことを口外してはならない」といった示達によって国中に隠蔽策を周知した（喜舎場一隆―一九九三、豊見山和行―二〇〇四、渡辺美季―二〇一八）。また冊封使が渡来すると、琉球在勤の薩摩役人は姿を隠すなど、薩摩藩も隠蔽策に協力した（徳永和喜『薩摩藩対外交渉史の研究』九州大学出版会、二〇〇五年）。こうして琉球でも日清の秩序の「すみ分け」は著しく補強されたのである。なお清の朝貢国である朝鮮は、日本との関係などを通じて琉日関係を把握していたが、清に対してこれを取り沙汰することはなかった（夫馬進―二〇一五、木村可奈子―二〇二四）。隠し／隠されるという「公然の秘密」は、琉球の努力、日本（主に薩摩）の協力、清と朝鮮の黙認によって東アジア世界全体で守られていたのである。

3 日清貿易の体制構築

輸入品の国産化と貿易の変容

十七世紀後半以降、幕府の貿易制限策によって鉱物の輸出は抑制されたが、生糸・砂糖・朝鮮人参などの輸入品に対する需要は依然として高かった。そこで幕府、とりわけ八代将軍吉宗の奨励のもと、十八世紀を通じて主要な輸入品の国産化が進められた（小川幸伸「近世中期の貿易政策と国産化」曾根勇二・木村直也編『新しい近世史二　国家と対外関係』新人物往来社、一九九六年）。

生糸は、貿易制限による輸入減を背景に十七世紀末から十八世紀初にかけて国産化が進み、一七三〇年代には生産が増大した。それは西陣織に代表される絹織物の生産を発展させ、十八世紀後半には長崎における中国産生糸・絹織物の輸入は大幅に減じた。砂糖はもともと日本ではほとんど生産されず、中国船・オランダ船による輸入砂糖（中国南部・台湾・東南アジア産）に依拠していたが、十八世紀前半より国産化が推進され、高松藩による上質な白糖和三盆《わさんぼん》の生産成功や――和菓子文化を成熟させた――、薩摩藩による奄美三島（大島・喜界島《きかいじま》・徳之島）の黒糖モノカルチャー化などにより、十九世紀初めには国産砂糖が輸入砂糖を圧倒していく（真栄平房昭―二〇二〇a）。幕府は薬種の国産化も推進し、朝鮮・中国から輸入していた薬種人参の国産化に成功するなど一定の成果を収めたが、代替できない唐薬種も多く、十八世紀以降、輸入品における薬種の比率は増加し、同世紀後半には主要な地位を占めるようになった。陶磁器はこれらとは異なり、明末清初の動乱期に磁器生産地の荒廃や海禁の影響でほぼ輸入が途絶えた中国産陶磁器の代替品として、肥前磁器（主に伊万里）――日本初の国産磁器で、朝鮮侵略の際に連行された陶工らがその技術を伝えた――が質量ともに急成長を遂げた。それらは一六四七年以降、長崎からヨーロッパ・東南アジア・中国などへも輸出され、中国産陶磁器の輸入は減じていった（山脇悌二郎―一九八八、大橋康二―二〇〇四）。

貿易の変化は、長崎における日中貿易のサブ・ルートとして機能していた琉球・対馬の貿易にも及んだ。琉球と清の貿易（首里王府と薩摩藩の共同出資による）も対馬と朝鮮の貿易も、当初は日本銀と中国産生糸・絹織物の取引《バーター》が主軸であったが、十八世紀以降は規模を縮小しつつ、①琉球は薬種・唐雑物（各種生活用品）を輸入の中心とし、輸出品における海産物――日本産の俵物・諸色（薩摩の鰹節や蝦夷地の昆布）と琉球産の煎海鼠など――の比率を高め（上原兼善―一九八一、真栄平房昭―二〇一〇a）、②対馬は銅の輸出と薬種などの輸入を軸とした貿易形態へと移行していった（田代和生―一九八一・二〇〇七）。

こうして銀・生糸による日中貿易が東アジア経済の大動脈だった時代は終わり、十八世紀の日本市場は中国経済から相対的に自立していく。また日中貿易の内容も、高級品・奢侈品よりも民衆が日常的に需要・消費する民生的な商品が主流となり、一七六〇年代には従来輸出品であった金銀の輸入が開始され、十八世紀末には国産人参を清へ輸出するようになるなど大きく変容した。貿易規模も幕府による制限開始以降、徐々に縮小したため、中国では南洋（東南アジア）への出海貿易が海外貿易の主役となった。なお日本は東南アジアからの華人商船も「唐船」として受け入れており、十八世紀初頭まではその来航が確認できる（八百啓介「正徳新例と東南アジア来航唐船」『交通史研究』五〇、二〇〇二年）。これらの船は出航地の遠さから日本では「奥船《おくぶね》」とよばれ、広東・福建方面からの「中奥船《なかおくぶね》」および浙江・江蘇方面からの「口船《くちぶね》」と区別された。

長崎会所貿易と両局体制

日清秩序の安定的な共存が実現した十八世紀を中心に、両国では「国交なき貿易」を円滑に維持する体制が構築された（中村質『近世長崎貿易史の研究』吉川弘文館、一九八八年）。長崎では一六九七年に、中国・オランダ船との貿易会計と町の財政を統一的に処理する機関として長崎会所が設立された。これにより幕府の統制下で外国と日本の商人がそれぞれ貿易を行なう従来の方式は根本的に変更され、幕府の監督下で会所が輸入品を一括購入して国内商人に販売し、掛《かか》り物《もの》（関税）などの形で貿易利潤を吸い上げるようになった。また銅座との業務連携や会所の下部機関としての俵物役所の設置（一七八五年）などにより、輸出品の集荷や売却も会所が組織的に行なうようになった。会所の運営実務は地役人が担い、貿易利潤の一部は彼らの給料や会所の運営費となった。加えて様々なかたちで貿易に関わる長崎の町と住民へも各種の助成金が配当され、貿易利潤の均霑《きんてん》（分配）がはかられた（若松正志「近世中期における貿易都市長崎の特質」『日本史研究』四一五、一九九七年）。残りの利潤は運上金として幕府に納入され、

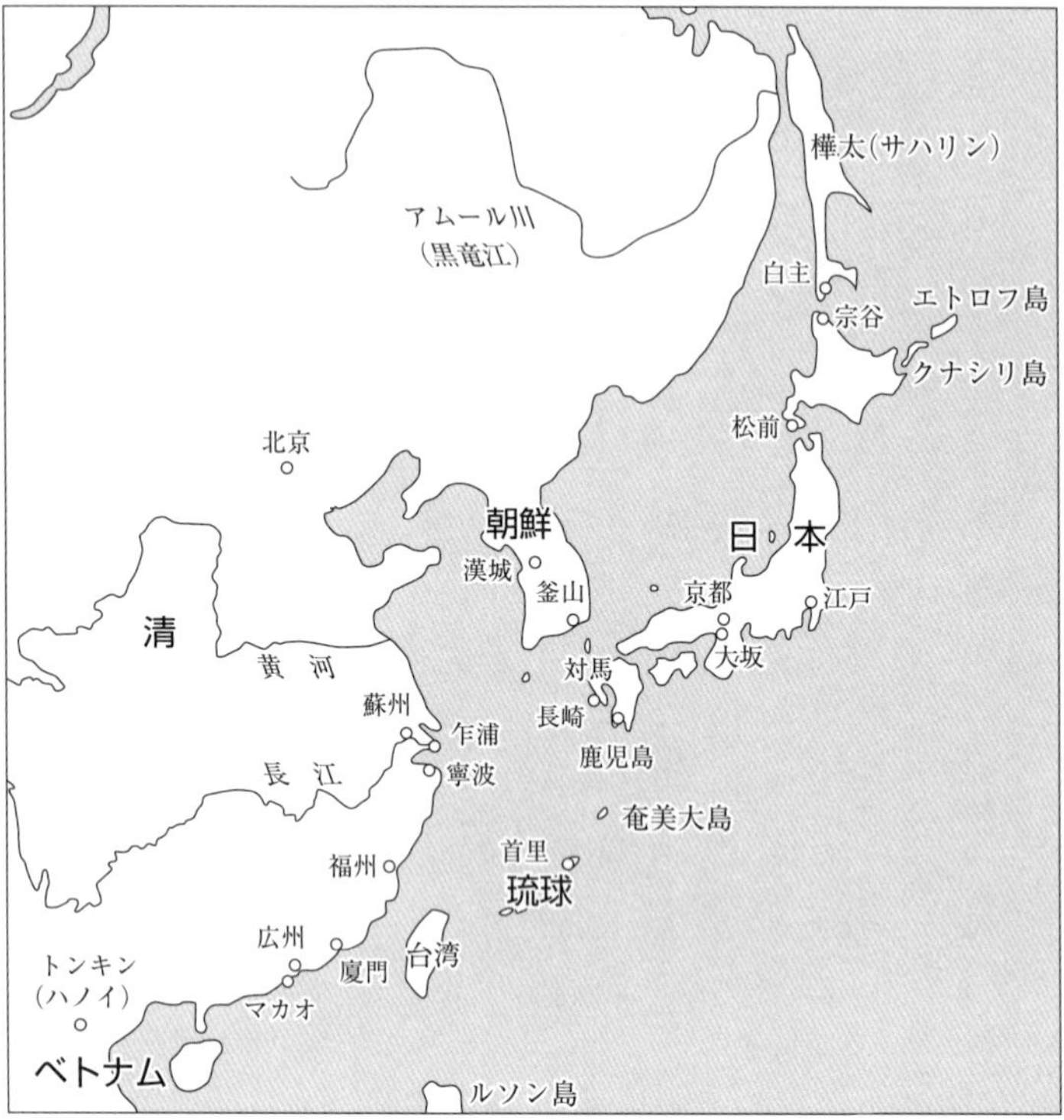
樺太(サハリン)
アムール川
(黒竜江)
白主
宗谷
エトロフ島
クナシリ島
松前
北京
朝鮮
日本
漢城
釜山
京都
江戸
清
大坂
黄河
対馬
蘇州
長崎
乍浦
鹿児島
長江
寧波
奄美大島
首里
福州
琉球
広州
トンキン
(ハノイ)
厦門
台湾
マカオ
ベトナム
ルソン島

18世紀の東アジア

その財源へと吸収された。

一方、清では十八世紀半ば以降、対日貿易に従事する商人たちの間に、日本の貿易制限や信牌導入に対応しつつ利潤を確保しようとする経営統合の動きが生じた。安定的な銅調達を望む清政府はこの動きを追認し、その結果、官商《かんしょう》・額商《がくしょう》という特権商人を中心とした商人グループ――それぞれ官局・民局といい、あわせて両局とよぶ――が相次いで成立し、両局が連携して政府から日本銅調達を独占的に請け負うことで対日貿易を独占するようになった（山脇悌二郎―一九六四、劉序楓―一九八六、松浦章―二〇〇二、彭浩―二〇一五）。官商とは内務府に属する商人范毓馪《はんいくひん》とその系統を継ぐ商人（一名）を指し、額商とは別途官許を得て対日貿易に従事した一定数（当初は一二名）の民間商人の総称である。両局による貿易独占は、対日貿易に従事する商人の組織化を意味した。すなわち両局は商人の意志を調整・統合し得る「組織」として機能し得るようになり、両局の代表が長崎会所と交渉して次回貿易の取引内容（商品・量・価格など）を取り決め、それに従って貿易を行なう「約条（約定）」貿易の慣行が形成されていく（彭浩―二〇一五）。こうして日清の貿易形態は「組織（会所）―個人（商人）」から「組織（会所）―組織（両局）」へと変化したのである。

中国商船の出入国管理

両局商人の活動拠点は江南最大の商業都市・蘇州であった。このため十八世紀半ば以降、日本へ向かう船の出入港は、蘇州に近く、運河で繋がり、また大型船が直接接岸できる浙江省の乍浦《さほ》に集中するようになる（劉序楓―一九九三、松浦章―二〇〇二）。同じころ、船も鳥船《ちょうせん》とよばれる尖底型の外洋船（ジャンク船の一類型、中型船の場合、全長約三〇メートル、乗員約五〇名）が主流となり、それは徐々に大型化した。また貿易の分業化が進み、官商・額商（荷主／財東《ざいとう》）は出海せず、船の建造・所有者（船戸《せんこ》）から船を借り、船主《せんしゅ》（船頭／出海《しゅっかい》／行商《こうしょう》）と代理契約をして船の経営と貿易を委託する形態が定着する。乍浦には対日貿易を専門とする牙行《がこう》（取引仲介業者）がいて、荷主と船戸の契約仲介のほか、乗組員の雇用・身元保証、積荷の管理、出入港の手続きや納税などを代行した。日本へ渡航するには、地方役所で船の登録証や搭乗者の人数・身元（連帯保証書が必要だった）・貨物の確認を受け、渡航許可証を入手した上で、浙江の海関（浙海関）の乍浦支所（乍浦分口）で関税を納付する必要があったが、こうした手続きも牙行の業務であった。その後、緑営《りょくえい》（正規軍の一つ）の管轄する港の番所（乍浦汛《じん》）で渡航許可証や積荷の検査を経て、船は出港を許可された。

一、二週間の船旅により長崎に着くと、合図の石火矢を放って入港し、曳舟《ひきぶね》の誘導で新地《しんち》沖に停泊する。すると船上で長崎奉行所の検使が唐通事らとともに信牌・出港地・乗組人数の確認や丸荷役《まるにやく》（大まかな積荷検査）を実施し、人別改《にんべつあらため》・絵踏《えふみ》が行なわれた。この時に風説書も提出された。次に艀《はしけ》（荷漕《にこぎ》船《ぶね》）で積荷が新地蔵へと運ばれる。この艀に華人も身回り品を持って分乗し、新地から徒歩で橋を渡って唐人屋敷へ入った。その後、積荷は精荷役《せいにやく》（会所役人・入札商人の立ち会いによる積荷の品目・数量確認）、大改《おおあらため》（長崎奉行が積荷サンプルを一見する儀式）、荷見《にみせ》（入札商人による商品確認）、値組《ねぐみ》（会所役人と華人商人による価格決定交渉）を経て会所が一括購入し、入札により国内商人へと売却した。滞在期間は通常五〇日前後であったが、貿易品（特に銅）の確保に時間が掛かると年単位で滞留することもあった。帰国が近づくと今度は売上代銀に応じて銅や俵物など帰り荷の取引が行なわれる。それが済むと奉行所で次回の信牌を受領し、滞在中の経費精算を経て、決められた日時に出航した。

乍浦に戻ると番所の検査を経て上陸を許された。その後牙行は各級の地方役所に渡航証明書を持参して入港を報告し、人員や積荷の点検を受け、海関で税を納めた。日清間に国家の関係はなかったが、このように中国船の出入国は両国家が厳密に統制し、その認可を得た人・船・モノだけが両国間を往来できたのである。

漂着民の相互送還

ただし唯一の例外として、国家の認可なく日清間を移動しても許される場合があった。それは予期せぬ海難事故による日本・清への漂着である。日本では一六三五年前後に、幕府が「寛永の鎖国令」の一環として外国人漂着民の長崎転送を義務づけ、中国人は長崎来航の唐船にて、また朝鮮人は長崎から対馬を経由して帰国させるようになった（中村質—一九九〇、荒野泰典—一九八八）。琉球も日本の送還方法に従い、清や朝鮮の漂着民を薩摩経由で長崎へ転送していたが、一六八四年に清が海禁解除に伴う自国民の海難を予測して、その保護・送還を朝貢国に要請したことにより、清の送還方法へと変更し、中国人漂着民は直接清へ、朝鮮人も清を介して送還するようになった（豊見山和行—二〇〇四、渡辺美季—二〇一二）。また朝鮮に漂着した琉球人も清を介して送還された。琉球と朝鮮の通交関係は一五〇〇年に途絶していたが、清は直接の送還ルートを持たない国同士の漂着民送還も中継したのである。

一方、清に漂着した日本人は、対日貿易の拠点であった乍浦に転送され、日本行きの商船で長崎に送還された。清の各沿海部においては外国人漂着民が慣例的に救助・保護されていたが、当初、全国的な指針や規定はなかった。このため一七三七年に時の乾隆帝《けんりゅうてい》が「遠人を懐柔する」という華夷思想に基づいて、「すべての外国人漂着民は撫恤《ぶじゅつ》し（慈しみ憐れみ）、帰国させよ」と命じ、これにより地方官が公費を支出して衣食支給や船体修理を行ない、自力で帰国できない場合は朝貢使節の往来やその国に貿易に赴く民間船に托して帰国させるという処置が、全国統一的に実施されるようになった（春名徹―一九九五、渡辺美季―一九九九）。日本人漂着民の保護・送還は、この国家制度にのっとって行なわれたのである。

こうして十八世紀前半以降の東シナ海域では、清・日本における外国人漂着民の保護・送還制度を中心に、琉球・朝鮮もこれを補完して、漂着民が相互に救助・送還されるようになった。それは決して近代的な「国際協議」の産物ではなく、あくまでも各国が「自国にもっとも合理的な制度」を追求した結果であったが、日清二秩序のすみ分けを含む各国家間の「平和」および国内統治の安定に少なからず寄与したと言えよう。なお南シナ海域では沿海諸政権による保護・送還制度が形成されなかったため、漂着民は必ずしも保護・送還されず、往々にして現地住民に殺害されたり略奪や奴隷化の対象となった。

五　日本社会と中国

1　二つの交流チャンネル――ヒトと書物

長崎における日清交流

一六九四年、晩年の松尾芭蕉は「今度は西国に渡り、長崎にしばし足を留めて、唐土舟《もろこしぶね》の往来を見ながら聞馴《ききなれ》ない人の詞《ことば》も聞こう」と語ったという（桃隣『陸奥鵆《むつちどり》』）。このイメージに見られるように、かつてキリシタンの町だった長崎は、唐船貿易の町へと変容し、漂着民による偶発的な体験を除けば、日清の人々が直接交流できる唯一の場所となっていた。

その長崎では、唐人屋敷の設立（一六八九年）まで華人が町内に滞在していたこともあり、彼らの多様な習俗が地元文化へと吸収された（長崎市史編さん委員会編『新長崎市史』二［近世編］長崎市、二〇一二年）。初夏の風物詩ペーロン（竜舟競漕《りゅうしゅうきょうそう》）は、十七世紀中頃に華人の端午節の行事を模倣して開始され、盂蘭盆会《うらぼんえ》に行なわれる墓所での会食や精霊流《しょうろうながし》も中国の清明節《せいめいせつ》や彩舟流《さいしゅうながし》の影響とみられる。東坡煮《とうばに》（豚の角煮）などの中国風の料理も、テーブル（卓）を囲んで大皿料理を取り分けるスタイルとともに受容され、日本料理・普茶料理の影響も受けつつ独特の卓袱《しっぽく》料理へと発展した。十八世紀には京都・大坂・江戸にも卓袱料理（唐料理）の店ができている。

唐人屋敷の完成後も、屋敷内で行なわれた元宵節《げんしょうせつ》（旧正月一五日）の龍踊《じゃおどり》が、隣接する籠町《かごまち》の住民に伝授されて長崎くんち（諏訪神社祭礼）の奉納踊となるなど、地元への文化移入は続いたが、日清の人的交流の場は著しく狭まった。屋敷に収容された華人は、許可を得た上で行なわれる唐寺への参詣・墓参や祭礼見物のほかは外出を禁じられた。屋敷に出入りできる日本人は関係者のみであり、華人の居住スペースである内門（二の門）の奥には、特定の遊女を除いて、役人であっても公用以外では立ち入れなかった。唐人屋敷は、土神堂・天后（媽祖）堂・観音堂といった宗教施設が建ち並び、中国風にしつらえた住居で、華人が自らの文化・風習に従って生活する、「日本のなかの中国」であった。来航する華人――来船清人《らいはくしんじん》と総称された――は日本に「住む（永住する）」ことはできなかったが、一、二年の長期滞在や頻繁な来航は可能で、なかには十数年、果ては数十年にわたって日本に出入りする者もいた。船主クラスの上層の華人であれば、滞在中、懇意の遊女を買い切りにして「夫婦」のように過ごすこともできた。遊女の揚代も含め華人の滞在費は華人の負担で、長崎会所を通じて貿易収支の一部として清算された。

華人の多くは商人・乗組員であったが、先述したように清の皇帝や地方官が派遣した偵察者や、将軍が「所望」した医者や儒者もいた。日清双方の国家は貿易以外の目的でも民間貿易のパイプを利用していたのである。また国家とは無関係に、商人のふりをして物見遊山のためにやって来る遊客もいた（唐権『海を越えた艶ごと―日中文化交流秘史―』新曜社、二〇〇五年）。行き先も手段も極めて限定されていたが、適切なつてと費用があれば、清から日本（の長崎）へ自由意志で「観光」に訪れることも不可能

唐人屋敷の内部

対聯《ついれん》は中国の伝統的な装飾で，対になっためでたい文句を細長い紙に書いて門の両側に貼る．門に貼られた「神荼《しんと》」・「鬱塁《うつりつ》」は魔除けの門神の名前である．豚の飼育も，ここが日本とは異なる文化空間であることを示している．（石崎融思『唐館蘭館図絵巻』より，長崎歴史文化博物館所蔵，1801年）

ではなかったのである。

華人には漢詩・書道・絵画・煎茶・音楽などを嗜む文人が多く含まれていた。その文芸は、長崎奉行所の関係者を通じて、あるいは何らかのつてを得て間接的・直接的に清人と交流した文人らによって、国内へと伝えられた。たとえば一七三一年から二年弱滞在した画家沈南蘋《しんなんぴん》は、唐通事神代《くましろ》（熊代）熊斐《ゆうひ》らに写生的な花鳥画の技法を伝え、それはやがて全国的に流行した（南蘋派）。十八世紀後半には華商伊孚九《いふきゅう》らが山水画の一様式南宗画《なんしゅうが》を伝え、その影響で日本独自の文人画（南画）が発展をみた。十九世紀前半には、蘇州の金琴江《きんきんこう》らが清楽《しんがく》（江南で流行した軽快な大衆音楽）を伝え、全国へと広まって明治期の大流行の素地となった（中尾友香梨『江戸文人と明清楽』汲古書院、二〇一〇年）。

華人文化を色濃くまとった長崎は、「外国（異国）」から隔てられた日本の人々のあこがれや好奇心を刺激し、唐人屋敷の設立前後から「異国情緒漂う港町」として名所化していく（杉仁─二〇〇三、若木太一─二〇一三）。唐人屋敷・出島を外から見物し、唐寺に詣で、舶来品を買い求めることが遊客たちの定番となり、その土産物として長崎では眼鏡・びいどろ（硝子）・鼈甲《べっこう》細工などの工芸品や、唐人（清人）・唐船・蘭人などを題材としたエキゾチックな浮世絵（長崎絵）が盛んに作成された（岩下哲典『江戸の海外情報ネットワーク』吉川弘文館、二〇〇六年）。江戸時代後半には唐通事などから漢学や医学を学ぼうとする遊学者も増加した。

書籍による日清交流

日清間の人的交流が長崎に制約された一方で、書籍を通じた交流はより多角的に展開された。中国船はしばしば漢籍（唐船持渡書《とうせんもちわたりしょ》）を積み渡り、それらは長崎でキリスト教関係の禁書の有無などの検閲を経て輸入された（大庭脩─一九六七・一九八四）。その最大の買い手は幕府や藩であったが、都市文人から在村儒者まで広く清代版本の蔵書が確認できる（大庭脩・王勇編─一九九六、杉仁─二〇〇三）。

漢籍の輸入・収集にとりわけ積極的だったのは、八代将軍吉宗である。一七二〇年、吉宗は禁書であったキリスト教関係の記述のある漢訳科学技術書の輸入を緩和すると同時に、中国船に対して法令書・政書・地誌（地方志）などの漢籍を盛んに注文し始めた（大庭脩─一九八四）。購入した漢籍は幕府の文庫に納め、自ら閲覧し、また側近学者に研究させて施政の参考とした。特に中国の制度・法律の研究には熱心で、輸入した清の制度・典礼集『大清会典《だいしんかいてん》』の和訳を深見玄岱《ふかみげんたい》・有隣《ありちか》父子に命じている。命を受けた有隣は長崎に赴いて華商に会典の難語を確認し、さらに別の華商に清の事情に関する吉宗の疑問を質《ただ》した。後者は問答書『清朝探事《しんちょうたんじ》』（写本）として国内に流布している。

吉宗は清では逸書《いっしょ》（亡佚《ぼういつ》して現存しない書物）となっていた国内の古漢籍にも着目した（大庭脩―一九八四）。その一つ、唐の刑法典の注釈書『唐律疏議《とうりつそぎ》』については荻生北渓《おぎゅうほっけい》（徂徠の弟）と長崎来航の儒者沈燮庵《しんしょうあん》に二重の校訂を命じている。また北渓には、徂徠門下の山井崑崙《やまのいこんろん》（鼎《かなえ》）が日本伝存の経書を比較考証した『七経孟子孝文《しちけいもうしこうぶん》』も補訂させ、完成した『七経孟子孝文幷補遺』（一七三一年）を華商に命じて持ち帰らせた。これは清で高く評価され、勅撰の一大叢書『四庫全書』（一七八一年完成）に収録されている。

来船清人もまた逸書に注目した。十八世紀後半にしばしば来航した浙江商人汪鵬《おうほう》（汪竹里）は、日本で再出版されていた逸書『古文孝経孔氏伝《こぶんこうきょうこうしでん》』・『論語集解義疏《ろんごしっかいぎそ》』を持ち帰ったが、それらは安徽省の蔵書家鮑廷博《ほうていはく》の編んだ叢書『知不足斎叢書《ちふそくさいそうしょ》』（一七七六年刊）に収録されている（大庭脩―二〇〇一、松浦章―二〇〇七）。

漢籍はまれに琉球からも伝播した。一七一九年、吉宗は薩摩藩主を通じて琉球人に「中華の仕置《しおき》（刑罰）」などを尋ねさせたが、その回答とともに参考資料として薩摩から提出されたのが、琉球の高官程《てい》順則《じゅんそく》（名護親方《なごウェーカタ》）が清にて私費で印刷させた『六諭衍義《りくゆえんぎ》』である。この書物は、明の初代皇帝洪武帝《こうぶてい》が発布した儒教的な六つの諭《さと》し（教え）を庶民向けに解説したものだが、吉宗は「世の風教（徳化）のたすけとなる」として、一一年に荻生徂徠《おぎゅうそらい》による訓点本、一二年に室鳩巣《むろきゅうそう》による大意和訳本を官刻（公刊）させた。徂徠は、清の朝貢国でもない日本において「お上《かみ》」が皇帝の教えを刊行するのはいかがなものかと上申したが、吉宗は意に介さなかったようである（中村忠行「儒者の姿勢—『六論衍義』をめぐる徂徠・鳩巣の対立—」『天理大学学報』二三—五、一九七二年）。結局、幕府の後押しのもと、『六論衍義』（特に『六諭衍義大意』）は藩校や手習塾（寺子屋）の教科書《テキスト》として普及し、明治期に入ってもなお読まれた（殷暁星『近世日本の民衆教化と明清聖諭』ぺりかん社、二〇二一年）。

『六諭衍義大意』のような書物の全国的普及を支えた日本の商業出版は、十七世紀前半に開始され、京都・大坂・江戸の三都を中心に発展した。そこでは儒書を中心とした輸入漢籍も、多くは訓点を付した上で盛んに出版された（辻本雅史—二〇〇三）。これを和刻本という。和刻本の出現により漢籍は大幅に流通量を増し、また廉価となって広く社会に普及した。それらを通じて中国文化、とりわけ儒教を中心とした漢学が多様な階層に広がるなか、十七世紀末から十八世紀前半には京都の伊藤仁斎《いとうじんさい》や江戸の荻生徂徠が、朱子学を後世の解釈として批判し儒教の古典（原典）に直接向き合おうとする思想体系（それぞれ古義学《こぎがく》・古文辞学《こぶんじがく》、あわせて古学派）を築き上げ、特に古文辞学（徂徠学）は大いに流行した（日野龍夫『日野龍夫著作集一　江戸の儒学』ぺりかん社、二〇〇五年）。また古典を訓読ではなく唐話（中国語）で読むための学習教材として中国の白話（口語）小説が用いられたことから、白話小説自体が徐々に読み物として受容されていく。

2　中国イメージと自己認識

日本人の中国イメージ

長崎の町人学者西川如見《にしかわじょけん》は、わが国初の世界地理書とも言うべき『華夷通商考』(一六九五年)のなかで、「中華」について「今長崎に来る唐人の姿は、みな北狄韃靼《ほくてきだったん》の姿であり中華往古からの風俗ではない」と説明している。さらにその増補版(一七〇八年)には「明朝」と「清朝」の人物図を載せ、後者に「今、中華はみなこれに同じ」と注記した。如見の記述は、一六四四年の明清交代(華夷変態)を経て、日本における中国(人)像が「往古の中華(明)」と「北狄韃靼(清)」に二分していたことをうかがわせる。

一七一五年、明清交替を題材にした近松門左衛門の人形浄瑠璃「国性爺合戦《こくせんやかっせん》」が大坂で初演された。これは儒者鵜飼石斎《うかいせきさい》の『明清闘記』(一六六一年)などを参考に創作された武勇譚で、鄭成功をモデルとした日明混血児の和藤内《わとうない》(和でも唐でもないという洒落《しゃれ》)が、「道も法もない」北狄韃靼(清)によって滅ぼされた「孔孟教(儒教)あふれる」大明国を再興するという筋立てである。人々の異国への強い関心を背景に、興行は一七ヵ月のロングランとなり、歌舞伎でも繰り返し上演されて、二つの中国像を(極端に誇張した形で)広く庶民に浸透させた。

「国性爺合戦」がヒットするなか、煎茶などの黄檗文化の普及や漢学の盛況、長崎由来の文人画の広がりなどにより、「往古の中華」が都市部の知識人を惹きつけ、明末の中国で発展した喫茶や書詩画を

『華夷通商考』に記された中国人

男性は明服・清服を着用しているが，女性は実際に見ることができなかったせいか，あまり描き分けられていない．（『増補華夷通商考』より，国立公文書館所蔵）

好む文人趣味（中華趣味）が流行しはじめる（中村幸彦―一九五九、中野三敏―一九九五）。茶器や文具など長崎着岸の舶来品も、各都市の唐物屋《からものや》や小間物屋・古道具屋などの店先に並んで文人趣味の小道具となった（河添房江『唐物の文化史―舶来品からみた日本―』岩波書店、二〇一四年）。やがて『水滸伝《すいこでん》』などの白話小説の影響を強く受けた読本《よみほん》（歴史伝奇小説）が成立し、上田秋成『雨月《うげつ》物語』（一七七六年刊）・曲亭馬琴《きょくていばきん》『南総里見八犬伝《なんそうさとみはっけんでん》』（一八一四年刊）などが生み出されていく（徳田武『近世近代小説と中国白話文学』汲古書院、二〇〇四年）。

一方で、長崎奉行の監修下で近藤重蔵などが華人に取材して作成した清の風俗情報『清俗紀聞』が一七九九年に出版されて広く読まれ、また清からの最新の輸入書籍に基づく中国名所案内『唐土《もろこし》名勝図会《めいしょうずえ》』が一八〇六年に大坂の大蔵書家木村《きむら》蒹葭堂《けんかどう》の企画・協力にて刊行されるなど、同時代の清の事情を把握しようとする動きもあった（徳田武―一九九〇、高津孝―二〇〇六）。

他方、江戸時代の日本社会、特に庶民の間には、中国・朝鮮・琉球などの国々の存在を知りつつも、中国人のみならず朝鮮人・琉球人・オランダ人も含むすべての異国人をまとめて「唐人《とうじん》」ととらえる見方が定着していく（ロナルド・トビ―一九八八・二〇〇八）。そのトレードマークとしては、比較的多くの人々に「見る」機会のあった朝鮮通信使の外見的特徴（チャルメラ〈唐人笛〉・つば広の帽子・使節の旗など）が取り込まれた。この「唐人」スタイルは、薬など外国と関わりの深い商品を扱う行商人の扮装や、都市における祭礼行列（練物《ねりもの》）の仮装パフォーマンスの定番となり、大衆文化に根づいていった。

「日本」意識と中国

中国のイメージ化が進むなか、日本では「外国（特に中国）とは異なる」という意味においての「日本／日本人」意識、さらには自尊意識が強化された（三谷博『維新史再考―公儀・王政から集権・脱身分化へ―』NHK出版、二〇一七年）。この動きには、対外関係が制限されることで中国を中心とした国際秩序の国内における現実的な求心力が弱まった（かつ相対的に日本の「国際」秩序の存在感が高まった）ことに加え、中華（明）が夷狄（清）に敗北し、中華の優越性が損なわれたことの影響もあった（ロナルド・トビ―一九九〇、桂島宣弘―二〇〇八、伊東貴之―二〇〇八、小島康敬―二〇一四）。

明清交替を契機に、朝鮮では自らを明に代わる中華文明の正統な後継であるとする小中華思想が高揚したが、日本では多くの儒者が「天照大神の徳」「武威」「優れた水土（風土）」といった固有性を掲げて華夷思想の枠組みにおける日本の地位浮上や中心化をはかった。並行して、中国の学問的枠組みに日本の地域的特性を加味する（すなわち中国を相対化する）試みもなされた（若尾政希「江戸時代前期の社会と文化」藤井讓治ほか編『岩波講座　日本歴史』一一、近世二、岩波書店、二〇一四年）。たとえば宮崎安貞《やすさだ》は明の『農政全書』（一六三九年）を参照しつつ日本の事情を反映させた『農業全書』（一六九七年）を撰述し、貝原益軒は明の『本草綱目』（一五九六年）に対して『大和本草』（一七〇九年）を、寺島良安《てらじまりょうあん》は明の『三才図会』（一六〇七年）に対して『和漢三才図会《わかんさんさいずえ》』（一七一二年）を作成している。さらに十八世紀後半になると、華夷思想の枠組みの外から中華文明に対抗・凌駕しようとする本居宣長らの主張（国学）が力を増した（桂島宣弘—二〇〇八）。それは日本の古典（『古事記』・『日本書紀』）が伝える上古の神々の事跡こそが「道」であるとして「儒の道」を批判・否定し、「皇国」日本の優越を説く、排他的な自文化中心主義であった。また蘭学の進展に伴い西洋への理解が進むと、蘭学者・洋学者を中心に西洋の視点から世界を捉え直し、中国を相対化する見方も出てきた（渡辺浩—一九九七、小島康敬—二〇一四）。そこでは「中華」「中国」に代えて、蘭語China《チーナ》の訳語として「支那」の語が常用された。

一方、民衆レベルでは国内外を弁別する標識として、頭髪や髭などの「毛」や肉食文化が強く意識されるようになる（ロナルド・トビ—二〇〇八）。日本では十七世紀半ばごろまでに「月代《さかやき》・丁髷《ちょんまげ》・髭なし（髭を剃る）」という成人男性の風俗が定着するが、清の成人男性は「辮髪・髭あり」で、朝鮮・琉球の男性も髪・髭を伸ばしていたことから、次第に髪・髭の有無が唐人（外国人）と日本人とを区別するシンボルとなった。「国性爺合戦」では、主人公の和藤内が敵対する韃靼人を「毛唐人」・「髭唐人」と罵倒したり、降参した韃靼人の髪型を「我が家来になるからには日本流に月代を剃って元服させる」として丁髷に変えさせる場面があるが、そこからは単なる区別に留まらず、毛の有無に自他の優劣を見出そうとする差別の意識もうかがえる。また近世の日本社会では、生類憐みの令の影響などにより獣肉食を穢れとする感覚が広がり――実際には獣肉は食べ続けられていた（原田信男『江戸の食生活』岩波書店、二〇〇三年）――、一方で中国や朝鮮で獣肉を食べることは周知されていたので、「肉を食べない」（清い）日本人と「肉を食べる」（不浄な）唐人（外国人）という区別／差別も生まれた。こうした意識は一七六六年に江戸で詠まれた川柳「美しい顔で楊貴妃《ようきひ》豚を喰ひ」（『柳多留拾遺』）などからも読み取ることができる（Shimizu Akira-2011）。

『国性爺合戦』の唐人

髪を剃られている唐人が，自分でその髪の毛を受けている．（『こく性や合戦』より，国立国会図書館所蔵）

やがて十九世紀に入ると、政治言説においては中国よりも欧米を意識した皇国としての「日本」認識が鮮明化する（辻本雅史―二〇〇三）。また民衆の間では蒙古退治や秀吉の唐入りなど古《いにしえ》の異国征伐・退治を扱う文学がブームとなるが、これも中国や朝鮮ではなく欧米の脅威を背景とした現象であった（ロナルド・トビ—二〇〇八）。こうしたなか一八四二年にアヘン戦争で清がイギリスに敗北すると、その尊大な中華意識による慢心が敗因と見なされるなど、清のイメージは大きく損なわれていく（前田勉『近世日本の儒学と兵学』ぺりかん社、一九九六年）。

清における日本—位置・情報・イメージ—

日清秩序がすみ分け、政治外交面で両国が疎遠化すると、清代前期の康熙・雍正政権に見られた日本に対する緊張感は大きく減じ、後続の乾隆《けんりゅう》政権では、中国を中心とした国際秩序のなかに日本を位置づける試みがなされた。勅撰の『大清一統志』（一七四三年）・『職貢図』（一七六一年）は日本を朝貢国として取り上げ、勅命により作成された『万国来朝図』でも各国の朝貢使節とともに紫禁城を訪れる架空の日本使節が描かれている。ただし制度・典礼集である乾隆『大清会典』（一七六四年）の「朝貢之国」には日本は含まれていない。しかし次の嘉慶『大清会典』（一八一八年）では「朝貢之国」に対置するかたちで「互市諸国」が初めて設定され、そこに日本の名が挙がる。ここに日本を含む互市国は、朝貢国から分化するかたちで初めて制度的に位置づけられたと言える（岩井茂樹—二〇二〇）。

ところで『職貢図』「日本国夷人／夷婦」の解説には「夷性は狡猾で時に沿海州県を略奪する」とあり、清代でも倭寇イメージは健在だった。民間でも、たとえば明末に刊行された日用類書（一七二頁）の清代における増補版では、半裸ではなくなった以外は変更のない日本人＝倭寇の挿絵と解説を載せている（田中健夫一九九三）。東南アジアでの民間貿易が盛んに行なわれ、欧米商船も来航していた清では、外国情報に対する渇望や希求は起こりがたく、「平和」なすみ分けを背景に日本への関心も低かったのであろう。

とはいえ詳細かつ正確な日本情報も、ごく僅かではあったが存在していた（武安隆・熊達雲『中国人の日本研究史』〈東アジアのなかの日本歴史一二〉六興出版、一九八九年）。たとえば地理書『海国聞見録』（一七三〇年）は、著者の海防官陳倫炯《ちんりんけい》が一七一〇年に遊客として長崎を訪れた際の見聞を載せるが、そこには「琉球は薩摩に貢物をし、薩摩は日本に貢物をする」といった情報も（琉日関係の隠蔽政策があったにもかかわらず）含まれている。なお同じく海防官であった倫炯の父昂《こう》も一六八六年に商船で長崎を訪れており、一七一六年末ごろの康熙帝への上奏にて「特に一所を設けて外国人を閉じ込める」長崎の管理方法を伝えている（村尾進「「特に一所を設けて」―碣石鎮総兵陳昂の奏摺と長崎・広州―」『中国文化研究』二九、二〇一三年）。この情報は政権内で何度も引用・参照され、広州でヨーロッパ商人を管理する制度のモデルとなった。十八世紀後半には来船清人の汪鵬（二二一頁）が『袖海篇《しゅうかいへん》』を記し、唐人屋敷や貿易の様子を詳述している（大庭脩『漂着船物語―江戸時代の日中交流―』岩波書店、二〇〇一年）。来日経験のない知識人による書物としては、『長崎紀聞』（一七三五年）と、『吾妻鏡補（日本国志）』（一八一四年）がある。前者は蘇州知府であった童華《どうか》が業務上の関心に基づき長崎往来の商人から聞知した長崎事情をまとめたもので（松浦章「清代雍正期の童華『長崎紀聞』について」『東西学術研究所紀要』三三、二〇〇〇年）、後者は江蘇の文人翁広平《おうこうへい》が乍浦にて入手した書物や情報を用いて日本の『吾妻鏡』を増補・解説した研究書であり、刊行はされなかったが複数の写本が残っている（王宝平『吾妻鏡補―中国人による最初の日本通史―』朋友書店、一九九七年）。

一方、通俗文学（特に小説）では倭寇が盛んに取り上げられた。その多くが嘉靖大倭寇を時代背景とし、虚実取り混ぜた物語世界を展開している（遊佐徹「小説に描かれた倭寇―明清「倭寇小説」概論―」須田牧子編『「倭寇図巻」「抗倭図巻」をよむ』勉誠出版、二〇一六年）。日本情報がほとんど更新されないなか、これらの読み物は倭寇イメージを巷間に拡散し続け、日本イメージと強固に結び付けたものと考えられる。やがて明治日本と清との間で国交が開始された後も、いや増す日本の軍事的脅威を背景に倭寇イメージは繰り返し再生産されていくのである（佐々木揚『清末中国における日本観と西洋観』東京大学出版会、二〇〇〇年）。

コラム　北方の日清貿易と蝦夷錦

渡辺美季

一七八八年、蝦夷《えぞ》地（北海道）を訪れた岡山の地理学者古川《ふるかわ》古松軒《こしょうけん》は、松前にて「蝦夷《えぞ》錦《にしき》」とよばれる竜紋（正確には蟒《うわばみ》の紋）の衣服を目にしている（『東遊雑記』巻七）。それは松前藩が宗谷《ソウヤ》におけるアイヌとの交易を通じて入手したもので、その出所は「マンチウ（満洲）」、すなわち清であった。アイヌによれば「この衣の出ずる国においては、織紋の形にて貴賤をわかつ官服なり」という。なぜこうした清の官服が蝦夷地にもたらされたのであろうか。

その背景には、宗谷の北に延びるサハリン（樺太）島や、その対岸のアムール川（黒龍江）下流域に清が勢力を広げ、先住民を支配下に組み込んだことがあった（佐々木史郎一九九六）。具体的には彼らを「辺民《へんみん》」として組織し、一族や一村の長の位を与え、管轄の役所やその出張所へ黒貂《てん》などの毛皮の朝貢を義務づけたのである。そしてその見返りとして、位に応じた絹製の官服や服地——江南地方の官営工房で作られた——などを下賜し、朝貢貿易（官人や他の朝貢者との貿易）を認めた。これにより「辺民」は、蝦夷錦、すなわち清の官服や服地とともに、他の絹織物や木綿・青玉（ガラス玉）・鷲や鷹の尾羽（矢羽根に用いる）などの中国産品を手に入れることとなった。

　これらの中国産品はアムール川下流域の人々——日本では「山丹《サンタン》人」とよばれた——によっ

蝦夷錦（衣服背面と，五爪の蟒紋）

竜・蟒の数や爪の数は，皇帝の五爪九竜を頂点として，官の品級によって異なっていた．（市立函館博物館所蔵）

てサハリンへと運ばれ、当地のアイヌに転売された。また一部のサハリン・アイヌは、「辺民」として清に朝貢し、中国産品を直接入手した。そうした産品が、宗谷に設けられた松前藩の商場《あきないば》（アイヌとの独占的交易の場）において、毛皮や鉄製品との交換によって日本社会へともたらされたのである。この日清中継貿易（「山丹交易」という）は絹織物（日本では高値）と毛皮（清では高値）の価格差を背景に活発化し、十八世紀後半から十九世紀初頭に最盛期を迎えた。藩は一七九〇年にサハリン南端に新たな商場（白主会所《シラヌシ》）を設置するなど貿易への関与を強めたが、幕府無認可の外国貿易は禁止されていたことから、「山丹人」と直接貿易することはなかった。一八〇七年にはロシアの南下に対抗して幕府がサハリンを含む全蝦夷地を直轄化したことから、幕府や松前藩が「山丹人」と白主会所にて直接貿易を行なうようになったが、ロシアの進出や清の辺民支配の後退などにより貿易は衰退し、一八六八年に明治新政府が貿易を停止した。

「山丹交易」によって輸入された中国産品のうち、蝦夷錦はその美しさや希少性、蝦夷地渡りというエキゾチシズムが相まって、とりわけ日本社会で珍重された。現在、北海道や青森を中心に日本各地で、蝦夷錦の衣服やその加工品（打敷《うちしき》・袈裟《けさ》といった仏具や陣羽織・刀入・袱《ふく》紗《さ》・箱枕など）の残存事例が確認できる（中村和之―二〇一二）。一方、清が琉球に下賜した官服布地も、薩摩藩主への献上などを通じて少量ながら日本社会に流入していた（渡辺美季―二〇二〇）。

Ⅳ　近代化と向き合う

茂木敏夫

Ⅲ章において、近世といわれる時代、幕府は日本の国内情勢をふまえて慎重に中国および中華秩序との共存をはかっていたこと、他方で清朝も同様に、対立が顕在化しないように調整していたことが、日清両属の関係にあった琉球に注目しながら、詳細に描かれた。そこからは、この海域世界の秩序や行動規範において、日本と中国との間に一定の理解が共有されていたことがわかる。そのような安定した関係は十九世紀に入るころには弛緩し、日本や中国大陸、およびその周辺海域において、制度疲労を露呈し始めた。それまでは幕府や清朝の指定した制度に従っていた西洋諸国が、西洋側の行動原理に基づいて、この地域にアプローチしてくるようになり、その結果、日本や中国など東アジアは、異なる原理による西洋近代と向き合うことを余儀なくされることとなった。こうして、近世のこの地域の安定に絶妙に機能していた隠蔽や共存のメカニズムは、十九世紀になるや、徐々に機能不全に陥っていった。Ⅳ章ではそのプロセスと結末を概観する。

このプロセスは、東アジアの伝統的秩序、いわゆる中華世界秩序が西洋由来の近代世界の秩序、すなわち主権国家体制や資本主義世界経済に包摂されていくプロセスとして、また、その際いち早く伝統を脱却し文明開化によって近代を受容した日本が、伝統にこだわった中国を凌駕して東アジアの中心を奪取していくプロセスとして、一般に理解されている。

しかし、伝統と近代とはそれほど截然《せつぜん》と分けられるものでなかったことは、少し具体的に観察してみれば、容易に理解できる。たとえば、幕末の朱子学者《しゅしがくしゃ》横井《よこい》小楠《しょうなん》は、一八六〇年、彼が仕えていた前福井藩主松平《まつだいら》慶永《よしなが》に提出した『国是三論《こくぜさんろん》』において、儒教において語られる堯《ぎょう》から舜《しゅん》への禅譲《ぜんじょう》による権力委譲の理想は、今日においては、アメリカで、その民主的選挙によって、優れた人物が大統領に選ばれる制度として実現していると称賛した。小楠はこれを「堯舜民主政」とよび、それを実現したアメリカに学べという（松浦玲―二〇一〇）。また、近代世界を律する国際法（後述のように、当初は中国由来の「万国公法《ばんこくこうほう》」とよばれた）を、横井小楠は、国家と国家の枠を越えて普遍的にはたらく規範という意味で、朱子学における「理」や「天理」、「公理」の概念から類推して受容したといわれている（丸山眞男―二〇一七）。

王政復古後の新政府は明治年号を定めるとともに、中国と同じ一世一元制に改め（中国は明朝から一世一元制）、さらに近代国家への主要な改革として廃藩置県《はいはんちけん》を断行した。とはいえ、この廃藩置県は、中国古代の理想の時代とされる周《しゅう》代の封建制と、秦《しん》代以来の中央から派遣された官僚が統治する郡県制とによって対比される中華の制度論をふまえて、封建割拠の藩を廃して中央集権に改める改革として進められたわけで、だからこそ藩を廃止した後の行政区は県と命名されたわけである（渡辺浩―二〇一九）。こう考えると、安易に日本を近代の側に置いて伝統に拘泥した中国と対比させるという理解は成り立ちにくいことがわかる。伝統と近代に関する既成の思い込みを解きほぐしながら、以下、十九世紀後半の日中関係が向き合うことになった西洋近代および近代化との向き合い方について、史実の詳細を追うよりは、むしろそこからどういう意味が読みとれるかに留意しつつ、解読していきたい。

一　西洋近代との対峙

1　西洋近代の登場

ラクスマン・レザノフ両使節の日本来航

幕藩体制の綻びをとりつくろう試みとして、老中松平定信《まつだいらさだのぶ》が後に寛政《かんせい》の改革《かいかく》とよばれる改革にあたっていた一七九二年、ロシアから派遣された使節ラクスマンが、大黒屋光太夫《だいこくやこうだゆう》ら二名の日本漂流民とともに通信通商を求める国書をもって根室《ねむろ》に来航した。これに対し幕府は、後に鎖国《さこく》とよばれるようになる国法を説明するとともに、国書のやりとりについても、礼の観点から、

かねて通信なき国王の称呼もわかりがたく、其国の言語と文章も不通、貴賤の等差もわかち難ければ、おのづから其礼のただしき所を備えがたし、我国にては敬したることも、其国においては疎慢《そまん》にあたらむもはからざれば、国書往復もゆるしがたきなり

と、礼を重んずればこそ、無意識の無礼を惹起《じゃっき》することを恐れるとして拒否した（渡辺浩―二〇一〇）。これまでの東アジアにおいて共通に了解されてきた礼を共有できないことを理由に、国家間関係については拒否された一方、民間の窓口である長崎の入港証が渡されたため、ラクスマンはこれによって翌年七月帰国した。

その後、一八〇四年、新たな国書を持参したレザノフがその入港証をもって長崎にやって来て、再度通好通商を求めた。その間に失脚していた松平定信に代わる幕閣は、今度もほぼ同様に要求を拒絶したため、レザノフは引き下がらざるを得なかった。ただし、日本に対しては武力に訴えるべきとの考えも有していたようで、彼の没後、その部下が一八〇六〜七年、樺太《からふと》の松前藩《まつまえはん》番所や択捉《えとろふ》港を襲撃、略奪したため、北方で緊張がたかまることとなった。ロシア側が自らの要求を通すために武力行使に及んだことを確認しておく。

マカートニー使節の中国訪問

ラクスマンが帰国の途につく一月ほど前の一七九三年六月、マカートニーを全権とするイギリスの使節が中国南部、マカオ沖に現われた。マカオは、西洋商人と中国の特許商人との貿易が認められていた広州《こうしゅう》に隣接し、広州で貿易に従事する西洋人の居住が許されたところである。産業革命が始まっていたイギリスは中国に対して、それまでの清朝皇帝の恩恵的配慮によって認められていた貿易に代えて、主権国家間の対等な関係による、権利としての貿易を求めるようにな

レザノフ（『視聴草』より，国立公文書館所蔵）

っていた。つまり、西洋諸国の間で行なわれていた西洋ルールを中国も履行するように要求し、中国に対する態度を大きく変更し始めたわけである。ルールの変更は経済的には自由貿易、政治的には主権平等や国際法に関わることになり、従来の伝統的体制を支える世界観や価値観にまで及ぶ根底的な変更が迫られることになった。イギリスの要求は当初は比較的穏便であったが、徐々に強硬になっていった。

マカートニー使節の日記には、

中華帝国は有能で油断のない運転士が続いたおかげで過去百五十年間どうやら無事に浮かんできて、大きな図体と外観だけにもの言わせ、近隣諸国をなんとか畏怖させてきた、古びたボロボロに傷んだ戦闘艦に等しい。しかし、ひとたび無能な人間が甲板に立って指揮をとるとなれば、必ずや艦の規律は緩み、安全は失われる。艦はすぐには沈没しないで、しばらくは難破船として漂流するかもしれない。しかし、やがて岸にぶつけて粉微塵に砕けるだろう。……大英帝国はその富力と国民の天賦の才と胆力にもの言わせて、政治的にも、海軍力から言っても、商業国民としても、地球上における第一の強国になっているから、私が前述したような急激な変動によって一番得をして、すべての競争相手の上に立つことになるだろう。しかしながら、……穏やかな措置によって成功を収める一縷の望みが残っている間は、中国人に対してはおおよそ攻撃的な措置をとることを考えるということは、当面の利害関係からいっても、ひとしく許されないことである。（マカートニー『中国訪問使節日記』平凡社東洋文庫、二二〇～二二二頁）

とある。彼は当時の清朝について、「古びたボロボロに傷んだ戦闘艦に等しい」と、その衰退の状況を認識していた。たしかに、この三年後一七九六年、四川《しせん》・陝西《せんせい》・湖北《こほく》三省境界の山間地域に起こった白蓮教徒《びゃくれんきょうと》の反乱は、その鎮圧に足かけ九年を要することになり、体制の綻びは誰の目にも明らかになる。一方、イギリスについては、大英帝国の「富力と国民の天賦の才と胆力」によって、「地球上における第一の強国になっている」と自信を示している。だから、圧倒的な海軍力によって自らの主張を中国に押し付けることは容易だったはずである。しかし、そのように自らの優位を認識しつつも、「穏やかな措置によって成功を収める一縷の望みが残っている間は、中国人に対してはおよそ攻撃的な措置をとること」は「許されない」と、マカートニー自身は、あくまでも武力の行使を否定していた。

アマースト使節との紛争

しかし、その二〇年余り後、一八一六年に派遣されてきたアマースト使節は、自らを文明の高みに置き、中国に対して「文明化されていない民族」と侮蔑的なまなざしをあからさまにするとともに、要求の貫徹には武力も辞さないとする強硬な姿勢を示していた。実際、使節の北京《ペキン》訪問中に朝鮮・琉球を巡回していた随行艦アルセスト号が広州の港を目指して強引に珠江《しゅこう》に入ろうとする際に、その妨害を試みる清朝側の砲台に対して、これを砲撃する挙に出ていた。砲撃の後、茶を積載したジャンク船が現われ、現地の官僚と特許商人とが挨拶に出向いて来たことについて、その航海記録には、

あの頭をガツンとやる儀式（砲撃事件をさす）は、茶と慇懃とを二つながらもたらしたのである。これこそが、われわれが中国人から受けとることのできる合理的な唯一の叩頭《こうとう》にほかならない。

（ベイジル・ホール『朝鮮・琉球航海記』岩波文庫、三二一〜三二三頁）

と記され、武力で従わせることを「合理的な唯一の叩頭にほかならない」と正当化している。叩頭とは額を地面に打ち付けて行なう臣従の礼のことで、皇帝に対しては、一度跪《ひざまず》くたびに三度叩頭する「三《さん》跪九叩頭《ききゅうこうとう》」が課され、アマーストにもこれが求められていた。アマーストは北京でこれを拒否して、交渉は決裂したのであったが、その臣下の礼を逆に中国から得たというのである。マカートニーも中国に対するイギリスの優位を認識していたが、しかし、彼にはこのような露骨な姿勢はなかった。明らかに、イギリス側の中国に対する姿勢の違いを読みとることができる。

こうしたイギリス側の姿勢に対して、清朝の側も態度を頑なにした。わざわざ遠方からやってきた使節に対して、これを懐柔するという大国としての恩恵的配慮を示すことによって、マカートニーには三跪九叩頭の免除を認めたのに対し、アマーストの強硬な姿勢に直面するや、清朝は三跪九叩頭に固執した。すでに白蓮教徒の反乱などで制度疲労を露呈していた清朝の側にも、マカートニーのときのような余裕は失われていたのかもしれない。

アマースト使節にみられた、たとえ武力を行使しても自らの要求を貫き、力づくで西洋近代のルールに従わせようとする姿勢は、その二〇年余り後、一八四〇年アヘン戦争として爆発することになった。

2　アヘン戦争とその日本への衝撃

アヘン戦争と南京条約

喫茶の習慣が定着したイギリスは中国から大量の茶を輸入するようになり、十八世紀末以降、その代価としてインドで生産されたアヘンを密輸するようになっていた。アヘン輸入の増加によって、中国の対英貿易は一八二〇年代には輸入超過に転じ、以後、中国国内からの銀流出が問題となっていた。その対策のため広州に派遣された林則徐《りんそくじょ》によって強行されたアヘン密輸厳禁と、それへのイギリスの反発によってアヘン戦争が勃発した。

一八四二年八月、イギリス軍が中国経済の大動脈である大運河を封鎖して南京に迫ると、八月二十九日、南京《ナンキン》条約が締結された。条約では香港《ホンコン》島の割譲、五港（広州、厦門《アモイ》、福州《ふくしゅう》、寧波《ニンポー》、上海《シャンハイ》）開港とそこでの領事駐在、賠償金の支払いなどが規定され、翌年、その補足として五港通商章程と虎門寨《こもんさい》追加条約が結ばれて、協定関税、領事裁判権、片務的最恵国待遇などの不平等条項が盛り込まれた。これによって中国は近代世界に不平等なかたちで包摂されることになった、とひとまずはいえるだろう。

ただし、条約に対する当時の中国側の理解にはズレがあり、この評価は近代の側からの評価だともいえる。それは南京条約の漢文テキストを少し観察すれば、容易にうかがうことができる。なお、南京条約には漢文と英文と二つのテキストがあり、正文規定はないので、漢文条文は英文条文と同じ効力をもつ（はずである）。中国側は漢文条文を根拠に条約を「正しく」履行しようとした。たとえば、五港開港

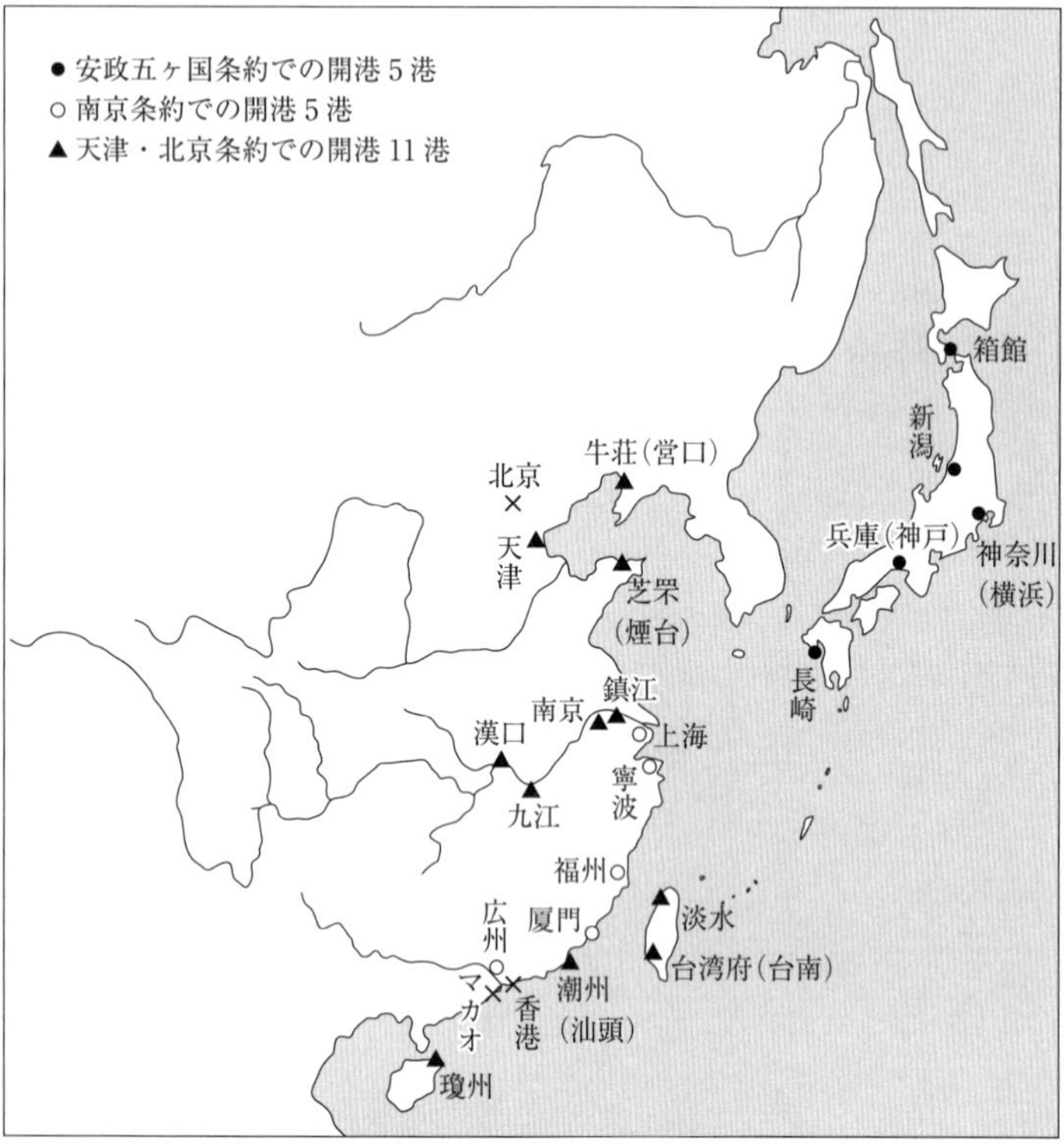

19世紀半ば頃の東アジア

と領事駐在を定めた条文(漢文)はこうである。

一　今後、大皇帝は次のことを恩恵としてお准《ゆる》しになる。英国人民が家族眷属《けんぞく》を帯同して沿海の広州、厦門、福州、寧波、上海五つの港に滞在し、妨げなく貿易通商をおこなうこと〔をお准しになる〕。また、英国君主が領事や管事などの官員を派遣し、五港の城邑《じょうゆう》に居住して英国人の商業活動を管理させるとともに、五港の中国地方

官と公文を交わし、英国人に以下に定められたルールに従って貨物にかかる税金をきちんと納めさせること〔をお准しになる〕

漢文条文では、五港開港を大皇帝が恩恵によって准す（「大皇帝恩准」）、つまり清朝皇帝が英国君主に「准した」となっている。英文条文では、この箇所「恩准」は"agree"になっており、対等な二国間の交渉によって双方が合意したという英文条文のニュアンスが、漢文条文では、上位にある「大皇帝」が下位にある「英国君主」に准したという文面になっているわけである。ちなみに、「英国君主」は原文のママである。国王とすると皇帝の冊封《さくほう》を受けていることになってしまうので、意図的に「王」の表現は避けたものと推測される。また、天下を主宰する「大皇帝」と、英国という限られた範囲を治める「英国君主」とが対比される表現にもなっている。

伝統的な華夷《かい》秩序の作法に照らせば、中国側には、大国としてイギリス側に譲ってやるくらいの姿勢が期待される。むしろ、大国中国と小国イギリスとが対等かつ相互的な内容だったとしたら、かえって大国としての体面が傷ついてしまうだろう。儒教の「一視同仁《いっしどうじん》」（依怙贔屓《えこひいき》せず、一律にあつかう）の類推として理解された最恵国待遇が、中国からイギリスに対して一方的、片務的に供与されるものだったのは、その意味で中国側からすれば自然なことであった（坂野正高―一九七〇）。こうして不平等条約の内容は、華夷秩序の論理の中に吸収され、消化されてしまった。

イギリスとの条約が締結されるや、清朝にはアメリカからも条約締結の希望が伝えられた。これに対する清朝側の応答が面白い。

アメリカが求めてきた永遠和好の条約について話し合う件は、もともと古典（『礼記』）にいうところの「講信修睦《こうしんしゅうぼく》」の雅意《がい》にかなうものであり、アメリカはイギリスが中国と「和約」を「立約」したことを耳にして、同様に条約を結びたいと考えているのだろう。だが、イギリスとアメリカでは自ずと事情が異なる。イギリスは何年にもわたり中国に戦争を仕掛けてきたので、和好を議論しようにも、いまだに信用できない。だから、条約を立ててその信を確かなものとしたのだ。アメリカは中国と通商するようになって二百年ほどたつが、広東《カントン》に来る商人はルールを守り、中国側も礼をもって応接しており、万事和好が実現されている。もうすでに和好の状態にあるというのに、どうしてさらに条約を結ぶ必要があるのだろうか。（『道光朝籌辦夷務始末』巻七一、早丸一真訳）

信用できないものの行動を逐条化した成文によって縛るのが条約で、信用できる相手には条約は不要であり、成文によって拘束する必要はないという理解である。この理解は、国家間の友好関係に、その前提として、条約は不可欠という西洋諸国の国際関係認識と大きく異なる。ただ、結局、一視同仁によって西洋諸国を区別なく扱うという趣旨から、一八四四年アメリカやフランスともほぼ同内容の条約を締結することになった（清米望夏《ぼうか》条約と清仏黄埔《こうほ》条約）。

日本への衝撃

中国東南海域における戦闘の情報は、長崎でオランダ商人や清国商人からもたらされる情報をまとめた「和蘭風説書《オランダふうせつがき》」と「唐風説書」を通じて、さらに琉球から薩摩《さつま》を通じて、これら二つの「口」から日本に伝えられていた。中国に朝貢《ちょうこう》していた琉球は皇帝から福州に琉球館を与えられており、その情報には、琉球館を拠点にして琉球人が中国で直接見聞した情報も含まれていた。

戦争が始まって以来もたらされる清朝敗北の情報は幕府に大きな衝撃を与えた。イギリスの世界的優位がいずれ日本にも及んでくることを覚悟せざるを得なくなった幕府は、それまでの無二念《むにねん》打払令を撤回して、一八四二年八月二十八日、天保薪水給与令《てんぽうしんすいきゅうよれい》を出し、来航した異国船の必要とする薪、水、食糧を与えることにした。この政策転換が南京条約調印のわずか一日前だったことに、当時の緊迫した情勢がうかがえよう。

南京条約で対英開港が決められた福州には、一八四四年からイギリス領事が滞在して貿易が始まった。イギリス領事レイは福州に赴任するや、琉球館に使者を派遣して琉球との通商を申し出るとともに、南京条約の写本を送りつけてきた。この経緯は福州琉球館から琉球王府に逐一報告され、南京条約ほか漢文文書が薩摩に届けられた（真栄平房昭—二〇二〇）。そしてこの情報は、薩摩藩主島津斉彬《しまづなりあきら》を通じて、老中阿部正弘《あべまさひろ》ほか有力大名に伝えられた。

第二次アヘン戦争と日本

南京条約によって中国を西洋近代のルールに包摂したとイギリスは考えたが、中国側の条約理解はイギリスの期待したようなものではなかった。そのためイギリスは新たな条約を締結する機会をうかがっていたところ、一八五六年十月広州で、イギリス国旗を掲げていた中国人所有船アロー号に乗っていた海賊容疑者を、清朝官憲が逮捕する事件（アロー号事件）が起こった。イギリスはこれをイギリス国旗への侮辱として抗議し、フランスを誘って共同で軍事行動にのりだした。これが第二次アヘン戦争（アロー戦争）である。

英仏連合軍は翌五七年末、広州を占領して北上、天津《てんしん》に迫ったうえで五八年六月天津条約を結んだ。しかし、条約の批准書交換をめぐるトラブルから再度戦闘になり、六〇年北京を占領、新たに北京条約を締結した。これらふたつの条約によって、外交使節の北京常駐や、公文書における「夷」字の使用禁止、内地通商、キリスト教布教容認など、西洋近代のルールに適う詳細が規定されることになった。

こうした英仏の中国大陸での軍事行動の情報は日本にもたらされ、幕府が一八五八年の日米修好通商条約の「違勅」調印にふみきる「最後の契機」になったといわれている（芝原拓自―一九七七）。アメリカ領事ハリスが、中国を席捲した英仏連合軍が日本にやってくるという情報をちらつかせながら、その前に、まずアメリカとの条約調印を促したためである。この日米条約をモデルに日蘭・日露条約が調印され、さらに噂どおり中国から軍艦とともにやって来た英仏使節との間に日英・日仏条約が調印された（安政五ヵ国条約）。幕府の外交が中国情勢に大きく翻弄されていたことがわかる。

3　『海国図志』と『万国公法』

南シナ海における西洋情報と広州

ここで、この時期の日本と中国にまたがる情報の流通について、少しふれておきたい。一八〇七年ロバート・モリソンはロンドン伝道協会の派遣により広州に到着した。モリソンは広州およびマカオにおいて、東インド会社の書記・通訳を務めるかたわら、中英辞書の編纂や漢訳聖書の執筆などにあたっていた。その協力者として派遣されてきたウィリアム・ミルンやメドハーストらは、東南アジアの華人社会に着目して、まずマラッカに、次いでシンガポールに拠点を置いて、キリスト教や世界の地理歴史に関する漢語書籍の出版活動を行ない、同時に現地華人の教育活動も進めた。

以後、南シナ海域の南辺で印刷された漢語文献は、東南アジアの華人社会に配布されると同時に、南シナ海の北辺に位置する広州にも流布するようになった。この地域に進出してきた西洋人によって発信される世界情報が中国語で共有される、そのような情報空間が、こうして徐々に現出していった。そして、この情報空間はアヘン戦争後、上海開港によって西洋貿易の中心が上海に移るにつれて上海に、そして第二次アヘン戦争後さらに天津・北京へと北上していった。

アヘン戦争時に広州で指揮を執った林則徐が収集した西洋由来の世界情報や、その情報を引き継いだ魏源《ぎげん》によって補充され、中国に歴史的に蓄積されていた地理情報と接続させることで編纂された『海国図志』（一八四四年五十巻本、以後六十巻本、百巻本に増訂）は、こうした情報空間の上に成立したのである。

『万国公法』の翻訳

天津条約において西洋近代世界の外交関係に沿った規定が盛り込まれたことで、清朝もようやく近代

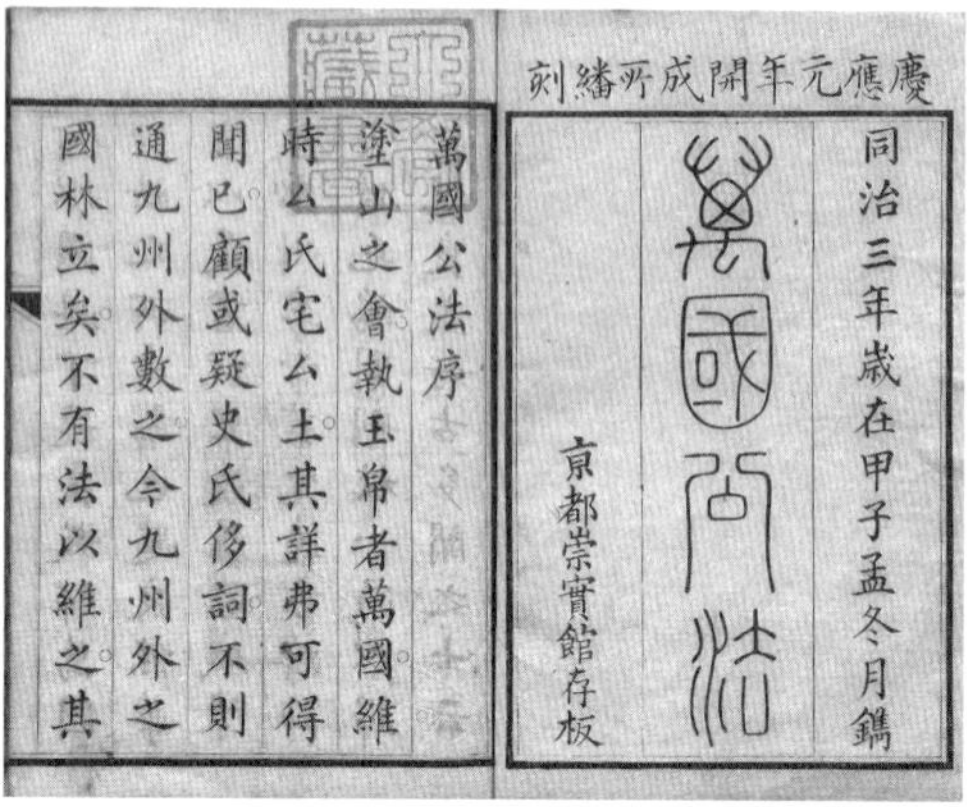

『万国公法』（国立公文書館所蔵）
幕府開成所によって翻刻されたもの.

的な外交に対応するようになった。そのために、条約関係にある国々との関係事務を担当する常設機関として、一八六一年、総理各国事務衙門《そうりかっこくじむがもん》（総理衙門と略）が北京に設置された。ただし、これは中央官庁の正統にあたる六部《りくぶ》とは別立ての機関であるうえ、その大臣（複数）は軍機処《ぐんきしょ》ほかの要職との兼任だった。また、朝貢関係の方は従来通り六部のひとつ礼部が担ったので、必ずしも官制の主流にあったわけではない。

その総理衙門は、アメリカ公使の推薦も受けて、米国人宣教師ウィリアム・マーティンが漢訳した、当時の標準的な国際法の教科書、ホイートンの *Elements of International Law (6th ed.)*, 1855を、一八六四年『万国公法』として刊行した。マーティンや西洋外交官らには、西洋キリスト教世界の国際秩序規範を中国に認知させることは、中国の文明化にとって有効だという思惑があった。それに対し、西洋諸国にも彼らの行動を律する一定の法規範があることに気がついた総理衙門の側には、その法規範を知っておくことで、西洋諸国の操縦が容易になるという思惑があった。中国自身がその法規範に縛られるという考えはなく、あくまでも夷狄《いてき》操縦の延長で考えていたわけである（佐藤慎一―一九九六）。

日本への伝播

これら西洋人の翻訳編纂による西洋事情書や漢訳書、さらにそれら情報を利用して中国知識人によってまとめられた『海国図志』など、この時期に刊行された漢籍は、対外的危機意識を深めつつあった幕末日本に次々と輸入され、各地でただちに翻刻されて読まれた。

『海国図志』はまず、一八五一年に六十巻本が輸入されたが、「御禁制」すなわちキリスト教関係の記事が問題視されて禁書にされてしまった。しかし、その内容の重大さが幕閣で注目されて読まれ始め、ペリー来航の翌年一八五四年に最初の翻刻（部分）が刊行されて以来、米英露などに関する部分の翻刻が五四〜五五年を中心に次々に刊行された。

また、『万国公法』は一八六四年の刊行後、ただちに長崎経由で日本に輸入され、早くも翌年には幕府の開成所で翻刻されたほか、松江《まつえ》、延岡《のべおか》、出石《いずし》など諸藩でも翻刻された。さらに一八七〇年代にかけて和訳本や注解本が続続と刊行され、国際社会理解に役立てられた（山室信一―二〇〇一）。既に述べたように、横井小楠はこの「公法」を、朱子学の理を受け皿として、自らも遵守すべき普遍的な規範として受容したわけである（中国自身は縛られないという総理衙門の思惑との違い！）。朱子学の素養を有する士人には、そのような受容も少なくなかったと思われる。

漢訳本にやや遅れて一八六八年、幕府のオランダ留学生としてライデン大学でフィセリングの講義を受けて帰国していた西周《にしあまね》は、その講義録を『和蘭畢洒林《オランダフィセリング》万国公法』として出版した。さらに洋学者箕《み》作麟祥《つくりりんしょう》が一八七三年、ウールジィの *Introduction to the Study of International Law*, 1860を翻訳して

『国際法　一名万国公法』として出版した。このころから中国の漢訳書経由ではなく、日本は西洋留学や欧文原書から西洋情報を直接獲得するようになっていったわけである。箕作の訳語「国際法」はその後一八八一年、明治政府のつくった東京大学で学科目名として採用され、以後、「万国公法」に代わって普及していった。さらに日清戦争後、日本に留学してきた中国人留学生が日本で学んだ「国際法」を中国に持ち帰ることにより、「国際法」は中国語にも定着していった。

二　伝統への共感と近代

1　明治政府の成立

伝統と近代の同床異夢

幕府を倒して樹立された明治政府は、万国対峙の近代世界に参入し、国威宣揚《こくいせんよう》を追求することになった。

なお、万国公法が朱子学的な公理として受容されたように、王政復古による改革、新政府の樹立は古典的な意味での文明化（＝中華化）の新たな一齣《ひとこま》でもあった。そのような立場からすれば、明治年号からの一世一元制は王政復古にふさわしかったし、幕藩体制の封建割拠に代えて樹立された新しい政府は、封建制に代わるオールタナティブである郡県制がふさわしかった。廃藩置県である。こうした動きは西洋モデルによる近代国家建設に向けての構想とも、しばらくは矛盾をみせず、新政府の改革は動き出した。

万国公法によって律せられる世界の一員にかなう近代国家に組み替えていくために、国境の画定と外交の一元化が急がれた。一八六九年に外交権を一元的に管轄する機関として外務省が設置され、翌年には在外公館制度が発足した。そのうえで外務省は七一年の廃藩置県を機に、対馬《つしま》藩から朝鮮外交を接収

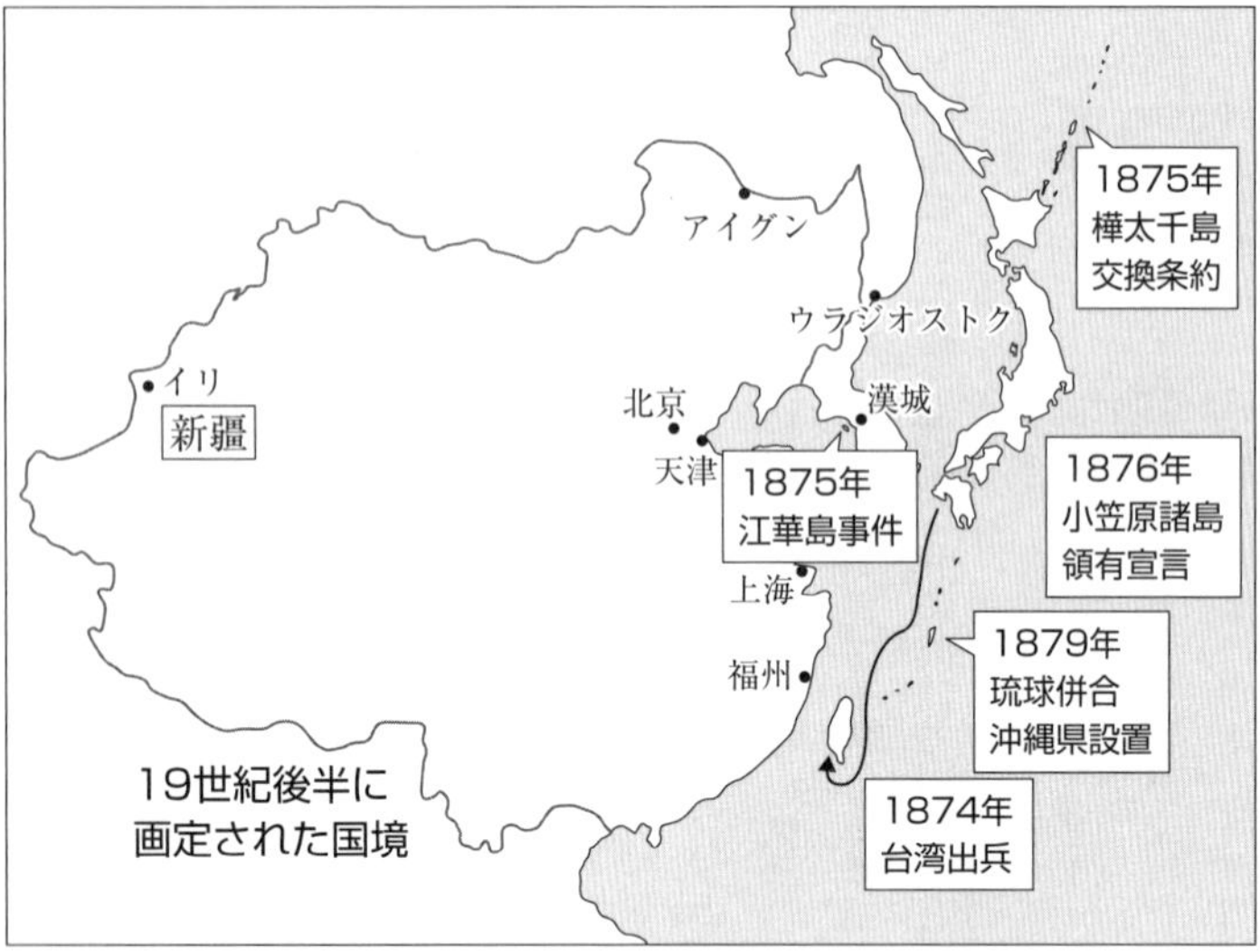

1870年代中国辺疆の危機と明治日本の国境画定

し、朝鮮国王から対馬宗《そう》氏に与えられていた釜《プ》山《サン》の倭館《わかん》を外務省管轄とした。ただし、朝鮮はこの措置を認めず、朝鮮との間に懸案が残った。

ロシアとの間に緊張も抱えていた北方では、幕末の日露和親条約を引き継ぎながら、当時の実態にあわせて、七五年、樺太千島《からふとちしま》交換条約によって日露間の国境を画定させた。また、太平洋上では、七六年に小笠原《おがさわら》諸島の領有を宣言した。

日清両属の関係にあった琉球については、これを日本への専属にする方向で、いわゆる琉球処分を行なったが、これは日清間での外交案件に発展した。これについては以下、少し考察を加えたい。

こうして近代世界における国際関係の原理を採用する改編によって、それまで自明視され、特に意識されていなかった東アジアの伝統的世界の論理がかえって顕在化してくることになった。琉球や対馬をめぐって清朝や朝鮮王朝との間に生じた紛議はそのあらわれである。また、東西ふたつの秩序原理の相違が鮮明になることによって、伝統的な中華の理念の延長で王政復古まで考えてきた立場と、西洋モデルによる近代化を志向する立場との矛盾が、徐々にあらわになっていった。

2　日清修好条規の締結

上海への道

第二次アヘン戦争における英仏連合軍の威力を横目にしながら、一八五八年に慌ただしく結ばれた安政条約によって、日本は世界市場にさらされることになった。これを打開するため、幕府は来航した外国船と日本の港で交易する従来の「居留易」から、日本から海外に出て行く「出貿易」への転換を模索するようになった。そこでまず考えられたのが、長崎に来航する中国商人との関係をふまえ、そのルートを逆にたどって、新たに中国の対外貿易の中心となりつつある上海への「出貿易」であった。

まず長崎奉行の派遣した洋式帆船千歳丸《せんざいまる》が一八六二年六月、上海に到着した。一行は操船を担当した英国人一五名、オランダ人一名を加えた六七名からなり、同行したオランダ人によるオランダ名義での通関手続を経て、現地のオランダ領事に帯同されて、この地域（江蘇《こうそ》省蘇州《そしゅう》府・松江《しょうこう》府・太倉《たいそう》州）を管轄する蘇松太道《そしょうたいどう》の道員《どういん》（いわゆる上海道台）を訪問した。日本側の上海での通商と領事設置の要求に対し、中国側は現地の判断で、日本から持ち込んだ貨物の販売を今回限りの特例として認めつつ、要求を斥けた。一行には長州藩の高杉晋作《たかすぎしんさく》や薩摩藩の五代友厚《ごだいともあつ》らも加わっており、太平天国《たいへいてんごく》による中国社会の混乱やそれと対照的な上海租界《そかい》の繁栄のさまは、彼らに強い印象を与えたといわれている。

今後も予想される日本からの来航への対処について、現地と北京との間で慎重な協議が続けられているさなか、一八六四年三月、今度は箱館《はこだて》奉行所に配備された洋式帆船健順丸《けんじゅんまる》が兵庫から上海に到着した。日本人だけで構成された一行は、現地でオランダ領事に加えてイギリス領事にも斡旋を依頼して上海道台に交渉を求めた。今度は日本名義での通関手続が認められたが、貨物販売の許可と引き換えに速やかな退去を求められて帰国した。

この江南《こうなん》地域は明《みん》代に倭寇《わこう》の襲来を受けた記憶の残る地域だったが、上海には日本情報もリアルタイムで届いており、たとえば、健順丸が日本に帰国した後、一八六四年九月五日の四国連合艦隊の下関《しものせき》砲撃の情報に接した上海道台丁日昌《ていじつしょう》は同月、

最近聞くところでは、英仏両国が聯合して日本を攻撃し、その港内の砲台を焼き尽くした後、和議を結んだと。日本が勝っていたならば、日本はいずれ我が国の憂慮すべき存在となったであろう。

……日本は近年必死になって船を購入し、機械を製造している。ほとんど泰西《たいせい》のレベルに近づきつつあるが、まだ技術の熟練において劣っているので、勝つことができなかったのであろう。

と述べ、日本への警戒とともに、その西洋受容の努力にも注目していた（佐々木揚―二〇〇〇）。

さらに一八六八年、長崎奉行から上海道台宛の書簡がイギリスの上海領事を介して届き、学術伝習と商業活動のため日本人の長期滞在を求めてきた。この要求は結局幕府の瓦解によりうやむやになったが、

清朝内部では慎重に検討されていた。その準備のもとに、清朝は明治政府の近代的な外交と対峙することになる。

同文の共鳴と締結交渉

明治初年、対馬藩を介して朝鮮へ出された王政復古告知書に、国王を冊封した中国皇帝のみに認められる「皇」や「勅」などの文字があったことを理由に、従来の抗礼《こうれい》（＝対等）関係に反するとして朝鮮が文書の受理を拒否し続けた、いわゆる書契《しょけい》問題によって、日本と朝鮮との関係は断絶した。その際、日本がとった打開策は、まず朝鮮の宗主《そうしゅ》国である中国と「比肩同等」の条約を結び、そのうえで朝鮮を「一等を下し候礼典」によって扱おうという、中国と朝鮮との宗属関係を利用した迂回策だった（『日本外交文書』巻三、一四五頁）。近代の国際関係を構築する試みにおいて、日本はむしろ伝統的秩序を利用したのである。

当初は中国駐在の英仏公使に仲介を依頼するか、直接交渉に入るか検討されたが、まず軽輩を派遣して予備交渉を試みることになり、一八七〇年夏、外務大丞《たいじょう》柳原前光《やなぎはらさきみつ》が上海道台との交渉のために派遣された。幕末の上海での交渉の回路が再開されたわけである。

柳原使節は上海での交渉後、北上して天津に行き、三口通商大臣成林《せいりん》や新旧の直隷総督である曽国藩《そうこくはん》、李鴻章《りこうしょう》と面談し、日清間の条約締結を訴えた（『李文忠公全集』訳署函稿巻一、三頁）。柳原は、日本は欧米に通商を押し付けられ、心は不服であったが、力で抗し難かったと述べ、さらに、両国は近隣である

李鴻章

ので、まずは好を通じて「同心協力」を願うと述べ、それを反映させた試案を現地で作成して中国側に提示した。このような日清「同心協力」論は一定の共感を生み、李鴻章は、「中華の文字に精通する」日本を「外援《がいえん》」としてこちら側に留め、西洋側につかせないためにも締約に賛成した。使節には、中華の伝統への信頼から反西洋の日清同盟を構想していた漢学者名倉信敦《なくらのぶあつ》も随行しており、雰囲気醸成に一定のはたらきをした可能性もある。その結果、中国側は、柳原の条約草案を受理し、翌年の本交渉に臨むこととなった。

もちろん柳原の唱えた「同心協力」を、中国側が額面どおりに受けとったわけでもあるまい。しかし使節一行を「礼貌《ふるまい》と詞気《ことば》はともに極めて恭謹」と評したように、中国側には、西洋列強とは異なる、同じ文化世界に属するとの共感があったことには注意してよいだろう。そして中国側は、この共感を梃子《てこ》に、「同心協力」を逆手にとるかたちで、だからこそ西洋諸国との条約をモデルにしないという方針を貫き、日清修好条規第二条に「両国好みを通ぜし上は、必ず相関切す。若《も》し他国より不公及び軽藐する事有る時、其知らせを為さば、何れも互に相助け、或は中に入り、程克《よ》く取扱い、友誼《ゆうぎ》を敦くすべし」と規定されることになった、いわゆる日清連合に固執したのだった。

これに対し、大蔵卿伊達宗城《だてむねなり》を全権とする日本側は柳原案とは別の、清朝が西洋諸国と結んだ条約に準拠した、新たな「和約」草案を以て本交渉に臨んだ。中国側は前年の柳原案との落差に驚き、柳原案に手を加えた「修好条規」草案を持ち出した（藤村道生―一九九五）。結局、この中国側草案をたたき台として、交渉は中国側ペースで進められた。柳原案も西洋諸国とは異なる日中関係という切り口で中国側に訴えるものだったことを考えると、ここには東アジアという場の論理が依然生きており、それを意図的に使った中国側が交渉の主導権をとったのに対し、日本側もその論理には抗しきれなかったことがわかる。

なお、中国側草案は「条約」とは異なる「条規」と名づけられていることに注意したい。草案をまとめた応宝時《おうほうじ》と陳欽《ちんきん》によれば、条規は西洋諸国との条約とは異なり、それは両国の地理的な近さと歴史的な往来関係の存在によるという（『同治朝籌辦夷務始末』巻八二、中華書局本、三二八六〜三二八八頁）。前述の南京条約締結後にアメリカに示した、信用できないものの行動を逐条化した成文によって縛る（＝約）のが条約だという論理に照らせば、「同心協力」を構想できる清朝と日本との間には、そのような拘束は必要ない。それぞれが自発的に自らの行為を律するための規範を箇条にして成文化すればよい。束縛や拘束性が顕著な条約に対し、価値観を共有するものとして、正しさに向けた自発性や能動性が期待されるのが条規なのだろう。

日清間の不協和音

こうして一八七一年九月に結ばれた日清修好条規は、外交使節の常駐や領事裁判権の相互承認などを規定する対等な内容のもので、地方社会で頻発する西洋人との紛争に悩まされていた中国側の強い意向

副島種臣

で、内地通商は認めず、最恵国待遇も盛り込まれなかった。また、前述の第二条が西洋諸国から反西洋の日中同盟と疑われるなど、日本にとって不都合な点も明らかになった。そこで、日本は批准書交換も済まないうち、翌年には早くも改正交渉に乗り出し、再び柳原前光が派遣されることとなった。

一八七二年六月、その柳原から外務省に、前年冬に台湾で起こった琉球島民殺害事件についての報告が入った。これは那覇《なは》を出航した宮古島の貢納船が台湾に漂着し、現地の「生蕃《せいばん》」によって五四名が殺害され、残る一二名が漢人に保護されて、旧例により、台湾府から福州琉球館を経由して琉球唐帰船で帰国することになる「事件」の第一報であった。

翌七三年三月、同治帝の親政慶賀と日清修好条規批准のために派遣された外務卿副島種臣《そえじまたねおみ》は、次なる外交目標となった朝鮮問題に加えてこの漂流民殺害事件について、清朝の態度を確認することになった。副島は六月、随員の柳原らを総理衙門に遣り、これらの件について見解を問いただした。総理衙門は朝鮮との宗属関係について後述の回答をした後、次いで、漂流民一件については、まず琉球との宗属関係について、殺害されたのは中国の藩属たる琉球国民であって日本人ではないこと、そして生存者を中国の地方官が保護したのは、「抑《そもそも》琉球国ハ我カ藩属ナレハ」の、旧例による通常の漂流民の保護送還措置だったと述べるとともに、また台湾の「生蕃」については、「此ノ島ノ民ニ生熟両種アリ、従前我カ王化ニ服シタルヲ熟蕃《じゅくばん》ト謂ヒ、府県ヲ置テ之ヲ治ム、其未タ服セサルヲ生蕃ト謂フテ、之ヲ化外《けがい》ニ置キ、甚タ理スル事ヲ為ササルナリ」、「生蕃ノ暴横ヲ制セサルハ我政教ノ逮及セサル所ナリ」と、これも伝統的理念による説明に終始した（『日本外交文書』巻六、一七七～一七九頁）。国境を画定して領土の実効支配を進めることによって、近代国家の体裁を整えようとしていた日本の姿勢との間に、不協和音があらわになってきた。

3　琉球帰属をめぐる日清対立

近代世界からのまなざし

琉球の日清両属は、既にⅢ章で述べられたように、巧妙に隠蔽や不可視化がなされることによって、双方の衝突や摩擦が回避され、その結果、この地域の交流と安寧がもたらされていた。日清両国間の大きな対立に沸騰させないメカニズムがはたらいているかぎり、一般に両属は無理なく受け入れられていた。

たとえば、一七一九年に琉球国王尚敬《しょうけい》の冊封副使として琉球に派遣された徐葆光《じょほこう》の記録『中山伝信《ちゅうざんでんしん》録《ろく》』は、十八世紀半ばには日本にも輸入され、その後、『重刻中山伝信録』と題して和刻本が何度も刊行されており、漢学に連なる人々の間では、清朝との冊封関係は広く知られていた。また、京都の町医者橘南谿《たちばななんけい》は一七八二年、九州へ旅した折、鹿児島で「唐土」往来の経験をもつ琉球人と面談し、「琉球は、唐と日本に両属したる国なれば、両方商ひをして、金銀の自由よく、大いなる利徳（ママ）を得て大富国也」と記している（『東西遊記2』平凡社東洋文庫、二二九頁）。そこでは両属は決して否定的意味で用い

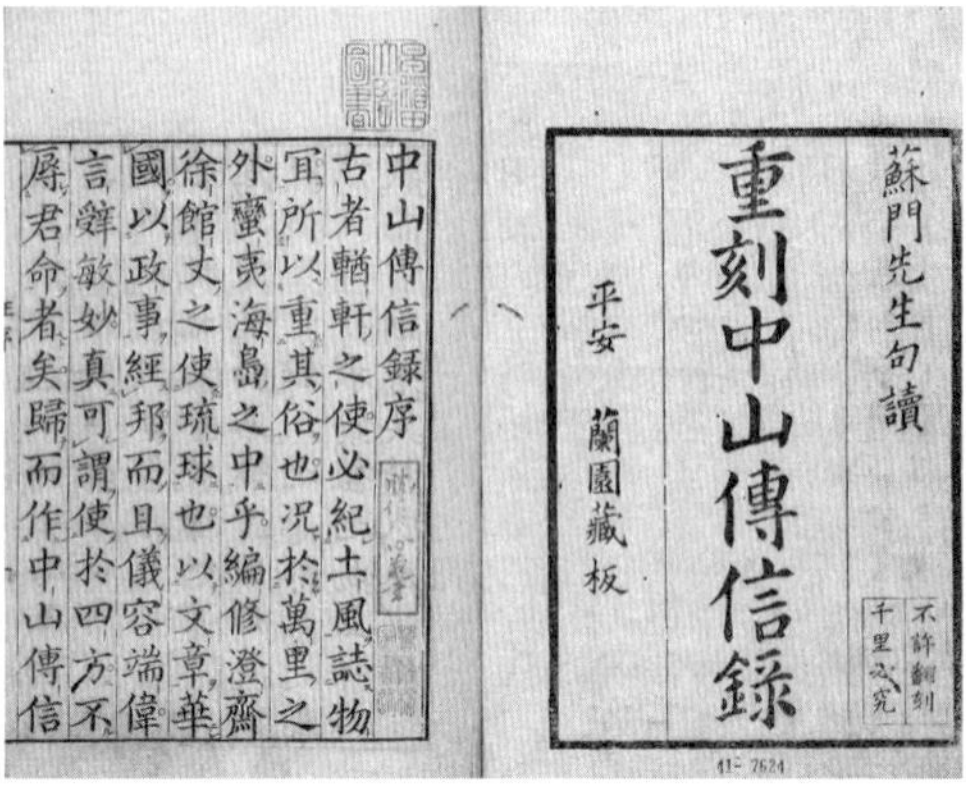
蘇門先生句讀
重刻中山傳信録
平安　蘭園藏板
不許翻刻　千里必究

中山傳信録序
古者輶軒之使必紀土風誌物
冝所以重其俗也況於萬里之
外蠻夷海島之中乎編修澄齋
徐舘丈之使琉球也以文章華
國以政事經邦而且儀容端偉
言辭敏妙真可謂使於四方不
辱君命者矣歸而作中山傳信

『重刻中山伝信録』（早稲田大学図書館所蔵）

られてはいない。

一方、西洋近代との接触が始まると、琉球は日本か、それとも中国か、どちらかという問いが西洋側から投げかけられるようになった。たとえば、一七九三年に北京で乾隆帝《けんりゅうてい》に謁見したマカートニーはその帰途、杭州《こうしゅう》を過ぎたあたりで、北京に向かう琉球の朝貢使節と出会った際、「地理的位置からいうと、この諸島は当然、中国人か日本人のいずれかに所属すべきであるが、彼らは前者の保護を受けることを選んだ」（『中国訪問使節日記』一七七頁）と記している。また、アマースト使節の随員ヘンリー・エリスの日記には、「朝鮮や琉球の歴史によると、日本と中国が古来から、これらの宗主《そうしゅ》権《けん》をめぐって競いあってきたようであるが、現在のところその支配権を確保しているのは中国である」（『朝鮮・琉球航海記』三〇三〜三〇四頁）とある。これらの判断は隠蔽が功を奏したためだともいえるが、彼ら西洋側に両属を受け止めるに足る認識枠組がなかったためでもあろう。こうして、近代世界からのまなざしにさらされることにより、両属が問題として徐々に可視化されてくることになった。

「処置」か、「処分」か

問題として顕在化してきた「両属」が、明治政府内で意識的に検討されたのが、一八七二年七月大蔵大輔井上馨《いのうえかおる》の建議をめぐる議論だった（「井上大蔵大輔琉球国ノ版籍ヲ収メシムル儀ニ付建議、幷正院ノ下問、左院ノ答議」『明治文化資料叢書』第四巻、八頁）。

井上の建議は正院に宛てたもので、その主張はこうである。琉球が「従前支那ノ正朔《せいさく》ヲ奉シ、封冊ヲ受」けてきたことを、我々が知りながら、その「携弐《けいじ》」すなわち両属を「罪」として「匡正《きょうせい》」せず「曖昧」にして「数百年」そのままにしてきたことは「何トモ不都合ノ至」であるので、「百度維新ノ今日」を機会に、その「曖昧ノ陋轍《ろうてつ》ヲ一掃」すること、それによって「速ニ其版籍ヲ」奉還させ、琉球も「内地一軌」すなわち全国均一の制度に取り込み、領土全域に均質な支配を貫徹させることを目指すとする建議であった。ただし、その具体的方法としては、武力によるのではなく、「罪ヲ譴責」し、琉球側に自ら「悔過謝罪」させ、「了得」すなわち理解、納得させるという穏便な方法を提唱していた。清朝との関係については言及がなく、どこまで意識されていたのかはわからない。ともかくも国内問題として扱おうという趣旨だった。

この建議を受けた正院とは、太政大臣・左大臣・右大臣・参議によって構成された、当時の政府最高機関（一八七一年九月設置、七七年一月廃止）であり、左院が立法機関、右院が各省の卿・大輔による行政の連絡機関だった。その正院も井上と同じ見地から、「曖昧ノ」状態を「匡正セサルヘカラス」とし、「之ヲ処分スル、如何シテ可ナランと」、その具体策を左院に諮問した。誤りを「匡正」する措置が

「処分」と表現されているわけである。こうして「琉球処分」の表現が生まれたのであった。

一方、諮問を受けた左院は別の応答をした。この時期、既に琉球使節の上京が日程に上っていたため、その接待方法についても同時に具申した答弁書「琉球国使者接待併其国ヲ処置スルノ議」は、「処分」の語を用いず、「処置」を用いてその表題としている。日清両属の実態について、清朝との冊封関係は名目だけの「虚文ノ名」であるのに対し、これまでの島津による実質的支配は「要務ノ実」を得た関係であるので、現状のままで実質を保持すればよい。清朝の「虚文」まで排除しようとすると、「清トノ争端を闢《ひら》ク」ことになりかねないと現状維持を主張し、それどころか「我ヨリ琉球王ニ封シタリトモ、更ニ清国ヨリモ王号ノ封冊ヲ受クルヲ許シ、分明ニ両属ト看做《みな》スヘシ」と、むしろ両属をはっきりさせるべきだとさえいう。井上や正院が両属を否定するのに対し、左院は従来の関係の維持を主張するとともに、これまでのような隠蔽に代えて、公然化まで提案する。ただし、これでは、近世において巧妙に摘み取られてきた紛争の芽を発芽、成長させてしまいかねず、公然化という点に、批准書交換による相互確認を要する近代外交にも似た近代臭が感じられるともいえる。ここにも、維新を伝統の連続性として考える立場と、断絶による近代化と考える立場の矛盾が表面化していた。

上京する琉球使節の接待については、一八七二年八月に外務省の扱いとされていたが、これに対し井上は、「旧套《きゅうとう》ノ礼節ニ因依シ、殊域外賓ヲ被為待候テハ、把持ノ国権ニ関シ不容易、御不都合」と、幕府時代に琉球使節を異国扱いしていた「旧套」による接待では「国権」に「不都合」と述べ、「接待ノ礼ハ大略版図内ト見做シ」、徐々に各地方官の朝廷への参集と同様の扱い、すなわち琉球を日本の一地方として扱っていくように上申した。

　ただし井上の主張するような東アジア世界の伝統理念との訣別は容易ではなかった。一八七二年九月十四日、琉球正使伊江《いえ》王子らが参内した際、尚泰《しょうたい》を琉球藩王に封じ華族に列する冊封詔書が授けられた。この明治天皇による冊封は、一世一元制の採用などと同じく、中華王朝の皇帝としての政治行為になぞらえた、東アジアの伝統的王権理念にアピールする行為である。ただ、この措置は、冊封が皇帝と王との間の二者間関係であることに照らし、第三者たる清朝には通告されず、国内問題として処理されたため、結果として、左院のいう「我ヨリ琉球王ニ封シタリトモ、更ニ清国ヨリモ王号ノ封冊ヲ受クルヲ許シ」た両属状態をもたらすことになった。

　なお、付言すれば、東アジアの伝統的王権理念の根強さはこの後も続く（茂木敏夫―二〇一二）。一九一〇年日本が韓国を併合した際にも、明治天皇は大韓皇帝を「李王」に冊封している。

台湾出兵

　一八七三年に副島使節が北京で総理衙門と議論した際、台湾「生蕃」を「化外」として、彼らによる琉球漂流民殺害に対する統治責任を放棄したかのような総理衙門の答弁を根拠にして、日本は〈生蕃地＝化外地＝無主《むしゅ》〉という論理を組み立て、それによって翌年四月、台湾に出兵して自力で生蕃を「討伐」する挙に出たのだった。

　日本の脅威については、豊臣秀吉《とよとみひでよし》の朝鮮出兵を想起しつつ、むしろ朝鮮の方に警戒心を抱いていた北

大久保利通の北京での交渉（『明治太平記』十編上より，早稲田大学図書館所蔵）

洋大臣李鴻章は、出兵の第一報には半信半疑だったが、英米からの通知によってその事実を確認するや直ちに対応策を講じた。台湾海峡の対岸、福建に駐在する船政大臣沈葆楨《しんほてい》を兵員とともに台湾に急派し、生蕃を慰撫することによって安寧を回復し、「無主」という日本の論理を封じようとした。版図内にあっても統治に従順でない民は生蕃として化外に置き管轄外とする従来の論理では、領域内の全面に排他的に権力を行使し、その裏返しとして統治責任も負うという日本の論理に対抗しきれないことを認識していたのである。

日本は七月十二日、琉球関係事務を外務省から内務省に移管することで、琉球が日本の国内であることを鮮明にしていたが、紛争の長期化を避けるため、内務卿大久保《おおくぼ》利通《としみち》を派遣して北京で交渉させることにし、九月十四日から総理衙門との交渉に入った。大久保は〈生蕃地＝無主〉論を断念して台湾が中国の領土と認めたうえで、琉球被害民への賠償金を清朝に認めさせることにより、出兵の大義名分と琉球支配の既成事実とを認めさせることに方針転換した。

交渉は決裂の危機に瀕しながらも、駐清英国公使ウェードの仲裁により十月三一日にようやく妥結した（日清両国間互換条款および互換憑単、いずれも漢文)。出兵については、日本はこれを「保民義挙《ほみんぎきょ》」とし、中国も「不是」とはしないとすることで妥協が成立し、難民遺族に対しては「撫恤《ぶじゅつ》銀十万両」が下賜され、日本軍が現地につくった道路や建造物を清側に譲渡するため、譲渡金四〇万両が支払われることに決まった。琉球の帰属問題については特に言及はなかったが、互換条款の前文には「台湾生蕃曽《かつ》テ日本国ノ属民等ヲ将《もっ》テ妄リニ加害ヲ為スヲ以テ」と明記された。琉球の日本帰属を認めたとも受け取れる文面である。両属を否定する方針を打ち出した日本の立場からすれば、日本への帰属はすなわち、中国には帰属しないということである。少なくとも日本はそう理解した。しかし両属を問題視しない立場からすれば、日本に属するとしても、それが中国に属することの否定にはならない。難民遺族に「撫恤」として皇帝の恩恵が及ぼされた以上、琉球が中華世界の秩序のうちに組み込まれていることを日本側が認めたとも解釈できる。中国にしてみれば、台湾の回復が優先され、日本側の意図に若干の疑念は抱きながらも、受け入れ可能な範囲と判断したということだろう(茂木敏夫―一九九二)。

第二次琉球処分と日清交渉

台湾出兵のさなか、日本政府は琉球藩の管轄を内務省に移管していたが、その翌年一八七五年には内務大丞松田道之《まつだみちゆき》を琉球に派遣し、「大ニ昔日ノ面目ヲ改メ、百事宇内ノ条理、万国ノ公法ニ照サヽルヲ得ス」と、清朝との冊封・朝貢関係の廃止や明治年号の使用、藩制改革などを命じた(『明治文化資料叢書』第四巻、一〇五頁)。「万国公法」に準拠した近代国家の体裁を整えるため、歴史的に形成されていた東アジアという場の論理は、こうして「昔日」の、時代遅れとして否定し去られたのである。これによって、井上馨の建言と左院の答弁書との分岐にようやく決着がつき、井上が建議した「内地一軌」への道が確定した。

すると、琉球の士人たちが密かに琉球を脱出して海を渡り中国に救援要請に行く、いわゆる脱清運動が起こった。大陸に渡った脱清士人によって、北京や琉球館のある福建など各地で清朝側にはたらきかけが試みられた。

ところで、清朝もこのころから常駐外交使節を各地に派遣するようになり、一八七六年に駐英公使を派遣したのを皮切りに、翌七七年にはドイツと日本に公使が派遣されることになった。初代日本公使には何如璋《かじょしょう》が任ぜられ、同年東京芝《しば》に公使館が開設された。公使館の最初の懸案となったのが、日本が着々と「内地一軌」を進める琉球だった。こうして、琉球をめぐる日清間のせめぎあいが、琉球を脱出してきた士人も関与しながら、日本と中国とでくりひろげられた（西里喜行—二〇〇五）。

なお、科挙の最高位である進士《しんし》の資格をもつ公使らとの交流を求めて、公使館には多くの文人が参集したが、日清提携を構想するアジア主義者もここを訪れ、漢文での筆談により、構想を語り合っていた。日本のアジア主義者が一八八〇年に興亜会《こうあかい》を結成した際には、何如璋も会員に名を連ねている。アジア主義者はむしろロシアの脅威を強調することで琉球問題を棚上げし、日清間の対立を緩和しようとしていたようにも思われる。また、公使館の黄遵憲《こうじゅんけん》は、明治日本の改革に関心をもち、離任後に滞在中の調査をもとにして一八八七年『日本国志』をまとめている。

何如璋は着任早々、琉球問題について日本側に抗議したが、日本側はできるかぎり中国側とのやりとりを避け、内政問題として進める方針をとった。それに苛立った何如璋の抗議文の記述、「（日本は）隣交ニ背キ弱国ヲ欺キ、此ノ不信不義無情無理ノ事ヲ為（し）……琉球ヲ欺凌シ……小邦ヲ圧制ス」を、妄りに日本を非難する「暴言」とみなし、この「暴言問題」を口実にして交渉を拒否した（『日本外交文書』巻一一、二七二頁）。すると、何如璋は東京で琉球士人や西洋各国の公使館と接触を試みたため、事態を懸念した日本側は直轄化を急ぎ、琉球の廃藩置県を断行する挙に出た。

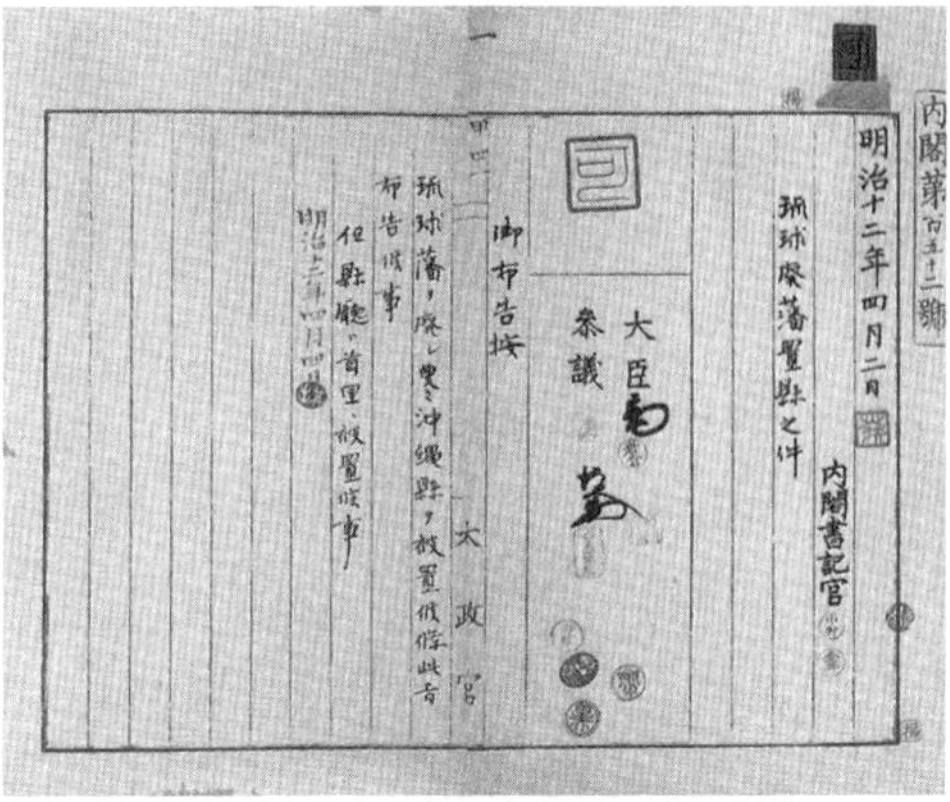

内閣書記官局「琉球藩ヲ廃シ沖縄県ヲ置ク」
（『公文録』明治12年４月各局，国立公文書館所蔵）

一八七九年三月十一日には第二次処分として、琉球藩を廃して沖縄県を設置し、中央から県令を派遣する命を下した。翌日、松田道之が琉球処分官として警官二〇〇名弱とともに横浜を出港、鹿児島で熊本鎮台《ちんだい》の兵を連れて二十五日那覇着、三十一日に首里城を接収した。

当初は海上の「区々たる小国」に過ぎない琉球に対して消極的だった李鴻章をはじめ、清朝は、こうした明治政府の強硬措置や琉球士人の救援要請に刺激され、この問題に積極的に関与し始めた。清朝は日清両属の原状回復、特に皇帝による冊封の回復という、いわば左院のいう「虚文」にこだわる姿勢をとることとなった。

折しも東アジア歴訪中だった前アメリカ大統領グラントの仲介を得て、一八八〇年に北京で日清間の交渉が行なわれた。宮古《みやこ》・八重山《やえやま》二島を清朝に譲り、代わりに日清修好条規を、日本の求める内地通商権を折り込んだ内容に改めるという、いわゆる「分島改約」で交渉は一時まとまった。清朝側は、獲得した二島を琉球人に返還して再び琉球王を冊封し、琉球王国を再興することを企図したものの、二島での王国経営は困難と琉球士族に反対され、名城春傍《なしろしゅんぼう》（唐名は林世功《りんせいこう》）の抗議の自決もあり、清朝はこの「分島改約」案の調印をキャンセルした。同時並行で進められていた内陸の新疆《しんきょう》をめぐる露清間の国境交渉が妥結したため、清朝側にやや余裕が生じたためでもあった。ただ、これによって交渉は中断してしまい、以後、琉球帰属問題は日清戦争によって台湾が日本に割譲されるまで、日清間で断続的に問題化されるなか、日本による既成事実化が進んでいった。

4　伝統と近代のあいだ

台湾への実効支配

日本の台湾出兵は北京での交渉によって一応の解決をみたが、清朝にとって交渉の過程で海防の不備が明らかになった。そのため、関係する有力大官に海防強化策について意見具申が求められた。この後、日清戦争にいたるまで日本の脅威になる北洋海軍は、これを契機に着手されたものである。同時に、伝統的な版図支配の近代的国際関係における脆弱さも暴露されることとなった。日本が万国公法と軍事力でもって問責した領域内での実効支配に対して、化外に放任するという中華の伝統的理念では有効に対処しきれなかった。清朝は以後、辺疆防衛のため、台湾への実効支配を積極的に進めるようになった。それによって王朝の統治空間は、伝統世界の版図から近代国家の領土に匹敵するものに変質していった。

日本の出兵に対抗するために台湾に派遣され、対日最前線で折衝にあたっていた沈葆楨は、一八七五年一月、台湾の善後策について上奏し、福建巡撫《じゅんぶ》を台湾に移駐させ、台湾北部に府県を増設して清朝の行政機構を整えることを提案した。そして実際に、化外に放置されていた生蕃の居住する山地の開発を進め（「開山《かいざん》」）、実効支配を広げることに着手した。それには生蕃を化外に放置することなく、むしろ漢語教育をはじめ中華の文化に馴染ませること（「撫蕃《ぶばん》」）が有効だった。また、大陸から勝手に台湾に渡ることを禁じていた旧例を改め、広く移民を招き寄せることを奏請した。さらに、電信線の敷設や石炭採掘など、近代的な産業政策にも着手した。こうした沈葆楨のいわゆる「開山撫蕃」政策は、福建巡撫に就任した丁日昌《ていじつしょう》に引き継がれ、丁のもとでさらに樟脳《しょうのう》や茶の栽培・製造なども始まった。

「近代」的再編

一八七〇年代末に丁日昌が離任すると、台湾政策は一時停滞したものの、清仏戦争の際に、地政学的重要性から一八八五年台湾省が設置され、初代台湾巡撫となった劉銘伝《りゅうめいでん》が、鉄道敷設など、再び積極的な開発を推進した。彼は「全蕃を帰化させて内乱の芽を摘み、外患が襲来しても彼らを動員して防御できるならば、兵費を節約でき、さらには山林を伐採して財源を豊にできる」と、先住民の中華への

「帰化」を積極的に進めた。その際、彼は、この政策について、「民蕃はみな朝廷の赤子《せきし》である」ので、「朝廷はこれを一視同仁にあつかう」ものだと述べている（『劉壮粛公奏議』巻四、一二頁）。この新たな積極策は、依然として伝統的な徳治の理念によって説明され、正当化されていたわけである。

それは、同じ時期に内陸の新疆で、ロシアの脅威に対峙しつつ新疆経営にあたっていた左宗棠《さそうとう》が、トルコ系ムスリム（回民）を中華に教化する際に用いたのと同じ論理である。左宗棠は新疆において、「彼の殊俗を化して我が華風に同じくせん」がために義塾を設けて中華化を推進していた。そして、その成果を「人として持っている善性には中外の分がないことがわかる。〔回民も〕善たらんとすれば善たり得るのは、理の当然である」と自賛している（『左宗棠全集』第七冊、五一七頁）。現時点では文化的に欠如し劣った状態にある回民も、良民と同じく朝廷の赤子であるので、これを教化すれば本来のあるべき完成態にすることは可能である。それによって迫り来るロシアの圧力に対峙するに足る辺疆の充実が可能になるという論理である。その点で、確かにこれは、理念としては、伝統的体制の連続として理解できるものだった。

一方で、日本やロシアの持ち込む近代と対峙するなかで、その伝統的な徳治や教化の理念を根拠にしながらも、その実際としては、化外として放置せず、積極的に、例外なく、全面的に教化を推し進めていくことにより、この教化の実態は、伝統とますます乖離《かいり》してしまい、王朝国家の版図は近代国家の領土に近似していった。しかし、だからといって、清朝の辺疆政策が日本のそれと同質だったと考えるのは適切ではない。琉球処分にいたるプロセスで、日本は左院の意見を結局は退け、「処分」によって伝統を断ち切ること、すなわち近代を自覚的に選択した。それとは異なり、伝統理念を根拠として進めた再編が、結局近代に近似してしまったという清朝の再編は、その意味で、いわば、カッコ付つきの「近代」的再編だったといえるだろう。

そして、こうした「近代」的再編は、次節に述べる、この時期の朝鮮との宗属関係にも如実にあらわれていた。清朝の朝鮮政策は、伝統に根拠を求めて独自の関係を維持しようとすればするほど、かえって近代的な「力の支配」に陥っていったのである。

三　朝鮮をめぐる伝統と近代

1　日朝修好条規をめぐるまなざしの交錯

境界維持装置としての冊封・朝貢

ここで中国と琉球や朝鮮などとの、東アジアの中華秩序を形成する紐帯となっていた冊封と朝貢の関係について、その特徴を簡単に述べておきたい。

この関係は一定の手続に従って朝貢してきた周辺の君長を中国皇帝が国王に冊封する、中国皇帝と国王との一対一の上下の君臣関係であった。そのため、君主たる皇帝の恣意によって、容易に支配や抑圧へと転化しかねない関係でもあった。ただし、儒教の諸概念によって説明された政治空間において、「事大」すなわち「大につかえる」、および「字小」すなわち「小をおもいやる」が語られると、小国が「大につかえ」れば、大国はこれを保護、優待することが期待されることになる。それを無視すれば、大国は自らの徳に傷がついてしまう。そこに、大国の行動を規制しながら自らの利益を追求する、したたかな外交戦略が、小国の側に開けてくる。一方、大国たる中国の側でも、小国を優待することを見せれば、他の小国の自発的な服従を促すことになり、かえって低いコストで大国としての存在を誇示できるうえ、それによって自国内においても皇帝の権威が高まるだろう。

このように、冊封と朝貢に関わる儀礼に中国と周辺とがそれぞれの思惑をこめて、自らの利益を追求したのである。そのような意味で、冊封・朝貢に関する儀礼は中国王朝と周辺諸国・諸社会との関係を円滑に維持していくための境界維持装置だったといえる。この境界維持装置によって双方の思惑の違いは隠蔽されてしまい、結果として、違いを残したまま橋渡しが可能になる。冊封と朝貢はこの地域の共存の装置であった（茂木敏夫―二〇一〇）。

「属国自主」の案出

一八六〇年代になると、上海以北に開港場が拡大し、西洋人がその海域にも活動範囲を広げてきたことにより、朝鮮に対しても、西洋諸国が関心を寄せるようになった。そのため、朝鮮との関係について、清朝自身が西洋諸国に向けて語らねばならなくなる機会がしばしば生じることになった。

一八六六年、朝鮮に起きたカトリック弾圧に対する報復として、フランスは朝鮮への武力行使を試みたが、その際、フランス代理公使の照会に対して、総理衙門は朝鮮とフランスとの紛争に巻き込まれることを警戒し、「高麗は中国に貢を納めると雖《いえど》も、一切の国事はすべてその自主としている」と答弁していた（『同治朝籌辦夷務始末』巻四二、一七七八頁）。

一方、朝鮮の側では、「小邦の患難について、その都度大朝の救恤《きゅうじゅつ》を蒙り」とか、「礼部より皇帝にご報告のうえ、防御の機略をお導きいただくことで、小さな属国に永遠の安靖《あんせい》をもたらしていただければ、このうえなく深甚です」などと（同巻四七、一九八九頁）、自らを小国と位置づけることで、大国中国の庇護《ひご》を獲得して、フランスとの厄介な案件を大国に預けようとしていた。朝鮮も事大・字小の枠のなかで振る舞うことで、自らの利益を模索していたわけである。

同じ年、アメリカ商船シャーマン号が大同江口《だいどうこう》で難破して船が焼かれ、乗組員（米国人と英国人）が殺害される事件が起こった。これにはアメリカが謝罪と補償を強く求め、一八七一年、艦隊を朝鮮に派遣した。交渉は不調に終わったが、その過程で英米両国からも清朝に対し、朝鮮との関係について、再三の問いあわせがあった。英米両国公使に対し総理衙門は、「朝鮮は中国に臣服していて、その政教禁令はすべて該国の自主によるので、中国は関与していない」と応答していた（英国公使宛照会では、最初の一節は「朝鮮は中国の属国であり」となっている）（同巻五七、二三二九〜二三三一頁）。

西洋諸国の近代からのまなざしに応えていくなかで、従来の関係を振り返り、その実際に即しつつ、なおかつその時点での自らの立場を損ねないような説明が、清朝によって選択され、「属国であり自主」という定型的な語りが東アジアの国際関係に登場したわけである。その意味で、この「属国自主」は近代のレンズを通じて再定義された「伝統」だった。こうして対外的に表明された以上、その後は、この「属国自主」に沿って朝鮮との関係を運営していくことが望まれた。それによって、朝鮮に対して他の国々とは異なる、中国の特殊かつ優越的地位の確保が容易になる。

以後、一八七〇年代半ばから八〇年代、そして日清戦争にいたる時期の清朝の、特にそれを主導した李鴻章の朝鮮政策は、この「属国自主」を基軸にして進められた。中国の案出した「属国自主」の枠組に、朝鮮も含めて各国がそれぞれの立場からアプローチしてこの枠組を利用することにより、一定の均衡状態が実現することになった。その意味で、「属国自主」は、十九世紀後半の東アジアにおいて新たに構築された境界維持装置だった（茂木敏夫―二〇一〇）。

日本からの問い

こうして登場した「属国自主」という語りは、その後、日本との交渉においてもしばしば議論の焦点となった。前節でとりあげた一八七三年の副島使節に随行した柳原前光と総理衙門とのやりとりにおける、朝鮮の「属国自主」に関する記録はこうである。

柳〔原〕曰、……朝鮮ハ貴国及ヒ我国ノ間ニ介立シテ、両国ニ往来スルヤ久シ。……貴国ハ彼ヲ属国ト称スレトモ、内政教令ニ至テハ、皆関与スル事無シトノ答有リタル由、是亦果シテ然乎。

彼曰、属国ト称スルハ旧例ヲ循守シ、封冊献貢ノ典ヲ存スル而已《のみ》。故ニ如此回答セン也。

柳〔原〕曰、然ラハ彼国ノ和戦権利ノ如キモ、貴国ヨリ絶エテ干与スル所無キ乎。

彼曰、然リ。（『日本外交文書』巻九、一四二―一六二頁）

「属国ト称スルハ旧例ヲ循守シ、封冊献貢ノ典ヲ存スル而已」、つまり儀礼的関係に過ぎないという、かつて英米公使に宛てた照会からさらに具体的に踏み込んだ答弁が記録されている。このやりとりが、日本の朝鮮進出に一定の後押しとなったことは、想像に難くない。

中国から不干渉の言質を得たと考えた日本は、一八七五年九月、朝鮮を挑発して江華島事件を引き起こし、翌年二月、砲艦の威圧の下に当初の思惑どおりに「一等を下した」不平等条約、日朝修好条規を

月岡芳年「雲揚艦兵士朝鮮江華戦之図」
（東京経済大学図書館所蔵）

結んだ。これは第一条で「朝鮮国ハ自主ノ邦《くに》ニシテ日本国ト平等ノ権ヲ保有セリ」と規定している。日本はこれによって清朝と朝鮮との宗属関係が否定されたと考えたが、朝鮮にしてみれば、「冊封頒暦ヲ奉スル而已」の宗属関係においては、属国と「自主ノ邦」とは何ら矛盾しない規定であり、それゆえこの条約は徳川時代以来の交隣関係の修復と考えられた。清朝側の解釈も同様だった。

なお、この間の対清工作のため、北京に赴任していた森有礼《もりありのり》公使は総理衙門と、さらに保定《ほてい》で李鴻章とかなり突っ込んだやりとりをしていた。その記録には双方の関心のありようが反映しており、興味深い。以下少し検討したい。

森有礼と李鴻章との対話

森有礼は総理衙門とやりとりした後、保定の直隷総督衙門を訪れ李鴻章と面談した。近代世界における属国の内容を根拠にして、朝鮮は属国ではなく独立国だとする森に対し、李鴻章は伝統的な属国は近代世界のそれとは異なるとして議論が進んだわけであるが、その議論は、実はそれほど単純ではない。たとえば、

森、貴国と日本はともにアジア洲にありますが、残念ながら西洋に抑えられてしまっています。

李、我々東方諸国は中国が最大で、日本がこれに次ぎます。その他各小国と一致協力して局面を挽回しなければなりません。そうして初めてヨーロッパに対抗できるでしょう。

森、私の見たところでは、和約（日清修好条規）は何の役にも立ちません。

李、両国の平和友好はすべて条約によります。どうして役に立たないといえましょうか。

森、和約は通商のことを処理するために過ぎません。国家の大事はただどちらが強いかによるのみで、すべて条約によるというわけではありません。

李、これは謬論《びゅうろん》です。力を恃んで条約を違えるのは、万国公法の許さざるところです。

森、万国公法もまた無用です。

李、条約に反し公法に背くことは、万国公法に容認されないでしょう。（『李文忠公全集』訳署函稿巻四、三四頁、訳は『原典中国近代思想史』2「万国公法の時代」四〇頁による）。

この「和約」をめぐるやりとりでは、結局は力の論理に帰結するという森を、それは「万国公法の許さざるところ」として李がたしなめている。近代世界の属国とは異なる中華世界の属国を語りながら、ここでは近代世界の条約や万国公法をもちだして、森の議論を牽制しているわけで、このような態度からは、伝統に拘泥する頑な姿勢ではなく、臨機応変に伝統と近代とを使い分ける柔軟な姿勢がうかがえる。李鴻章にとって、万国公法という近代世界の論理を取り込むことによって、選択肢が広がったともいえるだろう。

なお、このやりとりは、実は日本側の記録には記載されておらず、中国側の記録のみにある。だからこのやりとりが会談のなかで実際にはどのようなものだったか、判断は慎重であるべきである。日本側では内容の本筋に関わらない、大して重要ではないと考えたのかもしれないが（もちろんその逆、重要だからわざわざ記載しなかった可能性も排除できないが）、中国側ではこのやりとりに一定の意味を見出し、わざわざ記録に残している。双方の関心のありようがうかがえる記録である（茂木敏夫―二〇〇六）。

逆に、日本側のみに詳細があることとして、たとえば、西洋の学問について、現在の日本はまだ十分に受容できていないという森の言に接して、李鴻章が「日本は衣冠すら変わったのに」まだ不十分というのかといぶかる記録が中国側にある。そこでは衣冠に関する、その短い一句のみが記録されているのに対し、日本側記録は以下のように詳細である。

李、近来貴国ニ於テ挙行セラル、所、殆ト皆賞賛スヘキ事ナラサルハナシ。然リ而シテ独リ然ルヲ得サルモノアルハ、貴国旧来ノ服制ヲ変シテ欧風ヲ模セラル、ノ一事是ナリ。

森、其由縁甚タ単ナリ、啻《ただ》少シノ弁解ヲ要スルノミ、抑々我国旧来ノ服制タルヤ、閣下モ見賜ヒシ事アルヘシ、寛濶爽快ニシテ無事安逸ニ世ヲ渡ルノ人ニ於テハ極メテ可ナリ。然リト雖トモ、多事勤労ヲ事トスルノ人ニ在テハ全ク適セサル者トス。然ルヲ以テ旧事ノ事態ニハ能ク応シタルモ、既ニ今日ノ時勢ニ至テハ甚タ其不便ナルヲ覚ユ。是故ニ旧制ヲ改メ新式ヲ用ヒ、之カ為我国ニ於テ裨益ヲ得ル尠《すくな》シトセス。

李、一体衣服制度ハ人ヲシテ祖先ノ遺意ヲ追憶セシムル所ノ一ニシテ、其子孫タル者ニ在テハ宜ク之ヲ貴重シ万世保存スヘキ事ナリ。……然リト雖トモ、閣下ハ貴国旧来ノ服制ヲ捨テ欧俗ニ倣ヒ、貴国独立ノ精神ヲ欧州ノ制配ニ委ネ聊《いささ》カ恥ル所ナキ乎。……我国ニ在テハ決テ如斯ノ変革ヲ行フ事ハ勿《なか》ルヘシ。只軍器鉄道電信其他器械ノ如キハ之レ必須ノ品ニシテ、彼ノ最モ長スル所タレハ、之ヲ外国ニ取ラサルヲ得サルナリ。（『日本外交文書』巻九、一七七頁）

李鴻章は「服制」を欧風に代えるのは、独立の喪失、欧州支配を受け入れるに等しいとさえ述べる。だから「器械」は西洋式を受容するが、「服制」は変えないときっぱり断言している。「器」とは「道」と対比される概念で、〈道—器〉の関係は〈本—末〉の関係に等しい。したがって「器械」は末梢、それと対比される「服制」は本質になる。中国の価値観によれば、中国の根本である「服制」を守るのは当然で、これをあえて記録する必要はなかったのだろう。逆に日本側にその詳細が記録されたのは、そのような中国の価値観を書きとめることに意味を感じたからだろう。近代の尺度から中国の頑固さや非合理性が鮮明になるに違いない。

2　対米開国をめぐる清朝の構想

琉球関係と朝鮮関係の連動

日本の琉球専属化の動きにつれて、新たな見地から琉球への積極的な対応を求める主張が、一八七八年五月、駐日公使何如璋から提起された。何は「〔日本は〕琉球の朝貢を阻止するだけではやまず、必ず琉球を滅ぼすだろう。琉球が滅びれば、次は朝鮮に及ぶだろう」と述べて、琉球の問題は中華世界の秩序全体に関わる問題であり、琉球の確保は他の朝貢国、特に朝鮮の確保に直結するとして、日本の動きに断固たる態度をとることを主張していた（鈴木智夫―一九九二）。

その翌年に強行された琉球に対する廃藩置県は清朝を強く刺激した。福建巡撫を退いていた丁日昌は、日本の次の狙いは朝鮮だとして、朝鮮に対米開国を勧めて日本を牽制することを提案した。李鴻章は、こうした意見を背景に朝鮮へのはたらきかけを開始する（原田環―一九九七）。同時に、グラントの仲介により始まった北京での琉球をめぐる交渉において、清朝側はたとえ「虚名」であっても、琉球の存続にこだわり、粘り強く交渉を続けた。

中国王朝が周辺にめぐらせた冊封・朝貢の関係は、そもそもは坂野正高《ばんのまさたか》がいうように（坂野正高―一九七三）、個別の一対一関係の束であった。それが、琉球処分という衝撃に直面して、琉球との冊封・朝貢関係が朝鮮とのそれに連動する、すなわち個々の一対一関係が有機的に連動するひとつのシステムとして自覚されるようになり、連動させて運用するようになったわけである。有機的なシステムとしての「朝貢体制」はここに誕生したといってよい。

地域構想の競い合い

ところで、前述の森有礼と李鴻章の面談において、李鴻章はアジアの提携に言及していた。アジアをめぐっては、この時期、日本でも議論されており、既に述べたように、東京の清国公使館員とアジア主義者との交流もあった。日本のアジア主義者が何如璋らにも声をかけて興亜会を結成した一八八〇年、公使館の黄遵憲《こうじゅんけん》が『朝鮮策略』を執筆し、それは当時日本を訪れていた朝鮮の使節団に手交された。

これはロシアの脅威に対して、朝鮮が「中国と親しみ、日本と結び、アメリカと連なり、以て自強を図る」べきことを説いたものだった。ロシアの脅威を防ぐ、そのために朝鮮に対して対米開国を働きかける内容だった。

興亜会など日本のアジア提携の構想は、「今ヤ我国ハ亜細亜諸国開化先進ノ国タルハ自ラ任ジ又他ノ許ス所ナルヲ以テ、諸邦ニ先シテコノ東洋連衡《れんこう》ノ業ヲ担当スルハ我国ヲ棄テ、誰カアル」というように（草間時福「東洋連衡論」『郵便報知新聞』一八七九年十一月十九日）、多くが日本を盟主とするものであり、その根拠は「開化先進」すなわち近代にあった。これに対し『朝鮮策略』は中国の朝鮮への宗主権を基礎にして、そのうえでの日本やアメリカとの連携だった。つまり、近代を根拠とする日本主導の東アジア構想と、中国と朝鮮との伝統的な関係を根拠とする中国主導の東アジア構想とが、東京を舞台にして競合していたわけである。

それぞれの地域構想の競い合いにおいて、焦点となったのは朝鮮だった。ようやく近代に窓を開こうとする朝鮮に、中国と日本とが競い合って関与していくのである。その際、中国が伝統的な冊封・朝貢の関係に根拠を求めることで日本より優位に立とうとしたのに対して、そのような「遺産」をもたない日本は近代を根拠としたのである。近代を根拠とすることによって、十九世紀の世界を席捲《せっけん》した文明論や社会進化論の、当時のグローバルな価値観にもアピールできた。こうして〈伝統＝守旧の中国〉と〈近代＝開化の日本〉という対比の構図が構築されていったのである。

「陰寓操縦之法」

琉球問題が朝鮮問題に連動したことを受けて、李鴻章の朝鮮へのはたらきかけが始まった。李鴻章は西洋の事情に暗い朝鮮に対して、中国の実質的な介入が必要になると考えたが、伝統的関係こそが他とは異なる中国の優位性の根拠となるうえ、「属国自主」が語られてきた以上、この原則を堅持する必要があった。そのため、はたらきかけは朝鮮の高官李裕元《りゆうげん》に宛てた私信による非公式の形をとった。

ときに朝鮮との条約締結を求めてアメリカから派遣されてきたシュウフェルト提督からの仲介依頼に接した李鴻章は、これに積極的に乗り、対米開国に関与することになった。

また、さきに琉球問題で断固たる態度を要求した何如璋により、一八八〇年十一月、伝統的な宗属関係の枠組みを解体して、朝鮮を近代世界の属国に転化するともいえる献策があった（鈴木智夫―一九九二）。それは、朝鮮に駐劄辦事大臣《ちゆうさつべんじだいじん》を置いて内政外交の権限を奪い、中国が直接介入して欧米諸国と朝鮮との条約を締結する、それが無理ならば、自主を尊重しつつも宗主権を認知させるために、条約中に「朝鮮は中国政府の命を奉じて某某国と条約を締結することを願い云々」と明記させるというものだった。しかし、あくまでも伝統的な宗属関係の枠組を守って朝鮮を説得する方針をとる李鴻章は、公然とした介入や、自主を奪う朝鮮駐劄辦事大臣などは否定した。

『朝鮮策略』の影響もあってようやく開国に転じた朝鮮は、一八八一年二月、李鴻章に対して対米開国の意向を伝え、朝貢使を通じて、条約についてアドバイスを求めてきた。そこで条約締結交渉は李の仲介のもとに、まず天津で行なわれることになり、八二年一月、朝鮮の使節が天津に来たが、彼らは朝鮮国王の密諭を奉じ、交渉を「代わって主導する」ことを正式に依頼してきた。国王の依頼を得たことで、自主の原則に抵触しないかたちで、実質的な介入が行なわれることになった。それによって同年五月、アメリカとの締約がなるや、他の欧米諸国も条約締結に乗りだした。清朝はこれにも積極的に介入したが、しかしいずれも形式的には朝鮮からの仲介・主持の依頼を受け、李鴻章幕下の馬建忠《ばけんちゅう》の指導の下で締結された。自主の原則は一貫して保持されていたのである。

同じ八二年、フランスの圧力下にある朝貢国ベトナムに対して、朝貢使が来たとき総理衙門から密かに指導するという、伝統的体制の枠内での影響力行使を提案する際に、李鴻章はこれを「陰寓操縦之法《かげであやつる》」と述べていたが、朝鮮の対米開国に用いられた方法は、目立った介入を避けるという点で、これに準ずるものだった。朝鮮の外交権を掌握して植民地的支配を行なうだけの力量は中国にはなく、これまでの朝鮮との関係を既得権としてこれからも朝鮮を指導して中国の安全に役立てようとするなら、伝統的枠組を使うしかなかった。しかし、この過程で、たとえ朝鮮国王の依頼によるとはいえ、宗属関係の階層的構造にしたがって中国に都合のよいように介入が加えられていったわけで、こうして伝統的な宗属関係は急速に形骸化していったのである（茂木敏夫―一九九二）。

3　宗主権強化とその帰結

「操縦」から「強制」へ

宗属関係が形骸化して上下の支配としての性格を濃厚にしていく次の契機となったのが壬午《じんご》軍乱であ

る。対米開国の直後、一八八二年七月に起こったこの反乱は、江華島《こうかとう》事件以来の日本の進出に対する反発と朝鮮の政治を牛耳る閔《びん》氏一派に対する反発とが結びついて起こったものだった。日清両国は競い合って朝鮮に出兵した。当時天津に滞在していた朝鮮使節の要請を受けて、属国を保護する名目で出兵した清朝は、ただちに王都漢城《かんじょう》を制圧し、閔氏と対立していた王父大院君《だいいんくん》を事件の首謀者として逮捕し、天津に護送した。

こうした清朝の対応は、従来に増して積極的なものだったが、しかし出兵はあくまでも朝鮮側の要請に基づくものであったし、「字小之義」を顕らかにするという、出兵を指示した張樹声《ちょうじゅせい》（服喪中の李鴻章の代理）の言や、大院君逮捕にあたり馬建忠が述べたとされる「皇帝の冊封した国王をあなどることは皇帝を軽んずることになる」からもうかがえるように、この出兵は、やはり伝統的理念に基づいていた。

清朝から派遣されていた淮軍《わいぐん》六営三〇〇〇の兵は、乱後に日本との間に結ばれた済物浦《さいもつぽ》条約で認められた日本公使館守備兵への抑止として、そのまま駐留を続けた。さらに、親清に転じた閔氏政権の後ろ盾にもなったため、清朝の影響力はますます強まっていった。

この時期の清朝内部では、朝鮮を郡県に改めて内地化する、または朝鮮に監国を設置するという案や、通商大臣の派遣によって外交権や軍事権を掌握する案など、朝鮮へのより直接的な支配の確立を求める主張が噴出していた。しかし実力不足を痛感していた李鴻章にとって、清朝には朝鮮の外交問題まで責めを負う余裕はなかった。あくまでも伝統的な宗属関係の枠組に従い、朝鮮に対する優越的地位の根拠を、その伝統に求める政策をとったのである。内政・外交の権を掌握する監国や通商大臣による支配は、「泰西の属国の例と相符合する」、「これまで中国は〔属国の〕内政には口を出さなかった」として李はきっぱりとこれを拒否した。彼は朝鮮国王の依頼を受けて「賢明練達の士」としてメーレンドルフらを顧問に推薦し、これによって「朝鮮国王の駆使する権力を陰で操る」ことを画策した（『李文忠公全集』奏稿巻四五、七〜九頁）。さらに袁世凱《えんせいがい》に新建陸軍の練兵を担当させ、駐留を続ける淮軍とあわせて事実上、朝鮮の軍事権を掌握した。以後、顧問による陰での「操縦」はこの軍事的圧力のもとに一層強められ、いわば「陰寓強制」へと転化していった。形式的、礼的な関係の上下の構造に強制や支配のための権力が充塡されていったのである。

するとこのような干渉に反発する金玉均《きんぎょくきん》ら開化派が日本の支援を求め、一八八四年十二月、清仏戦争で清朝が苦境に陥ったのに乗じ、日本公使館の支援を得て行なったクーデターが甲申政変《こうしんせいへん》である。しかし、これはただちに袁世凱の指導する淮軍に鎮圧された。こうして朝鮮における日本の勢力は一掃されてしまった。朝鮮の開化派を支援し日本と共同で近代化をはかる路線は福沢諭吉《ふくざわゆきち》らも加担して進められていたが、その路線は破綻したわけである。その敗北宣言が翌八五年三月十六日『時事新報』に掲載された「脱亜論《だつあろん》」である。〈守旧の中国〉と〈開化の日本〉という図式にもかかわらず、現実には〈守旧の中国〉の強さを認めざるを得ない。日本は清朝の標榜する伝統に異議を抱きながらも、現状を受け容れざるをえず、それを前提に朝鮮政策を進めざるを得なくなった。

甲申政変の事後処理として日朝間で結ばれた漢城条約とは別に、日清間にも伊藤博文が渡清して李鴻

伊藤博文

章と交渉のうえ、八五年四月天津条約が結ばれた。これにより、朝鮮からの日清両軍の撤兵、朝鮮への軍事教官派遣の禁止、朝鮮出兵の際の事前通告が合意された。

以後、清朝の干渉はさらに強められていった。これを嫌ってロシアへの接近を始めたメーレンドルフを解任させた清朝は、八五年十月、保定に監禁していた大院君を恭順の意ありとして帰国させ、ロシアへの接近を模索する国王を牽制した。そして朝鮮駐在の代表として、朝鮮国王の要請により、商務委員に代えて駐箚朝鮮総理交渉通商事宜を設置し、これに袁世凱を充てた。その職は、

> 各国公使が漢城に集まってきているなかで、一切を臨機応変に措置して傍らで政治に参与さうるためには、〔商務委員の〕職権を広げ、駐箚朝鮮総理交渉通商事宜として外交に預聞する意を示すのがよい。（『李文忠公全集』奏稿巻五五、七頁）

と説明されている。国王の要請というかたちをとることで伝統的な原則は維持したが、中国政府の任命した官僚が、その権限によって朝鮮の外交に公然と参画するということは、かつてのメーレンドルフら顧問の推薦とはその意味を異にする。むしろかつて李鴻章自身が否定した監国や通商大臣に通ずるであろう。近代世界の属国とは異なる道を選択したはずの李鴻章の政策は、近代世界の論理に対峙して独自の関係を保持しようとすればするほど、かえってその実質は形骸化してしまい、近代世界の権力支配に近づいていくのだった。

なお、このような朝鮮に対する宗主権の強化をどう考えるべきか、Ⅳ章冒頭で述べた伝統と近代に関する既成の思い込みを解きほぐす意味で、少し指摘しておきたい。かつて一九六〇年代に遠山茂樹が「洋務派の政策と大久保政権の政策とを比較する時、本質的には方向を同じくするものであったといえる。大久保政権を国権主義的、洋務派を買辦《ばいべん》的と評価することは一面的である。……一面では欧米列強に従属しながらも、列強間の対立を利用することで従属を制限し、他面では朝鮮の植民地化を進めた点において、天皇制軍国主義と方向を同じくしていた」（遠山茂樹―一九九二）と評価して以来、この時期にみせた宗主権強化の動きは積極的な政策として評価されてきた。むしろ、それが十分積極的だったか否かをめぐって李鴻章の評価が割れていた。伝統を逸脱した支配として、李鴻章に否定された何如璋の方に、国権主義的外交を見る評価もあった（鈴木智夫―一九九二）。こうした評価には、国権主義や帝国主義を近代として、その近代と伝統とを直線的な移行として結びつける時代把握がある点で共通している。しかし、ここで分析したように、この時期の宗主権強化は、近代世界と対峙するなかで、自らの優越的地位を確保するために伝統的関係を維持しようとする、ところが、そのために植民地的な実質支配に追い込まれていく、つまり伝統を守るために近代になってしまうという、意図せざる結果であった。その意味で、カッコ付の「近代」的再編だったのである。

「中華の世界秩序」から「極東の地域秩序」へ

さらに中国と朝鮮との宗属関係は甲申政変以後、英露対立の影響も強く受けることになった。それを

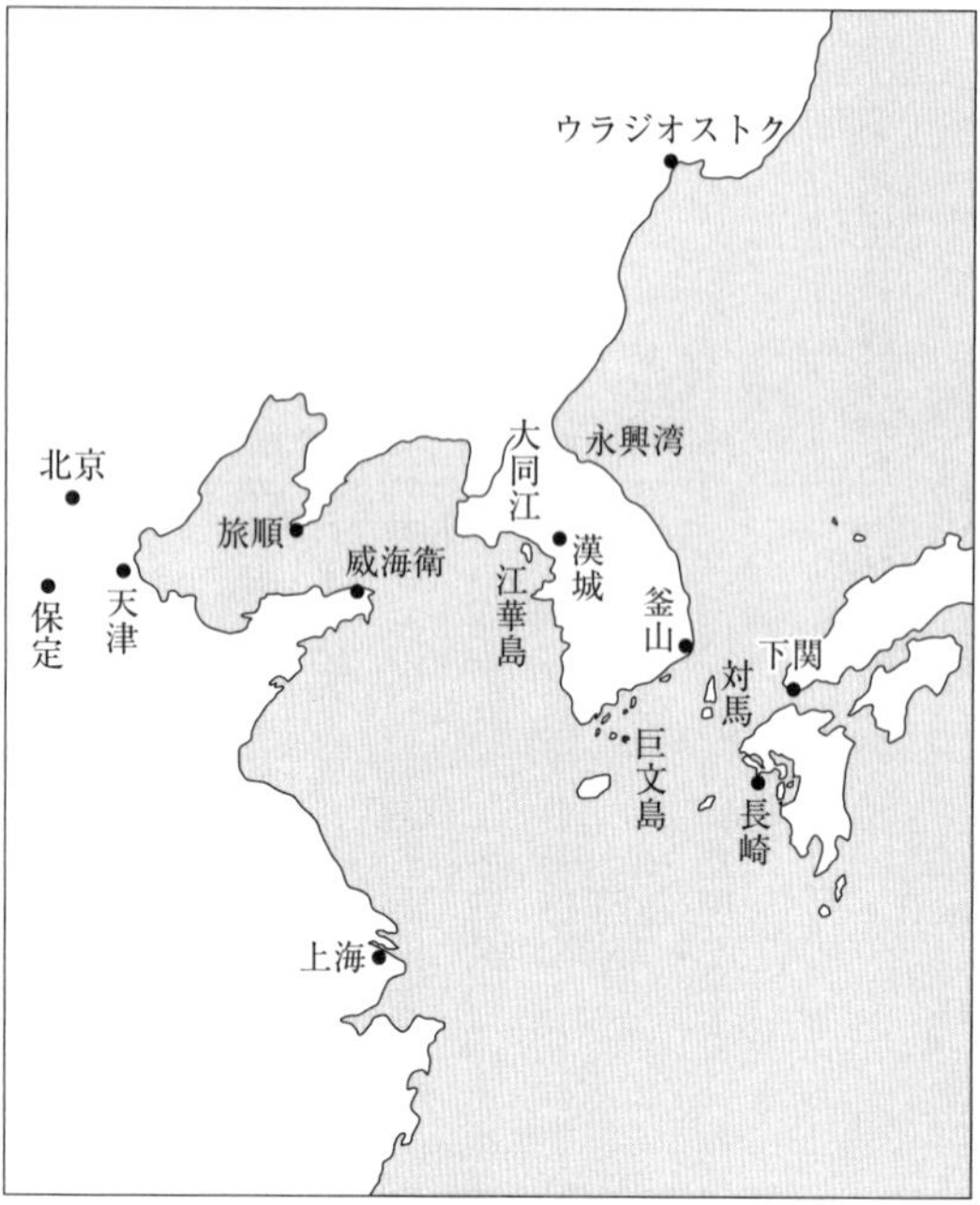

19世紀後半の朝鮮半島とその周辺

象徴するのが巨文島事件《きょぶんとうじけん》である。アフガニスタンをめぐってロシアと対立していたイギリスは、ロシア極東艦隊が朝鮮の永興湾を根拠地にすると見て、一八八五年六月それに対抗するために朝鮮の巨文島を占拠した。李鴻章は北京のロシア公使と交渉し、ロシアには朝鮮の領土を占領する意思はないことを確認したうえでイギリスを説得し、八七年三月巨文島から撤退させた。この過程で清朝は、朝鮮に対する宗主権を英露両国に承認させることに成功したわけである。イギリスもロシアの進出を抑止するために、宗属関係を事実上黙認し、これを利用するようになる。再編された宗属関係はこうして英露対立の文脈に組み込まれることになった。これは、独自の理念によって自己完結していた伝統的な中華世界が世界帝国としての普遍性を喪失し、事実上、東アジアの一地域秩序に転化したことを物語るものであった（茂木敏夫一九九二）。英露関係に中心軸がある以上、この地域秩序は中心から遠く離れた、「極東の地域秩序」にすぎない。

そのことは、一八九四年七月十六日にロンドンで調印された日英通商航海条約についてもいえる。明治日本の悲願である不平等条約改正の一齣として、領事裁判権の撤廃が決められた条約であるが、これによって日本はイギリスの日本接近を確認し、日清戦争の開戦（八月一日宣戦布告）を決意したともいわれる。極東の日清関係が、もはや英露対立を基軸とするイギリスの世界戦略の従属変数に化したことを象徴する事件だった。

「属国自主」の破綻

清朝と朝鮮との宗属関係に関して、当初は近代からの問いかけに対する応答として案出された「属国自主」だったが、こうして地域秩序化すると、イギリスをはじめとする西洋列強は、この地域の安定に有効である限りは事実上、これを黙認するようになった。もちろん近代世界の国際関係と原理的に矛盾する以上、公然とした承認ではなく、現状追認だったわけであるが。

上位にある西洋列強間の世界秩序によって黙認された「極東の地域秩序」の、一プレーヤーに過ぎない日本の朝鮮政策は、日本単独では動かしようもなく、現状維持の範囲内での選択をとるしかなかった。甲申政変以後の日本の朝鮮政策は、朝鮮中立化などいくつかの構想が模索されたが、いずれもその範囲を出るものではなかった。

朝鮮をめぐる情勢の変化に応じるなかで「強制」に変質していった清朝の宗主権に対して、それが朝鮮側の思惑を越えて強い縛りとなっていった結果、朝鮮には清朝に対する反発が生じ、「自主」や独立を模索する動きが起こってきた。甲申政変の際の、日本と結んで近代化を企てた急進開化派の試みもその現われだった。そのクーデターを鎮圧して成立した政権も、清朝の「強制」を牽制するためにロシアに接近した。こうして朝鮮の「自主」の動きが顕著になると、清朝の「強制」もそれに比例して露骨になっていった。新たに設置した駐箚朝鮮総理交渉通商事宜に就いた袁世凱は、一八八六年七月に朝鮮のロシア接近が再び発覚すると、李鴻章に国王の廃位さえ進言していた。

また、八七年、朝鮮は条約締結国に独自に公使を派遣することを決めたが、これにも袁世凱は介入した。朝鮮公使は任地到着後、まず現地の清国公使館を訪ね、清国公使に帯同されて相手国政府に赴くことなど、清国公使に従うべきとの条件を課した。それによって清朝の宗主国たる地位と、朝鮮の従属を可視化、公然化しようとしたのである。しかし、駐米公使朴定陽《ぼくていよう》は八七年十一月ワシントンに着くと、清国公使を介さずに国務省を訪問し、大統領に国書を捧呈した。これには袁世凱からの強い抗議があったが、朝鮮側はのらりくらりと遷延し、九一年ようやく形式的処分で清朝と折り合いをつけ、事態は収束した。

案出された当初は、「属国」であることと「自主」であることとは一体で両立あるいは相互補完し、それぞれの思惑によって適宜使い分けられていた「属国自主」であったが、このころになると、「属国」と「自主」とは対立し、相容れないものとなってしまっていた。「属国自主」は境界維持装置として機能不全に陥ってしまったわけである。

機能していればこそ、上位秩序の主要プレーヤーである列強に黙認されていた朝鮮との宗属関係であったが、機能不全が露わになったことによって、イギリスが態度を変更した。それが前述の日英通商航海条約だった。そして、これは日本が日清戦争に乗り出す最後の一押しになった。だからこそ、黙認によるグレーゾーンが解消した以上、日清戦争は、そもそもの対立軸である、宗属関係を肯定するか、否定するか、すなわち〈伝統＝守旧の中国〉と〈近代＝開化の日本〉の対立として、スッキリしたかたちで語られるようになった。その帰結が、開戦時の「日清戦争は文野の戦争なり」(『時事新報』一八九四年七月二十九日社論)における文明と野蛮の対比であり、戦後、「日清両国の朝鮮における権力の争い」を「疇昔の関係を根拠」とした清朝と「普通公法」に依拠した日本との対立と描いた、当時の外相陸奥《むつ》宗光《むねみつ》の回想だった(陸奥『蹇蹇録《けんけんろく》』)。

近代的再編へ—二十世紀に向けて—

日清戦争の結果、朝鮮は近代国際法上の独立国と規定され、伝統的な冊封・朝貢関係は否定された(下関条約第一条)。これによって、伝統に依拠した清朝の「近代」的再編は破綻した。日本が中国に勝利したことにより、以後、日本は中国に代わって東アジアの中心として、自他ともに認める存在となった。

このころ、厳復《げんふく》によって翻訳され、一八九八年に刊行された『天演論《てんえんろん》』は中国に社会進化論を紹介することになったが、この理論は対日敗戦とその後の西洋列強の中国進出に危機意識を深めていた中国知識人に衝撃をもって受け入れられた。これによって、西洋も中国も同じひとつの進化の線上に相前後して並べられることになり、西洋が中国の先を歩んでいることが説明され、西洋諸国やそれを中国より的確に受容した日本が、なぜ中国より強いのかが、進化の「公理」によって明らかになった。

このままでは中国は優勝劣敗、生存競争によって「淘汰」されてしまうだろう。そうならないためには、現にある列強のような近代国家をモデルとして選び、そのような近代国家を建設するために近代化によって自らを変革していかねばならない。こうして、中華秩序の伝統に依拠した「近代」的再編は、現にある近代国家をモデルとする再編、すなわちカッコをはずした近代的再編に、性格を変えることになった。

すると、今度は、現に存在するどの国家をモデルとするかが問題になる。皇帝を戴く清朝の場合、共和政のアメリカやフランスより、立憲君主制の方が適当である。ほぼ同じ時期に西洋近代と出会い近代化に向き合った日本が、その有力なモデルとなった。

こうして近代国家どうしの関係として、二十世紀の日中関係が始まることになる。

コラム　日中関係はどんな言語で規定されていたのか

茂木敏夫

ここに掲載された漢籍は、江戸時代中期、陸奥守山藩（現在の福島県郡山市）の藩主で荻生徂徠に師事した松平頼寛《まつだいらよりひろ》の編纂になる『論語徴集覧』（一七六〇）である（子罕編第一五章）。論語本文の後に、当時の代表的な四種の注釈が併記されている。三世紀、中国魏の何晏《かあん》『論語集解《しっかい》』（古注）、一二世紀、南宋の朱熹《しゅき》『論語集注《しっちゅう》』（新注）に続き、江戸前期、京都の伊藤仁斎『論語古義』、さらに荻生徂徠『論語徴』の注が一字下げて添えられ、編者の師徂徠のそれは他より大きく、論語本文とほぼ同じ大きさで表記されている。いずれも漢語文言文《かんごぶんげんぶん》（漢文）である。論語はこの地域で共有された古典であり、その古典は漢文で記されている。だから、その解釈も漢文で書かれることで、日本や中国の枠を越えて、中華の文明世界に広く共有されるはずだ。何よりも、文明は漢文で表記されるはずであり、漢文で読み書くことによって、普遍的な文明に、自らも参与しているという意識が、日本の儒者にもあったのだろう。

このような知的雰囲気のゆえに、この地域における交流は、漢文によって行なわれていた。

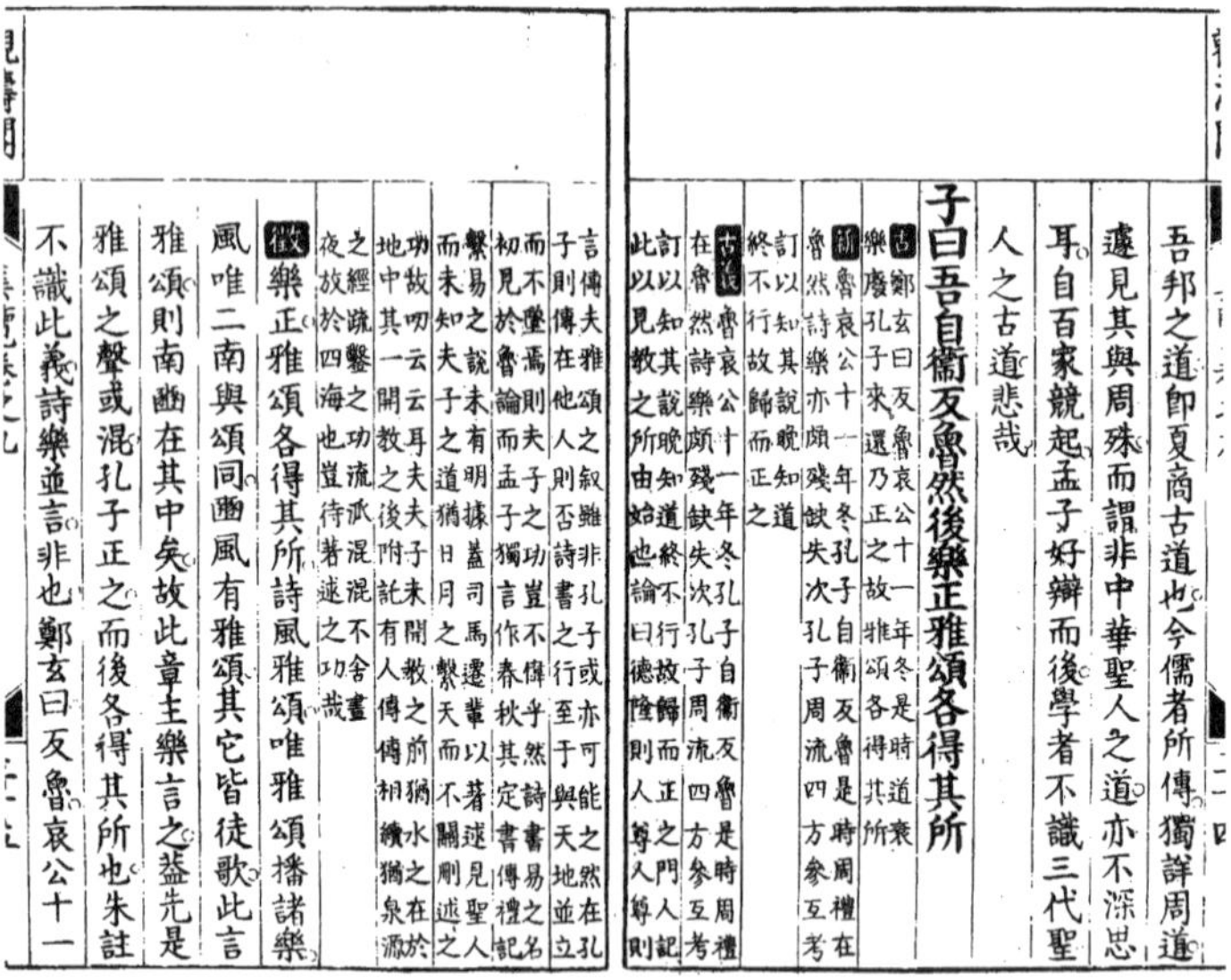
吾邦之道卽夏商古道也今儒者所傳獨詳周道
遽見其與周殊而謂非中華聖人之道亦不深思
耳自百家競起孟子好辯而後學者不識三代聖
人之古道悲哉
子曰吾自衞反魯然後樂正雅頌各得其所
古 鄭玄曰反魯哀公十一年冬是時道衰樂廢孔子來還乃正之故雅頌各得其所
新 魯哀公十一年冬孔子自衞反魯是時周禮在魯然詩樂亦頗殘缺失次孔子周流四方參互考訂以知其說晚知道終不行故歸而正之
古後 魯哀公十一年冬孔子自衞反魯是時周禮在魯然詩樂頗殘缺失次孔子周流四方參互考訂以知其說晚知道終不行故歸而正之門人記此以見教之所由始也論曰德隆則人尊人尊則言傳夫雅頌之敍雖非孔子或亦可能之然在孔子則傳在他人則否詩書之行至于與天地並立而不墜焉則夫子之功豈不偉乎然詩書易之名初見於魯論而孟子獨言作春秋其定書傳禮記繫易之說未有明據蓋司馬遷輩以著述見聖人而未知夫子之道猶日月之繫天而不關刪述之功故吻云云耳夫夫子未開教之前猶水之在於地中其一開教之後附託有人傳傳相續猶泉源之經疏鑿之功流派混混不舍晝夜故於四海也豈待著述之功哉
徵 樂正雅頌各得其所詩風雅頌唯雅頌播諸樂風唯二南與頌同豳風有雅頌其它皆徒歌此言雅頌則南豳在其中矣故此章主樂言之蓋先是雅頌之聲或混孔子正之而後各得其所也朱註不識此義詩樂並言非也鄭玄曰反魯哀公十一

『論語徴集覧』（中国古典籍日本注釈叢書『論語徴集覧』中，上海古籍出版社，2017年より）

それは明治になっても根強かった。

日清修好条規の交渉には、その予備交渉の段階で、日本側には漢学者も加わり、それが中国側に一定の好印象を与えていた。締結された修好条規は日漢両文をテキストとするが、その第六条で、今後の両国間の文書の往来には、「大清ハ漢文ヲ用ヒ、大日本ハ日本文ヲ用ヒ漢訳文ヲ副《そ》フベシ、或《あるい》ハ只《ただ》漢文ノミヲ用ヒ」と規定され、漢文が優位とされることになった。一八七四年、台湾出兵を収拾するために北京に渡った大久保利通の交渉も、この原則によった。

朝鮮の甲申政変を受けて一八八五年、天津で行なわれた伊藤博文と李鴻章との交渉においても、この原則は生きていた。しかし、その現場では、伊藤は自ら英語で語り、李鴻章が「清語」すなわち北京官話で語った内容を羅《ら》豊禄《ほうろく》が英訳していたことが、『日本外交文書』に記録されている（巻一八〔一四八〕）。この時、日中間の交渉は英語で行なわれていたわけである。

大きく変わるのは日清戦争である。下関で行なわれた講和交渉に、双方が持参した全権委任状は、両国とも自国文とその英訳文で記されており、交渉を円滑に進めるために最初に暫定的に結ばれた休戦条約は、日本文・漢文・英文で結ばれている。講和条約は日本文と漢文とに双方全権が署名したが、別に英訳文が作成されており、議定書において、日本文と漢文との間で解釈が異なった場合、「英訳文ニ依テ決裁スヘキコト」が決められた。事実上の正文は、この英訳文だったわけである。日中関係を規定する言語環境が大きく変わった事件だった。

Ⅴ　対立と提携の近代

劉　傑

日清戦争は日中関係史上のターニングポイントである。「小国」日本に敗れた中国の知識人は、立憲政体を導入した日本を先進的な近代国家として認識するようになり、日本をモデルに改革を試みた。戊《ぼ》戌《じゅっ》変法《へんぽう》は百日間で夭折したが、一九〇一年からの「新政」は科挙を廃止し、憲政に向けての一歩を踏み出した。新政期の諸改革は不完全なものではあったが、その後の立憲運動や政治の近代化への道筋を示した。

日本は中国の改良派と革命派が中国の未来を模索し、変革を準備する拠点であった。日本に亡命した梁啓超《りょうけいちょう》は、民主主義、自由主義、国民国家などの概念に触れ、横浜を拠点に「清議報《せいぎほう》」や「新民叢報《しんみんそうほう》」を発行し、立憲政治、国民意識、教育の重要性などを鼓吹した。梁啓超を支援した犬養毅《いぬかいつよし》ら改進党系の人びとや福本誠、井上雅二《いのうえまさじ》らのアジア主義の団体は、中国の改革派と緊密なネットワークを形成していく。

孫文《そんぶん》ら革命派の活動も日本人の支援を抜きにしては語れない。孫文の革命思想に共感した宮崎滔天《みやざきとうてん》、頭山満《とうやまみつる》らは孫文の安全を守り、資金面で革命派を支援した。革命派と改良派は中国の近代化の方向性について激しい論争を展開したが、中国の変革を求める彼らの情熱は日本人を魅了した。

十九世紀末から二十世紀初頭にかけて日本に集まったのは、改革派と革命派だけではなかった。中国が科挙制度を廃止したことや、日本が日露戦争に勝利したことの影響で、大量の留学生も東京をめざした。蔣介石《しょうかいせき》は日本の軍事教育を受けるのを目的に一九〇六年と一九〇八年に二度にわたって来日し、振武《しんぶ》学校を経て、高田の野砲連隊で訓練を受けた。生涯蔣介石のライバルとなった汪兆銘《おうちょうめい》も一九〇四年に来日し、法政大学で学んだ。日本に留学した蔣介石と汪兆銘は、孫文の後継者として辛亥革命後の中国の進路に決定的な影響を与えた。

日露戦争の結果、日本は関東州租借権《そしゃくけん》と租借地行政権、南満洲鉄道の経営権、同鉄道付属地の行政権、鉄道守備兵の駐屯権などの特殊権益を獲得した。この時から、中国大陸で獲得したこれらの特殊権益を維持、拡大することが日本外交の最重要課題となり、日中関係の焦点となった。一方、ナショナリズムが台頭した中国では、諸外国が中国で獲得した特殊権益の返還を求める動きが活発化し、一九一九年の五四運動に発展した。過激化する中国の主権要求は日本からみれば、反日・排日でしかなかった。関東軍は満蒙問題の根本的解決を決断し、満洲事変を発動した。中国の反日と、日本の対中強硬策という悪循環が繰り返され、八年に及ぶ日中戦争に至った。

日中戦争後の内戦を経て、国民政府が台湾に逃れ、共産党は中国大陸に社会主義の新政権を樹立した。一九七二年までの二〇年間、日本は台湾の中華民国を中国の合法的政府として承認し、中国大陸との政府間往来を断絶させた。それでも多様な人脈は、国交関係のない両国を繋ぎ止めた。戦前満洲重工業総裁だった高碕達之助が「ＬＴ貿易」を通して日中関係に尽力したのは、中国侵略に加担したという反省のほか、巨大な市場と豊富な資源を有する隣国との貿易関係を重視したからである。

ウインウインをめざした日中関係は、一九八〇年代からの中国の改革開放を支えた。しかし、第二位の経済大国になった中国は、日本の侵略を受けた被害者意識と、日本を超えた経済大国という誇りとを共存させながら、二十一世紀の強国を目指している。しかし、民主と自由の精神が確立できなかった中国は、制度の近代化が立ち後れ、経済成長の限界をみせはじめている。このような時代背景のなかで、戦前からの豊かな人脈を失った日中関係は、歴史的な転換期を迎えている。

一　中国の変革と日本の大陸政策

1　日清戦争と東アジアの変貌

戦争前の日中相互認識

アヘン戦争後中国（清）が列強と結んだ一連の条約は、土地の割譲、領事裁判権、協定関税、片務的最恵国待遇などを規定し、中国にとってきわめて不平等なものであった。半面、「華夷秩序」の否定、自由な通商や内地への旅行と居住、布教の自由など、結果的に中国の開国と近代化を促す要素も多数含まれていた。近年、これらの条約の「不平等性」をめぐる議論が活発に行なわれ、不平等条約の象徴ともいわれる「領事裁判権」は、中国における司法制度の近代化、「協定関税」は中国経済の国際化を促進した一面も指摘されている。

事実、日清戦争前直隷総督李鴻章《ちょくれいそうとくりこうしょう》は、欧米諸国が通商や布教を通じて中国に進出するという事態を「数千年来、かつてない変局」としてとらえていた。中国のエリートの一部は、ヨーロッパ文明がアジアを遙かにリードしているという事実を認めるようになり、中国なりの開化の道を求めた。アロー戦争（一八五六〜六〇年）後、清政府は総理衙門《そうりがもん》を設置し、近代的な外交制度を整備しはじめた。また、先進的な軍事工場として江南機器製造総局を設立したほか、新式の学校教育制度を導入して「洋務《ようむ》」を推進した。

しかし、清政府の改革は限定的なものであった。洋務改革が佳境に入った一八七六年一月二十六日、李鴻章は森有礼《もりありのり》特命全権公使と会談をしている。会談は江華島事件《こうかとうじけん》（一八七五年）をめぐる交渉であったが、清国振興の良策を聞かれた森有礼は、「更ニ三十名ノ李鴻章貴国ニ輩出スルニ非サレハ此事行ハレ難シ」（『日本外交文書』第九巻、一七一頁）と返答した。確かに、洋務派は一定の成果を挙げたが、李鴻章ほどの改革派官僚は清朝政府内にたくさん存在したわけではない。また、李鴻章自身も制度面の改革に立ち入る考えをもっていなかった。そのため、隣国日本の台頭を目の当たりにしても、中国は文明の中心と自認する「天朝大国」としての優越感を捨てなかった。歴史的優位性への迷信と三〇年間に及ぶ洋務改革の驕《おご》りが祟り、清の国力に対する過信は官民に蔓延した。

清国影響力の低下

十九世紀九〇年代に入ってから、欧米列強のアジア進出に危機感を抱く日本と中国は、より有利な地位を確保すべく、互いに猜疑《さいぎ》と警戒を深めていった。山県有朋《やまがたありとも》首相は一八九〇年十二月に行なった施政方針演説で、「主権線」と「利益線」の確保を主張した。すなわち、一国の安全を守るには、国境を意味する「主権線」だけでは不十分で、主権線の安危に密接な関係を有する「利益線」も守らなければならないという認識であった。日本にとっての「利益線」は朝鮮半島と考えられ、この「利益線」を守るために、朝鮮の「永世中立化」構想が打ち出された。

一方、アロー戦争以降、統治の危機に直面した清国は、宗主国としての地位を主張しながらも朝鮮に対するコントロールを幾らか緩和した。一八七三年、天津《てんしん》での日清修好条規批准書交換を終了して北京入りした副島種臣《そえじまたねおみ》大使らに対し、清朝の総理衙門は朝鮮について「冊封叡貢の旧例を循守する」必要があるが、「国政に関係無之」（『日本外交文書』第六巻、一六〇頁）という趣旨の回答を行なっている。清国は朝鮮に対する形式的な宗主国の地位を維持するが、その内政には干渉しないと表明したのである。一八七五年の江華島事件と翌年の日朝修好条規調印は、朝鮮に対する清国の支配が弱体化するなかで発生したものである。このような変化を受けて、甲申事変《こうしんじへん》後の日清天津条約（一八八五年調印）で、朝鮮の不可侵と保全に関する日清間の一応の了解が成立した（原田敬一―二〇〇七）。

日清戦争と講和

一八九四年に勃発した東学党《とうがくとう》の乱は日清戦争の導火線を引いた。朝鮮国内の変革を求めたこの変革運動を鎮圧するため、朝鮮政府は清国に派兵を要請した。しかし、これより先、伊藤博文《いとうひろぶみ》首相や陸奥宗光《むつむねみつ》外相らは日本の単独出兵の道を探っていた。そして六月二日には、戦時編成の歩兵二箇連隊に騎兵、砲兵を加えた合計八〇〇〇人に及ぶ大軍の派遣を閣議決定した（原田敬一―二〇〇七）。六月五日には参謀本部内に大本営が設置され、日本は戦時体制に移行した。日本は日清両国による朝鮮の内政改革を実現し、朝鮮の「永世中立化」を目指した。事態の拡大を望んでいなかった清国内の慎重派李鴻章、西太后《せいたいこう》らは、二五〇〇名程度の北洋陸軍を朝鮮に派遣する一方、戦争回避の可能性を探った。しかし、伝統的に朝鮮を属国視する清国の譲歩の空間は限られていた。清国は、朝鮮の内政改革は、同国政府が自主的に行なうべきだと主張し、日本の撤兵を求めた。一方、朝鮮は自主国という言質を取った日本は、逆に清国の撤兵を要求し、日本単独でも朝鮮の内政改革を実現させる方針を固めた。朝鮮をめぐる日本と清国の対立が深まり、八月一日、日清両国が宣戦を布告し、日清戦争が始まった。

下関条約（永地秀太筆，聖徳記念絵画館所蔵）

日本政府は、大鳥圭介《おおとりけいすけ》公使が中心になって、朝鮮と「日朝暫定合同条款」および「大日本大朝鮮両国盟約」を締結し、朝鮮を事実上の保護国にするための条件を整備していった。また、広島に大本営を設置して、予想される列強による武力干渉が始まる前に、陸上からの攻撃を開始した。戦局が日本に有利な情勢で展開されるなか、伊藤首相と陸奥外相の主導のもと、旅順と大連の割譲、軍費の賠償、および列強と同一の特権が保障される通商条約の締結を講和の条件とした。日本軍は山海関《さんかいかん》を越える勢いで戦局を有利に進めた。これを阻止するために清国は日本との講和を求めた。日本は講和条件を加重す

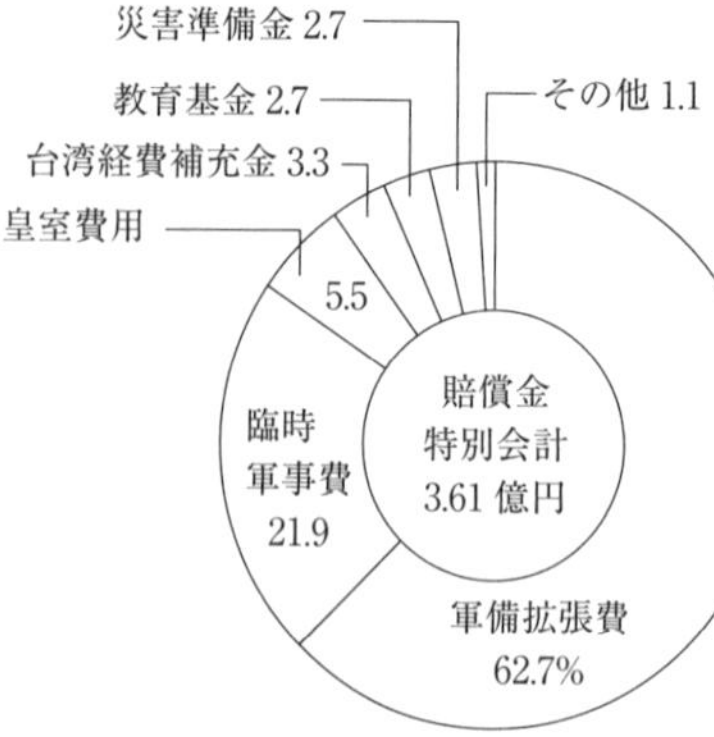

賠償金の使途

る一方、講和使節として派遣された張蔭恒《ちょういんかん》と邵友濂《しょうゆうれん》との交渉に応じず、北洋艦隊に対する攻撃を強めた。一八九五年二月二日威海衛要塞が占領され、まもなく北洋艦隊は降伏した。清国は敗色が濃厚になるなかで、李鴻章を全権として下関《しものせき》に送り込み、日本との講和会議に臨んだ。

難航した講和会議の結果締結された条約の主な内容は、清国は朝鮮国が独立自主の国であることを確認すること、清国は奉《ほう》天省《てんしょう》南部の遼東半島、台湾島と付属島嶼、および澎湖列島《ほうこれっとう》を日本に割譲すること、清国は軍費賠償金として庫平銀《こへいぎん》二億テール（約三億円）を七年賦で支払うこと、清国は日本と通商航海条約を締結すること、清国は沙市《さし》、重慶《じゅうけい》、蘇州《そしゅう》、杭州《こうしゅう》の開市および宜昌《ぎしょう》・重慶間、上海・蘇州、上海・杭州間の汽船航路の拡張を約束すること、などであった。しかし、条約調印の直後、ロシア、ドイツ、フランスの三ヵ国は日本に遼東半島の清国への返還を勧告した。日本は国内の強硬意見があったものの、列強の圧力に屈して遼東半島を放棄した。

とはいえ、日清戦争の勝利によって、日本は台湾と澎湖諸島を領有し、植民地支配を行なう欧米列強の仲間入りを果たした。また、清国に朝鮮の独立を承認させ、朝鮮半島に浸透していた清国の影響力を駆逐して、アジアにおける日本の優位を確立した。下関条約に基づいて調印された日清通商航海条約は、欧米と同等の貿易上の待遇と領事裁判権を日本にも保障するものであった。ちなみに、この条約が正式に破棄されたのは、日中戦争下の一九四〇年、日本と汪兆銘《おうちょうめい》政権が日華基本条約を結んだ時であった。講和条約で日本は三億六五〇〇万円に及ぶ賠償金（遼東半島返還の報償金を含む）を中国から獲得し、軍拡や資本主義の発展に必要な財源を確保することができた。日本はこの賠償金で金本位制《きんほんいせい》を採用し、国際金融市場に登場した。また、日清戦争を世界史的な視点でみた場合、欧米列強による中国での利権獲得と拡大の先鞭《せんべん》をつけたことも重要であろう。

中国認識の転換

ところで、清国に勝利したことで、日本人の対中国認識が一変した。一八九五年二月二日講和のため訪日した張蔭桓らを前に、伊藤博文は国際社会のルールを守らず、各国との関係のなかで、利益を享受するが、義務を果たさない清国を痛烈に批判した（『日本外交文書』第二八巻、第二冊、二四〇頁）。伊藤がもっていた中国イメージはその後の日本人の中国認識の重要な部分として定着し、広がっていった。

さて、尖閣《せんかく》諸島に関連する問題もこの時期に発生している。日清戦争中、日本政府はそれまでの調査を踏まえて、尖閣諸島を無人島かつ無主の地との認識を示し、それを日本領に編入することを閣議決定した。

日本は日清戦争後領有することになった台湾をマレー半島や、南洋群島へ進出する根拠地として利用する計画を持っていた。しかし、劉銘伝《りゅうめいでん》巡撫のもと電気、電信、鉄道などの近代的な基盤整備が進め

康有為

られた台湾では、唐景崧《とうけいすう》を総統とする台湾民主国が樹立され、日本による占領に激しく抵抗した。

2　中国の「変法」と「革命」

中国の「改良派」と日本

日清戦争で清国の弱体化が明らかになり、列強による清国での利益獲得の動きが加速した。日清戦争の敗北と列強の中国進出に危機感を強めた中国の知識人は強国の道を探った。広東出身の康有為《こうゆうい》は香港で接した西洋の知識と文化に触発され、中国が強国になるには、変法維新を行ない、君主と庶民が相通ずる制度の確立を主張した。康有為は『日本変政考』を完成し、中国は日本に模倣して変革すべきだと提言した。康有為によれば、日本が東アジアに武威をとどろかせ、世界に名を知らしめたのは、「旧俗をことごとく改め、大政維新を行った」からである（『日本変政考』序）。康有為は、欧米諸国から立憲政治、兵制、商務、科学技術、法律などを学んだ日本を高く評価し、中国も強国を目指すなら、日本にならって、一大維新を成し遂げなければならないと主張した。

弟子である梁啓超《りょうけいちょう》らは、日本が立国、維新を果たすことができたのは、武士道を核心とする「日本魂」があるからだと説明する。彼の理解では、中国も「中国魂」が必要である。「中国魂」はすなわち「兵魂」であり、そして愛国心と自愛心こそが「兵魂」の要諦である。

康有為は科挙《かきょ》の会試《かいし》受験の機会をとらえて光緒帝に上書を続けた。光緒帝は康有為らの意見を受け入れ、一八九八年六月から一連の改革案を公表した（戊戌変法《ぼじゅつへんぽう》）。中央に制度局を設立するとともに、日本にならって国会を開設し、憲法を制定することを求めた。また、行政、経済、軍制の改革も改革案に含まれた。特に注目されたのは、新しい教育機関として京師大学堂《けいしだいがくどう》の設立が盛り込まれた。しかし、一連の改革案は保守派の激しい抵抗に遭い、西太后は光緒帝の改革を支えた翁同龢《おうどうわ》を罷免《ひめん》し、改革を潰した。康有為、梁啓超は日本に亡命し、譚嗣同《たんしどう》らは処刑された。

日本に亡命した梁啓超は横浜を拠点に『清議報』と『新民叢報』を相次いで創刊し、世論活動を通じて改革を主張し続けた。一方、日本で活動した孫文《そんぶん》ら革命派との協力も模索したが、康有為に反対されて実現できなかった。

義和団事件と清国駐屯軍

日清戦争後、列強が中国各地に勢力範囲を画定していった。外国人とともに西洋の宗教や思想が中国に入ってきたことで、伝統的な中国社会は強い衝撃をうけた。外国の資本が流入する一方、銀価が下落し、人々の生活を圧迫した。一八九九年、山東省で反キリスト教の秘密結社が列強を排斥する狼煙《のろし》をあげた。一九〇〇年春には義和拳といわれる組織が「扶清滅洋」のスローガンを掲げ、天津と北京にある外国の教会や関連施設に対する攻撃を始めた。清政府がこれを容認したため、騒乱が拡大した。被害者を出した列国が天津と北京に派兵すると、清政府は列国に宣戦布告を発して、北京市内の外国公使館区

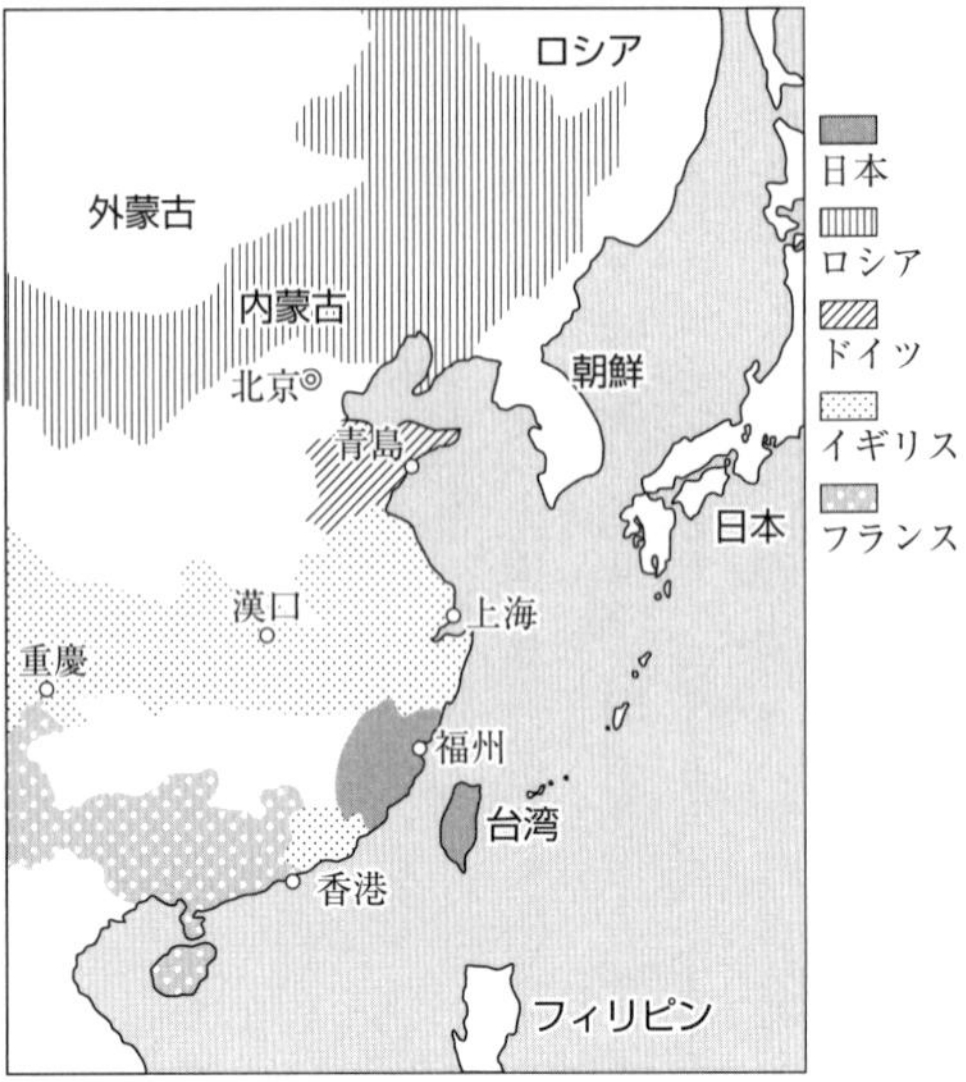

列強による中国分割

域に対する包囲と攻撃を行なった。

列強が派兵に動くなかで、山県有朋《やまがたありとも》内閣の青《あお》木《き》周蔵《しゅうぞう》外相は公使館書記生杉山彬《すぎやまあきら》が清国の官兵に殺害されたことを理由に、清国への派兵を主張した。また、日本はイギリスからも地理的に中国大陸に近いことを理由に出兵を強く要請された。その結果、日本は総勢二万二〇〇〇名の大軍を中国大陸に派遣した。諸国の出兵により、公使館区域が解放され、北京は国際部隊の統治下に置かれた。清国の皇帝と皇太后は西安《シーアン》へ逃れた。

一九〇一年九月七日清国は関係諸国と最終議定書に調印した。清国は、外交官が殺害されたドイツと日本に謝罪使を派遣すること、武器弾薬輸入を二年間停止すること、総額四億五〇〇〇万両（テール）を列国に賠償すること、北京公使館区域に外国人護衛兵を常駐させること、北京と海浜間の要衝に外国軍が占領することなどを認めた。注目すべきは、諸外国は清国に対し臨時的機関の性格が強い総理衙門に代わって、外務部の設置を求めたことである。諸国の意図は、西洋の国々と外交問題を処理できる責任ある外政機構を中国に設置することであった

（箱田恵子—二〇一二）。

日本は賠償金総額の七・七%、約四八九五万円を受領することになったほか、清国に軍を駐屯する権利を獲得し、北京市内と周辺に合計二六〇〇人の兵力を配置することができた。いわゆる「清国駐屯軍」の誕生である。「清国駐屯軍」は辛亥革命後に「支那駐屯軍」に改称され、一九三七年の盧溝橋《ろこうきょう》事件の当事者として日中全面戦争を迎える（櫻井良樹—二〇一五）。

義和団事件の結末は、清朝統治の行き詰まりを象徴している。制度改革ないし体制の変革はもはや避けられない趨勢となったのである（川島真—二〇一〇）。

新政の実施

戊戌変法を弾圧した西太后は、義和団事件とその後の北京議定書に強い衝撃を受けた。変法をしなければ、自強できないと認識した西太后は新政（改革）を実施し、危機を切り抜けようとした。一九〇一年一月二十九日に発布された光緒帝と西太后の変法預約《へんぽうよやく》の詔を受けて、清朝は改革を担当する督辦政務《とくべんせいむ》処《しょ》を新設して、李鴻章のほか、両江総督劉坤一《りゅうこんいつ》、湖広総督張之洞《ちょうしどう》の主導のもと、外交、政治、経済、軍事、教育および社会の多分野にわたって本格的な制度改革に着手した。

一九〇五年六月、諸外国の政治制度を考察するために、清国政府は徐世昌《じょせいしょう》を含む大臣級の高官を海外に派遣した。そして、一九〇六年七月に「仿行憲政」の論旨を公表し、朝廷主導の「予備立憲」を始めた。中央に資政院《しせいいん》、各省に諮議局《しぎきょく》の新設を決定した清朝は、一九〇八年に「欽定憲法大綱」を公表し、九年後の憲法公布と議会開設を約束した。その後、各地に国会請願運動が活発化するなか、清朝は予備立憲の期間を五年に短縮することを宣言した。憲法大綱は大日本帝国憲法を範にとり、「大清皇帝は大清帝国を統治し、万世一系にして、永遠に尊載される」と規定した。一九一一年五月、改革が拡大するなかで、清朝政府は軍機処を廃止して、内閣官制を発布した。しかし、内閣大臣の過半数は皇族や満洲族で構成されたため、立憲派と革命派双方の不満を招く結果になった。数ヵ月後の武昌《ぶしょう》蜂起で辛亥革命が勃発し、清朝が目指した立憲体制への移行は実現できなかった。

一方、経済面での改革は一定の成果がみられた。全国の商業、貿易、工業、農業を統括する機関として商部（後に農工商部）が設立され、商工業の振興策が講じられた。軍事面では武科挙を廃止するのに合わせて、各地に武備学堂を新設して、近代的な軍隊の育成を目指した。

一連の改革のなかでもっとも影響が大きかったのは、科挙制度を廃止し、教育機関として新式の学堂を各地に設立したことである。一九〇九年には学堂はおよそ六万ヵ所になり、一五〇万人以上の学生を有する規模に成長した。日露戦争後、より迅速に人材を育成するために、大量の留学生を海外に送り出すようになった。

留学ブームと東亜同文会・革命同盟会

一八九八年一月貴族院議長近衛《このえ》篤麿《あつまろ》公爵が雑誌『太陽』に「同人種同盟・附支那問題研究の必要」を発表し、日清戦争の勝利で、日本では「驕慢《きょうまん》の心」が増長し、中国人を軽侮する風潮が広がったことを憂慮した。彼は、目下の日本は「恰《あたか》も欧州人の支那人に対する如き態度を以て支那人を遇し」ていると批判する一方、中国から日本に亡命した康有為に対し、「東洋において、亜細亜のモンロー主義を実行するの義務実に懸りて貴我両邦人の肩に在り」と力説した（『近衛篤麿日記』第二巻、一九五頁）。

同年六月、近衛は「東洋は東洋の東洋なり」を唱えて同文会を組織した。十一月には既存の興亜会、東亜会などのアジア主義団体を吸収して東亜同文会を設立して会長に就任した。東亜同文会は、「支那を保全す」「支那及び朝鮮の改善を助長す」「支那及び朝鮮の時事を討究し実行を期す」「国論を喚起す」などを綱領とした。

東亜同文会の理念は、中国の再生を望む中国人エリートの構想と一致した。亡命先の日本で言論活動を展開していた梁啓超は「日本とわれわれは、手を携えて協力しなくては、黄色人種の独立を保持し、ヨーロッパ勢力の東漸《とうぜん》を防ぐことはかなわない」（『梁啓超文集』岩波文庫、一二五頁）と述べ、東亜同文会の理念に同調した。梁啓超は、「他日、支那と日本の二国はおそらく合邦をなしとげるだろう」とまで展望した。中国人による本格的な日本留学はこのような時代背景のもとで始まった。

もっとも、清朝政府は留学生によって日本の「文明」が中国に持ち込まれることを警戒した。一八九六年五月、中国留学生の第一陣が日本に上陸したとき、清朝政府は「随行」を派遣して彼らの行動を監視した。一九〇一年から駐日公使を務めた蔡鈞《さいきん》は、留学生の間に「自由の説」「民主の風」「革命の議」が広がることを恐れ、留学生派遣の中止を政府に嘆願した（厳安生―一九九一）。しかし、一九〇三年以降、新政が推進されるなかで、清国からの留学生が猛烈な勢いで増加した。一九〇三年に東京振武学校が設立され、陸軍士官学校や陸軍戸山学校に入学する中国人留学生の予備教育が行なわれた。法政大学は付設の法政速成科を開設して清国からの留学生を受け入れた。また、早稲田大学も一九〇五年に清国留学生部を開設し、初年度に七六二名の入学者を受け入れた。（『早稲田大学百年史』）。

この時代に始まった日中の教育交流はすでに双方向のものであった。東亜同文会は一九〇二年から東京同文書院を東京神田に設立して、清国留学生教育に着手したが、その前の一九〇〇年五月、日本政府の支援を得て、南京に「南京同文書院」を開設して、日本人学生を現地中国で教育する事業に乗り出していた。近代的な教育機関が普及される前の中国への留学生派遣であった。翌一九〇一年、義和団事件の影響で書院は上海に移転し、専門学校「東亜同文書院」として再出発した（愛知大学東亜同文書院大学記念センター編―一九九三）。

さて、二十世紀初頭の日本には、清朝から逃れた改良派や大量の留学生のほか、満洲族支配の打倒を目論む革命派も結集していた。早くも一八九四年ごろ、清朝の腐敗が中国の独立と近代化を阻害していると考えた孫文ら革命派は、ハワイで興中会を組織した。孫文は、九五年に広州で、一九〇〇年には恵州で清朝打倒を目的とした武装蜂起を指導したが、いずれも失敗に終わった。成功への道を模索する孫文はたびたび日本を訪れ、宮崎滔天《みやざきとうてん》、萱野《かやの》長知《ながとも》、頭山満《とうやまみつる》をはじめとする各界の支援を受け、再起を図っていた。義和団の乱のあと、ロシアの満洲占領に反対した章炳麟《しょうへいりん》、蔡元培《さいげんばい》、秋瑾《しゅうきん》らが光復会を組織し、また、黄興《こうこう》、宋教仁《そうきょうじん》らが華興会を組織して清朝政府と対立した。一九〇五年八月二十日東京に集まった革命組織の代表が東京霊南坂で中国同盟会を結成し、「駆除韃虜《くじょだつりょ》（満洲族）、恢復《かいふく》中華、建立民国、平均地権」の「四綱」を掲げた。まもなくこの綱領は「民族、民権、民生」の「三民主義」へと発展した。孫文の革命の理念に理解を示した宮崎滔天や内田良平ら日本人がこの組織を全面的に支援した。この時期の日本は、中国の改良派、革命派、エリート学生が結集し、さながら中国の変革を育むプラットフォームのようなものであった。このプラットフォームに、後の中国と日中関係に決定的な影響を及ぼす蔣介石《しょうかいせき》、汪兆銘らも留学生として登場した。孫文、汪兆銘ら革命派は、征服民族たる満洲族が被征服民族の漢民族を支配するという「民族問題」こそ、中国が直面している根本問題だと認識した。

3　日本の大陸政策と中国の対応

日露戦争の影響

日露戦争は明治維新以後「富国強兵」策を推進した日本の一大勝利であった。旅順攻略戦や日本海海戦など、日本が収めた軍事上の勝利は世界の注目を集めたが、戦勝で日本の政治、外交、社会に起こった一大転換も特筆すべきことである。

アメリカの仲介で調印されたポーツマス条約で、日本は南樺太の領有権、遼東半島南部の租借権、長春―旅順間の鉄道の使用権などを獲得した。国民の間に、租借地と鉄道に代表される満洲の諸権益は「十万の英霊と二十億の国帑《こくど》」によって獲得したものという理解が定着した。このような理解は太平洋戦争の敗戦まで繰り返し語られ、日本の政治外交を掣肘する要因となった（五百旗頭薫・奈良岡聰智―二〇一九）。

日露戦争は中国の領土内で戦い、中国が大きな犠牲を強いられたが、中国に「正」の遺産も残した（鄭華・王芳―一九八八）。戦争当時の清朝にとって、ロシアこそ最大の脅威であった。清朝政府は局外中立を宣言したものの、日本の勝利を機に満洲権益を一挙に回収する計画を立てていた。張之洞は「結近援、御遠患」（近隣の国と協力関係を結び、遠方からの外患を防御する）の外交方針を打ち出し、「連日抗露」の具体策を構想していた。

日露戦争までは、中央政府の満洲に対する支配は盛京、吉林、黒竜江の三将軍制度に基づいて行なわれた。そのうち、盛京将軍の下に奉天と錦州の両府があったが、辺境地と認識された吉林と黒竜江には同様の「府」の制度がなく、将軍だけが全域の統治を行なっていた。官僚制度が全く整備されなかったため、これらの地域は事実上中央から分離されたかたちで統治されていた。

ポーツマス条約の第三条で、遼東半島租借地を除く「現に日本国又は露西亜《ロシア》国の軍隊に於いて占領し、又は其の監理下に在る満洲全部を挙げて、全然清国専属の行政に還付すること」が約束された。また、「露西亜帝国政府は清国の主権を侵害し、又は機会均等主義と相容れざる、何等の領土上利益又は優先的、若《も》しくは専属的譲与を、満洲に於いて有せざること」が規定された。

ポーツマス条約の成立を受けて、清政府は盛京将軍を廃止し、新たに「東三省総督」を設置した。ロシアの権益が一部日本に譲渡されたことを受けて、清朝政府は盛宣懐《せいせんかい》らの建言を受け入れ、東三省の開放を宣言し、列国による満洲利益の「均沾《きんてん》」を容認した。

また、日露戦争は、日清戦争に続いて、立憲制の東洋の小国が専制の大国に戦勝した。中国の知識人の間では、二つの戦争を立憲対専制の勝利としてとらえる考えが芽生えた。日清戦争後に来日した清国留学生の多くは日本の善戦を讃えた。

辛亥革命と中華民国の成立

一九一二年七月二十九日、日本の元号は明治から大正に改められた。九ヵ月前の一一年十月、中国大陸でも時代の交替を意味する大事件が発生した。辛亥革命《しんがいかくめい》である。

清国は近代化の一環として、鉄道建設に力を入れていた。なかでも幹線である粤漢鉄道《えつかんてつどう》と川漢《せんかん》鉄道は民間資本によって建設されることになっていた。しかし、中央集権を強化しようとした清朝政府は一九一一年五月幹線鉄道の国有化を発表する一方、列強（四国借款団《しこくしやっかんだん》）からの借款を計画した。これに反対した湖南《こなん》・湖北《こほく》・広東《カントン》などの各省で「保路運動《ほろうんどう》」が発生し、四川《しせん》省では大規模な武装闘争に発展した。

日清戦争後編成された新建陸軍（新軍）はドイツと日本の軍制を取り入れ、力を蓄えてきたが、やがて、新軍内の革命勢力が一九一一年十月十日に武昌蜂起を発動し、各省の独立というかたちで革命を全国に広げた。しかし、新軍内には、共和制を主張する革命派と立憲君主制を主張する改良派との対立が存在した。革命派側に立った黎元洪《れいげんこう》は清朝政府内の実力者袁世凱《えんせいがい》の力を借りなければ、独立した各省をまとめ上げることは不可能と認識した。一方、武装蜂起後の難局に対処するため、十一月八日資政院は袁世凱を内閣総理大臣に選出した。袁世凱は、君主立憲制の確立によって、中国の保全と安定を図ったのである。

革命武装蜂起が一段落したころ、海外にいた孫文が南京に迎えられ、革命派は一九一二年元旦に孫文を臨時大総統とする南京臨時政府を組織し、中華民国の成立を宣言した。しかし、革命派は宣統帝《せんとうてい》の退位と共和制を条件に、袁世凱と妥結し、臨時大総統のポストを袁世凱に譲った。ここに北京政府時代が開幕した。

辛亥革命の結果、三権分立の近代的国家制度が実現された。北京政府期において、議会と独立した司法機関、行政機関が設立され、清末の新政期に部分的に行なわれた議会政治が全国規模で実現された。また、言論、結社、学術研究などの自由が保障されるようになり、かつてない活発で自由な空気が全国に溢れた。このような社会状況は一九一九年の五四運動のような大規模な学生運動や、一九二一年の共産党の創立を可能にした。

変革する中国への対応

さて、王朝体制の崩壊という隣国の大変動は、君主制（天皇制）を維持していた日本にとって大きな衝撃であった。事件に対応する日本の方針は、中国が本格的な立憲政治に移っても、君主制を維持させること、満洲における日本の権益を確保すること、そして、中国本土における日本の優位を国際社会に承認させること、という三つの原則に抵触しないことであった。

しかし、革命後の中国の政体について日本の対応は混乱していた。西園寺《さいおんじ》公望《きんもち》首相は、「隣国がどういふ政体にならうと日本の関する限りでない」という姿勢であった。一方、内田《うちだ》康哉《こうさい》外相は、「支那に共和政治が行はれるやうになっては甚だ困る。日本は極力これには反対する積りで、場合によっては武力を用ゐても君主政体を維持させる」という認識であった。京都帝国大学教授の内藤湖南《ないとうこなん》は、中国の政体について次の意見を述べていた。「政体の選択に就いて他国の内政干渉するといふことは、随分昔の神聖同盟などが欧羅巴《ヨーロッパ》にあった時代ならば知らず、今日では余り流行しませぬ。私の考では当分黙って懐手をして見て居る方がよいと思ふ」（『内藤湖南全集』第五巻、「清朝衰亡論」二五七頁）。

日本と違って、揚子江流域に大きな権益を持っていたイギリスは、混乱の拡大を嫌い、革命派の要望を受け入れて共和制への転換を支持した。これを受けて日本も漢冶萍《かんやひょう》の権益を確保する必要からイギリスに同調した。その結果、君主立憲制にこだわる必要のないことを主張した原敬《はらたかし》内相の意見が閣僚に了承され、日本も中国の共和制を受け入れることにした（升味準之輔―一九八八）。

中国を統一国家と見なすべきかどうかは、辛亥革命の時期から重要問題であった。日本政府が南方の革命政権と北方の清朝政府のどちらを支援するかをめぐって意見が統一しなかった。そのようななかで、内藤湖南の「南北統一論」はユニークな意見であった。内藤湖南は、経済・貿易の面から見て、中国北方の九省は南方に比して遙かに後れをとっているという現実があるにせよ、「一体支那といふ国は統一さるべき国である」と認識していた。統一の方法は、満洲朝廷が復興して、袁世凱が中心になって実現するか、革命軍が共和政府を組織して実現するか、予断できないが、「何《いず》れか一に帰すべきである」（『内藤湖南全集』第五巻、「清朝衰亡論」二五六頁）。

孫文の「満洲譲与」論と日本の権益拡大

辛亥革命期において、日本は満洲権益の拡大についてまだ具体的な計画をもっていなかったが、日本人と日本企業の大陸進出が増加するなかで、日本は満洲において有利な地位を確立しなければならないという認識が強くなった。

このような満洲に対する日本の関心を利用しようと考えたのは孫文であった。彼は日本との連携を実現するために、満洲を日本に譲与することを構想していた（楊天石―一九八八）。革命同盟会が東京に成立した後、孫文は日本での遊説のなかで、「満蒙は日本の取るに任ぜん。支那革命の目的は滅満興漢に在るを以て、建国は長城以内の中国に於てするに在り。故に日本は革命党を援助せよ」（内田良平『日本の亜細亜』黒竜会出版部、一九三二年、三四〇頁）と繰り返し、日本からの支援を獲得しようとした。この時期の孫文は「長城以内の中国」での建国を構想していたことや、同盟会の綱領は「駆除韃虜、恢復中華」であることを考えれば、「満洲」を「中国」域外の土地として認識していたに違いない。

一九一二年二月ごろ、桂太郎《かつらたろう》前首相は三井物産の森恪《もりつとむ》を通じて、ロシアの南下がいよいよ明確になった今、満洲は中国の力では保全できないこと、日本の力で満洲を保全することが必要であることを孫文ら革命派に伝えた。これを受けて孫文は、中国革命への日本の支援を獲得するために、満洲を日本に委ねる意思のあることを森恪に伝えた。森恪の伝記によれば、この計画は井上馨《いのうえかおる》や桂太郎も関わって「八九分通り成功したのだが、最後の土壇場で政府の反対で結局立ち消えに終わった」（森恪伝記編纂会『森恪』非売品、一九四〇年、四〇五頁）。

第一次世界大戦と対華二一ヵ条要求

一九一四年四月十六日に成立した大隈重信《おおくましげのぶ》内閣（第二次）は、外交の刷新、国防の充実、産業の奨励を政策に掲げた。なかでも外交面において、一九一一年に継続更新された日英同盟を背景に、国際社会におけるプレゼンスを高めようとした。大隈は大戦の勃発を国力伸長の好機と捉えた。元老井上馨も大戦を「大正新時代の天佑」と考えた。

一九一四年八月四日イギリスはドイツに宣戦した。日本が参戦した目的は、アジアにおける日本の地位を高め、日露戦争まで中国大陸を中心に獲得した権益を確立させることであった。この目的を実現するための交渉は大戦前から中国側と行なっていた。日本側の思惑は、膠州湾《こうしゅうわん》占領を機会に、これまでの交渉を一気に妥結させるとともに、日本の優位を前提とする日中関係の新しい形を中国側に要求し、日中関係をリセットすることであった。

軍事作戦が一段落した直後の十二月三日、加藤高明外相が在北京日置益《ひおきえき》公使宛ての訓令を発出し、政府が決定した「対支政策ニ関スル件」に基づいて、中国政府に要求する具体的な項目を指示した（『日本外交年表並主要文書』）。全五号計二一ヵ条からなるこれらの要求には、「帝国将来ノ地歩ヲ鞏固《きょうこ》ニ」するための項目で構成されたが、最大の眼目は第二号で示された、満洲および東部内蒙古地方における日本の利権を半永久的に固定化することであった。このなかには、旅順大連の租借期限と南満洲鉄道の期限を九九年間延長することや、土地の賃借権、自由な居住、往来、商工業の営業権、鉱山の採掘権、鉄道・借款・顧問の優先権、吉長鉄道の管理経営権などが含まれた。

交渉の難航を想定していた日本政府は、ドイツから奪取した山東半島諸権益の戦略的活用を構想していた。要求の第一号に山東半島に関わる内容が設定されたのはその意図の現れである。そのような意図があったものの、差し当たっては、中国に対し、山東省にかかわる利権をめぐる日独間の合意事項を認めるべきこと、中国が山東省内や沿海の土地、島嶼などを第三国に譲与、貸与しないこと、膠州湾から済南《さいなん》にいたる鉄道の敷設権を日本に允許すること、山東省を外国人の居住と貿易のために開放すること、などを要求した。ただし、中国側が第二号要求に応じた場合、山東半島の諸権益を中国側に還付することも視野に入れていた（奈良岡聰智—二〇一五）。

二一ヵ条要求には、中国での既得権益の拡大を意図する内容と、世界における日本の地位の向上に応じて、日中関係の再定義を意図する内容が含まれた。北京政府は、日本側の戦略的な要求の意図を読み取る十分な情報を持っていなかった。北京政府の対応は、結果的に日本が期待する方向に事態を推し進めた。大総統袁世凱は、中国の死命を制する要求は、山東半島権益をめぐる日本の要求と、第五号に列挙された内政と主権に関係する諸要求だと認識していた（「各省宛大総統袁世凱電文」『中日二十一条交渉史料全編』）。大隈内閣は第五号のうち主権に関わる主な内容を後日の交渉に委ねるとしてこれを削除し、中国に最後通牒を送付した。袁世凱政府は日本に対する最大限の抵抗を行なったが、最終的には最後通牒を受諾した。

一九一六年、帝制の復活を企てた袁世凱が死去した。後任の黎元洪《れいげんこう》大総統のもと、段祺瑞《だんきずい》が国務総理に就任した。日本の寺内正毅《てらうちまさたけ》内閣は内政の混乱に苦しむ段祺瑞政府を助け、二一ヵ条要求で悪化した日中関係を修復するため、中国に対する借款を供与した。借款の交渉は民間人の西原亀三《にしはらかめぞう》が担当したため、西原借款とよばれた。一億四五〇〇万円に及ぶ巨額の借款は所期の効果をもたらすことはなかった。

二一ヵ条要求は、中国人の反日感情を醸成した。中国は、武力を背景に強要された条約の無効を主張し、国際社会にその撤廃を訴え続けた。一九一九年に開催されたパリ講和会議において、日本の要求がベルサイユ条約に明記されることになったため、中国では大規模な反日デモが発生し、学生や市民は、二一ヵ条の無効を主張した（五四運動）。一部の学生が過激な行動をとり、西原借款の交渉を担当した交通総長曹汝霖《そうじょりん》の邸宅が焼かれ、駐日公使章宗祥《しょうそうしょう》が殴打された。「親日派」と目された中国人が愛国運動の攻撃対象となったことは、その後の中国の対日外交の難しさを予感させるものであった。

さて、山東問題が一応の解決をみたのは、一九二一年から二二年にかけて開催されたワシントン会議においてであった。列強間の海軍力の均衡を図るために開催されたワシントン会議においても、中国は山東権益の回収を訴え続けた。英米の調停のもと、山東懸案解決に関する条約が締結され、膠州湾租借地、青島—済南間の鉄道の返還、日本軍隊の撤退などが決められた。また、継続商議とされた二一ヵ条要求中の第五号の放棄も声明された。ワシントン会議では、中国に関する九ヵ国条約が結ばれ、中国に対する主権尊重、領土保全、門戸開放、機会均等の原則が提唱され、中国大陸における日本の権益要求が条約によって制限されることになった。

幣原外交から田中外交へ

五四運動は中国ナショナリズムの高揚を象徴する出来事であった。この気運に乗じて孫文ら革命派は一九一九年に中華革命党を中国国民党に改名した（英文名 Chinese Nationalist Party）。国民党はコミンテルンの建言を受け入れ、二一年七月に第一回代表会議を開催した中国共産党との協力関係を結び、中ソ提携の方針を固めた。一九二四年に広東で開催された国民党第一回全国大会において、国民党の組織に共産党員を受け入れることが決定された。同年四月、民族、民権、民生の三民主義を提唱した孫文は「国民政府建国大綱」を発表し、五権憲法（立法、司法、行政、監察、考試）に基づいて中華民国を近代的な国家に建設することをよびかけた。同年十一月、神戸を訪問した孫文は「大アジア主義」演説を行なった。孫文は、覇道を捨て、王道に回帰して、中国との不平等条約を廃棄するよう日本に求めた。

一方、ワシントン会議後の北京政府は、国民党と共産党が進める「人民外交」に異議を唱えた。外交総長を務めた顧維鈞《こいきん》は、「人民外交は完全なる勝利を目指すが、それは永遠に成功することができないだろう」と主張し、諸外国との慎重な交渉を進めた（『顧維鈞回顧録』第一巻）。北京政府は、専門外交官が主導する外交で、条約改正を通して主権の回復を目指したのである。

日本では、一九二四年六月に憲政会総裁の加藤高明《かとうたかあき》が護憲三派の連立内閣を組織した。外務大臣に就任した幣原喜重郎《しではらきじゅうろう》は、「今や権謀術策の政略ないし侵略的政策の時代は全くさり、外交は正義と平和の大道を踏んで、堂々と進む時代になった」（一九二四年六月十一日談話）と主張し、拡張路線を基調とする中国政策を修正した。

ワシントン会議で調印された「中国の関税に関する条約」に基づいて、日本を含む一三ヵ国が中国との関税問題を解決するため、一九二五年十月二十六日から北京関税特別会議を開催した。諸国は釐金《りきん》の廃止を条件に、中国関税率の改定を目指したが、中国側は関税自主権の回復を要求した。貿易上中国への依存度が高かった日本は、率先して中国の関税自主権を認めることで、中国の好意を獲得し、日中間の互恵協定を目指そうとした。中国の内乱に影響され、北京関税特別会議は直接の成果を生み出すことができなかったが、幣原外相が主導した経済中心の外交は、日本の対中国政策の方向転換を象徴するものであった。

第一次世界大戦後、中国の輸入関税の引き上げと、国際労働会議にともなう深夜労働の廃止に対応するため、日本の紡績各社は相次いで中国に進出し、上海と青島に工場を建設した。在華紡と言われた日本の紡績会社の規模は、一九二五年には一〇〇万錘を突破し、中国紡績会社の四割弱を占めるほどに拡大した（高村直助―一九八二）。しかし、中国人労働者の低賃金に対する不満が強く、ナショナリズムの嵐が吹き荒れるなか、紡績会社のある都市でストライキが頻発した。一九二五年上海の在華紡で始まったストライキが、中国人労働者が射殺される「五・三〇事件」に発展し、中国各地に広がる外国資本への抵抗運動の契機となった。

一九二五年三月十二日孫文が死去した。孫文の遺志を継承した国民党は汪兆銘（精衛《せいえい》）を主席とする国民政府を組織し、中国の統一を目指して北伐を開始した。二七年三月南京に入城した国民政府軍は、日本とイギリスの領事館や、アメリカ系の金陵大学に侵入した。二名の負傷者を出した日本はイギリスから中国への報復攻撃の要請を受けたが、日中関係の安定を政策に掲げた幣原外相はこれを拒否した。

一九二七年四月田中義一《たなかぎいち》内閣が成立し、田中は外相を兼任した。同じころ、蔣介石が上海でクーデターを発動し、共産党勢力を一掃するとともに、国民政府所在地を南京に定めた。軍事力を掌握した蔣介石は革命軍を北上させ、国民政府による中国の統一をめざした。当時の山東省には、青島を中心に二万人以上の日本人が在住していた。中国の統一で日本の権益が制限されることを恐れた田中内閣は、居留民保護を理由に出兵を決断した。

山東出兵中の一九二七年六月二十七日から七月七日にかけて、田中首相は駐華公使芳沢謙吉《よしざわけんきち》、奉天総領事吉田茂《よしだしげる》、関東長官児玉秀雄《こだまひでお》、関東軍司令官武藤信義《むとうのぶよし》、外務政務次官森恪ら要人を東京に集めていわゆる東方会議を開催した。会議の最終日に田中首相が「対支政策綱領」を訓示し、満蒙における日本の特殊の地位権益の防護、必要な場合には適当な措置をとることについて指示した。武藤信義関東軍司令官に同行したのは、張作霖《ちょうさくりん》爆殺事件を引き起こした関東軍高級参謀河本大作《こうもとだいさく》大佐であった。後年、東方会議で討議、決定した内容について説明を求められた河本は、「張作霖を相手に満州問題の根本的解決を図ること」「関内での作戦に失敗した張作霖が満州に撤退した場合、その軍の武装を一部解除すること」（中央档案館等合編『河本大作与日軍山西残留』中華書局、一九九五年）などと回答している。この会議をめぐって、後に「田中上奏文」といわれる政策文書が中国のメディアで掲載され、日本による計画的な中国侵略の根拠とされた。

北伐を中止させた蔣介石は一九二七年九月に来日し、田中義一首相と会談した。田中首相から、国民政府軍の揚子江以北への進出を阻止された蔣介石は、日本が革命軍の北伐を妨碍することを予想し、「今後中国と日本は協力の可能性は絶対にない」と断言した（『蔣中正先生年譜長編』）。この会見は蔣介石が対日認識を修正する契機となった。

蔣介石は、政敵と言われた汪兆銘と関係を修復し、一九二八年一月に国民革命軍総司令に復職し、北伐の再開に向けて準備を進めた。満洲権益への影響を心配する日本各界の懸念を配慮した蔣介石は、北伐の対象は東三省（満洲）ではないと表明した（『朝日新聞』）。四月にはいり、国民政府は第二次北伐を宣言したのを受けて、日本は再度居留民保護のため山東省への派兵を決定した。五月九日から日本軍は済南城に対する攻撃を開始し、十一日に市内を占領した。攻撃のなかで死傷した中国の軍民は五〇〇〇人に上った。

済南事件は日中両軍の本格的な衝突であった。大きな損失を出した国民政府軍は済南からの撤退を余儀なくされた。蔣介石は、北伐の目的を奉天軍閥の殲滅と中国の統一に設定し、日本との軍事衝突を回避した。しかし、済南事件は「国恥、軍恥、民恥」として蔣介石の記憶に刻まれた（「蔣介石日記」）。事件が蔣介石の対日認識に大きな影響を与えたことは、以降の日記に欠かさず「雪恥」の二文字を書き続けたことからも推測できよう。

二　戦争と平和のあいだ——満洲事変から太平洋戦争終戦まで

1　危機のなかで

東方会議では田中義一首相は参会者に、中国との諸懸案の解決を促し、具体的方法については個別に協議することを約束しただけであった。具体策を明示しなかった東方会議は、関東軍に独自の満蒙政策を推進する空間を与えた。

張作霖爆殺事件と中国の統一

田中首相は満洲の実力者張作霖を利用して、鉄道を中心とする南満洲の利権を拡大する計画を建てていた。一方の張作霖は安徽派《あんきは》や直隷派《ちょくれいは》などの軍閥間の争いを利用して勢力を伸張し、北京政界のみならず、華北から華東にいたる広大な中国主要部に野心を抱くようになった。一九二七年六月北京に安国軍政府を設立して、陸海軍大元帥に就任した。関東軍の一部から、手に負えなくなった張作霖を排斥する意見が生まれた。このような風潮のなか、河本大作大佐は張作霖を抹殺する混乱に乗じて関東軍を出動させ、一挙に満洲を占領する計画を立てた。この計画は、一九二八年六月四日に実行され、北京から満洲に引き揚げた張作霖は、奉天郊外の皇姑屯《こうことん》で爆殺された。「満州某重大事件」とよばれた張作霖爆殺事件は、田中内閣の崩壊など大きな波紋を広げたが、主謀者の河本は一年の停職処分を受けただけだった。

事件後、張作霖の長男張学良《ちょうがくりょう》が慎重に対応したため、関東軍は大規模な軍事行動をとる機会を失した。日本政府は中国に広い人脈をもつ元公使林権助《はやしごんすけ》を満洲に派遣し、蔣介石の国民政府と合流しないよう張学良を説得した。しかし、この年の年末に張学良は東三省の「易幟《えきし》」を断行し、国民政府に参加した。国民政府は中国の統一を一応達成したのである。

中国の排日と満洲事変

ところで、張作霖爆殺事件で河本大佐を失った関東軍は、石原莞爾《いしはらかんじ》（作戦主任、一九二八年十月赴任）と板垣征四郎《いたがきせいしろう》（高級参謀、一九二九年五月赴任）の両参謀の時代を迎える。石原は対米戦争を念頭に満蒙政策の理論作りに取り組んだ。彼の満蒙問題解決方策は、「之《これ》ヲ我領土トナス」ことであった。石原と板垣は、「満蒙ハ漢民族ヨリモ、寧《むし》ロ日本民族ニ属スヘキ」と唱え、「支那統治の根本要領」を構想していた（『現代史資料・満洲変』）。

一九三一年に入ってから、大規模の排日ボイコットが大都市を中心に頻発した。その一つは、水田の商租をめぐる中国農民と朝鮮人農民との対立によって引き起された万宝山《まんぽうざん》事件と、その後朝鮮で発生した中国人居留民虐殺事件であった。日本の拡張的な大陸政策が中国人の対日認識に重大な影響を与え、日本への強い不信感は中国全土に広がった。

一九三一年九月十八日、関東軍は柳条湖《りゅうじょうこ》で鉄道爆破事件を起こし、これを中国軍の仕業と主張して、

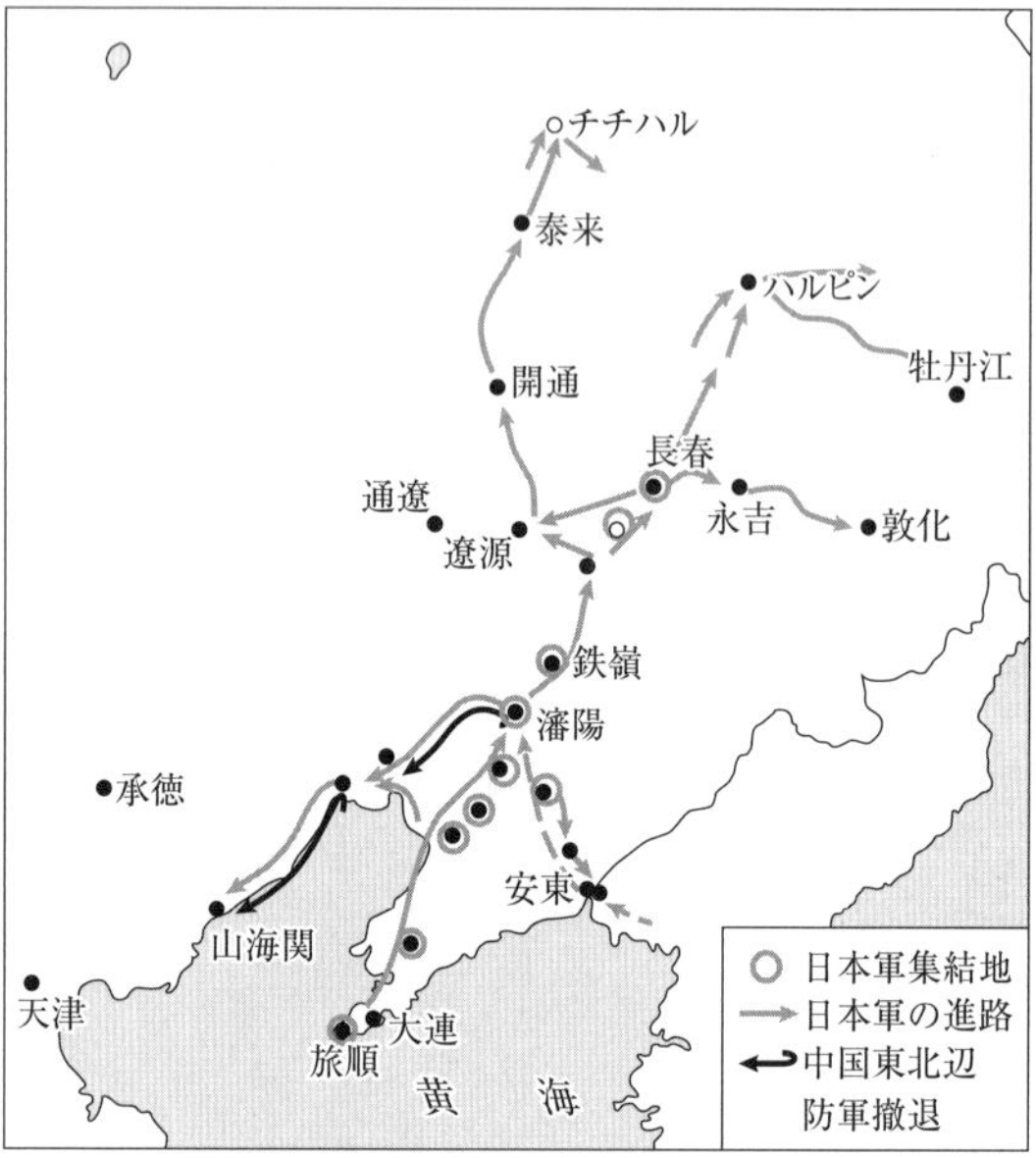

満洲事変および日本軍侵攻要図

軍事行動を開始した。張学良は関東軍との全面対決を回避し、「不抵抗」政策を貫き、若槻《わかつき》礼次郎《れいじろう》内閣も事件直後に不拡大方針を決めて、現地解決を目指した。日中両国の外務当局は直接交渉で解決の可能性を探ったが、中国政府は日本の侵略行為を国際連盟に提訴した。九月三十日、国際連盟理事会が日本軍の満鉄付属地内への撤兵の速やかな実行を促す決議案を採択したが、関東軍は十月八日に錦州を攻撃し、十一月には満洲北部での軍事行動を展開した。

満洲を占領した関東軍は満洲の領有策を変更し、宣統帝を頭首とする満蒙独立国案を打ち出した。関東軍の秘密工作を経て、一九三二年三月一日、清朝最後の皇帝宣統帝溥儀《ふぎ》が執政に就任し、満洲国が成立した。満洲国の政治は関東軍の「内面指導」のもとで行なわれた。満洲国は総務庁中心主義を採用し、日本人が就任する総務庁長官、次長が事実上満洲国の行政をコントロールした。

満洲での日本の行動に対し、国際連盟理事会は調査委員会の派遣を決定し、三二年一月にリットン卿

興安北省
興安東省
黒河省
黒河
ハイラル
北安省
北安
布特哈旗
チチハル
三江省
佳木斯
龍江省
東安省
ホルチン右翼前旗
興安南省
密山
牡丹江
興安西省
牡丹江省
新京特別市
吉林
四平
延吉
熱河省
通化省
錦州省
奉天
通化
間東省
承徳
錦州
日　本　海
安東省
北京
安東
天津

満洲国行政図

を委員長とする調査団を組織した。リットン調査団は十月報告書を公表し、満洲に対する中国の主権を認めたため、一九三三年二月内田康哉《うちだこうさい》外相が国際連盟脱退を通告した。

持久戦を準備する蔣介石

満洲事変前の三一年七月から蔣介石は「安内攘外《あんないじょうがい》」の方針を掲げ、日本との軍事衝突を回避し、国家の統一、政治の安定、経済の発展を政治の優先課題に設定した。一方、日本軍部の大陸進出政策を警戒し、対日戦準備の手も緩めなかった。蔣介石は日中国力の格差を念頭に、「持久戦」の戦略を構想していた。持久戦を制するには、内陸部に広がる旧軍閥の勢力を確実に中央政府の支配下に収めなければならなかった。このように判断した国民政府は、長城を越えて華北に進出した日本軍との衝突を極力回避した。

一九三三年三月熱河《ねっか》を占領した日本軍は、五月に長城を越え、北京に近い密雲《みつうん》、懐柔《かいじゅう》などの要衝を攻略した。国民政府は知日派で知られる黄郛《こうふ》を北平（北京）に派遣し、日本と停戦交渉を行なった。その結果、塘沽停戦協定《タンクーていせんきょうてい》が結ばれ、当面の平和が達成された。満洲事変を一段落させた蔣介石は、一〇〇万の兵力を動員して、一九三三年十月共産軍に対する包囲作戦（勦共《そうきょう》）を展開した。勦共と並行して、三四年二月から国民精神の総動員を意図した「新生活運動」を繰り広げた（段瑞聡—二〇〇六）。国民党は一九三四年十二月十日から中央全体会議を召集し、「安内攘外」の国策を再確認した（『中華民国史実紀要』一九三四年）。

「剿共」は蔣介石の持久戦略の一環であった。日本との全面戦争は避けられないと予想していた蔣介石は、「剿匪《そうひ》をカモフラージュに、四川と貴州の共産党の残余勢力を追討する。政府軍が貴州に入れば、広西省もコントロール下に入る。こうすることによって、内戦を回避し、西南の根拠地を統治することができる」と見立てていた（『蔣中正総統五記・困勉記上』四三五頁）。国民政府は税制の改革、貨幣制度の統一、中央銀行の創設、公路・航路の建設、民衆の教育、食糧の増産などを着々と進み、対日持久戦の準備を加速させた（家近亮子―二〇一二）。

一九三五年に入ってから、日中関係は重大な転機を迎える。岡田啓介《おかだけいすけ》内閣の広田弘毅《ひろたこうき》外相が年頭の議会で、「私ノ在任中ニ戦争ハ断ジテナイ」と発言し、日中関係の改善に意欲をみせた。蔣介石も「敵か友か」という論文を発表し、日本と中国は「歴史的、地理的及び民族的な関係の、何れの方面から見ても、その関係は唇歯輔車《しんしほしゃ》の関係以上にあるべく、実に生きれば、共に生き、死すれば共に死ぬ共存共亡の民族ではある」（『中央公論』一九三五年四月号）と述べた。このような流れのなかで、両国は経済提携を通して日中関係の再構築をはじめ、五月公使館を大使館に昇格して、関係改善を印象づけた。ところが、出先陸軍は華北に頻発した反日事件を理由に、「梅津《うめづ》・何応欽《かおうきん》協定」「土肥原《どいはら》・秦徳純《しんとくじゅん》協定」を中国側に押しつけ、河北省とチャハル省から国民党と国民政府軍を追い出し、いわゆる華北自治工作を展開した。しかし、日中関係が悪化の方向に動いても、蔣介石は「安内攘外」の方針を変えなかった。

西安事件と日中関係の転機

孫文は一九二四年の「建国大綱」で、国民政府は軍制期、訓政《くんせい》期、憲政期の三段階で立憲政治を実現すると唱えた。一九三六年五月五日、南京政府は憲法草案を公布し、訓政から憲政への転換を図った。国内の統一を達成するため、蔣介石が自ら総司令に就任して西北剿匪総司令部を成立させた。副総司令になった張学良は事実上「剿共」の任務を担った。しかし、張学良は水面下で共産党の代表と接触し、内戦回避の方法を探った。一九三六年四月九日、周恩来《しゅうおんらい》は共産党の代表として、東北軍支配下の膚施《ふし》（延安《えんあん》）に乗り込み、張学良との秘密会談に臨んだ。共産党は張学良に、内戦を停止し、「反蔣抗日」の方針を受け入れることを条件に、抗日聯軍総司令官と国防政府主席の地位を約束した（楊奎松―一九九五）。

十二月四日、蔣介石は張学良の討伐戦を督促するために西安に飛来した。張学良は十二日、第一七路軍を率いる楊虎城《ようこじょう》とともに蔣介石を逮捕、監禁した（西安《せいあん》事件）。張学良らは南京政府の改組、内戦停止、愛国のリーダーや政治犯の即時釈放、人民の政治上の自由の保障、孫文の遺言（民衆の喚起と諸民族の連合）の遵守、救国会議の即時開催などの要求を突き付けた。いわゆる「南京政府の改組」とは、国民政府内の「親日派」の排除を意味するものであった。西安事件は張学良が中国共産党と緊密な連携をとりながら起こしたものである。

中国情勢の急変に日本政府は静観する姿勢をとった。こうした対応には、満洲事変以降の中国情勢に対する再認識論が政界や世論に広がっていたという背景がある。中国に駐在した外交官は、「支那人には国家観念もなければ民族意識もない」という旧来の観念を変更するよう政府に求めた。西安事件は中国の統一を象徴する出来事として日本側に受け止められたのである。

西安事件を契機とした対中国認識の変化は陸海軍にも広がり、華北分離工作に象徴される従来の強硬な中国政策を見直す動きがみられた。石原莞爾が課長を務める参謀本部戦争指導課は一九三七年一月に「帝国外交方針改正意見」を作成し、中国の建設統一運動への援助と、冀察政権《きさつせいけん》（一九三五～三七年、国民政府と距離を置いた地方政権）管轄下の華北地方の主権は中国中央政府にあることを主張した。これは満洲事変後、華北の特殊化と分治を進めてきた陸軍の動きを否定するものであった（臼井勝美—一九九八）。

陸海軍と外務当局が対中国政策の変更を検討しているさなか、佐藤尚武《さとうなおたけ》大使がフランスから帰朝し、三月三日に林銑十郎《はやしせんじゅうろう》内閣の外務大臣に就任した。四月十六日に外務、大蔵、陸軍、海軍四大臣間で新たな「対支実行策」を決定し、華北の分治や中国の内政を混乱させるような政治工作を行なわないこと、南京政権と中国の統一運動に対し、公正な態度で臨むことを唱えた。

経済界も両国の経済関係の緊密化に向けて動いた。一九三七年三月十四日、中日貿易協会の招きを受けて、日華貿易協会会長児玉謙次《こだまけんじ》を団長とする日本経済使節団が上海を訪問した。児玉団長は四月八日、佐藤尚武《なおたけ》外務大臣に、中国は現在官民一致して統一国家建設に努力している、日本としてもこの現状を正しく認識して、今後の中国政策を決すべきであると建言した（臼井勝美—一九九八）。

一九三七年六月、林内閣は総選挙に敗れ、近衛《このえ》文麿《ふみまろ》内閣が誕生した。中国の世論は「軍部の退却、自由主義の台頭」として、この内閣を歓迎する意見がある一方、新内閣の外相に広田弘毅が再び就任したことで、中国では広田三原則（排日禁止、満洲国承認、共同防共）の再来を懸念する世論も強かった。

2　日中全面戦争と和平の模索

反日気運の高揚

華北における日本軍の駐屯は、義和団事件のあと、一九〇一年九月七日に調印された最終議定書に基づいている。日本は条約締結国の一つとして賠償金や、北京公使館区域および北京—海浜間の駐兵権を獲得した。一九〇一年四月の列国司令官会議で日本に割り当てられた兵数は一五七〇名であった（秦郁彦—一九九六）。ところが、一九三六年四月、広田内閣が支那駐屯軍の増強を閣議決定した。この決定にしたがって、六月日本軍が一七七一人から五七七四人に増強された。その際、北平駐屯部隊も倍増され、北寧、平漢鉄道の要衝である豊台に一大隊が駐屯するようになった（今井武夫『支那事変の回想』一九六四年、一三頁）。

中国には日本の華北分離工作や、冀察政務院委員会設立に反対する「一二・九学生運動」の余韻がまだ残っており、各地に燻る反日感情はこの増兵計画を契機に再燃した。章乃器《しょうだいき》、沈鈞儒《しんきんじゅ》ら全国救国会のメンバーは、国防政府の建設をよびかけた。上海で開催された市商会記念大会でも、排日、反蔣の諸勢力を聯合して抗日国防政府の組織を主張した。彼らが掲げたスローガンは、「華北防共協定の反対、日本による華北増兵の反対、非常時期憲法の制定、言論・集会・出版の自由、密輸日本品の抵制」であった（『日本外交文書』昭和期Ⅱ第一部第五巻、上巻、二〇〇八年、二九八～二九九頁）。六月一日、北平の各大学は、日本軍の増兵を抗議して三日間のストライキに突入した。各地の大学生は華北に駐屯していた二九軍を訪ね、抗日をよびかけた。中国大陸では日中の武力衝突は一触即発の状況にあった。

盧溝橋事件から全面戦争へ

一九三七年七月七日、豊台《ほうだい》に駐屯していた支那駐屯軍第一連隊第三大隊第八中隊が永定河《えいていが》東岸で夜間接敵攻撃訓練を実施した。日本軍の演習を監視し、盧溝橋一帯の防衛を担当したのは宋哲元《そうてつげん》率いる国民政府軍第二九軍の一部隊であった。この部隊は国民党と共産党の抗日思想に強く影響された軍人の集まりといわれる（秦郁彦—一九九六）。

日本軍が演習する盧溝橋の上空に響いた銃声が日中全面戦争の出発点となった。最初の一発について、日本では日本軍説、第二九軍説、第三者（国民党系の特務機関、西北軍閥系の諸分子、中国共産党）説などが主張されているが、中国の研究者のほとんどは、日本軍による謀略説や計画説を支持している。

事件発生後、日本国内には全面戦争への拡大を望む意見はほとんどみられなかったが、軍事力による威圧を主張する「武力行使派」と外交ルートを通じての話し合いを主張する「外交交渉派」の対立が激しかった。両派とも事変の解決を通じて、国民政府に反日、親欧米政策の転換を促そうとした（劉傑—一九九五）。

「外交交渉派」の意見を取りまとめたのは外務省東亜局の石射猪太郎《いしいいたろう》局長であった。上海東亜同文書

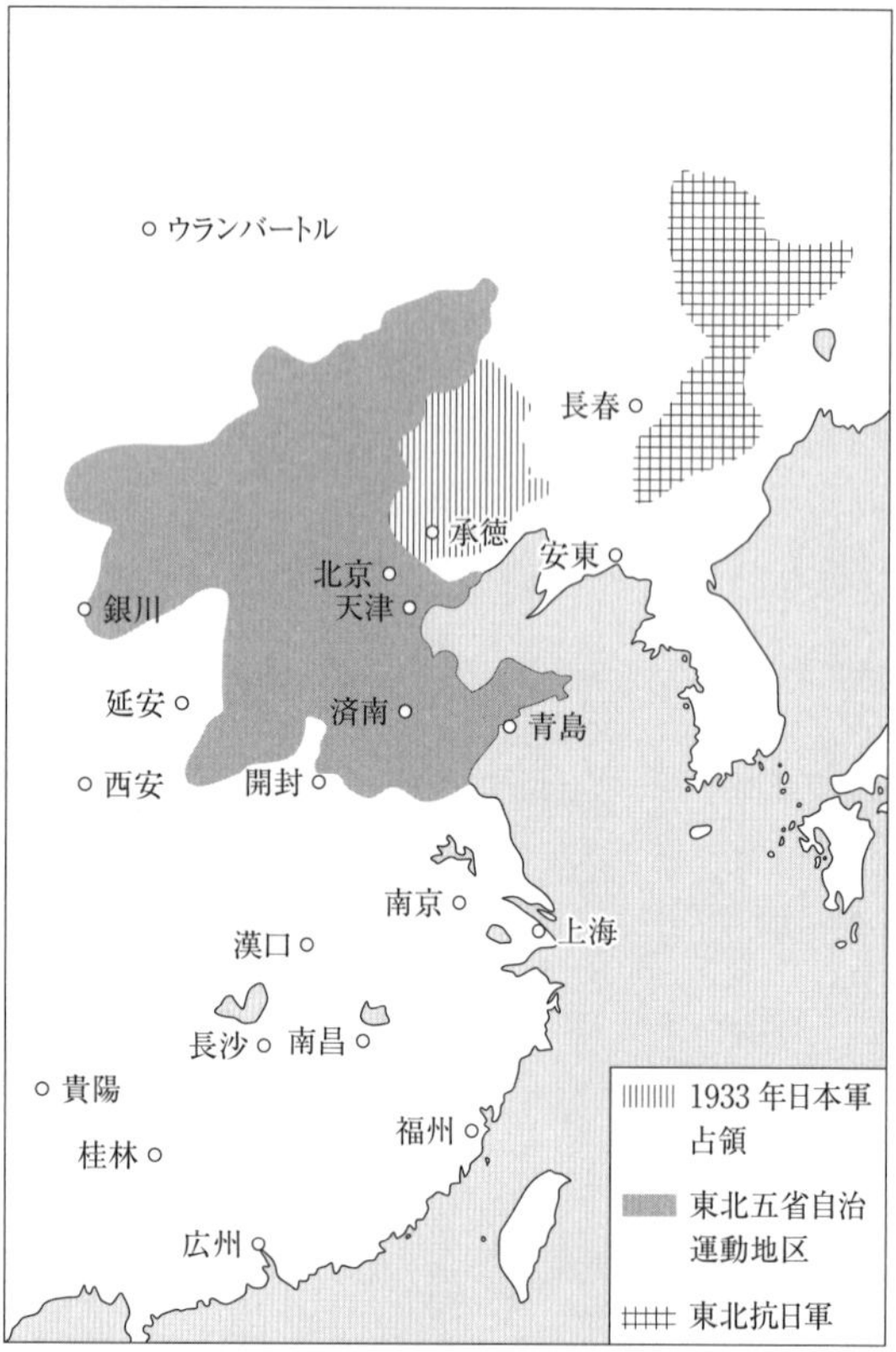

盧溝橋事件前の形勢図

院を一九〇八年に卒業した石射は、日中関係の悪化を阻止すべく、陸軍省軍務課柴山《しばやま》兼四郎《かねしろう》課長、参謀本部の石原莞爾第一部長、戦争指導課河辺虎四郎《かわべとらしろう》課長らと連携し、武力行使を主張する強硬派を牽制した。彼らは近年擡頭してきた中国の民族意識を重く受け止め、日本刻下の急務は、国力の培養、満洲国の建設、対ソ防衛の充実と認識していた（堀場一雄『支那事変戦争指導史』八三頁）。しかし、現地では停戦協定が成立したにもかかわらず、七月十一日の閣議は内地三箇師団の動員を含む派兵案を決めた。

国民政府の強硬姿勢と上海事変

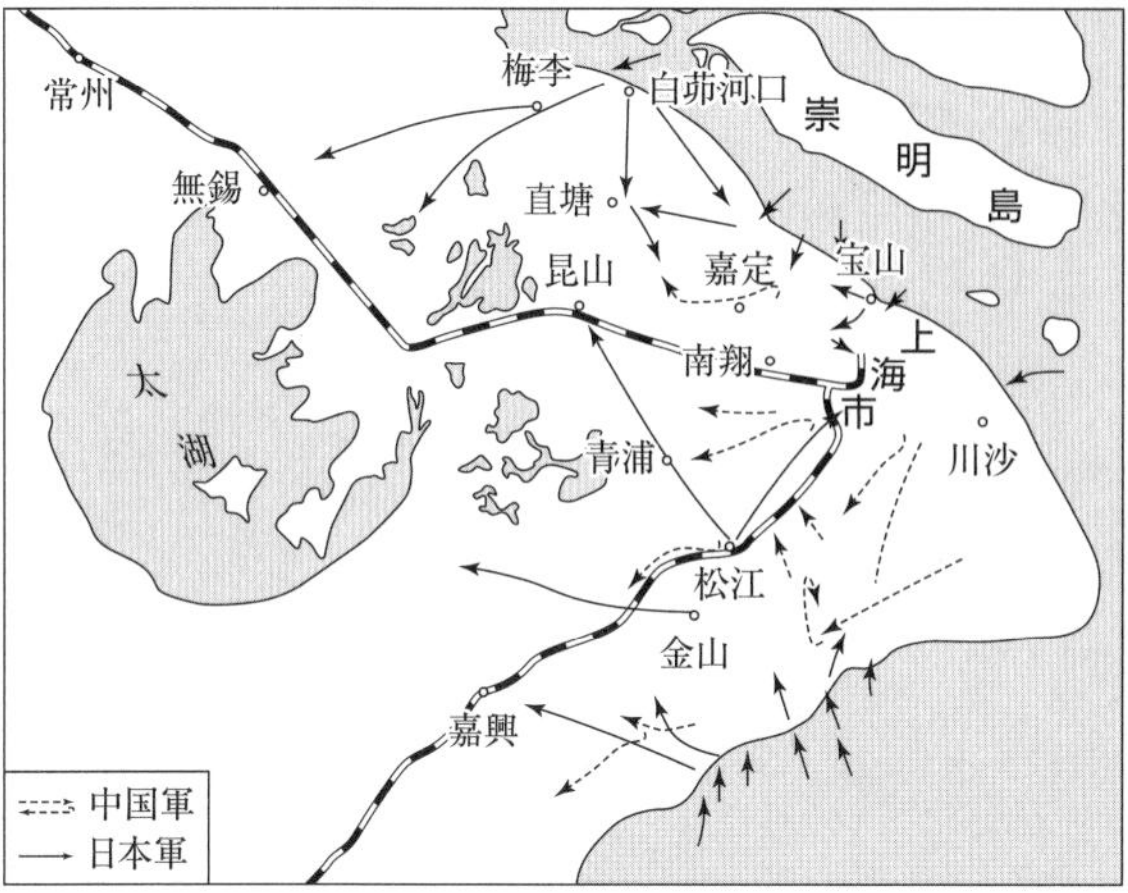

上海戦地図

盧溝橋事件の突発は国民政府の対日政策を一変させ、中国輿論の大勢も強硬論に傾いていった。国民政府は九ヵ国条約調印国に事変に関する覚書を送付し、外交による解決の可能性を残すも、国土と主権を守る意志を世界に表明した。蒋介石は、盧溝橋事件の解決は、中国の主権、領土および行政の保全を前提とすることを主張し、「今までの一面交渉、一面抵抗の国策は見直さなければならない」（『困勉記』下、二〇一一年、五六六頁）と判断するにいたった。一方、国民党中央宣伝部副部長周仏《しゅうふつ》海《かい》の周りに、高宗武《こうそうぶ》をはじめとする外交官僚や胡適《こせき》を代表とする文化人が集まり、対日外交の可能性を探るよう蒋介石に建言した。

外務省は中国側の外交交渉派の努力に積極的に対応した。この時期、外務省は政府への意見書を作成し、華北の特殊地位を国民政府に求める一方、地方的特殊政権を作らないこと、華北に対する中国中央政府の主権を認めること、紛争解決の手段は中央政府との外交交渉に委ねることなどを提案した。また、事変の早期解決という昭和天皇の強い意思を受けて、石射猪太郎らは、高宗武亜洲司長と親交があった在華紡績同業会理事長船津辰一郎《ふなつたついちろう》を上海に派遣し、停戦と国交調整をめぐって、国民政府との直接交渉を試みた。しかし、八月九日、海軍陸戦隊の大山勇夫《おおやまいさお》中尉と斎藤与蔵《さいとうよぞう》一等水平が上海市内で射殺される事件が発生し、事態は悪化した。八月十三日、日中両国の軍隊が上海を中心に戦火を交え、戦争は華中に拡大した。

上海戦が始まると、八月十五日日本政府は声明を発表し、「帝国トシテハ最早隠忍《いんにん》ソノ限度ニ達シ、支那軍ノ暴戻ヲ膺懲《ようちょう》シ以テ南京政府ノ反省ヲ促ス為今ヤ断乎タル措置ヲトルノ已《や》ムナキニ至レリ」（『日本外交年表並主要文書』三六九頁）と宣言した。同じころ蔣介石は軍政部次長陳誠《ちんせい》をはじめとする国民政府の要員を南京に集め、中国の対応を検討した。内陸部に退き、持久戦に持ち込もうともくろむ蔣介石は、華北で勝利した日本軍が、平漢鉄道に沿って南下して武漢を占領することを警戒していた。そこで下した結論は、上海戦を拡大させ、日本軍を牽制することであった（「陳誠私人回想資料」）。また、上海は列強の在中権益が集中する国際都市であり、世界が注目するところである。上海での戦闘によって欧米諸国の同情を獲得し、日本を孤立する効果も期待された。

和平交渉の失敗と南京事件

日本では戦争の展開を楽観視する意見が支配的であった。国民政府に一撃を与えれば屈服するだろうとの見方であった。この判断は昭和天皇の状況認識にも影響を与えた。八月十八日天皇から「事態の早期収拾のため、北支又は上海のいずれか一方に、作戦の主力を注いで打撃を与えた上、我が国あるいは支那側より和平条件を提出することの可否」についての下問があり、参謀本部を中心に停戦と講和の可能性が探られた。参謀本部第二部部員馬奈木敬信《まなきたかのぶ》中佐はドイツ外務省の東アジア局長だったトラウトマン駐中国大使との親交を頼りに、ドイツによる講和の仲介を依頼した。武器の輸出と軍事顧問団の派遣を通じて中国国民政府と関係を緊密化していたドイツ政府は日中のコミュニケーションのチャンネルとして仲介役を務めたが、交渉は難航した。折しも中国側の要請で、ブリュッセルで九ヵ国条約会議が開催され、日中間の戦争が国際会議の場で議論されていた。日本は会議への出席を拒否し、中国との二国間交渉で解決する姿勢を貫いたが、国民政府は会議で国際社会が日本を制裁することに期待を寄せた。

しかし、戦局が日本に有利に展開されるなかで、日本側は和平条件を加重し、満洲国の正式承認、華北特殊機構の設置を含む厳しい要求を国民政府側に突き付けた。トラウトマン工作とよばれるこの和平交渉の結果が出ないまま、十二月十一日日本軍は南京城外の中山陵《ちゆうざんりよう》を占領し、東京では南京陥落の祝賀行事が行なわれた。国民政府は早くも十一月二十日に重慶への遷都を正式に発表しており、十二月に入ってから事実上重慶での執務を開始した。

南京の防衛を命じられた首都衛戍軍《えいじゆぐん》は唐生智《とうせいち》将軍に率いられ、南京城を死守すべく日本軍と激戦を繰り広げたが、日本軍の攻撃に耐えきれず、十二月十二日の夕刻までに総崩れした。唐将軍は撤退命令を発令するとともに船で渡江し、南京から脱出した。指揮官に見捨てられた中国軍はもはや防衛能力を失い、翌十三日南京は日本軍に占領された。

　南京攻略戦の前後、非戦闘員を含む多数の中国人が暴行、虐殺される南京事件が発生した。虐殺事件の死者数をめぐって現在も日中両国は論争を絶やさない。中国側の三〇万人説や、日本側の「大虐殺説」（二〇万人）と「まぼろし説」（虐殺はなかった）を排して、約四万人説をとなえる秦郁彦は虐殺の動機について、「徴発の名目で民家を荒らしまわるうちに、女を見つけて襲い、その犯跡くらますために殺して焼き払う、という連鎖反応を引き起こすわけである」と解説している（秦郁彦―一九八六）。しかし、「徴発」から発生した虐殺以外に、投降兵の殺戮も南京事件の重要な部分であった。秦郁彦もその著書で引用しているように、第一六師団の佐々木《ささき》到一《とういち》少将は「捕虜続々投降し来り数千に達す、激昂せる兵は上官の制止を肯かばこそ片はしより殺戮す」と書き記している（秦郁彦―一九八六）。

中国認識の混乱がもたらす戦争の長期化

　戦局が拡大しても、日本は一九三七年七月以降の事態を「戦争」と呼称しなかった。中国に宣戦を布告し、国際法上の戦争としてこれを認めたら、アメリカは中立法を発動し、日本への軍需物資の輸出を厳しく制限することになる。貿易上対米依存の強い日本はこのような事態を避けるため、「支那事変」という呼称を使用しつづけた。三七年十一月戦争を遂行するための大本営を設置するために、「戦時大本営条例」を廃止し、「戦時または事変」時に大本営を設置することとした。この時に公示された大本営令に基づいて、同年十一月二十日に日露戦争以来三度目の大本営が設置された。

南京陥落後、北支那方面軍特務部の方針にしたがって、王克敏《おうこくびん》を委員長とする中華民国臨時政府が成立した。委員には、湯爾和《とうじわ》、董康《とうこう》、王揖唐《おうゆうとう》、朱深《しゅしん》、江朝宗《こうちょうそう》、高凌霨《こうりょうい》、斉燮元《せいしょうげん》などの面々が就任した。

傀儡政権分布図（1932〜45）

彼らは清朝末期から民国初年にかけての留学生や役人であった。臨時政府は「国民党の一党政治を一掃し、民主本位の政治を復活す」「東亜の道義を発揚し、友邦との敦睦《とんぼく》を篤うす」（堀場一雄『支那事変戦争指導史』一三五頁）などの政治大綱を掲げ、抗日を標榜する蔣介石の国民政府との対決姿勢を鮮明にした。日本の参謀本部はこの政権を中央政権として認めるのではなく、あくまでも現国民政府を基礎とした新中央政府の出現を期待していた。

一九三八年三月二十八日南京に中華民国維新政府が成立した。維新政府は臨時政府同様、三権分立の原則を取り、行政院、立法院、司法院を設けた。行政と立法の両院長は梁鴻志《りょうこうし》と温宗尭《おんそうぎょう》が就任した。二つの政府は日本軍に操られた傀儡《かいらい》政権であったが、対立が続いた。

さて、日本軍が南京を占領した後、日本政府は中国国民政府に対する講和条件をさらに厳しく設定した。一九三八年一月十一日に開催された御前会議で、「支那事変処理根本方針」が決定された。同方針は中国国民政府が、日本が提示した条件で講和に応じない場合を想定して「帝国ハ爾後《じご》之ヲ相手トスル事変解決ニ期待ヲ掛ケス、新興支那政権ノ成立ヲ助長」する方針を決めた。一月十六日このような趣旨に沿った「近衛声明」が発表され、蔣介石を首脳とする国民政府を事実上否定した。日本軍は、五月十九日に徐州《じょしゅう》を占領し、十月二十一日に広東を、二十七日に武漢三鎮（武漢、漢口《かんこう》、漢陽）を相次いで占領した。十月二十八日の『東京朝日新聞』は、提灯行列の写真とともに「漢口の空にも響け、万歳・全国に爆発、帝都は祝賀の火の海」の見出しに飾られた。一九三八年秋、日本国内の戦勝気分と好景気に支えられて大陸に展開した日本軍は、中国東部の主要地点を相次いで占領下に収めた。

武漢の陥落をうけ、十月三十一日蔣介石は「全国国民に告げる書」を発表し、中国の抗戦は東部沿岸地域に拘泥することなく、西部各省が位置する広大な内陸部を根拠地として展開するべきことを指摘した。蔣介石は日本との戦争を「民族戦争」と位置づけ、国民に持久戦と全面戦争の準備を促した。このとき、沿岸の港はことごとく日本軍に占領された現実に鑑み、蔣介石は真剣に対日宣戦の可否を検討した。彼は十月二十八日の日記に、「我が国が宣戦を布告すれば、アメリカは中立法を適用することになり、日本は米国から石油や鉄鋼を輸入できなくなるだろう」(「蔣介石日記」)と記した。しかし、アメリカが中立法を適用すれば、中国も日本と同様な困難に直面するため、蔣介石は対日宣戦に踏み込めなかった。最終的に国民政府が日本に宣戦を布告したのは、日本が真珠湾攻撃を行なった後の一九四一年十二月九日のことであった。

日本軍による迅速な軍事作戦はしかし、蔣介石の統制能力を根本的に動揺させることはできなかった。中国は近代的な統一国家に向かっているのかどうかについての認識の違いは、日本の中国政策の対立をもたらした。各地方を支配する軍閥や西南地域の反蔣介石勢力を高く評価する人々は、蔣介石の統治能力を疑い、地方勢力を支援することによって大陸における日本の利権を拡大しようとした。一方、中国は統一国家に向かいつつあると認識する人々は、この構想に反対した。たとえば、参謀本部支那班長今《いま》井武夫《いたけお》は「呉佩孚《ごはいふ》等の旧軍閥を擁立するも、何等中国民心を把握するところなく、その工作が全く時代錯誤」(今井武夫『支那事変の回想』九九頁)と批判した。

地方政権に期待を寄せていた近衛文麿首相も一九三八年五月、「蔣介石国民政府を対手とせず」声明を事実上修正すべく、内閣改造を実施し、指導力の強化を目指した。内閣改造の結果、「蔣政権を相手にせず云々に深く拘泥しない」(『宇垣一成日記《うがきかずしげ》』一九三八年六月十三日)ことを近衛首相に認めさせた宇垣一成が外務大臣に就任した。宇垣は大陸浪人でアジア主義者として知られる萱野長知《かやのながとも》、香港総領事中《なか》村豊一《むらとよいち》、東京朝日新聞客員神尾茂《かみおしげる》、元満洲国参議府参議矢田七太郎《やだしちたろう》などと連携をとりながら、主に香港を舞台に、蔣介石の側近孔祥熙《こうしょうき》との接触を試みた。「宇垣工作」といわれたこの和平交渉は、中国を蔣介石を中心とする統一国家と見なす主張を反映したものである。宇垣外相はイギリスとの協調の可能性も探りながら、重慶に移った蔣介石国民政府との和平工作を進めたが、この工作は蔣介石の下野《げや》問題をめぐって混乱を極め、蔣介石の真意が分からないまま宇垣は対支中央機構（後の興亜院）問題で外務大臣を辞任し、和平工作も頓挫した。

汪兆銘政権と「アジアの解放」

日中戦争が長期化するなかで、蔣介石国民政府を切り崩し、その内部から親日勢力を育てることによって、終戦に持ち込む意見が擡頭した。日本政府は「支那一流人物を起用して、支那現中央政府並支那民衆の抗戦意識を弱化せしむると共に、鞏固なる新興政権成立の気運を醸成す」「反蔣系実力派を利用操縦して、敵中に反蔣、反共、反戦政府を樹立せしむ」などの方針を決めていた（堀場一雄『支那事変戦争指導史』）。この構想には多くの民間人が加わり、中国側に対する積極的な働きかけを行なった。一九三八年二月と七月国民政府外交部の日本課長董道寧《とうどうねい》とアジア司長高宗武が秘密裏に訪日し、講和の可能性を探った。

日本は、国民政府内の一流人物を中核に据え、臨時、維新、蒙疆などの地方政権を包容した中央政権を新たに樹立する構想を具体化していった。一九三八年十一月、日本側の今井武夫、伊藤芳男、影佐禎《かげささだ》昭《あき》等と汪兆銘側の代表である高宗武、梅思平《ばいしへい》らと新政権樹立に向け交渉を行ない、「日華協議記録」に調印した。この合意に基づいて、国民政府内序列二番目の汪兆銘は一九三八年十二月新政権の樹立を目的に国民政府の所在地重慶を脱出した。国民政府内から多くの参加者を集めることができなかったが、新政権樹立の方向は決定的なものになった。

一九四〇年三月三十日、林森《りんしん》を国民政府主席に据え、汪兆銘が代理主席に就任して、「南京政府」は成立した。政権の最高決定機関は中央政治委員会で、汪兆銘と周仏海が委員会の主席と秘書長に就任した。日本は汪兆銘政権に対する影響力を確保するために、中央と地方の政府内に日本人顧問を配置することを求めたが、汪兆銘側の抵抗に遇い、顧問は自然科学の技術の分野並びに財政、経済などの分野に限定されることになった。

汪兆銘政権は一占領地政権として成立したため、その政治力、軍事力および経済基盤はきわめて貧弱なものであった。そのため、日本は汪兆銘政権樹立後も重慶の蔣介石国民政府に対する和平工作を継続した。しかし、桐工作《きりこうさく》といわれたこの工作も失敗に終わり、一九四〇年十一月三十日、日本は南京で成立した汪兆銘政権を「国民政府」として承認した。

太平洋戦争勃発後、南京国民政府（汪兆銘政権）の大使として中国に駐在した重光葵《しげみつまもる》は、中国の民心を獲得し、大西洋憲章を掲げる英米諸国を牽制するために、中国との対等な関係を国際社会にアピールし、南京政府の政治力強化を提案した。一九四二年六月、日本はミッドウェー海戦で敗北し、戦局は日本にとって不利になった。ヨーロッパ戦線でもソ連軍の反撃によりドイツが守勢に回った。枢軸国側が敗退する情勢のなかで、東条英機《とうじょうひでき》内閣は大東亜諸地域の総力を戦争に動員するために、四二年十一月一日に大東亜省を設置した。日本は、戦争を完遂するため、アジア諸国の「自主独立」を提唱し、関係諸国と「互恵平等」の関係を構築することを約束した。日本政府は、それまでの中国政策を大きく転換し、中国における租界《そかい》や治外法権の撤廃、中国の主権を制約する日華基本条約および付属取り決めに対する修正、経済面における中国官民の責任と創意の活用、重慶政府に対する和平工作の禁止などを決定した。これに基づいて四三年一月、日本は南京政府と戦争完遂についての協力に関する宣言、租界還付及治外法権撤廃等に関する協定を締結した。

四三年四月二十日に外相に就任した重光葵は、大東亜地域の各民族、各国家が互恵平等の立場において互いに協力し、援助し合い、善隣親和の環境において、アジアの解放と東亜の復興を目指すべきだと関係諸国によびかけた（『外務省の百年』下、六三七頁）。日本は「アジアの解放と復興」を戦争の目的に掲げることによって、戦争を正当化し、戦争完遂に必要な資源を中国大陸や東南アジアから確保しようとしたのである。

太平洋戦争と蔣介石の戦後構想

さて、日本による真珠湾攻撃と太平洋戦争の勃発は、蔣介石が指導する重慶政府にとって、戦局の転換と主権回復の契機であった。一九四一年十二月九日、重慶政府は日、独、伊三ヵ国に宣戦を布告した。宣戦の目的について蔣介石は、「侵略の暴行を繰り返す日独伊と決別し、利害を共有する米英ソにつくことである。また、ソ英米に対して中国の立場を主張できる地位を獲得することである」（『事略稿本』第四七巻、六二九頁）と述べている。蔣介石は太平洋戦争開戦の機会を捉えて、国際社会における中国の地位向上を目指した（劉傑―二〇一三）。

同日、中国共産党も宣言を発表し、「中国は反ファシストの陣営の一員として、英、米をはじめとするすべての抗日の友好国と軍事同盟を結び、共同作戦を実施し、太平洋地域で抗日の民族統一戦線を結成する」と表明した（『中華民国大事記』）。

アメリカは重慶政府の対日宣戦を歓迎した。十二月九日、蔣介石宛ての電報のなかで、ルーズヴェルト大統領は「合衆国は閣下及び閣下が指導する偉大な民族と手を組むことを光栄に思う」というメッセージを伝えた（『事略稿本』第四七巻、六四二～六四三頁）。

十二月十日、蔣介石は「全国軍民同胞に告げる書」を発表し、中華民族の復興を高々と宣言した。すなわち、「五千年の歴史文化を有し、三民主義を信奉する中華民族は、これにより、空前なる重大な使命を負うことになった」「我々の勝利によって、満洲事変以来の我が国恥を雪《すす》ぎ、我が同胞が受けた侮辱を払うことになろう」（『事略稿本』第四七巻、六四四～六五〇頁）。

蔣介石は日本との戦争が終了したあとの中国のあり方を構想し始めた。彼の脳裏にあった最大の問題は共産党対策であった。蔣介石の私的顧問を務めていたラティモアは「彼の長期の見通しは、共産党と中国全土に、彼が描く形での国民党支配を無理にでも受け入れさせることであった」（ラティモア『中国と私』）と分析した。蔣介石はアメリカを中心とした同盟の形成を構想した。その第一歩は、アメリカから米、英、ソ、蘭、中による共同軍事行動の計画を提案し、ワシントンを政治と軍事の中心とすること、そして、米、英、蘭、中の四ヵ国は当面の協議場所を重慶におくことによって、中国の存在感を高めようとした（中国国民党中央委員会党史委員会『中華民国重要史料初編　対日抗戦時期』第三編、戦時外交（三）、四七頁）。蒋介石の提案にしたがって、米、英、中の代表が参加する連合軍事会議が重慶で開催された。会議は極東における軍事行動の計画案を採択した。

一九四三年十一月蒋介石はルーズヴェルト大統領とチャーチル首相の招きでカイロ会議に出席した。会議期間中に行なわれたルーズベルト・蒋介石会談は、カイロ宣言と戦後秩序の形成にとって重要な意味を持った。会談では、戦後日本の国体、共産主義と帝国主義の問題、領土問題、日本の対中国賠償問題、新疆とその投資問題、ソ連による対日参戦問題、朝鮮の独立問題、日本本土への駐屯問題などが取り上げられた。なかでも領土問題について蒋介石は、日本に占拠された東北四省、台湾、澎湖諸島は中国に返還すること、琉球は中米による委託管理とすることを提案した。また、日本の占領問題について、ルーズベルトは中国を中心に進めるべきだと主張したが、蒋介石はこれに明確な回答をしなかった（『事略稿本』第五五巻）。

一九四五年七月二十六日に発表されたポツダム宣言は、日本の戦争遂行能力が完全に破壊されるまで連合国が日本の領域内を占領すること（第七条）、カイロ宣言に基づいて台湾、満洲および朝鮮を含む日本の植民地の主権を回復させ、日本の領土を本州、北海道、九州、四国および連合国が決定する諸小島に限定すること（第八条）、日本の軍隊を完全に武装解除すること（第九条）などを規定した。

ポツダム宣言の受諾が決定的になった八月十三〜十四日ごろ、「支那に於ける降伏はわが軍民に対し最も惨虐なる報復を招くべし」という考えが広がっていた。日本の軍人の不安を和らげたのは、終戦直後蔣介石がいち早く表明した「旧悪を念《おも》わず」、「人に善を為す」という趣旨の対日方針であった（『日中国交基本文献集』蒼蒼社、一九九三年、一二六～一三〇頁）。

蔣介石の指示に従って、日本軍との停戦交渉を担当した何応欽司令は「対日軍之処置」（中国陸軍総司令部編『中国戦区中国陸軍総司令部　処理日本投降文件彙編』上巻、一九四五年）と題する命令書を公布し、投降する日本軍に接する中国軍の行動を詳細に規定した。蔣介石は「以徳報怨」をキャッチフレーズに、日本に「道徳大国」の姿勢を見せた。このことは、戦後日本人の対中国戦争責任意識に大きな影響を与えた。この責任意識は、台湾の中華民国との講和および一九七二年までの台湾との国交維持につながった（劉傑―二〇一三）。

三　新しい日中関係の模索

1　中国か台湾か

新国家の成立と対日講和

太平洋戦争終戦後、中国の指導権をめぐって国民党と共産党が三年間に及ぶ内戦を繰り広げた。一九四九年十月、内戦がまだ完全に終息しないなか、毛沢東《もうたくとう》は中華人民共和国の成立を宣言した。新国家は労働者、農民、プチブルジョアジー、民族ブルジョアジーによる連合独裁を特徴とする「新民主主義」の社会制度でスタートし、段階的に社会主義制度へ移行する方針であった（毛里和子―一九九三）。連合国の占領下にあった日本は、この新しい国家と自主的に関係を構築するには、講和条約の締結まで待たなければならなかったが、内戦に負け台湾に逃れた中華民国国民政府への対応は優先的な課題であった。

一九四八年、アメリカ軍とソ連軍の進駐によって、北緯三八度線を挟んで分断された南北朝鮮に、大韓民国と朝鮮民主主義人民共和国が相次いで成立した。社会主義陣営と資本主義陣営が対立する最前線に位置するこの半島に、一九五〇年六月に朝鮮戦争が勃発した。台湾の解放を目指した中国は、ソ連の支援を獲得しようと、義勇軍を編成して朝鮮戦争に参戦した（沈志華―二〇一六）。

戦争中の一九五一年九月、サンフランシスコ対日講和会議が開催された。アメリカとイギリスが中国新政権の承認問題をめぐって合意できなかったため、北京と台北の両政府は講和会議に招待されなかった。主な交戦国である中国が欠席するなか、日本は平和条約第二条に従い、「台湾及び澎湖諸島に対するすべての権利、権原及び請求権を放棄する」ことになった。また、第一〇条の規定に基づいて、「千九百一年九月七日に北京で署名された最終議定書並びにこれを補足するすべての附属書、書簡及び文書の規定から生ずるすべての利得及び特権を含む中国におけるすべての特殊の権利及び利益を放棄」することになった。

中国は講和会議から除外されたことに猛反発した。周恩来《しゅうおんらい》外交部長は、平和条約案は「アメリカ政府とその衛星国の対日単独平和条約」であり、中国政府は認めることができないとした。また、賠償問題に関する方針について、アメリカが日本経済に対する独占的支配を一段と強化するためのものだと断定した。そして、平和条約は「日本と戦争した連合国の利益を害し、中ソ両国に敵意を示したもの」（『日中関係基本資料集　一九四九〜一九九七』）と結論づけた。平和条約が署名された同日に、日米安全保障条約も署名されたことは、中国の対日警戒感を強めた。

日華平和条約

中国の新政権は、中華人民共和国政府が中国を代表する唯一の合法的政府であるという立場をとり、国際社会に新政権への承認を求めた。吉田茂首相は巨大な中国市場への関心が高く、台湾の国民政府との講和に特別に執着しなかった。吉田にとって、中国と経済貿易関係を維持することは、中ソ分断の有効な手段であった。しかし、国民政府との講和を求めるアメリカの意思が強く、ダレス（John Foster Dulles）国務省顧問と交渉を重ねた結果、日本は国民政府との講和を進める一方、将来共産党政府を承認する可能性を残した。

一九五二年四月二十八日に結ばれた日本国と中華民国との間の平和条約は、両国間の戦争状態の終了を宣言した。この条約の適用範囲は「中華民国政府の支配下に現にあり、又は今後入る全ての領域」とされ、中国大陸を奪回しようとする国民政府の意図を汲み取りながらも、現状では「台湾地区」に限定された。中華民国側はサンフランシスコ平和条約の規定に基づいて、対日賠償請求権を主張したが、河田烈《かわだいさお》元大蔵大臣と葉公超《ようこうちょう》中華民国側代表の交渉が妥結し、最終的には条約の付属議定書のかたちで、「中華民国は日本国民に対する寛厚と善意の表徴として、サンフランシスコ条約第十四条（a）一に基づき日本国が提供すべき役務の利益を自発的に放棄する」と決着された（毛里和子―二〇〇六）。この請求権放棄を規定した議定書が一九七二年の日中国交正常化交渉における中国側の賠償請求放棄に大きく影響した。一方、日華平和条約は、日本と中国大陸との国交正常化交渉に影を落としたことはいうまでもない。

日中「民間外交」

戦後日本の政府と民間は、市場としての中国大陸に熱い視線を注いだ。早くも一九四九年五月に野坂《のさか》参三《さんぞう》、平野義太郎《ひらのよしたろう》、内山完造《うちやまかんぞう》らが日中貿易促進会を結成した。この団体が後に日中友好協会に発展した。

同じ年に超党派の中日貿易促進議員連盟が成立した。しかし中国との貿易関係は容易に展開することができなかった。中国はココム（対共産圏輸出統制委員会）の統制対象とされ、アメリカも中国に対し戦略物資金融措置を取った。一九五二年七月にはチンコム（対中国輸出統制委員会）が設置された（国分良成ほか―二〇一三）。そのような状況のなか、中国側は国会議員をはじめ、民間の対中「友好人士」を通して「民間外交」を展開し、日本政府の対中国政策転換を促した。

一九五二年五月、石橋湛山《いしばしたんざん》、風見章《かざみあきら》らの国際経済懇話会の支援を得て、高良《こうら》とみ、帆足計《ほあしけい》、宮腰喜《みやこしき》助《すけ》らは国会議員として初めて中華人民共和国を訪問し、バーター形式に基づく第一次日中民間貿易協定を結んだ。この貿易協定の期間は半年と短く、金額も三〇〇〇万ポンドと大きくないが、戦後中国との経済貿易関係の初めてのケースとして意味が大きい。

一九五八年五月の長崎国旗事件をめぐる岸信介《きしのぶすけ》内閣の対応に反発した中国政府は、日本との貿易関係の中止を宣言した。その後、一部の「友好商社」に限定された貿易の再開は、一九六〇年のことである。一九六二年九月松村謙三《まつむらけんぞう》自民党顧問の中国訪問を契機に、本格的な日中民間貿易が行なわれることになった。十一月に締結された「日中総合貿易に関する覚書」に基づいて、双方に連絡事務所を置くことになった。覚書に署名した中国側代表は廖承志《りょうしょうし》であり、日本側代表は高碕達之助《たかさきたつのすけ》であったため、この覚書に基づく日中貿易は「LT貿易」と呼ばれた。国交関係のない両国がこの貿易協定をてこに人的交流を展開し、国交正常化に必要な社会環境を整備していくことになった。

2　日中友好の時代

米中関係改善

一九四九年に成立した人民共和国の統治基盤を強化するために、毛沢東は一連の政治運動を主導した。一九五〇年に反革命鎮圧運動を行ない、翌一九五一年から三反五反運動（三反とは、汚職、浪費、官僚主義に反対することであり、五反とは、贈賄、脱税、横領、手抜きと材料のごまかし、経済情報の窃盗に反対することである）を繰り広げた。経済成長も国民を動員した大躍進運動で追求しようとした。一連の政治運動のどれもが国民に大きな犠牲を払わせたが、なかでも中国の政治と社会に大きな衝撃を与えたのは一九五七年の反右派運動と一九六六年からの文化大革命であった。毛沢東の政策に異議を唱えた知識人や共産党幹部等が激しく攻撃され、数千万人が政治闘争の中で命を落とした。経済的に依存していたソ連との関係が悪化するなかで、中国経済は鎖国の状態に陥り、国民生活は深刻な打撃を受けた。

一九六九年三月の珍宝島《ちんほうとう》（ダマンスキー島）での武力衝突は、中ソ関係を一層悪化させた。毛沢東はアメリカとの関係改善を通して危機を克服しようと戦略を調整した。長期化するベトナム戦争の終結を模索していたアメリカは中国の動きに同調した。大統領補佐官キッシンジャー（Henry Alfred Kissinger）博士は一九七一年七月秘密裏に北京を訪れ、周恩来首相と交渉した。キッシンジャーの訪中は、ニクソン大統領による中国訪問という大きな成果をもたらした。一九七二年二月両国は共同コミュニケを発表し、「主権と領土保全の尊重、他国に対する不可侵、他国の国内問題に対する不干渉、平等互恵、及び平和共存の原則に基づき、国と国との関係を処理する」ことで合意した。また、このとき中国は「決して超大国にはならず、またいかなる覇権主義及び強権政治にも反対する」と世界に宣言した。

米中間の最大の争点は台湾問題であった。中国の立場に理解を示したアメリカは、「台湾海峡の両側のすべての中国人が、中国はただ一つであり、台湾は中国の一部分であると主張していることを認識している。米国政府は、この立場に異論をとなえない」という姿勢を明確にした。このアメリカの立場は以後の台湾問題をめぐる米中関係を律することになった。

日中国交正常化と「四つの近代化」

日本も中国との関係改善に動き出していた。一九七〇年十二月公明党の外郭団体、日中国交正常化国民協議会が結成された。翌一九七一年には社会党は総評の協力のもと、日中国交回復国民会議を結成し、日中国交正常化の動きが本格化した。

一九七一年の参議院選挙に向けて公明党は「速やかに中華人民共和国政府を中国を代表する唯一の政府として承認し、日中平和条約を締結して、正常な国交を早期に回復すること」を目標に掲げた。公明党の姿勢を歓迎する中国は公明党の訪中団を受け入れ、日本側に復交五原則を提示した。その一つに「台湾問題は中国の内政問題」とあるのは、台湾問題は日中関係にとっても最重要課題だという中国側の立場を反映したものである。

中国は日本からの訪中団を積極的に受け入れる一方、日本で盛り上がりをみせている国交回復運動の機会を捉えて、要人を相次いで日本に送り込み、積極的な対日外交を展開した。

一九七二年七月五日田中角栄《たなかかくえい》が自民党総裁に選ばれた。同日に行なわれた記者会見で田中は、「日中は日本が一方交通で迷惑をかけているので真剣に取組みたい」「政府間交渉で国交の正常化を図る」(『毎日新聞』一九七二年七月六日)ことを表明した。日中国交正常化の理由について田中は、「中国は国連に加盟している。だから唯一の合法政府だ」と説明した。田中は日中問題を明治以来日本の国内問題でもあると認識し、日中問題がおさまると、「国内のゴタゴタは、三分の二はなくなる」とまで言い切った。田中の理解では、世界「四分の一」の人口を有する日本と中国が国交を正常化することは、アジアにNATOをつくるよりも、強力な安全保障であった。

ところで、田中首相に訪中を最終的に決断させたのは竹入義勝《たけいりよしかつ》公明党委員長によってもたらされた周恩来首相との会談記録、いわゆる「竹入メモ」であった。

「竹入メモ」によれば、日中間の具体的な取り決めとして、外交関係が樹立された後、平和友好条約を締結すること、中国は日本国に対する戦争賠償の請求権を放棄すること、平和友好条約が締結される前に、通商、航海、気象、漁業、郵便、科学技術などの協定をそれぞれ締結することなどが約束された。中国側の戦争賠償請求権放棄の意思表示は、日本側を大きく動かした(石井明ほか―二〇〇三)。このほか、中国は日本に対し、台湾を解放することは、中国の内政問題であること、日本政府が、台湾からその大使館・領事館を撤去するとともに、国民政府の大使館・領事館を日本から撤去させることを求めた。

一連の水面下の交渉を経て、一九七二年九月二十五日田中首相、大平正芳《おおひらまさよし》外相一行が中国を訪問した。

両国は共同声明で、「これまでの不正常な状態は、この共同声明が発出される日に終了する」と合意した。議論の多い台湾問題は、「中華人民共和国政府は、台湾が中華人民共和国の領土の不可分の一部であることを重ねて表明する。日本国政府はこの中華人民共和国の立場を十分理解し、尊重」するという文言で決着した。台湾の「帰属未定論」を警戒した中国は、共同声明に「ポツダム宣言第八項に基づく立場を堅持する」という文言を書き入れることに成功した。ポツダム宣言第八項では、カイロ宣言の条項が履行されなければならないと規定している。そのカイロ宣言は、「満洲、台湾および澎湖島の如き日本国が清国人より盗取したる一切の地域を中華民国に返還する」と規定していたのである。

米中の関係改善に続いて実現された日中国交正常化は、中国に近代化路線に有利な国際環境をもたらした。周恩来は国際情勢の変化を捉えて、文化大革命中に失脚した改革派鄧小平《とうしょうへい》を副首相に起用し、経済の建て直しを試みた。そして、一九七五年一月に開催された第四回全国人民代表大会で周恩来首相は、農業、工業、国防および科学技術の近代化を意味する「四つの近代化」構想を打ち出した。しかし、毛沢東が発動した文化大革命はまだ終結しておらず、経済建設を中心とする国策の遂行は不可能であった。近代化路線の定着は、改革派の鄧小平が指導権を確立するまで待たなければならなかったのである。

日中平和友好条約

日中国交正常化は共同声明を発表することで実現されたが、中国大陸と日本の戦争状態の終結を象徴する「条約」はまだ締結されていなかった。日中関係の全面的発展を実現するためには、議会の批准を要する友好条約の締結は不可欠であった。また、「日華平和条約」との違いを明確にするために、「友好」の二文字を入れることになった（李恩民―二〇〇五）。

一九七四年十一月からの平和友好条約交渉は、中国が「反覇権条項」を強く要求したため難航した。一九六八年のチェコスロバキアに対するソ連の武力介入以降、「反覇権」という言葉は主にソ連を批判する用語として用いられた。中ソ対立が深まるなか、中国にとって「反覇権」は、「反ソ」とほぼ同意味であった。しかし、一九七二年の日中国交正常化まで、毛沢東や周恩来ら中国政府首脳は、日本の軍国主義の復活を本気で心配し、それをいかに抑制するかを対日外交の重要課題としていた。この経緯を考えれば、「反覇権条項」は、当事国の日本と中国を律する条項でもあった（李恩民―二〇〇五）。一九七八年八月十日、園田直《そのだすなお》外相と会談した鄧小平副総理は、「中日平和友好条約の重要性は、反覇権にある。反覇権の条項は、特定の第三国を対象にしたものではない。覇権を求める国を対象にしたものだ。例えば日本が覇権を求めるなら日本自身が日本に反対しなければならず、中国が覇権を求めるならば、中国自身が中国に反対しなければならない」（石井明ほか―二〇〇三）と述べた。

一九七八年八月十二日、日中平和友好条約が調印された。同年十月鄧小平副総理が日本を訪れ、条約の批准書交換式に出席した。天皇と会見した鄧小平は「過ぎ去ったことは過去のものとして、私たちは今後、前向きにいろいろな面で両国間の平和友好関係を建設し、進めて行きたいと思います」（永野信利―一九八三）と述べた。これに対して天皇は「両国の長い歴史の間には一時不幸な出来事があったけれども、それはお話のように過去のことになってしまいました。両国間に平和友好条約が結ばれたことは、まことに結構なことであります。これからは末永く両国の平和と親善を進めていきましょう」と応じた。満洲事変に始まった日中両国敵対の歴史は、天皇と鄧小平の歴史的な会見で幕を閉じた（徐之先―二〇〇二）。

中国の近代化路線と日本の政府開発援助

同年十二月に開催された共産党一一期三中全会は、毛沢東時代からの階級闘争路線を放棄し、近代化建設への方向転換を決定した。秋の日本訪問で「現代化とは何か」について思考した鄧小平は、「自力更生」の路線を見直し、対外開放を打ち出した。日本との平和友好条約を締結した後、中国はアメリカとの国交正常化を急いだ。一九七八年十二月十六日両国は七九年一月一日に国交を樹立することを発表した。

中国との国交樹立でアメリカは台湾との外交関係を断絶したが、一九七九年四月、カーター大統領は台湾関係法に署名し、非平和的な手段で台湾問題を解決する試みを「西太平洋地域の平和と安全に対する脅威であり、合衆国の重大関心事」と表明し、中国の台湾政策にくぎを刺した。さらに、「防御的な性格の兵器を台湾に供給する」ことも約束した。アメリカの台湾政策に不満を抱きながらも近代化路線に転換した中国は、「独立自主の対外政策」を追求した（岡部達味―一九七六）。

世界は中国の改革開放の近代化路線を歓迎した。しかし、路線転換直後の中国は透明性が低く、各国は中国とのかかわり方に戸惑っていた。こうした状況のなかでも、一九七九年十二月大平正芳首相が中国を訪問し、明確な戦略的構想をもって、中国への政府開発援助を打ち出した。大平首相はこの構想について「より豊かな中国の出現がよりよき世界に繋がる」と説明した（霞山会『日中関係基本資料集　一九七二年～二〇〇八年』）。日本政府は、「現実路線をとるいまの中国の姿勢をつづけさせるために、中国への円借款を続ける」と判断した。

八〇年から本格化した対中ODAは、「無償資金協力」が約一六〇〇億円、「円借款」は約三兆三〇〇〇億円、「技術支援」は約一九〇〇億円で、合計三兆六〇〇〇億円余りに上った。日本のODAは、中国のインフラ整備などに活用され、中国への投資環境の改善に貢献した。教育、保健、衛生分野への支援等ともあいまって、海外直接投資の流入、輸出産業の振興につながり、中国の近代化路線を力強くサポートした。

一九八二年五月三十一日から六月五日にかけて改革開放の路線を大きく前進させた趙紫陽《ちょうしよう》首相が日本を訪問した。趙紫陽は鈴木善幸《すずきぜんこう》総理との会談で、「中日関係の発展は日米同盟関係の発展と矛盾するものではない」という見解を示し、「今後の日中関係は、①平和・友好、②平等・互恵、③長期安定――という三原則で発展させたい」と提唱した。長期安定について趙紫陽は、「いかなる国際的な風波にも影響されることなく安定、発展させていくことだ」（霞山会『日中関係基本資料集　一九七二年～二〇〇八年』）と説明した。このころ、ソ連との関係正常化を模索していた中国は、平和友好条約で日本に「反覇権条項」を受け入れさせた手前、自ら対ソ戦略の転換について、日本側に何らかの解釈をしなければならなかったのであろう。

八二年九月に開催された第一二回共産党大会での胡耀邦《こようほう》総書記の報告は、対日政策の重要性を強調した。翌年日本を訪れた胡耀邦総書記は中曽根康弘《なかそねやすひろ》首相と「日中友好二十一世紀委員会」の設立について合意した。胡耀邦総書記は日本の青年三〇〇〇人を中国に招待する計画を日本に伝え、日中友好の雰囲気を最高潮に押し上げた。中曽根首相は趙紫陽首相が提唱した日中関係三原則に、「相互信頼」を加えて四原則とし、胡耀邦総書記の賛同を得た。このように、中国は米中、日中関係の安定化を図るとともに、ソ連との関係改善を模索し、近代化路線に必要な国際環境の創出に余念なかった（田中明彦―一九九一）。

日中関係のなかの歴史問題

日中関係が順風満帆だった一九八二年、日本と中国、韓国との間に歴史教科書問題が発生した。六月二十六日日本の各新聞が報道した歴史教科書検定の情報は、「侵略」か「進出」か、をめぐって一部の誤報があったにもかかわらず、事態は外交部の肖向前《しょうこうぜん》第一アジア局長が渡辺幸治《わたなべこうじ》日本公使に正式に抗議するという外交問題に発展した（田中明彦―一九九一）。中国や韓国のメディアも日本文部省の姿勢を厳しく批判した。国交正常化以来、中国のメディアにみられなくなった「軍国主義復活」の世論が再び中国に充満した。八月二日の『解放軍報』は、「軍国主義の論理に警戒せよ」と題する論評を発表し、「侵略」を「進出」に変えたことは、「日本軍国主義が復活を企てていることの重要な信号」とした。『人民日報』をはじめとする中国のほかのメディアも、教科書問題と日本軍国主義復活とを結びつけて批判の論評を掲載した。

教科書問題は日本が政治大国に向けて歩き出したころに発生した。国連加盟、日中、米中国交正常化を実現した中国も国際秩序に影響を与える政治大国と自負していた。そのため、日本がどのような姿勢で政治大国を目指すかは、中国の関心事であった。『人民日報』は八月十五日の社説で「教科書における歴史の改ざん、軍国主義を謳歌する『大日本帝国主義』など反動的映画の製作、軍国主義者を祀る靖国神社への公式参拝、憲法改正の動き、わが国の領土台湾との政府間関係樹立のたくらみなどはすべて、厳しく注目すべき動きである」と日本の動きを牽制した。

これを受けて、日本は宮沢喜一《みやざわきいち》官房長官談話の形式で、教科書検定問題についての統一見解を発表した。そのなかで、「我が国としては、アジアの近隣諸国との友好、親善を進める上で、これら（韓国や中国から）の批判に十分に耳を傾け、政府の責任において是正する」ことを約束した。

教科書問題が一段落した九月、日中国交正常化一〇周年を記念して鈴木首相が訪中した。首相と会談した鄧小平中央顧問委員会主任は、日本政府が軍国主義の傾向を持っているとはまったく思っていないとしながらも、「軍国主義を復活させたい人が一部にはいる感じがする」と懸念を示した。終戦四〇周年を迎えた一九八五年八月、中曽根康弘首相が靖国神社に参拝した。首相による公式参拝は、教科書問題で中国に生じた「軍国主義復活論」を再燃させた。鄧小平は「日本軍国主義分子の動向を心配している」とふたたび発言した。

九月十八日の満洲事変記念日に、北京の大学生が天安門《てんあんもん》広場に集まり、「靖国神社参拝反対」「日本軍国主義打倒」を叫び、デモ行進した。デモは西安などの地方都市にも飛び火し、青年学生を中心に激しい反日感情が爆発した。中国政府は国交正常化以来の最大の危機と認識し、学生らの説得にあたった。共産党中央は、知日派の孫平化と劉徳有の名で「苦労のすえ築き上げた中日友好関係を大切にしよう」という論文を発表し、過激な反日行動を戒めた（劉徳有―二〇〇二）。

一九八五年の反日学生デモの直接の原因は中曽根首相の靖国神社参拝であったが、日本からの対中輸出拡大が貿易不均衡を引き起こし、日本の対中「経済侵略」を批判する言説が流布したことも一因である。さらに、経済改革にともなうインフレの影響で、国民の不満が高まっていた。共産党幹部の腐敗や、収入格差の拡大などの国内問題はその後も解決の糸口が見つからず、やがて八九年の天安門事件を迎えることになった。近年公開された日本の外交文書によれば、天安門事件発生後、日本政府は欧米諸国が取った強硬な対中経済制裁政策に同調せず、「安定し、穏健な政策により近代化を進める中国」を強く望んでいた（外務省外交史料館公開文書）。

このように、日本は国交正常化とその後達成された国民的和解を持続させるための外交政策を展開した。しかし、歴史認識のギャップは毛沢東や周恩来らの高度な政治的判断で粉飾された。また、国交正常化交渉を挫折させかねない尖閣諸島問題は棚上げにされた。国交正常化交渉の過程において、「知識人」（研究者）が介入する空間がほとんど存在しなかった。両国のリーダーたちは学知に裏付けられたコンセンサスの形成に関心を示さなかった。

天皇訪中と歴史問題

日中関係史上画期的な出来事は、一九九二年十月二十三日から二十八日にかけての天皇訪中である。日中国交正常化二〇周年を迎える数年前から、中国政府は天皇訪中の可能性を打診し、働きかけてきた(国分良成ほか―二〇一三)。天安門事件の影響もあって、日本の政界や世論では、天皇の訪問は適切ではないという意見が強かった。しかし、事件後も改革開放の方向を変更しなかった鄧小平指導部を高く評価した宮澤喜一内閣は、天皇による歴史的な訪問を実現させた。その後も日中両国は、歴史和解のプロセスを推し進めた。一九九五年八月十五日、村山富市《むらやまとみいち》内閣が「戦後五〇周年の終戦記念日にあたって」を閣議決定し、村山談話として発表した。このなかで、村山首相は「わが国は、遠くない過去の一時期、国策を誤り、戦争への道を歩んで国民を存亡の危機に陥れ、植民地支配と侵略によって、多くの国々、とりわけアジア諸国の人々に対して多大の損害と苦痛を与えました。私は、未来に誤ち無からしめんとするが故に、疑うべくもないこの歴史の事実を謙虚に受け止め、ここにあらためて痛切な反省の意を表し、心からのお詫びの気持ちを表明いたします」と述べた。中国はこの村山談話を歓迎した。

ところが、一九九五年から九六年にかけて日中の国民感情が悪化した。それまで中国に親しみを感じる日本人は半数を超えていたが、九六年以降は減少傾向に転じ、再び回復することはなかった。このような逆転をもたらした原因は二つ考えられる。一つは中国が一九九五年八月に実施した地下核実験であり、もう一つは、一九九六年に行なわれた台湾の総統直接選挙に合わせて中国が強行したミサイル発射実験である。中国の動きは、一九八九年の天安門事件以降、中国批判を強めてきた日本の世論をさらに硬化させた。

一九九八年十一月、江沢民《こうたくみん》国家主席が国賓として日本を訪問した機会に、日中両国は「平和と発展のための友好協力パートナーシップの構築に関する日本と中国による共同宣言」を発表し、日中の歴史問題にけじめをつけようとした。日中共同宣言では、「日中両国は二千年余りにわたる友好交流の歴史と共通の文化的背景を有しており、このような友好の伝統を受け継ぎ、更なる互恵協力を発展させることが両国国民の共通の願いであるとの認識で一致した」（霞山会『日中関係基本資料集　一九七二年～二〇〇八年』）。しかし、一九九四年、中国共産党は「愛国主義教育実施綱要」を公布し、中国の各地で愛国主義教育基地を設立した。江沢民主席はこの愛国主義教育運動に力を入れていた。訪日中の天皇との会談や、大学での講演などで江主席が日本の戦争責任を繰り返し言及したことは日本の世論を刺激した。これ以降、歴史問題が日中関係を悪化させる要因となった。

小泉純一郎《こいずみじゅんいちろう》首相は独自の論理で日中関係のなかの歴史問題に終止符を打とうとした。「日中友好論者」と自称する小泉首相は在任中毎年欠かさず、計六回靖国神社に参拝した。第一回目の参拝を行なった後、二〇〇一年十月、小泉首相は日帰りで中国を訪れ、北京郊外の盧溝橋にある抗日戦争記念館で中国の犠牲者に「心からのお詫びと哀悼の気持ち」を表明した。小泉首相は、外交と歴史を切り離し、新しい日中関係のかたちを作ろうとした。しかし、中国側は首脳外交を中断して小泉首相に対抗し、日中関係は「政冷経熱」の時代に突入する。

悪化する日中関係に危機感を抱く中国の研究者が「対日新思考」を呼びかけた。二〇〇二年十二月、

『人民日報』の論説委員馬立誠《ばりつせい》が雑誌『戦略と管理』に寄稿し、「日本の戦争謝罪は充分であり、また日本が再び軍国主義になる心配はない」と主張し、中国の「反日感情」を戒めた。同様な主張は、中国人民大学の時殷弘《じいんこう》や、中国社会科学院研究員の馮昭奎《ふうしようけい》らによっても行なわれたが、世論の風向きを変えることができず、やがて「対日新思考」は公式のメディアから姿を消すことになった。二〇一一年五月、江沢民主席の母校上海交通大学に東京裁判研究センターが設立され、学術研究と政治・外交の一体化が進んだ。

尖閣問題

日中関係を悪化させたもう一つの問題は、日本が一八九五年以来実効支配してきた尖閣諸島（中国名釣魚島、台湾名釣魚台）をめぐる両国の認識違いと対立である。一九六八年国連の学術調査団がこの周辺に石油資源が埋蔵されていることを発表してから、台湾が領有権を主張した（毛里和子―二〇〇六）。台湾は中国の一部と主張する中国は、尖閣を台湾の付属の島としてやはりその領有権を主張した。台湾と中国は、日清講和条約調印前の一八九五年一月日本が尖閣諸島を日本領として正式に編入したことの無効性を主張し、尖閣諸島を台湾付属の島と見なしている。一九七〇年代以降、中国は尖閣諸島の領有権を主張しながらも、「棚上げ論」を用いて問題の先鋭化を回避してきた。一九七二年国交正常化交渉における周恩来・田中角栄会談の席で、周恩来は、「今これを話すのはよくない。石油が出なければ、台湾も米国も問題にしない」と述べている。一九七八年訪日した鄧小平もやはり、「我々の世代の人間は知恵が足りない」（石井明ほか―二〇〇三）と述べ、棚上げを提案した。一方、実効支配をしている日本は、日中間に領土問題が存在しないという姿勢を貫いている。日本の姿勢に対抗するように、一九九二年二月第七期全国人民代表大会常務委員会が「中華人民共和国領海及び隣接区域法」を採択し、尖閣諸島を台湾の「付属諸島」とし、中国が領有することを明記した。二〇一〇年九月の中国漁船と日本の海上保安庁巡視船との衝突事件が発生した。その解決をめぐって、日中両国の世論が激しく対立した。

二〇一二年四月、ワシントンを訪問した石原慎太郎《いしはらしんたろう》東京都知事は突如、東京都による尖閣諸島の購入計画を発表した。中国からの猛反発を受けた民主党の野田佳彦《のだよしひこ》内閣は、尖閣諸島を政府の管理下に置き、日中関係の安定化を図ろうとしたが、中国政府は島の国有化に反対し、中国各地に反日デモが多発した。アメリカ政府は、尖閣諸島は日米安保条約の適用範囲内との立場を取り、中国の行動を牽制しているが、中国は強硬な姿勢を崩さない。

3　「習近平時代」の日中関係

「習近平時代」の開幕

二〇一二年十一月十四日中国共産党第一八回全国代表大会が閉幕したのにつづいて、翌十五日に第一回中央委員会全体会議（一中全会）が開催され、共産党の新しい指導体制が成立した。胡錦濤《こきんとう》の後任として総書記に就任した習近平《しゅうきんぺい》がこの日の記者会見で、「われわれの責任は、全党、全国各民族の人民を率いて、歴史の責任を継承し、中華民族の偉大な復興のために努力奮闘することである。また、中華民族が世界で力強く自立し、人類により大きな貢献ができるように仕事を続けることである」という趣旨のことを述べ、新しい指導部の抱負を内外に表明した。

中国では、党大会開催前から習近平体制への期待が高まっていた。一九七八年から始まった鄧小平時代は、社会主義の計画経済と階級闘争に象徴される毛沢東時代に終止符を打ち、中国社会を改革開放の軌道に乗せた。江沢民と胡錦濤が総書記に在任した二〇年間も概ね鄧小平路線が継承され、GDPの成長を追求する政策を国是とした。その間、大胆な経済改革を推進した結果、経済力が高められ、二〇一〇年には日本を抜いて世界二位の経済大国に登り詰めた。一方、急速な経済成長は貧富の格差、環境破壊、役人の腐敗を引き起こし、各地に「群体事件」（多数の人々が参加する抗議活動）が頻発するようになった。法の支配が完全に確立されていない社会状況のなかで、職権の乱用と人権侵害が随所に見られ、国民の間に蓄積された不満は一触即発のレベルに達した。これらの弊害は個別の現象ではなく、制度上、体制上の問題であることは明らかで、民間では政治改革を求める声が高まり、習近平政権への期待も自然と政治体制改革に集中した。

新体制がスタートした直後、習近平は六名の中央政治局常務委員を帯同して国家博物館で展示されている「復興への道」を見学した。展示は一八四〇年のアヘン戦争から現代にいたる、一七〇年間の中国近代史を取り上げたものである。ここでは習近平は「中華民族の偉大な復興の実現が、近代以降の中華民族の最も偉大な夢である。この夢には数世代の中国人の宿願が凝集され、中華民族と中国人民全体の利益が具体的に現れており、中華民族一人一人が共通して待ち望んでいる」と中華民族の夢を語った。

この発言で、習近平時代を特徴づけるもう一つのキーワードが登場した。「中国の夢」である。習近平政権は、「中国の夢」を唱えて「中華民族の偉大な復興」を目指しているが、「中国モデル」（北京コンセンサス）を世界にアピールすることは胡錦濤時代からの動きであった。

また、孫文以降の中国政治の指導者たちは、一貫して「強国」の構想を掲げ、屈辱的な近代史から、国力的にも、精神的にも脱出することを目標としてきた。この「屈辱からの脱出」は、第二位の経済大国になった二〇一〇年ごろにほぼ達成されたと一般的に認識され、中国の内外政策の方向転換もこのころに合わせて展開された。この時代の変わり目に登場したのが習近平（二〇一二年十一月総書記に）であった。

一帯一路構想と日中関係

就任一年後、習近平は「中国の夢」を実現するための具体的な戦略を打ち出した。二〇一三年九月カザフスタンを訪問した機会に、習近平はユーラシア各国との経済連携、相互協力を目的とする「シルクロード経済ベルト」構想を打ち出した。翌十月にインドネシアで、中国とＡＳＥＡＮがともに「二一世紀海上シルクロード」を建設する構想を明らかにした。この時から、いわゆる「一帯一路」構想が習近平の「強国の夢」の具体的内容として世界に注目されてきた。

二〇一四年、「一帯一路」構想を推進するために、中国は資金規模四〇〇億ドルの政府系投資ファンド、シルクロード基金を設立した。さらに中国主導のもと、二〇一五年にアジアインフラ投資銀行（Ａ

ＩＩＢ）を設立し、一〇〇ヵ国・地域が加盟する国際開発金融機関に発展した。中国のメディアは、「一帯一路」戦略を順風満帆のように伝えているが、当初期待された勢いを見せていない。

最大の理由は、「一帯一路」に対する世界の厳しい視線である。当初からこの構想に距離をおいたアメリカは、二〇一七年にドナルド・トランプが大統領に就任すると、「アメリカを再び偉大にする」目標を掲げ、中国が構想する多国間協調の枠組みを疑問視した。アメリカ以外の国の間でも、「一帯一路」は周辺国への影響力拡大を狙う中国の債務の罠（『日本経済新聞』二〇一八年七月二日）と批判的な意見が多い。なかには、アメリカとの覇権争いの手段と「一帯一路」を評価するものも珍しくない。

日本は中国の一帯一路構想を静観していたが、二〇一九年十月八日、安倍晋三《あべしんぞう》首相は、「インフラの開放性、透明性、経済性、債務の持続可能性といった国際社会共通の考え方を十分に取り入れた形で実施されることで地域と世界の平和と繁栄に前向きに貢献することを期待している」（『日本経済新聞』）と発言し、好意的なメッセージを送った。

習近平は鄧小平時代以来の外交政策を見直した。習近平にとって、政策面では複数の選択肢があった。従来の韜光養晦《とうこうようかい》政策（才能を隠して内に力を蓄えるという外交・安保の方針。鄧小平が掲げた）を堅持し、「平和崛起《くっき》」をアピールする道もあったはずだが、屈辱な近代史からの解放を熱望する中国の空気は、もはや慎重派の指導者を望まない。また、毛沢東時代の影響を強く受けた習近平は、急激に変化した社会風潮に適した指導者であった。百数十年の近代史のなかで、民主、自由、法治の精神が中国に定着しなかったため、中国人は強力な統治者を待望した。このような「時代の空気」が習近平の内政、外交政策に大きく影響したのである。

中国が強国外交を進めるなか、日中関係を影響する要因は、従来の尖閣諸島の領有権問題や歴史認識問題などの個別の問題ではなく、双方の戦略的意図に変化した。中国による東シナ海や南シナ海への積極的な進出と台湾問題への厳しい姿勢は、多くの日本人の不安を招き、この不安が対中イメージの悪化を引き起こしている。両国は、二〇〇六年の安倍晋三首相訪中以降、「日中友好」の関係から「戦略的互恵」の関係に再定義し、新たな関係のあり方を模索してきた。また、外務当局による戦略対話も継続している。中国は日本最大の貿易相手国であり、日本も中国の第二番目の貿易相手国である。日中の相互依存関係は今後も変わらないが、信頼関係に基づく相互依存は今後の課題であろう。

コラム　戦後二人の初代大使――芳沢謙吉と小川平四郎――

劉　傑

一九五二年四月二八日、日本国と中華民国との間の平和条約が調印され、日本は共産軍との内戦に敗れ台湾に逃れた中華民国国民政府を承認した。戦後初代の中華民国大使に任命されたのは、一九〇〇年に領事官輔として厦門《アモイ》に赴任して以来、外交官生涯の大半を中国問題に献身した芳沢謙吉であった。外交官芳沢の一貫した外交スタイルは、指導的立場から中国人に接し、日本の高姿勢を中国側に印象づけることによって、中国の対日政策を変更させ、日本の外交目標を追求することであった。

小川平四郎
（毎日新聞社提供）

上海、牛荘《ぎゅうそう》、漢口《かんこう》での勤務を経て、一九二三年芳沢は特命全権公使として北京に着任した。芳沢は中国全土に広がる排日運動の緩和を赴任後の最重要課題とした。外務や陸海軍当局者が策定した対策では状況は改善されないと判断した芳沢は、天津総領事吉田茂の力を借りて、直隷省長王承斌《おうしょうひん》、曹錕《そうこん》（直隷派軍閥の首脳、一九二三年から大総統の地位についた）の弟曹鋭《そうえい》を総領事館に呼びつけ、直談判を行なった。排日運動を愛国心の発露とする中国側の主張を批判し、「現在支那の郵便、関税は外国人がこれを支配しておる。愛国心の発露と云わるるならば、中国の郵便なり関税なりをまず以て中国に取り戻すが良いと思う」（芳沢謙吉『外交六十年』）と苦言を呈した。戦後、日華平和条約の調印を受け、吉田首相が初代の中華民国大使に芳沢謙吉を推したのは、北京公使時代以来の対中外交の経験を生かしたかったのである。

台北に着任した芳沢は、蔣介石《しょうかいせき》との会談で、朝鮮戦争の解決策として「中国共産党政権が所定の時間内に停戦条件を受諾しなければ、国連軍が中国の東北地方を砲撃する」という声明を、中華民国、米国、英国及び日本の名で発表するよう求めた（台湾国史館所蔵「総統接見芳沢大使談話記録」）。あまりにも大胆な提案に、「反攻大陸」を目標に掲げる蔣介石も耳を疑った。「現実離れた空想である。これは首相吉田茂の構想ならば、非常識だ」（蔣介石日記）との感想を記した蔣介石は、芳沢の提言を事実上無視した。

芳沢謙吉

さて、日本が中国大陸に成立した中華人民共和国と国交関係を樹立したのは一九七二年のことである。戦後の初代中国大使に任命された小川平四郎は日中戦争中の一九三九年から四一年まで外務省在外研究員として北京に留学し、戦後香港総領事館の首席領事を務めた。父小川平吉の中国人脈の薫陶を受けた小川平四郎は、みずからの外交官としての背景について次のように述べている。「外交官になるずっと以前、子供の頃から中国は私の心の中にあった。私の父、小川平吉が古くから中国のことに関連が多かったので、小さい時から中国の話を聞き、家には父と交友のあった孫文《そんぶん》や黄興《こうこう》、宋教仁《そうきょうじん》など辛亥革命の志士たちの額や掛軸がかかっていて、これらの人びとの業績も良く聞かされた」（小川平四郎『北京の四年』）。

一九五七年岸信介首相が訪米する前、外務省中国担当課長だった小川は意見書を提出し、アメリカに中国への不接触政策の変更を促すよう、首相に提言した。小川が強調したのは、「この圧迫政策が中共を必要以上にソ連との緊密化に追いやっている」（外務省記録）という点である。また、このような不接触政策によって、中共政権を崩壊させ、または変貌させることに強い疑問を提起した。大使の職を終えたあと、一九八九年の天安門事件の余波に揺れ動く中国について小川は、「中国が困難を克服し、安定を確保し、人民が安居楽業する日が一日も早く来ることを祈ってやまない」と述べた。

七八歳の高齢で初代中華民国大使を引き受けた芳沢謙吉から、戦前に培った外交スタイルを多分に読み取ることができる。一方、戦前の中国と強いつながりをもちながら、戦後本格的な外交官生活を始まった小川平四郎は、戦争の歴史を乗り越えた新しい形の日中関係を模索していた。

参考文献

I　中華帝国と列島古代社会

浅野　充『日本古代の国家形成と都市』（校倉書房、二〇〇七年）

飯田剛彦「正倉院宝物の世界」（石井正敏ほか編『日本の対外関係二　律令国家と東アジア』吉川弘文館、二〇一一年）

石井正敏「五世紀の日韓関係―倭の五王と高句麗・百済―」（『石井正敏著作集』一、勉誠出版社、二〇一七年）

市　大樹『飛鳥の木簡―古代史の新たな解明―』（中央公論新社、二〇一二年）

榎本淳一『唐王朝と古代日本』（吉川弘文館、二〇〇八年）

小川弘和「荘園制と「日本」社会―周縁からの中世―」（東北芸術工科大学東北文化研究センター編『北から生まれた中世日本』高志書院、二〇一二年）

鐘江宏之「藤原京造営期の日本における外来知識の摂取と内政方針」（鐘江宏之ほか編『東アジア海をめぐる交流の歴史的展開』東方書店、二〇一〇年）

河上麻由子『古代アジア世界の対外交渉と仏教』（山川出版社、二〇一一年）

川本芳昭『魏晋南北朝時代の民族問題』（汲古書院、一九九八年）

黒田裕一「推古朝における「大国」意識」（『国史学』一六五、一九九八年）

河内春人『東アジア交流史のなかの遣唐使』（汲古書院、二〇一三年）

神野志隆光『「日本」国号の由来と歴史』（講談社、二〇一六年）

佐藤全敏『平安時代の天皇と官僚制』（東京大学出版会、二〇〇八年）

鈴木靖民『倭国史の展開と東アジア』（岩波書店、二〇一二年）

鈴木靖民「東部ユーラシア世界史と東アジア世界史―梁の国際関係・国際秩序・国際意識を中心として―」（鈴木靖民ほか編『梁職貢図と東部ユーラシア世界』勉誠出版、二〇一四年）
鈴木靖民『日本古代の周縁史―エミシ・コシとアマミ・ハヤト―』（岩波書店、二〇一四年）
高久健二「楽浪郡と三韓の交易システムの形成」（『東アジア世界史研究センター年報』六、二〇一二年）
武田幸男『高句麗史と東アジア―「広開土王碑」研究序説―』（岩波書店、一九八九年）
田中史生『日本古代国家の民族支配と渡来人』（校倉書房、一九九七年）
田中史生「武の上表文―もうひとつの東アジア―」（平川南ほか編『文字と古代日本二　文字による交流』吉川弘文館、二〇〇五年）
田中史生『国際交易と古代日本』（吉川弘文館、二〇一二年）
田中史生「倭の五王と列島支配」（『岩波講座　日本歴史一』原始・古代一、岩波書店、二〇一三年）
田中史生「入唐僧恵蕚に関する基礎的考察」（田中史生編『入唐僧恵蕚と東アジア　附恵蕚関連史料集』勉誠出版、二〇一四年）
田中史生『国際交易の古代列島』（KADOKAWA、二〇一六年）
田中史生『越境の古代史』（KADOKAWA、二〇一七年）
田中史生「新羅人の渡来―『日本書紀』『続日本紀』の記事を中心に―」（須田勉ほか編『渡来・帰化・建郡と古代日本―新羅人と高麗人―』高志書院、二〇一三年）
鶴間和幸「秦漢帝国と東アジア海域」（鐘江宏之ほか編『東アジア海をめぐる交流の歴史的展開』東方書店、二〇一〇年）
東野治之『遣唐使と正倉院』（岩波書店、一九九二年）
東野治之『鑑真』（岩波書店、二〇〇九年）
中塚　武「律令制の成立と解体の背景としての気候変動」（川尻秋生ほか編『天変地異と病―災害とどう向き合った

かー』岩波書店、二〇二四年）
仁藤敦史「卑弥呼景初2年朝貢説再論」（『纒向学研究』一〇、二〇二二年）
仁藤敦史『古代王権と東アジア世界』（吉川弘文館、二〇二四年）
廣瀬憲雄『東アジアの国際秩序と古代日本』（吉川弘文館、二〇一一年）
堀　敏一『東アジアのなかの古代日本』（研文出版、一九九八年）
蓑島栄紀『古代国家と北方社会』（吉川弘文館、二〇〇一年）
森　公章『古代日本の対外認識と通行』（吉川弘文館、一九九八年）
森　公章『遣唐使の光芒―東アジアの歴史の使者―』（角川学芸出版、二〇一〇年）
山内晋次『奈良平安期の日本とアジア』（吉川弘文館、二〇〇三年）
山内晋次「九世紀東部ユーラシア世界の変貌―日本遣唐使関係史料を中心に―」（古代学協会編『仁明朝史の研究―承和転換期とその周辺―』思文閣出版、二〇一一年）
山尾幸久『古代の日朝関係』（塙書房、一九八九年）
山崎覚士『中国五代国家論』（思文閣出版、二〇一〇年）
李成市「六―八世紀の東アジアと東アジア世界論」（『岩波講座　日本歴史二』古代二、岩波書店、二〇一四年）
渡辺信一郎『中国古代の王権と天下秩序―日中比較史の視点から―』（校倉書房、二〇〇三年）
渡邊　誠『平安時代貿易管理制度史の研究』（思文閣出版、二〇一二年）
渡邊　誠「寛平の遣唐使派遣計画の実像」（『史人』五、二〇一三年）

Ⅱ　中世日本と中華王朝

赤嶺　守『琉球王国―東アジアのコーナーストーン―』（講談社、二〇〇四年）

浅見龍介編『朝日百科日本の国宝別冊　国宝と歴史の旅七・鎌倉大仏と宋風の仏像』（朝日新聞社、二〇〇〇年）
荒野泰典・石井正敏・村井章介「時期区分論」（同編『アジアのなかの日本史Ⅰ　アジアと日本』東京大学出版会、一九九二年）
飯沼賢司「日本中世に使用された中国銭の謎に挑む―日本中世貨幣論の再検討―」（平尾良光・飯沼賢司・村井章介編『大航海時代の日本と金属交易』思文閣出版、二〇一四年）
池田榮史編『古代中世の境界領域―キカイガシマの世界―』（高志書院、二〇〇八年）
石井正敏『石井正敏著作集』全五巻（勉誠出版、二〇一七～一八年）
石上英一「日本古代一〇世紀の外交」（井上光貞ほか編『東アジア世界における日本古代史講座七　東アジアの変貌と日本律令国家』学生社、一九八二年）
石田実洋・橋本雄「壬生家旧蔵『宋朝僧捧返牒記』の基礎的考察」（『古文書研究』六九、二〇一〇年）
市村高男編『中世石造物の成立と展開』（高志書院、二〇二〇年）
伊藤幸司『中世日本の外交と禅宗』（吉川弘文館、二〇〇二年）
伊藤幸司「大内氏の琉球通交」（『年報中世史研究』二八、二〇〇三年）
伊藤幸司「日明交流と雲南」（『仏教史学研究』五二―一、二〇〇九年）
伊藤幸司「東アジアをまたぐ禅宗世界」（荒野泰典・石井正敏・村井章介編『日本の対外関係四　倭寇と「日本国王」』吉川弘文館、二〇一〇年）
伊藤幸司「東アジア禅宗世界の変容と拡大」（川岡勉・古賀信幸編『西国の文化と外交』清文堂、二〇一一年）
伊藤幸司「大内教弘・政弘と東アジア」（『九州史学』一六一、二〇一二年）
伊藤幸司「遣明船と南海路」（『国立歴史民俗博物館研究報告』二二三、二〇二一年a）
伊藤幸司『中世の博多とアジア』（勉誠出版、二〇二一年b）

上里隆史「古琉球・那覇の「倭人」居留地と環シナ海世界」(『史学雑誌』一一四―七、二〇〇五年)
上里隆史「琉球の大交易時代」(荒野泰典・石井正敏・村井章介編『日本の対外関係四　倭寇と「日本国王」』吉川弘文館、二〇一〇年)
上里隆史・深瀬公一郎・渡辺美季「沖縄県立博物館所蔵『琉球国図』―その史料的価値と『海東諸国紀』との関連性について―」(『古文書研究』六〇、二〇〇五年)
上田純一『九州中世禅宗史の研究』(文献出版、二〇〇〇年)
上田純一『足利義満と禅宗』(法蔵館、二〇一一年)
榎本　渉「宋代市舶司貿易にたずさわる人々」(歴史学研究会編『シリーズ港町の世界史二　港町のトポグラフィ』青木書店、二〇〇六年a)
榎本　渉「初期日元貿易と人的交流」(宋代史研究会編『宋代の長江流域―社会経済史の視点から―』汲古書院、二〇〇六年b)
榎本　渉「元僧無夢曇噩と日本」(『禅文化研究所紀要』二八、二〇〇六年c)
榎本　渉『東アジア海域と日中交流―九～一四世紀―』(吉川弘文館、二〇〇七年)
榎本　渉「「板渡の墨蹟」から見た日宋交流」(『東京大学日本史学研究室紀要』一二、二〇〇八年)
榎本　渉「東シナ海の宋海商」(荒野泰典・石井正敏・村井章介編『日本の対外関係三　通交・通商圏の拡大』吉川弘文館、二〇一〇年)
榎本　渉「松ヶ岡文庫所蔵『扶桑禅林諸祖伝』について」(『財団法人松ヶ岡文庫研究年報』二五、二〇一一年a)
榎本　渉「雲南の日本僧、その後」(西山美香編『古代中世日本の内なる「禅」』勉誠出版、二〇一一年b)
榎本　渉「平安王朝と中国医学―一二世紀を中心に―」(『東京大学日本史学研究室紀要別冊　中世政治社会史論叢』二〇一三年)

榎本　渉「宋元交替と日本」（『岩波講座　日本歴史七』中世二、岩波書店、二〇一四年）
榎本　渉『僧侶と海商たちの東シナ海（増訂版）』（講談社、二〇二〇年）
榎本　渉「日宋・日元貿易船の乗員規模」（『国立歴史民俗博物館研究報告』二二三、二〇二一a）
榎本　渉「日元間の僧侶の往来規模」（横井智美ほか編『元朝の歴史―モンゴル帝国期の東ユーラシア―』勉誠出版、二〇二一b）
太田晶二郎「「霊棋経」」（『太田晶二郎著作集』一、吉川弘文館、一九九一年）
太田彌一郎「石刻史料「賛皇復県記」にみえる南宋密使瓊林について」（『東北大学東洋史論集』六、一九九五年）
大谷由香「入宋僧俊芿を発端とした日宋間「円宗戒体」論争」（『日本仏教綜合研究』一四、二〇一六年）
大塚紀弘『中世禅律仏教論』（山川出版社、二〇〇九年）
大塚紀弘『日宋貿易と仏教文化』（吉川弘文館、二〇一七年）
大庭康時『中世日本最大の貿易都市　博多遺跡群』（新泉社、二〇〇九年）
大庭康時『博多の考古学―中世の貿易都市を掘る―』（高志書院、二〇一九年）
岡　元司『宋代沿海地域社会史研究―ネットワークと地域文化―』（汲古書院、二〇一二年）
岡本弘道『琉球王国海上交渉史研究』（榕樹書林、二〇一〇年）
岡本　真『戦国期日本の対明関係―遣明船と大名・禅僧・商人―』吉川弘文館、二〇二二年）
小川弘和『中世的九州の形成』（高志書院、二〇一九年）
オラー・チャバ「日明貿易における商慣習と信用取引について」（『歴史学研究』九二八、二〇一五年）
鹿毛敏夫『戦国大名の外交と都市・流通―豊後大友氏と東アジア世界―』（思文閣出版、二〇〇六年）
鹿毛敏夫『戦国大名の海外交易』（勉誠出版、二〇一九年）
鹿毛敏夫編『硫黄と銀の室町・戦国』（思文閣出版、二〇二一年）

上川通夫『日本中世仏教形成史論』（校倉書房、二〇〇七年）
上川通夫『日本中世仏教と東アジア』（塙書房、二〇一二年）
亀井明徳『日本貿易陶磁史の研究』（同朋舎、一九八六年）
川添昭二「鎌倉中期の対外関係と博多」（『九州史学』八八・八九・九〇、一九八七年）
川添昭二「鎌倉初期の対外交流と博多」（箭内健次編『鎖国日本と国際交流』上、吉川弘文館、一九八八年）
川戸貴史『中近世日本の貨幣流通秩序』（勉誠出版、二〇一七年）
木下尚子「貿易陶磁からみた一〇世紀から一六世紀における琉球列島・中国福建・台湾の関係」（『熊本大学文学部論叢』一〇五、二〇一四年）
木宮泰彦『日華文化交流史』（冨山房、一九五五年）
黒嶋　敏『中世の権力と列島』（高志書院、二〇一二年a）
黒嶋　敏「室町幕府と南蛮―〈足利の中華〉の成立―」（『青山史学』三〇、二〇一二年b）
小葉田淳『中世日支通交貿易史の研究』（刀江書院、一九四四年）
小葉田淳『金銀貿易史の研究』（法政大学出版局、一九七六年）
五味文彦「日宋貿易の社会構造」（『今井林太郎先生喜寿記念国史学論集』今井林太郎先生喜寿記念論文集刊行会、一九八八年）
高銀美「大宰府守護所と外交」（『古文書研究』七三、二〇一二年）
佐伯弘次「室町時代の日琉関係と外交文書」（『九州史学』一一一、一九九四年）
佐伯弘次『日本の中世九　モンゴル襲来の衝撃』（中央公論新社、二〇〇三年）
佐伯弘次「鎮西探題・鎮西管領と東アジア」（東アジア地域間交流研究会編『から船往来―日本を育てたひと・ふね・まち・こころ―』中国書店、二〇〇九年）

佐伯弘次「応永の外冦と東アジア」(『史淵』一四七、二〇一〇年)
佐藤武義「中世文化と唐音」(佐藤喜代治編『漢字講座六　中世の漢字とことば』明治書院、一九八八年)
シャルロッテ・フォン・ヴェアシュア『モノと権威の東アジア交流史―鑑真から清盛まで―』(勉誠出版、二〇二三年)
新里亮人『琉球国成立前夜の考古学』(同成社、二〇一八年)
須田牧子「大内氏の外交と室町政権」(川岡勉・古賀信幸編『日本中世の西国社会三　西国の文化と外交』清文堂、二〇一一年)
関　周一『中世日朝海域史の研究』(吉川弘文館、二〇〇二年)
関　周一「武家政権と「唐船」―寺社造営料唐船から遣明船へ―」(山本隆志編『日本中世政治文化論の射程』思文閣出版、二〇一二年)
関　周一『中世の唐物と伝来技術』(吉川弘文館、二〇一五年)
関　周一『中世の海域交流と倭寇』(吉川弘文館、二〇二四年)
瀬戸哲也「中世後期の琉球における仏教事情」(『博多研究会誌』二〇周年記念特別号、二〇一一年)
瀬戸哲也「考古学からみる琉球国の形成過程」(『歴史学研究』一〇二三、二〇二二年)
高橋公明「室町幕府の外交姿勢」(『歴史学研究』五四六、一九八五年)
高橋典幸『鎌倉幕府軍制と御家人制』(吉川弘文館、二〇〇八年)
高橋弘臣『元朝貨幣政策成立過程の研究』(東洋書院、二〇〇〇年)
高橋昌明『平清盛　福原の夢』(講談社、二〇〇七年)
高梨　修『ヤコウガイの考古学』(同成社、二〇〇五年)
田名真之「古琉球の久米村」(琉球新報社編『新琉球史』古琉球編、琉球新報社、一九九一年)
田中健夫『中世海外交渉史の研究』(東京大学出版会、一九五九年)

田中健夫『前近代の国際交流と外交文書』（吉川弘文館、一九九六年）
谷口耕生「清涼寺釈迦如来立像旧厨子扉絵考―金光明懺法諸天図の一遺例―」（長岡龍作編『仏教美術論集五　機能論―つくる・つかう・つたえる―』竹林舎、二〇一四年）
檀上　寛「元末の海運と劉仁本―元朝滅亡前夜の江浙沿海事情―」（『史窓』五八、二〇〇一年）
檀上　寛『永楽帝―華夷秩序の完成―』（講談社、二〇一二年）
檀上　寛『明代海禁＝朝貢システムと華夷秩序』（京都大学学術出版会、二〇一三年）
竺沙雅章『宋元仏教文化史研究』（汲古書院、二〇〇〇年）
手島崇裕『平安時代の対外関係と仏教』（校倉書房、二〇一四年）
永井　晋「金沢文庫古文書に見る唐船派遣資料」（『金澤文庫研究』三二四、二〇一〇年）
中島楽章「永楽年間の日明朝貢貿易」（『史淵』一四〇、二〇〇三年）
中島楽章『大航海時代の海域アジアと琉球―レキオスを求めて―』（思文閣出版、二〇二〇年）
中島楽章「一五四〇年代の東アジア海上貿易と琉球・九州」（『史学雑誌』一三三―七、二〇二四年）
中村　翼「鎌倉幕府の「唐船」関係法令の検討」（『鎌倉遺文研究』二五、二〇一〇年a）
中村　翼「鎌倉中期における日宋貿易の展開と幕府」（『史学雑誌』一一九―一〇、二〇一〇年b）
中村　翼「鎌倉禅の形成過程とその背景」（『史林』九七―四、二〇一四年）
中村　翼「東アジア海域世界の境界人と政治権力―一四世紀の分水嶺を考える―」（『日本史研究』四七九、二〇一九年）
西尾賢隆『中世の日中交流と禅宗』（吉川弘文館、一九九九年）
西谷　功『南宋・鎌倉仏教文化史論』（勉誠出版、二〇一八年）
橋本　雄「室町幕府外交の成立と中世王権」（『歴史評論』五八三、一九九八年a）
橋本　雄「遣明船と遣朝鮮船の経営構造」（『遙かなる中世』一七、一九九八年b）

橋本　雄「遣明船の派遣契機」（『日本史研究』四七九、二〇〇二年）
橋本　雄『中世日本の国際関係─東アジア通交圏と偽使問題─』（吉川弘文館、二〇〇五年）
橋本　雄「中世の国際交易と博多─〝大洋路〟対〝南島路〟」（佐藤信・藤田覚編『前近代の日本列島と朝鮮半島』山川出版社、二〇〇六年）
橋本　雄「日明勘合再考」（九州史学研究会編『境界からみた内と外』岩田書院、二〇〇八年）
橋本　雄「対明・対朝鮮貿易と室町幕府─守護体制」（荒野泰典・石井正敏・村井章介編『日本の対外関係四　倭寇と「日本国王」』吉川弘文館、二〇一〇年）
橋本　雄『中華幻想─唐物と外交の室町時代史─』（勉誠出版、二〇一一年）
橋本　雄「中世日本と東アジアの金銀銅─十五・十六世紀を中心に─」（小野正敏・五味文彦・萩原三雄編『金属の中世─資源と流通─』高志書院、二〇一四年）
林　文理「博多綱首の歴史的位置─博多における権門貿易─」（大阪大学文学部日本史研究室編『古代中世の社会と国家』清文堂、一九九八年）
原美和子「宋代海商の活動に関する一試論─日本・高麗および日本・遼（契丹）通交をめぐって─」（小野正敏・五味文彦・萩原三雄編『中世の対外交流─場・ひと・技術─』高志書院、二〇〇六年）
藤田明良「「蘭秀山の乱」と東アジアの海域世界─一四世紀の舟山群島と高麗・日本─」（『歴史学研究』六九八、一九九七年）
藤田明良「文献資料から見た日本海交流と女真」（前川要編『北東アジア交流史研究─古代と中世─』塙書房、二〇〇七年）
藤善眞澄『参天台五臺山記の研究』（関西大学出版部、二〇〇六年）
堀川康史「今川了俊の探題解任と九州情勢」（『史学雑史』一二五─一二、二〇一六年）

真栄平房昭「琉球＝東南アジア貿易の展開と華僑社会」（『九州史学』七六、一九八三年）
皆川雅樹『日本古代王権と唐物交流』（吉川弘文館、二〇一四年）
宮本義一「室町幕府の対明断交と日琉貿易―続添鴻宝秘抄を通して―」（『南島史学』六二、二〇〇三年）
村井章介『アジアのなかの中世日本』（校倉書房、一九八八年）
村井章介『東アジア往還　漢詩と外交』（朝日新聞社、一九九五年）
村井章介『国境を超えて　東アジア海域世界の中世』（校倉書房、一九九七年）
村井章介『日本中世境界史論』（岩波書店、二〇一三年ａ）
村井章介『日本中世の異文化接触』（東京大学出版会、二〇一三年ｂ）
村井章介『古琉球―海洋アジアの輝ける王国―』（ＫＡＤＯＫＡＷＡ、二〇一九年）
森　克己『新編森克己著作集』全五巻（勉誠出版、二〇〇八～二〇一五年）
森　公章『遣唐使と古代対外関係の行方』（吉川弘文館、二〇二二年）
山内晋次『奈良平安期の日本とアジア』（吉川弘文館、二〇〇三年）
山内晋次『日宋貿易と「硫黄の道」』（山川出版社、二〇〇九年）
山川均編『寧波と宋風石造文化』（汲古書院、二〇一二年）
横内裕人『日本中世の仏教と東アジア』（塙書房、二〇〇八年）
横内裕人「東アジアのなかの南都仏教」（『文学』一一―一、二〇一〇年）
横内裕人「王古撰『新修浄土往生伝』小考―院政期日宋交流の一齣―」（佐藤文子・原田正俊・堀裕編『仏教がつなぐアジア―王権・信仰・美術―』勉誠出版、二〇一四年）
渡邊　誠「平安貴族の対外意識と異国牒状問題」（『歴史学研究』八二三、二〇〇七年）
渡邊　誠『平安時代貿易管理制度史の研究』（思文閣出版、二〇一二年）

渡邊　誠『王朝貴族と外交』（吉川弘文館、二〇二三年）

Ⅲ　近世アジア海域秩序の再編と日中関係

荒木和憲「通貢問題からみた壬辰戦争」（『九州史学』一九五、二〇二四年）
荒野泰典「日本型華夷秩序の形成」（朝尾直弘ほか編『日本の社会史一　列島内外の交通と国家』岩波書店、一九八七年）
荒野泰典『近世日本と東アジア』（東京大学出版会、一九八八年）
荒野泰典「江戸幕府と東アジア」（同編『日本の時代史一四　江戸幕府と東アジア』吉川弘文館、二〇〇三年）
荒野泰典「海禁・華夷秩序体制の成立」（同ほか編『日本の対外関係五　地球的世界の成立』吉川弘文館、二〇一三年）
池　享「天下統一と朝鮮侵略」（同編『日本の時代史一三　天下統一と朝鮮侵略』吉川弘文館、二〇〇三年）
池内　敏『大君外交と「武威」』（名古屋大学出版会、二〇〇六年）
池上裕子『日本の歴史一五　織豊政権と江戸幕府』（講談社学術文庫、二〇〇九年）
池谷望子「万暦四十年の王銀詐取事件とその背景」（『南島史学』八七、二〇一九年）
石原道博『朱舜水』（吉川弘文館、一九六一年）
石原道博『倭寇』（吉川弘文館、一九六四年）
岩井茂樹『朝貢・海禁・互市―近世東アジアの貿易と秩序―』（名古屋大学出版会、二〇二〇年）
伊東貴之「明清交替と王権論―東アジアの視角から―」（『武蔵大学人文学会雑誌』三九―三、二〇〇八年）
岩生成一「長崎代官村山等安の台湾遠征と遣明使」（『台北帝国大学文政学部史学科研究年報』一、一九三四年）
岩生成一『新版　朱印船貿易史の研究』（吉川弘文館、二〇一三年）
上田　信『中国の歴史九　海と帝国―明清時代―』（講談社学術文庫、二〇二一年）
上原兼善『鎖国と藩貿易―薩摩藩の琉球密貿易―』（八重岳書房、一九八一年）

上原兼善『幕藩制形成期の琉球支配』（吉川弘文館、二〇〇一年）
梅木哲人『近世琉球国の構造』（第一書房、二〇一一年）
大庭　脩『江戸時代における唐船持渡書の研究』（関西大学東西学術研究所、一九六七年）
大庭　脩『江戸時代における中国文化受容の研究』（同朋舎出版、一九八四年）
大庭　脩『徳川吉宗と康熙帝―鎖国下での日中交流―』（大修館書店、一九九九年）
大庭脩・王勇編『典籍』（日中文化交流史叢書九）（大修館書店、一九九六年）
大橋康二『海を渡った陶磁器』（吉川弘文館、二〇〇四年）
鹿毛敏夫『アジアン戦国大名大友氏の研究』（吉川弘文館、二〇一一年）
桂島宣弘『自他認識の思想史―日本ナショナリズムの生成と東アジア―』（有志舎、二〇〇八年）
紙屋敦之『幕藩制国家の琉球支配』（校倉書房、一九九〇年）
紙屋敦之『大君外交と東アジア』（吉川弘文館、一九九七年）
岸本美緒・宮嶋博史『世界の歴史一二　明清と李朝の時代』（中央公論社、一九九八年）
岸本美緒『明末清初中国と東アジア近世』（岩波書店、二〇二一年）
喜舎場一隆『近世薩琉関係史の研究』（国書刊行会、一九九三年）
北島万次『豊臣政権の対外認識と朝鮮侵略』（校倉書房、一九九〇年）
北島万次『豊臣秀吉の朝鮮侵略』（吉川弘文館、一九九五年）
木土博成『近世日琉関係の形成―附庸と異国のはざまで―』（名古屋大学出版会、二〇二三年）
木村可奈子『東アジア多国間関係史の研究―十六～十八世紀の国際関係―』（思文閣出版、二〇二四年）
木村直樹「近世の対外関係」（『岩波講座　日本歴史一一』近世二、岩波書店、二〇一四年）
黒嶋　敏『琉球王国と戦国大名―島津侵入までの半世紀―』（吉川弘文館、二〇一六年）

小島康敬「《日本側》江戸期日本の中国認識」（北岡伸一・歩平編『「日中歴史共同研究」報告書一』古代・中近世史篇、勉誠出版、二〇一四年）
小葉田淳『増補　中世南島通交貿易史の研究』（臨川書店、一九九三年）
佐々木史郎『北方から来た交易民―絹と毛皮とサンタン人―』（日本放送出版協会、一九九六年）
佐島顕子「壬辰倭乱講和の破綻をめぐって」（『年報朝鮮学』四、一九九四年）
佐島顕子「文禄役講和の裏側」（山本博文・堀新・曽根勇二編『偽りの秀吉像を打ち壊す』柏書房、二〇一三年）
Shimizu Akira（志水昭）"Eating Edo, sensing Japan: food branding and market culture in late Tokugawa Japan, 1780-1868." Ph.D. dissertation, University of Illinois, Urbana-Champaign, 2011
徐　興慶『朱舜水与東亜文化伝播的世界』（東亜文明研究叢書七八、国立台湾大学出版中心、二〇〇八年）
杉　仁「明清文化と日本社会」（高埜利彦編『日本の時代史一五　元禄の社会と文化』吉川弘文館、二〇〇三年）
須田牧子編『「倭寇図巻」「抗倭図巻」をよむ』（勉誠出版、二〇一六年）
高津　孝「木村蒹葭堂　なにわの大コレクター」（『アジア遊学九三　漢籍と日本人』勉誠出版、二〇〇六年）
武野要子『藩貿易史の研究』（ミネルヴァ書房、一九七九年）
田代和生『近世日朝通交貿易史の研究』（創文社、一九八一年）
田代和生『日朝交易と対馬藩』（創文社、二〇〇七年）
田中健夫「相互認識と情報」（荒野泰典・石井正敏・村井章介編『アジアのなかの日本史Ⅴ　自意識と相互理解』東京大学出版会、一九九三年）
田中健夫『増補版　倭寇と勘合貿易』（ちくま学芸文庫、二〇一二年a）
田中健夫『倭寇―海の歴史―』（講談社学術文庫、二〇一二年b）
辻本雅史「学問と教育の発展―「人情」の直視と「日本的内部」の形成―」（藤田覚編『日本の時代史一七　近代の胎

動』吉川弘文館、二〇〇三年）
鶴田　啓「徳川政権と東アジア国際社会」（荒野泰典ほか編『日本の対外関係五　地球的世界の成立』吉川弘文館、二〇一三年）
東京大学史料編纂所編『描かれた倭寇―「倭寇図巻」と「抗倭図巻」―』（吉川弘文館、二〇一四年）
徳田　武『江戸漢学の世界』（ぺりかん社、一九九〇年）
豊見山和行『琉球王国の外交と王権』（吉川弘文館、二〇〇四年）
中島楽章「十六・十七世紀の東アジア海域と華人知識層の移動―南九州の明人医師をめぐって―」（『史学雑誌』一一三―一二、二〇〇四年）
中砂明徳『中国近世の福建人―士大夫と出版人―』（名古屋大学出版会、二〇一二年）
永積洋子『近世初期の外交』（創文社、一九九〇年）
永積洋子『朱印船』（吉川弘文館、二〇〇一年）
中野三敏「都市文化の爛熟」（朝尾直弘ほか編『岩波講座　日本通史一四』近世四、岩波書店、一九九五年）
中野　等『文禄・慶長の役』（吉川弘文館、二〇〇八年）
中村栄孝『日鮮関係史の研究』下（吉川弘文館、一九六九年）
中村和之「アイヌの北方交易と蝦夷錦という中国製の絹織物」（『東国史学』七〇〈韓国・東国大学〉、二〇一一年）
中村　質「近世の日本華僑―鎖国と華僑社会の変容―」（福岡ユネスコ協会編『外来文化と九州』九州文化論集二、平凡社、一九七三年）
中村　質『近世対外交渉史論』（吉川弘文館、一九九〇年）
中村幸彦「文人意識の成立」（『岩波講座　日本文学史九』近世、岩波書店、一九五九年）
春名　徹「漂流民送還制度の形成について」（『海事史研究』五二、一九九五年）

林田芳雄『蘭領台湾史—オランダ治下三八年の実情—』（汲古書院、二〇一〇年）
藤井讓治「一七世紀の日本—武家の国家の形成—」（朝尾直弘ほか編『岩波講座　日本通史一二』近世二、岩波書店、一九九四年）
夫馬　進『朝鮮燕行使と朝鮮通信使』（名古屋大学出版会、二〇一五年）
彭　浩『近世日清通商関係史』（東京大学出版会、二〇一五年）
堀　新「信長・秀吉の国家構想と天皇」（池享編『日本の時代史一三　天下統一と朝鮮侵略』吉川弘文館、二〇〇三年）
真栄平房昭『琉球海域史論』上、貿易・海賊・儀礼（榕樹書林、二〇二〇年）
増田勝機「いわゆる薩摩と明福建軍門との合力計画について」（『鹿児島短期大学研究紀要』四七、一九九一年）
増田勝機『薩摩にいた明国人』（高城書房、一九九九年）
松井洋子「ジェンダーからみる近世日本の対外関係」（荒野泰典ほか編『日本の対外関係六　近世的世界の成熟』吉川弘文館、二〇一〇年）
松尾晋一『江戸幕府の対外政策と沿岸警備』（校倉書房、二〇一〇年）
松尾晋一『江戸幕府と国防』（講談社、二〇一三年）
松浦　章「日清貿易による俵物の中国流入について」（『千里山文学論集』七、一九七二年）
松浦　章『清代海外貿易史の研究』（朋友書店、二〇〇二年）
松浦　章『江戸時代唐船による日中文化交流』（思文閣出版、二〇〇七年）
松方冬子『オランダ風説書と近世日本』（東京大学出版会、二〇〇七年）
村井章介ほか編『日明関係史研究入門—アジアのなかの遣明船—』（勉誠出版、二〇一六年）
李　啓煌『文禄・慶長の役と東アジア』（臨川書店、一九九七年）
劉　序楓「清日貿易の洋銅商について—乾隆～咸豊期の官商・民商を中心に—」（『東洋史論集』一五、一九八六年）

劉序楓「清代的乍浦港与中日貿易」（『中国海洋発展史論文集』五〈台北〉、一九九三年）
八百啓介「ヨーロッパ勢力と鄭氏一族」（荒野泰典ほか編『日本の対外関係五　地球的世界の成立』吉川弘文館、二〇一三年）
矢野仁一『長崎市史―通交貿易編・東洋諸国部』（長崎市役所、一九三八年）
山崎　岳「舶主王直功罪考（前編）―『海寇議』とその周辺―」（『東方学報』八五、二〇一〇年）
山崎　岳「舶主王直功罪考（後篇）―胡宗憲の日本招諭を中心に―」（『東方学報』九〇、二〇一五年）
山本博文『寛永時代』（吉川弘文館、一九八九年）
山本博文『鎖国と海禁の時代』（校倉書房、一九九五年）
山脇悌二郎『長崎の唐人貿易』（吉川弘文館、一九六四年）
山脇悌二郎「貿易篇―唐・蘭船の伊万里焼輸出―」（有田町史編纂委員会編『有田町史』商業編一、有田町、一九八八年）
米谷　均「後期倭寇から朝鮮侵略へ」（池享編『日本の時代史一三　天下統一と朝鮮侵略』吉川弘文館、二〇〇三年）
米谷　均「朝鮮侵略前夜の日本情報」（『第一期日韓歴史共同研究報告書』第二分科会篇、日韓歴史共同研究委員会、二〇〇五年）
米谷　均「「倭寇」について」（『歴史地理教育』六九六、二〇〇六年）
米谷　均「豊臣秀吉の『日本国王』冊封の意義」（山本博文・堀新・曽根勇二編『豊臣政権の正体』柏書房、二〇一四年）
ロナルド・トビ「近世日本の庶民文化に現れる朝鮮通信使像―世俗・宗教上の表現―」（『韓』一一〇、一九八八年）
ロナルド・トビ『近世日本の国家形成と外交』（創文社、一九九〇年）
ロナルド・トビ『日本の歴史九　「鎖国」という外交』（小学館、二〇〇八年）
若木太一「「長崎土産」三題」（同編『長崎・東西文化交渉史の舞台―明・清時代の長崎／支配の構図と文化の諸相―』勉誠出版、二〇一三年）

若松正志「長崎俵物をめぐる食文化の歴史的展開」(『京都産業大学日本文化研究所紀要』一、一九九六年)
渡辺　浩『東アジアの王権と思想』(東京大学出版会、一九九七年)
渡辺美季「清代中国における漂着民の処置と琉球」(一)(『南島史学』五四、一九九九年)
渡辺美季「鳥原宗安の明人送還—徳川家康による対明「初」交渉の実態—」(『ヒストリア』二〇二、二〇〇六年)
渡辺美季『近世琉球と中日関係』(吉川弘文館、二〇一二年)
渡辺美季「隠蔽政策の展開と琉清日関係」(『琉大史学』二〇、二〇一八年)
渡辺美季「琉球・日本関係における冠服と詔勅」(『東国史学』六九〈韓国・東国大学〉、二〇二〇年)

Ⅳ　近代化と向き合う

岡本隆司『属国と自主のあいだ—近代清韓関係と東アジアの命運—』(名古屋大学出版会、二〇〇四年)
奥平武彦『朝鮮開国交渉始末』(刀江書院、一九三五年)
姜在彦『朝鮮の開化思想』(岩波書店、一九八〇年)
佐々木揚『清末中国における日本観と西洋観』(東京大学出版会、二〇〇〇年)
佐藤慎一『近代中国の知識人と文明』(東京大学出版会、一九九六年)
芝原拓自『世界史のなかの明治維新』(岩波書店、一九七七年)
芝原拓自『日本近代化の世界史的位置—その方法論的研究—』(岩波書店、一九八一年)
鈴木智夫『洋務運動の研究—一九世紀後半の中国における工業化と外交の革新についての考察—』(汲古書院、一九九二年)
高橋秀直『日清戦争への道』(東京創元社、一九九五年)
田保橋潔『近代日鮮関係の研究』(朝鮮総督府中枢院、一九四〇年)

月脚達彦『朝鮮開化思想とナショナリズム―近代朝鮮の形成―』（東京大学出版会、二〇〇九年）
遠山茂樹『遠山茂樹著作集　第四巻　日本近代史論』（岩波書店、一九九二年）
波平恒男『近代東アジア史のなかの琉球併合―中華世界秩序から植民地帝国日本へ―』（岩波書店、二〇一四年）
西里喜行『清末中琉日関係史の研究』（京都大学学術出版会、二〇〇五年）
原田　環『朝鮮の開国と近代化』（溪水社、一九九七年）
坂野正高『近代中国外交史研究』（岩波書店、一九七〇年）
坂野正高『近代中国政治外交史―ヴァスコ・ダ・ガマから五四運動まで―』（東京大学出版会、一九七三年）
藤村道生『日清戦争前後のアジア政策』（岩波書店、一九九五年）
真栄平房昭『琉球海域史論　下　海防・情報・近代』（榕樹書林、二〇二〇年）
松浦　玲『横井小楠』（筑摩書房、二〇一〇年）
丸山眞男『丸山眞男講義録』「別冊一　日本政治思想史一九五六／五九」「別冊二　日本政治思想史一九五七／五八」（東京大学出版会、二〇一七年）
茂木敏夫「中華帝国の「近代」的再編と日本」（『岩波講座　近代日本と植民地一　植民地帝国日本』岩波書店、一九九二年）
茂木敏夫『変容する近代東アジアの国際秩序』（山川出版社、一九九七年）
茂木敏夫「日中関係史の語り方―一九世紀後半―」（劉傑・三谷博・楊大慶編『国境を越える歴史認識―日中対話の試み―』東京大学出版会、二〇〇六年）
茂木敏夫「近代中国における伝統的国際秩序の語り方」（吉田忠編『一九世紀東アジアにおける国際秩序観の比較研究』財団法人国際高等研究所、二〇一〇年）
茂木敏夫「近現代東アジアにおける王権の磁場」（伊東貴之編『東アジアの王権と秩序―思想・宗教・儀礼を中心として

―』汲古書院、二〇二一年）
山室信一『思想課題としてのアジア―基軸・連鎖・投企―』（岩波書店、二〇〇一年）
渡辺　浩『日本政治思想史―十七〜十九世紀―』（東京大学出版会、二〇一〇年）
渡辺　浩「アレクシ・ド・トクヴィルと三つの革命―フランス（一七八九年―）・日本（一八六七年―）・中国（一九一一年―）―」（三浦信孝・福井憲彦編著『フランス革命と明治維新』白水社、二〇一九年）

Ｖ　対立と提携の近代

愛知大学東亜同文書院大学記念センター編『東亜同文書院大学と愛知大学―一九四〇年代・学生たちの青春群像―』（六甲出版、一九九三年）
家近亮子『蔣介石の外交戦略と日中戦争』（岩波書店、二〇一二年）
五百旗頭薫・奈良岡聰智『日本政治外交史』（放送大学教育振興会、二〇一九年）
石井明ほか『日中国交正常化・日中平和友好条約締結交渉―記録と考証―』（岩波書店、二〇〇三年）
臼井勝美『日中戦争―和平か戦線拡大か―』（中央公論社、一九九八年）
岡部達味『中国の対日政策』（東京大学出版会、一九七六年）
川島　真『近代国家への模索　一八九四―一九二五』（岩波書店、二〇一〇年）
厳　安　生『日本留学精神史―近代中国知識人の軌跡―』（岩波書店、一九九一年）
国分良成ほか『日中関係史』（有斐閣、二〇一三年）
櫻井良樹『華北駐屯日本軍―義和団から盧溝橋への道―』（岩波書店、二〇一五年）
徐　之　先『中日関係三十年　一九七二―二〇〇二』（時事出版社、二〇〇二年）
沈　志　華『最後の「天朝」―毛沢東・金日成時代の中国と北朝鮮―』（岩波書店、二〇一六年）

高村直助『近代日本綿業と中国』（東京大学出版会、一九八二年）
田中明彦『日中関係　一九四五―一九九〇』（東京大学出版会、一九九一年）
段　瑞　聡『蔣介石と新生活運動』（慶応義塾大学出版会、二〇〇六年）
鄭華・王芳「日露戦争が清末政治に与えた影響について」（『北方論業』一九八八年第六号）
永野信利『天皇と鄧小平の握手―実録・日中交渉秘史―』（行政問題研究所出版局、一九八三年）
奈良岡聰智『対華二十一カ条要求とは何だったのか―第一次世界大戦と日中対立の原点―』（名古屋大学出版会、二〇一五年）
箱田恵子『外交官の誕生―近代中国の対外態勢の変容と在外公館―』（名古屋大学出版会、二〇一二年）
秦　郁彦『盧溝橋事件の研究』（東京大学出版会、一九九六年）
原田敬一『日清・日露戦争』（岩波書店、二〇〇七年）
升味準之輔『日本政治史二　藩閥支配、政党政治』（東京大学出版会、一九八八年）
毛里和子『現代中国政治』（名古屋大学出版会、一九九三年）
毛里和子『日中関係―戦後から新時代へ―』（岩波書店、二〇〇六年）
楊　奎　松『西安事変新探―張学良与中共関係之研究―』（東大図書、一九九五年）
楊　天　石「孫中山与租讓満洲問題」（『近代史研究』一九八八年第六期）
李　恩　民『「日中平和友好条約」交渉の政治過程』（御茶の水書房、二〇〇五年）
劉　徳　有『時は流れて―日中関係秘史五十年―』上・下（藤原書店、二〇〇二年）
劉　　傑『日中戦争下の外交』（吉川弘文館、一九九五年）
劉　　傑『中国の強国構想―日清戦争後から現代まで―』（筑摩書房、二〇一三年）

執筆者紹介（五十音順）

榎本　渉（えのもと　わたる）
1974年生。2003年東京大学大学院人文社会系研究科博士課程単位修得退学。現在，国際日本文化研究センター教授。主要著書に『東アジア海域と日中交流―9～14世紀―』（吉川弘文館，2007年）。

田中史生（たなか　ふみお）　→別掲

中村和之（なかむら　かずゆき）
1956年生。1978年北海道大学文学部卒業。現在，函館大学商学部教授。主要編著書に『中世の北東アジアとアイヌ』（菊池俊彦と共編，高志書院，2008年）。

茂木敏夫（もてぎ　としお）
1959年生まれ。1991年東京大学人文科学研究科博士課程単位取得退学。現在，東京女子大学現代教養学部教授。主要著書に『変容する近代東アジアの国際秩序』（山川出版社，1997年）。

劉　　傑（りゅう　けつ）
1962年生。1993年東京大学大学院人文科学研究科博士課程修了。現在，早稲田大学社会科学総合学術院教授。主要著書に『日中戦争下の外交』（吉川弘文館，1995年）。

渡辺美季（わたなべ　みき）
1975年生。2005年東京大学大学院人文社会系研究科博士課程単位取得退学。現在，東京大学大学院総合文化研究科教授。主要著書に『近世琉球と中日関係』（吉川弘文館，2012年）。

索　引

か行

さ行

た行

な行

は行

ま行

や行

ら行

わ行

年　　表

BC221　秦が斉を滅ぼし，中国を統一
BC206　秦が滅亡．前漢，中国を統一
BC108　漢の武帝，楽浪・真番・臨屯・玄菟の四郡を設置
57　倭奴国王が後漢に遣使，光武帝の印綬を受ける
107　倭国王師升ら，後漢に遣使
204　公孫氏，帯方郡を設置
220　後漢，魏によって滅亡
239　倭の邪馬台国女王卑弥呼が帯方郡に遣使（238年説あり）
266　倭の壱与が西晋へ遣使，方物を献上
280　西晋，呉を滅ぼし中華王朝を統一
313　高句麗，楽浪郡・帯方郡を滅ぼす
318　司馬睿，江南の建康（南京）を拠点に帝位について東晋を興す
413　倭国（讃王か），東晋へ遣使，方物を献上
420　東晋が滅亡し，南朝の宋成立
421　倭讃，宋へ遣使朝貢し安東将軍となる
438　珍，宋へ遣使朝貢し安東将軍倭国王となる．また倭臣への将軍号の除正が認められる
451　済，宋へ遣使朝貢し使持節都督倭・新羅・任那・加羅・秦韓・慕韓六国諸軍事，安東将軍大将軍に進号される．また倭臣への将軍号・郡太守号の除正が認められる
462　興，宋へ遣使朝貢し安東将軍倭国王となる
478　武，宋へ遣使朝貢し使持節都督倭・新羅・任那・加羅・秦韓・慕韓六国諸軍事安東大将軍倭王となる
479　南朝の宋が滅亡し，斉成立
589　隋，中国を統一
600　倭国，遣隋使派遣がはじまる
607　小野妹子らを隋に派遣
608　隋に滞在中の倭国使，流求の布甲を「夷夷邪久国人」の用いるものと語る
618　隋が滅亡，唐が建国
623　恵日が帰国．唐との交流を進言
630　犬上御田鍬を唐に遣わす
659　遣唐使，蝦夷を連れて唐帝に謁見．また「海東の政」のため幽閉され

る
660　唐，新羅と連合して百済を滅ぼす
663　白村江の戦い
701　遣唐使，国号を「日本」と名乗る
753　日本の遣唐使，唐の宮殿で新羅と席次を争う（争長事件）．鑑真来日
755　唐で安史の乱がおこる（～763）
804　最澄・空海，遣唐使船で入唐
831　日本，海商に対する管理貿易体制を整える
838　円仁，遣唐使船で入唐（最後の遣唐使）
847　恵蕚，唐の禅僧義空を連れて唐商船で帰国
894　遣唐使の派遣を停止
907　唐が滅びる
911　日本，海商の来航を制限する年紀制を導入
936　呉越王，海商に託して信物を天皇や左右大臣に贈るも，日本，天皇への信物は受け取らず
979　宋，中国を統一
983　奝然，宋商船で入宋
1003　寂照，宋商船で入宋
1026　宋海商の周良史，「太宰府進奉使」を名乗り明州に入港
1072　成尋，宋商船で入宋
1073　成尋従僧，帰国して宋神宗からの贈物をもたらす
1084　宋神宗，日本に海商を派遣し硫黄50万斤を購入する明州長官の案を承認
1091　日本僧明範，宋商と契丹に赴き，武器を売って金銀宝貨を得る
1133　九州に来着した宋海商船の管理をめぐり，院領肥前神崎荘預所の平忠盛が大宰府と争う
1167　重源が入宋
1168　栄西が入宋
1170　後白河法皇，平清盛の福原山荘で宋人と面会
1187　栄西，二度目の入宋
1206　モンゴル帝国建国
1247　北条時頼，渡来僧蘭渓道隆を鎌倉建長寺に招く
1274　文永の役
1276　南宋，元に降伏
1281　弘安の役
1309　至大「倭寇」
1328　泰定「倭寇」

1335　元統「倭寇」
1342　天龍寺船を元に派遣
1350　このころ，倭寇がさかんとなる
1368　朱元璋（洪武帝）が明を建国
1371　懐良親王，祖来を使者とし明に入貢
1372　琉球中山王，明の求めに応じ，遣使朝貢
1383　琉球中山王，山南王，山北王，明に遣使朝貢
1401　足利義満，正使肥富，副使祖阿を明へ派遣
1404　足利義満，明使より国書を受け，日本国王に冊封される．日明勘合貿易がはじまる
1411　足利義持が対明断交
1432　足利義教，遣明使を復活
1453　足利義政，9艘1200人の大規模な遣明使を派遣
1523　寧波の乱．明の薛俊，『日本考略』を編纂
1526　石見銀山が発見される
1543　明人五峯（王直か）の船に乗るポルトガル人，種子島に火縄銃を伝える
1547　策彦周良を正使とする遣明使が派遣される．明政府，倭寇討伐を命じる
1549　イエズス会宣教師ザビエル，中国船で鹿児島に到着
1559　王直，明により逮捕・処刑される
1592　第一次朝鮮侵略（文禄の役・壬申倭乱）
1596　秀吉，明の冊封使より金印（日本国王之印）を受領するも，講和決裂
1597　第二次朝鮮侵略（慶長の役・丁酉再乱）
1600　徳川家康，人質の明将を送還し，明に勘合貿易の復活を求めるも，明は受けず
1609　島津氏，琉球に派兵．琉球，明と日本に臣従する関係へ
1611　江戸幕府，ヨーロッパ船の来航・貿易を長崎・平戸に限定する．
1612　明帝，琉球の朝貢を10年間停止する勅諭を下す
1631　中国船に糸割符制度を適用．奉書船制度開始
1633　幕府，奉書船以外の海外渡航を禁止
1635　日本人の海外渡航と海外からの帰国を禁じ，中国船の来航を長崎に制限
1639　幕府，長崎の華人・オランダ人に妻子と帰国するか帰化するかの選択を迫り，混血児とその母を国外追放
1644　明清交替はじまる
1659　朱舜水，日本に亡命

1663　琉球に清の冊封使が渡来
1684　清，展開令により海禁を解く
1689　幕府，長崎に唐人屋敷を設立
1695　西川如見『華夷通商考』
1715　海舶互市新例を施行．近松門左衛門「国性爺合戦」大坂初演
1799　『清俗紀聞』出版
1840　アヘン戦争
1842　南京条約．天保薪水供与令
1853　ペリー艦隊が浦賀に来航
1856　第二次アヘン戦争（アロー号事件）
1858　天津条約
1860　北京条約
1864　清で『万国公法』が刊行され日本にも輸入される
1871　日清修好条規締結
1872　日本政府，尚泰を琉球藩王に封ず
1874　日本，台湾出兵
1875　日朝修好条規
1879　琉球藩を廃して沖縄県を設置
1882　朝鮮で壬午軍乱．日清両国朝鮮へ出兵．
1884　甲申事政変
1885　日清，天津条約調印
1894　東学党の乱．日清戦争勃発
1895　日清講和条約（下関条約）
1898　ドイツが中国の膠州湾を，ロシアが旅順・大連を，イギリスが威海衛・九龍を租借．戊戌政変
1900　義和団事件
1901　清，北京議定書に調印
1904　日露戦争勃発
1905　東京で中国同盟会を結成．日露講和条約（ポーツマス講和条約）
1911　辛亥革命
1912　清が滅びる．孫文，中華民国建国を宣言
1915　中国に対し21ヵ条の要求．文学革命
1917　石井・ランシング協定
1919　五四運動
1921　中国共産党誕生
1924　国民党第一回全国大会
1926　国民党，北伐を開始

1927　国共分離．日本，第一次山東出兵．東方会議
1928　済南事件．張作霖爆殺事件．国民政府，中国統一
1931　満洲事変
1932　満洲国建国．国際連盟理事会，リットン調査団を派遣
1933　日本が国際連盟から脱退．溥儀が満洲国の皇帝となる
1936　西安事件
1937　日中戦争がはじまる．第二次国共合作．国民政府が南京から重慶に遷都．南京事件
1938　中華民国維新政府成立．「日華協議記録」調印
1940　南京国民政府（汪兆銘政権）成立
1941　太平洋戦争がはじまる
1942　東条英樹内閣，大東亜省設置
1943　日本と南京国民政府，租界還付及治外法権撤廃等に関する協定を締結．ルーズベルト・蒋介石会談
1945　日本敗戦．中国，国共の内戦がはじまる
1949　中華人民共和国成立．日本，日中貿易促進会結成
1951　サンフランシスコ対日講和会議
1952　日華平和条約調印．第一次日中民間貿易協定
1958　長崎国旗事件
1966　文化大革命（～1976）
1971　中国，国連に加盟
1972　アメリカのニクソン大統領，中国を訪問．田中角栄首相が中国訪問．日中国交正常化
1978　日中平和友好条約
1979　アメリカ，中国と国交樹立し台湾との外交関係を断絶．日本，中国への政府開発援助（ODA）を決断
1980　政府開発援助が本格化
1982　日本・中国・韓，歴史教科書問題
1984　日本，中国へ第二次円借款
1985　中国，靖国神社参拝などに反対する反日デモ
1989　天安門事件
1992　中国が韓国と国交樹立．日本の天皇・皇后が中国訪問
1995　中国が地下核実験．植民地支配について村山談話を発表
1997　香港がイギリスより中国に返還
1998　江沢民国家主席が来日．日中共同宣言
2001　中国，WTO に加盟．小泉純一郎首相が靖国神社参拝
2005　東シナ海ガス田問題

2006　安倍晋三首相訪中.「戦略的互恵関係」の構築
2008　北京オリンピック．チベット暴動
2009　中国，日本を抜いてGDP世界第2位の経済大国となる
2010　尖閣諸島で中国漁船と海上保安庁巡視船が衝突
2012　日本，尖閣諸島を国有化．習近平が国家主席に就任

編者略歴

一九六七年、福岡県に生まれる
一九九一年、早稲田大学第一文学部日本史学専修卒業
一九九六年、國學院大學大学院文学研究科日本史学専攻博士課程後期修了
現在、早稲田大学文学学術院教授

〔主要著書〕
『日本古代国家の民族支配と渡来人』（校倉書房、一九九七年）
『倭国と渡来人』（吉川弘文館、二〇〇五年）
『国際交易と古代日本』（吉川弘文館、二〇一二年）
『国際交易の古代列島』（KADOKAWA、二〇一六年）
『渡来人と帰化人』（KADOKAWA、二〇一九年）

日中関係史

二〇二五年（令和七年）二月十日　第一刷発行

編　者　田《た》中《なか》史《ふみ》生《お》

発行者　吉川道郎

発行所　株式会社　吉川弘文館
郵便番号一一三―〇〇三三
東京都文京区本郷七丁目二番八号
電話〇三―三八一三―九一五一〈代表〉
振替口座〇〇一〇〇―五―二四四番
http://www.yoshikawa-k.co.jp/

印刷＝藤原印刷株式会社
製本＝誠製本株式会社
装幀＝河村　誠

ISBN978-4-642-08309-6